吴振奎数学经典系列

数学解题的特殊方法

吴振奎 编著

◎ 赋值证解题
◎ 反射、压缩、旋转变换解题
◎ 概念在解题中的应用
◎ 等式、不等式在解题中的应用
◎ 高等数学在解初等问题中的应用
◎ 物理方法在解数学问题上的应用
◎ 不等式的证明方法
◎ 自然数方幂和的求法

哈尔滨工业大学出版社

内容提要

本书运用数学解题的特殊方法,简化了数学解题中较难入手解答的"标准问题",化成了按照通常办法无法解决的"非标准问题".

通过了解和掌握这些方法,不仅可开阔我们的视野、增加我们解题的手段,更重要的是可以通过某些解法看清命题的实质,这当然会起到"举一反三""触类旁通"之效;此外还可以培养人们的思索、研究、发现、创新精神,这对于未来的工作和学习也都十分有用.

图书在版编目(CIP)数据

数学解题的特殊方法/吴振奎编著. —哈尔滨:哈尔滨工业大学出版社,2011.4
ISBN 978-7-5603-3228-4

Ⅰ.①数… Ⅱ.①吴… Ⅲ.①中学数学课-题解 Ⅳ.①G634.605

中国版本图书馆 CIP 数据核字(2011)第 038432 号

策划编辑　刘培杰　张永芹
责任编辑　李长波
出版发行　哈尔滨工业大学出版社
社　　址　哈尔滨市南岗区复华四道街10号　邮编150006
传　　真　0451-86414749
网　　址　http://hitpress.hit.edu.cn
印　　刷　哈尔滨市石桥印务有限公司
开　　本　787mm×960mm　1/16　印张 26.25　字数 278 千字
版　　次　2011年6月第1版　2011年6月第1次印刷
书　　号　ISBN 978-7-5603-3228-4
定　　价　48.00 元

(如因印装质量问题影响阅读,我社负责调换)

前言

在数学问题解答中,大多数问题可用常规(标准)方法如分析法、综合法、反证法、归纳法……去解决,但有时也会遇到一些"非标准问题",它们按照通常办法去解,往往较难入手;再者,还有一些"标准问题"虽然可用常规方法解决,然而运用一些技巧常可简化解题过程,这些便是所谓"特殊解法".

通过了解和掌握这些方法,不仅可开阔我们的视野、增加我们解题的手段,更重要的是可以通过某些解法看清命题的实质,这当然会起到"举一反三""触类旁通"之效;此外还可以培养人们的思索、研究、发现、创新精神,这对于未来的工作和学习也都十分有用.

数学中的特殊解法,往往是千门百类、变化纷繁,仅仅通过这本小册子介绍的,只能是"沧海之一粟"罢了,目的也是请读者借此去"窥其一斑"而已.

本书编写中参阅一些文章,因篇目太多,不再一一列出,仅在此一并致谢.

笔者识于 1984 年 10 月

目录

引子　非标准问题和非标准解法　//1

第1章　指出存在的证明方法　//12

第2章　赋值证解题　//30

第3章　反射、压缩、旋转变换解题　//56

第4章　算两次、极端原理、涂色解题　//77

第5章　概念在解题中的应用　//94

[附一]　三角形面积的一些公式表　//188

[附二]　原根 ω 在解题中的应用　//190

第6章　等(公)式、不等式在解题中的应用　//205

第7章　高等数学在解初等问题中的应用　//244

第8章　物理方法在解数学问题上的应用　//296

第9章　不等式的证明方法　//305

[附]　算术平均值-几何平均值不等式证法　//342

第10章　自然数方幂和的求法　//355

[附]　级数求和方法　//369

第11章　要识庐山真面目
　　　　——解剖几个习题　//378

第12章　若正数 $a+b+c=1\cdots$
　　　　——谈一类习题的拟造　//399

非标准问题和非标准解法

引子

在中学数学中,大多数问题是属于标准问题,但有时也会遇到一些"非标准问题".

所谓非标准问题,即是一些与常规数学问题形式或提法不同的数学命题,它们的类型很多,有的看上去很"怪",甚至你会怀疑它是不是数学问题;还有的表面看上去是常规形式的问题,但却不能用常规方法去解.处理这些问题,当然要用"非标准方法",即所谓"特殊方法"了.

这里我们先举一些例子稍加说明.

(一) 形式上的非标准问题

例1 形如图 0.1 的残棋盘中有 14 个小方格,试证无论如何剪裁,总裁不出 7 个由两相邻方格组成的小矩形.

这显然是个"非标准问题",因为它与我们通常的形式和提法都不同.

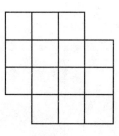

图 0.1

但它又确确实实是个数学问题,更确切地讲它是属于"组合数学"范畴的. 它的解法也很奇巧.

证 如图 0.2 相间地在残棋盘上涂上色,试想:若能剪成 7 个小矩形,则每个小矩形均是由 1 个白方格和 1 个黑方格组成.

数一数图中仅有 6 个黑方格,而白方格却有 8 个,这显然不能按上面要求剪成 7 个由一白一黑方格组成的矩形.

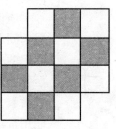

图 0.2

注1 这个结论可推广到,$2n \times 2n$ 方格的棋盘挖去对角的两个小格后,无论如何剪裁,也剪不出 $2n^2 - 1$ 个 1×2 的小矩形.

注2 若先将 $2n \times 2n$ 方格的棋盘相间地涂上颜色,再任意挖去一个黑格和一个白格后,它总能剪出 $2n^2 - 1$ 个 1×2 的小矩形.

引子　非标准问题和非标准解法

这个结论是美国国际商业机器公司的一个数学家 Gomory 解决的.

例2　全世界任何六个人中必可找到三个人使他们:要么彼此都相识、要么彼此都不相识.

这是1947年匈牙利中学数学竞赛的一个题目. 以后曾被收入《美国数学月刊》1958年5,6月号. 想不到它便是图论中著名的拉姆赛定理(这个定理又可看做"抽屉原理"①的推广)的特殊情形. 我们来证明它.

证　我们只须考虑下面的问题即可:

空间中六个点,它们彼此用红或蓝两种颜色的线段连接,我们把"点"看成"人";把"红线"视为线段端点的两人"相识";把"蓝线"视为线段端点的两人"不相识". 这样只须找一个三边颜色相同的三角形即可.

从空间六点中的某一点 S 向其他五点用红蓝两色连线,其中必然有三条是同色,无妨设它们为蓝色(我们用实线表示),且设该三点为 A,B,C.

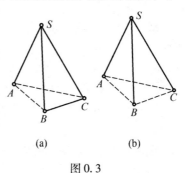

图0.3

今再考虑 A,B,C 之间的连线:若其中有一条是蓝色比如 BC,则 $\triangle SBC$ 是单色的(见图0.3(a));

若 A,B,C 之间的连线全是红色的(我们用虚线表

---

①　所谓"抽屉原理"是指"$n+1$ 元素放到 n 个集合中,其中必有一个集合含有两个以上的元素",它又称"迪利克雷原理"或"鸽洞原理".

3

示),则 $\triangle ABC$ 为单色的(见图 0.3(b)).

综上,问题证得.

注 这类问题早在 1930 年就由英国逻辑学家拉姆赛考虑过,他曾给出了一个一般的定理——拉姆赛定理.

类似地,比如我们还可以证明:

任何十八个人中,必可找出四个人使他们要么彼此都相识,要么彼此都不相识.

当然,解决它还要用所谓"抽屉原理".

还有一种非标准问题,是在给出的形式上有些特异. 请看:

例3 解方程 $2\sin x = 5x^2 + 2x + 3$.

这个方程的右端是一个关于 x 的二次三项式,而左端却是一个关于 x 的超越函数. 因而它的解法也有其自身的特点.

解 注意到下面式子的变形

$$5x^2 + 2x + 3 = 5\left(x + \frac{1}{5}\right)^2 + \frac{14}{5} \geq \frac{14}{5} > 2$$

而 $2\sin x \leq 2$,故方程 $2\sin x = 5x^2 + 2x + 3$ 无解.

这一点我们不难从下面的图像(图0.4)中清楚地看出.

例4 a 为何值时,方程 $1 + \sin^2 ax = \cos x$ 有唯一解?

解 注意到不等式 $\cos x \leq 1 \leq 1 + \sin^2 ax$,故原方程成立的充要条件为

$$\begin{cases} 1 + \sin^2 ax = 1, \\ \cos x = 1, \end{cases}$$

即

$$\begin{cases} \sin ax = 0, \\ \cos x = 1. \end{cases}$$ ①

引子 非标准问题和非标准解法

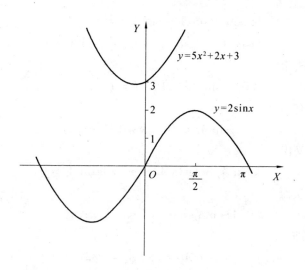

图 0.4

方程组①中 $\sin ax = 0$ 的解是
$$ax = k\pi, k = 0, \pm 1, \pm 2, \cdots$$
而 $\cos x = 1$ 的解是
$$x = 2n\pi, n = 0, \pm 1, \pm 2, \cdots$$
显然,应使上面两个集合中得到同一个 x,即应使
$$2an\pi = k\pi \qquad\qquad ②$$
对任何 a,$n = 0, k = 0$ 是方程的解,此时 $x = 0$.
若 $n \neq 0$,则②可写为 $a = k/2n$.
故 $x = 2n\pi = k\pi/a$.

可以证明,当且仅当 a 是无理数时,方程组① 即方程 $1 + \sin^2 ax = \cos x$ 有唯一解.

例 5 若凸 n 边形 $A_1 A_2 \cdots A_n$ 的内角 $A_1, A_2, \cdots, A_n$ 满足 $\lg(\sin A_1 \sin A_2 \cdots \sin A_n) = 0$,试证该多边形必是矩形.

证 由题设知

5

$$\lg(\sin A_1 \sin A_2 \cdots \sin A_n) =$$
$$\lg\sin A_1 + \lg\sin A_2 + \cdots + \lg\sin A_n = 0$$

故由
$$0 < \sin A_k \leq 1 \quad (k = 1, 2, \cdots, n)$$

有
$$\lg\sin A_k \leq 0 \quad (k = 1, 2, \cdots, n)$$

又由
$$\lg\sin A_1 + \lg\sin A_2 + \cdots + \lg\sin A_n = 0$$

从而
$$\lg\sin A_k = 0 \quad (k = 1, 2, \cdots, n)$$

即
$$\sin A_k = 1, \quad A_k = \pi/2$$
（因 $0 < A_k < \pi, k = 1, 2, \cdots, n$）

又凸 n 边形内角和为 $(n-2)\pi$. 由 $n\pi/2 = (n-2)\pi$, 解得 $n = 4$.

从而 $A_1 A_2 \cdots A_n$ 是矩形.

（二）标准问题的非标准解法

有些标准问题有时却是用非标准解法求得,这不仅在某些场合下是简洁的,甚至有的问题不用这样的方法竟解答不出来.

在后面的章节中,我们将会看到这些方法的妙处.

例如我们用判别式法去证明不等式
$$\frac{1}{3} \leq \frac{\sec^2 x - \tan x}{\sec^2 x + \tan x} \leq 3 \quad (x \text{ 为实数})$$

将显得简洁(较标准解法).

引子　非标准问题和非标准解法

再如我们用力学方法去处理证明问题
$$\cos\frac{\pi}{7}+\cos\frac{3\pi}{7}+\cos\frac{5\pi}{7}=\frac{1}{2}$$
以及它的推广
$$\sum_{k=1}^{n-1}\cos\frac{2k-1}{2n-1}\pi=\frac{1}{2}$$
将显得直观和自然.

为了说明这一点,我们也先举两个例子.

例6　若$f(x)=x^6-2\sqrt{2}x^5-x^4+x^3-2\sqrt{3}x^2+2x-\sqrt{2}$,求$f(\sqrt{2}+\sqrt{3})$的值.

本题若将$x=\sqrt{2}+\sqrt{3}$直接代入多项式计算是烦琐的,但注意到共轭无理数对
$$(\sqrt{2}+\sqrt{3})(\sqrt{2}-\sqrt{3})=-1$$
或
$$(\sqrt{3}+\sqrt{2})(\sqrt{3}-\sqrt{2})=1$$
故可考虑将$f(x)$变为含有$x(x-2\sqrt{2})$或$x(x-2\sqrt{3})$项的多项式,则运算可大大简化.

解　注意到下面式子的变形
$$f(x)=x^4(x^2-2\sqrt{2}x-1)+x(x^2-2\sqrt{3}x+1)+(x-\sqrt{2}-\sqrt{3})+\sqrt{3}=$$
$$x^4[x(x-2\sqrt{2})-1]+x[x(x-2\sqrt{3})+1]+[x-(\sqrt{2}+\sqrt{3})]+\sqrt{3}$$

注意到当$x=\sqrt{2}+\sqrt{3}$时
$$x(x-2\sqrt{2})-1=0,\quad x(x-2\sqrt{3})+1=0$$
且
$$x-(\sqrt{2}+\sqrt{3})=0$$

故
$$f(\sqrt{2}+\sqrt{3})=\sqrt{3}$$

例7 求和 $\dfrac{1}{1+x}+\dfrac{2}{1+x^2}+\dfrac{4}{1+x^4}+\cdots+\dfrac{2^n}{1+x^{2^n}}$ ($n=0,1,2,\cdots$).

此既非等差数列,也非等比数列,故无法用公式求和.

再者通分、拆项也不适用,但它可考虑"配"一项的方法,即加上 $\dfrac{1}{1-x}$.

解 考虑下面的式子变形

原式 $= \dfrac{1}{1-x}+\dfrac{1}{1+x}+\dfrac{2}{1+x^2}+\cdots+$

$\dfrac{2^n}{1+x^{2^n}}-\dfrac{1}{1-x}=\dfrac{2}{1-x^2}+\dfrac{2}{1+x^2}+\cdots+$

$\dfrac{2^n}{1+x^{2^n}}-\dfrac{1}{1-x}=\dfrac{4}{1-x^4}+\dfrac{4}{1+x^4}+\cdots+$

$\dfrac{2^n}{1+x^{2^n}}-\dfrac{1}{1-x}=\cdots=\dfrac{2^{n+1}}{1-x^{2^{n+1}}}-\dfrac{1}{1-x}$

例8 若 a_i, b_j 均为正数($i=1,2,\cdots,m; j=1, 2,\cdots,n$),且 $\sum\limits_{i=1}^{m}a_i=\sum\limits_{j=1}^{n}b_j$. 试证在一张 $m\times n$ 的表格里(图0.5),放置不多于 $m+n-1$ 个非负数,可使得第 i 行各数和为 a_i,第 j 列各数和为 b_j.

证 作一条长为 $A=\sum\limits_{i=1}^{m}a_i$ 的线段,且令其长分别是 $a_1,a_2,\cdots,a_m$ 的 m 部分,它有 $m-1$ 个分点.

同样在那条线段上分出长分别为 $b_1,b_2,\cdots,b_n$ 的 n 部分,它有 $n-1$ 个分点.

引子　非标准问题和非标准解法

图 0.5

两次划分,分点总数不多于 $m+n-2$ 即 $(m-1)+(n-1)$ 个,所分线段不多于 $m+n-1$ 段.

现考虑 $m+n-1$ 条线段,若记它们每段长为 c_k(若两次分点重合时,认为它是 0),它显然非负.

因每一段线段既属于第一次分法中的第 i 部分,又属于第二次分法中的第 j 部分,这时则可把 c_k 记在表格 i 行 j 列处.

这时表格中第 i 行数字的和是按第一次分法中落在第 i 部分的线段总和,它显然为 a_k. 对于列来讲也是如此. 这便得到不多于 $m+n-1$ 个数,填入 $m\times n$ 表格中,使第 i 行各数和为 a_i,第 j 列各数和为 b_j.

我们容易看到,这种解法是极为巧妙的. 这个表面上看是标准问题的命题,用标准方法去考虑未免要麻烦多了. 下面再来看个例子.

例 9　若 a,b,c 皆为正数,试证 $a^2+b^2+c^2 \geqslant \frac{a+b}{2}\sqrt{ab}+\frac{b+c}{2}\sqrt{bc}+\frac{c+a}{2}\sqrt{ca}$.

这当然也是一个标准命题,但它也可用非标准解法.

证 令 $f(x) = (x-\alpha)^2 + (x-\beta)^2 + (\alpha-\beta)^2$, 故对任何实数 x, 总有 $f(x) \geq 0$.

故
$$f(\sqrt{\alpha\beta}) = 2[\alpha^2 + \beta^2 - (\alpha+\beta)\sqrt{\alpha\beta}] \geq 0$$

即
$$\alpha^2 + \beta^2 \geq (\alpha+\beta)\sqrt{\alpha\beta}$$

令 α, β 分别为 $a, b; b, c$ 和 c, a, 再将所得不等式两边相加即可.

通过上面的例子可以看出:无论是对一些"非标准问题"的处理,还是用"非标准方法"去处理标准问题,无疑都要涉及一些特殊方法或技巧,这正是我们将要叙及的.

习 题

1. 一个学生用37天复习功课.据以往经验他知道需要的时间不超过60小时.他打算每天至少复习1小时,这样无论他怎样安排学习时间表(假定每天学习时数是整数),必存在相继的若干天,他恰好学习13小时.

2. 今有两组自然数,其中每一数均小于 n, 且同一组中的数互不相等,且两组数总个数不小于 n. 则必可从每组数中各选一数,使它们的和恰为 n.

3. 解方程

(1) $\sin x = x^2 + x + 1$;

(2) $2\cos^2 \dfrac{x^2+x}{6} = 2^x + 2^{-x}$;

(3) $\sin^n x + \dfrac{1}{\cos^m x} = \cos^n x + \dfrac{1}{\sin^m x}$.

4. 解不等式

$$\sqrt{\sin x} + \sqrt{\cos x} > 1$$

5. 平面上有四个圆,其中任意三个圆皆有公共点,试证此四圆必有公共点.

6. 若一平面可被四张半平面完全覆盖,则必可从中选出三张半平面,使之仍能完全覆盖平面.

指出存在的证明方法

第1章

数学问题中,常常会遇到这样一类问题:证明具有某种属性的数学对象是存在的.它的证明大多是所谓"构造性"的,即这种证明的本身就给出了这样的数学对象,除此之外便是所谓"非构造性"证明,它往往只是证明了这样的数学对象的存在,然而并不具体给出这种数学对象.对于一般的数学问题证明,也是如此(即区分构造性证明或非构造性证明).

19世纪初,人们对"存在"和"可构成"仍视为同义词,然而现在却不然了,

第1章 指出存在的证明方法

人们发现了两者的差异.[①]

被誉为"业余数学家之王"的法国的数学爱好者费马一生对数学(特别是"数论")作出了重要贡献. 其中最著名的要数费马大定理($n > 2$ 时, 方程 $x^n + y^n = z^n$ 不存在非平凡整数解)和费马质数(形如 $2^{2^n} + 1$ 的质数)的猜测.

著名数学家高斯早在 1796 年就已证明:

若费马数 $F_n = 2^{2^n} + 1$ 是质数[②], 则以它为边数的正

---

① 数学发展史上有三次"危机":无理数发现引起毕达哥拉斯学派的非议;微积分的诞生受到 Berkeley 的攻击;集合论的建立而引出的悖论. 其中的前两次已公认为解决, 后一次却震动了西方的数学界, 如何为数学的有效性建立可靠依据, 成了数学家面临的首要任务, 然而因观点有异, 产生不同流派:逻辑主义派(把数学归为逻辑)、直觉主义派(认为存在必须是被构造的)和形式公理学派. 他们各有所偏、各有所见, 但在方法论上又各有贡献.

② 当 $n = 0,1,2,3,4$ 时, $F_0 = 3, F_1 = 5, F_2 = 17, F_3 = 257, F_4 = 65\ 537$ 均为质数, 据此费马猜测:对任何自然数 n, F_n 均为质数. 1732 年, 欧拉指出 $F_5 = 2^{2^5} + 1 = 641 \times 6\ 700\ 417$. 从而推翻费马的猜想. 迄今为止, 人们仅知道上面五个费马数是质数. 此外已证明 46 个费马数是合数:

对于 F_n 当 n 为	研究进展
5 ~ 11	找到 F_n 的标准分解式
12,13,15,16,18,19,21,23,25 ~ 27,30,32,36,38, 39,42,52,55,58,63,73,77,81,117,125,144,150, 207,226,228,250,267,268,284,316,452,1 945, 2 023,2 089,2 456,3 310,4 724,6 537,6 835, 9 428,9 448,23 471	知道 F_n 的部分质因子
14,20,22	知道 F_n 是合数, 但不知道它的因子

当 $n = 24,\cdots$ 时, 人们尚不知道 F_n 是质数, 还是合数.

至今, $n \geq 5$ 时, 在 F_n 中尚未发现一个质数.

多边形可以用尺、规作图.

高斯本人给出了正十七(即 F_2)边形的作法(1796 年,当他 19 岁的时候),尔后的两个费马质数是 257 和 65 537. 为了验证高斯的结果,数学家黎西罗于 1832 年给出正 257 边形的作法,它整整写满了 80 页稿纸;盖尔梅斯教授则花了十年时间完成了正 65 537 边形的作图(这是在高斯证明了他的结论一百多年后的事),他的手稿装满整整一皮箱(至今收藏在哥廷根大学图书馆里). 他们的工作,其中一个重要的目的是想把高斯已证明"存在"的东西"构造出来".

说到这里,我们不禁想波兰数学大师斯坦因豪斯四十多年前在其所著《数学一瞥》中有这样一句挑战性的话语:

七十八位的数 $2^{257} - 1 = 231\ 584\ 178\ 474\ 632\ 390\ 847\ 141\ 970\ 017\ 375\ 815\ 706\ 539\ 969\ 331\ 281\ 128\ 078\ 915\ 168\ 015\ 826\ 259\ 279\ 871$ 是合数,可以证明它有因子,虽然它的因子还不知道.

这个工作是数学家拉赫曼于 1922—1923 年做的(他花了近 700 小时). 当然计算机的出现使得这种局面得到改观,1952 年有人利用电子计算机 SWAC 花 48 秒的时间找到了它的因子.

另一个故事是米尔斯(W. H. Mills)在研究产生质数的表达式时证明了"存在实数 k,使 $[k^{3^n}]$ 对每个 $n = 1, 2, 3, \cdots$ 都给出质数值",这里 $[a]$ 表示不超过 a 的最大整数.

米尔斯虽然证明了 k 的存在,然而却不知道它的

第 1 章　指出存在的证明方法

数值[①].

至于"构造性"的证明在高等数学中常常用到,但其在初等数学中却不甚为人们所重视."构造性"的概念说得通俗点,即把要证的对象(结论)"造出来"或"指出来".关于这方面在初等数学中也有不少精彩的例子.

希尔维斯特(1814—1897)是英国著名数学家,在其逝世前提出了一个有趣的几何问题.

例 1　平面上不全共线的任意 n 个点中,总可找到一条直线使其仅通过其中的两个点.

这个貌似简单的问题,苦恼过不少著名数学家,然而却被一位"无名小卒"解决了,这是问题提出之后五十多年的事.《美国科学新闻》于 1980 年曾报道了此事.他正是用"构造法"或"指出来"的办法给出的.下面我们来看证明:

证　过其中的每两点均作直线,因点数 n 有限,则这些直线条数也有限.

然后考虑其中的每一个点,到不过该点的其余直线的距离(这个总数也是有限的).考虑所有的点、直线;设点 P 到直线 l 的距离为所有距离的最小者,则 l 即为所求.

若不然,即 l 上有 n 个点中的三个或三个以上的点.

---

① 有趣的是:函数 $f(x,y) = \frac{1}{2}(y-1)[|B^2-1|-(B^2-1)]+2$,这里 $B = x(y+1)-(y!+1)$,当 x,y 为自然数时,只产生质数值,且给出所有质数值,而每个奇质数值正好各取一次.

设 PA 为 P 到 l 的距离(见图 1.1(a) 和(b)). 由抽屉原理知在 l 上点 A 的某一侧必至少有所给 n 个点中的两个点, 设其为 M,N, 且设 M 更靠近 A(M 也可以是 A). 连 PN, 且作 $MG \perp PN$, 显然有 $MG < PA$.

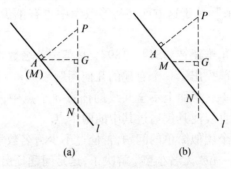

图 1.1

这与 PA 是所有距离中最小一个矛盾! 故 l 不可能通过 n 个点中的三个或三个以上的点.

下面是一个著名的平面格点问题, 所谓"格点"是指坐标均为整数的点.

例 2 对于任何自然数 n, 在格点平面上总有一个圆, 使它的内部恰好有 n 个格点.

证 我们先找出这样的点, 使它到平面上的每个格点的距离都不相同. 例如点 $P(\sqrt{2}, 1/3)$ 就行.

今用反证法证明该事实. 若不然, 今有平面上两个不同格点 $M(a,b), N(c,d)$, 它们到 P 的距离相等, 即(由平面两点距离公式)

$$(a - \sqrt{2})^2 + \left(b - \frac{1}{3}\right)^2 = (c - \sqrt{2})^2 + \left(d - \frac{1}{3}\right)^2$$

展开后有

$$c^2 + d^2 - a^2 - b^2 + \frac{2}{3}(b - d) + 2(a - c)\sqrt{2} = 0$$

第 1 章　指出存在的证明方法

比较两端有理、无理部分系数有

$$\begin{cases} c^2 + d^2 - a^2 - b^2 + \dfrac{2}{3}(b-d) = 0 & (1) \\ 2(a-c) = 0 & (2) \end{cases}$$

由(2)有 $a=c$，代入(1)得

$$(d-b)\left(d+b-\dfrac{2}{3}\right) = 0$$

因 a,b 是整数，故 $d+b-\dfrac{2}{3} \neq 0$，从而 $d-b=0$ 即 $d=b$.

综上，(a,b) 与 (c,d) 重合，这与前设矛盾！

故 P 到各格点距离均不相等. 这样我们把平面各格点至 P 距离远近依次排成（由近到远）：$P_1, P_2, \cdots, P_n, \cdots$，只要半径 r 选择适当（使 $\overline{PP_n} < r < \overline{PP_{n+1}}$ 即可），以 P 为圆心，r 为半径的圆内就恰有 n 个格点.

注 1　P 点选择不唯一.

注 2　本题结论可以推广为：

1. 任给自然数 n，存在面积为 n 的圆，其内部恰含 n 个格点.

2. 任给自然数 n，必存在一个圆，使圆周上恰好有 n 个格点.

3. 任给自然数 n，必有与预先给定的封闭凸图形相似的图形，使其内部恰好含有 n 个格点.

它还可以推广到三维情形：

4. 任给自然数 n，空间必有一球，使球面上恰好有 n 个格点.

这类问题的特点是：若存在（有）就找出来；若不存在就请论证.

下面的题目是苏联的全俄中学生数学竞赛试题：

例 3　平面上有 2×10^6 个点. 试证存在一个圆，使

在该圆内恰有 10^6 个所给点.

证 过这些点中的每两个均连线段(它至多有 C_n^2 条,$n = 2 \times 10^6$),再作其垂直平分线,它也是仅有有限条.

今取不在上述垂直平分线上的点 O 为圆心的任一圆周上,至多只有一个所给点(否则 O 就要在某一垂直平分线上).

以 O 为圆心,且过每个已知点作圆,可得到 2×10^6 个不同的同心圆. 设它们的半径分别为

$$r_1 < r_2 < \cdots < r_{2\,000\,000}$$

因上面该圆中的每一个仅过一个已知点,故可取

$$r_{1\,000\,000} < r_{1\,000\,001}$$

则以 O 为圆心,r 为半径的圆内恰有 10^6 个已知点.

注 本题启示我们:例 2 的证明也可仿此考虑.

例 4 在一张无限大方格纸的方格中能否填上某些整数,使每一个 4×6 的矩形内的方格中的填数之和等于(1)10? (2)1?

解 (1)考察如图 1.2(a),(b)所示的两种填法,它们沿着相距 5 格和 3 格的对角线上各填 1,其余位置上填 0.

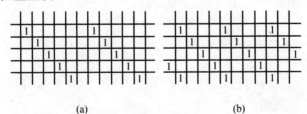

(a)　　　　　　　　(b)

图 1.2

这样,在每一个 4×6 的矩形方格中各数之和分别为 4 和 6,若将两种填法叠加,且将同一格内所填的数相加,即可得到一种使在每一 4×6 矩形方格中各数之和为 10 的填法.

(2) 如将图 1.2(a),(b) 填法中对角线各数交替地换成 0,1,其他地方的数不变,便得到下面的图 1.3(a),(b):

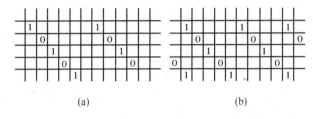

图 1.3

这种填法中使得在每一 4×6 矩形方格中各数之和分别为 2 和 3.

这样,我们可将两种填法叠加并对在同一格中从(b)填法中的数减去(a)填法中的数,这就得到一种可使在任何 4×6 矩形方格中各数和等于 1 的填法.

我们再来看一个例子,它看上去并不是要求证明存在性的.

例 5 平面上的四个点可连六条线段. 试证最长线段与最短线段长度之比不小于 $\sqrt{2}$.

证 由于四个点位置不同,今分两种情况考虑(今设此四点为 A,B,C,D):

(1) 若四边形 $ABCD$ 是凸四边形(如图 1.4(a)),则其至少有一个内角不小于 $90°$. 今设 $\angle ABC \geqslant 90°$.

(2) 若四边形 $ABCD$ 不是凸四边形(图 1.4(b)),

连 BD,则 $\angle ABC, \angle ABD, \angle CBD$ 中总有一个角不小于 $90°$,不妨设 $\angle ABC \geqslant 90°$.

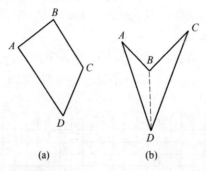

图 1.4

综上,总有所给四点中的三个点,使之组成钝角或直角三角形. 由余弦定理:
$$AB^2 + BC^2 = AC^2 + 2AB \cdot BC \cdot \cos\angle ABC \leqslant AC^2$$

设 $AB = \min\{AB, AC\}$,则有 $AC^2 \geqslant 2AB^2$ 从而
$$\frac{AC}{AB} \geqslant \sqrt{2}$$

这种方法不仅在几何中有用,它在其他分科中也有用. 我们看两个代数方面的例子.

例6 若 a, b 是偶数,定有自然数 c, d,使 $a^2 + b^2 + c^2 = d^2$ 成立.

证 令 $a = 2m, b = 2n$,则 $a^2 + b^2 = 4(m^2 + n^2)$. 故 c, d 只须满足 $d^2 - c^2 = 4(m^2 + n^2)$ 即可. 即
$$(d+c)(d-c) = 4(m^2 + n^2)$$
令
$$\begin{cases} d + c = 2(m^2 + n^2) \\ d - c = 2 \end{cases}$$

第1章　指出存在的证明方法

可解得 $c = m^2 + n^2 - 1, d = m^2 + n^2 + 1$，此即为所求.

例7　试证任何整数均可表示为五个整数的立方和.

证　注意到下面的事实：
$$(n+1)^3 + (-n)^3 + (-n)^3 + (n-1)^3 = 6n$$

即任何形如 $6n$ 的整数（即可被6整除的整数）均可表为四个整数的立方和.

再注意到：
$$6n + 1 = 6n + 1^3$$
$$6n + 2 = 6(n-1) + 2^3$$
$$6n + 3 = 6(n-4) + 3^3$$
$$6n + 4 = 6(n+2) + (-2)^3$$
$$6n + 5 = 6(n+1) + (-1)^3$$

故任何整数均可表为五个整数的立方和.

注1　这个问题可以看成是数论中所谓华林问题的特例（注意例中的结论是整数）.

自然数可用：四个整数平方和表示，九个自然数立方和表示，十九个整数的四次方和表示……

表为平方和问题于1770年被拉格朗日证得，他借助了欧拉恒等式
$$(a^2 + b^2 + c^2 + d^2)(r^2 + s^2 + t^2 + u^2) =$$
$$(ar + bs + ct + du)^2 + (as - br + cu - dt)^2 +$$
$$(at - bu - cr + ds)^2 + (au + bt - cs - dr)^2$$

1773年欧拉也给出另外的一种证法.

对于自然数表为正整数立方和、四次方和……问题的证明，至今未全获解决.

顺便再讲一句，由于古希腊人定义了所谓多角数：

数学解题的特殊方法

名称	三角数	四角数	五角数	六角数	…	k 角数
表达式	$\dfrac{n(n+1)}{2}$	n^2	$\dfrac{3n^2-n}{12}$	$2n^2-n$	…	$n+\dfrac{(n^2-n)(k-2)}{2}$

1637 年法国数学家费马发现:

每个自然数均可由 k 个 k 角数和表示.

表为三角数和的问题于 1796 年为高斯解决…… 对于一般的表为角数和问题直到 1815 年,才为数学家柯西最后解决.

注 2 类似的问题可知:方程 $x^3+y^3+z^3=3$ 至少有四组整数解:

$$(1,1,1),(4,4,-5),$$
$$(4,-5,4),(-5,4,4)$$

米勒(Miller)等人对 $|x|,|y|,|z| \leqslant 3\,164$ 的情形检验时,未能发现其他解.

注 3 方程 $x^x y^y = z^z$,且 $x,y,z>1$ 有无穷多组解,比如:$(12^6, 6^8, 2^{11}3^7)$,$(224^{14}, 112^{16}, 2^{68}7^{15})$,…,中国数学家柯召曾给出该方程解的通式.

注 4 Markoff 方程 $x^2+y^2+z^2=3xyz$ 解的研究,甚为人们关注.

显然 $(1,1,1)$ 和 $(2,1,1)$ 为其平凡解(类似地 $(1,2,1),(1,1,2)$ 亦然),而它其余解皆可由这两解产生.

```
        (1, 1, 1)
           |
        (2, 1, 1)
           |
        (5, 1, 2)
          / \
   (13, 1, 5)  (29, 5, 2)
    …   …      …   …
```

例 8 若 n,k 是自然数且 $k \geqslant 2$,则 n^k 可表示为 n 个相继奇数之和.

证 用归纳法对 k 进行归纳证明.

(1) $k=2$ 时,由 $\sum\limits_{r=1}^{n}(2r-1) = n^2$,结论成立.

(2) 设 $k=l$ 时命题成立,即

$$n^l = \sum_{r=1}^{n}(a+2r-1) = na + \sum_{r=1}^{n}(2r-1) = na + n^2$$

这里 a 是偶数.

今考虑

$$n^{l+1} = n \cdot n^l = n(na+n^2) = n(na+n^2-n) + n^2$$

因 $na+n^2-n = na+n(n-1)$ 的两项因子均为偶数,则它是偶数. 今令 $b = na+n^2-n$,则可有

$$n^{l+1} = nb + n^2 = \sum_{r=1}^{n}(b+2r-1)$$

即 $k = l+1$ 时命题也为真,从而对任何自然数 $k \geq 2$,命题成立.

这里是在归纳步骤中指出了 b 的存在.

再来看几个方程方面的例子.

例 9   试证方程 $2^x + 2^y + 2^z + 2^t = 3.75$ 有整数解.

证   注意到 $2^1 + 2^0 + 2^{-1} + 2^{-2} = 3\frac{3}{4} = 3.75$.

故 x,y,z,t 可分别为 $1,0,-1,-2$(共有 $4! = 24$ 种情形).

从而知方程有整数解.

例 10   试证有无穷多组整数 x,y,z 满足 $x^3 + y^4 = z^5$.

证   由等式 $2^{24} + 2^{24} = 2^{25}$ 即 $(2^8)^3 + (2^6)^4 = (2^5)^5$,知 $(2^8, 2^6, 2^5)$ 为方程一组解.

对任意自然数 k 数组 $(2^8 k^{20}, 2^6 k^{15}, 2^5 k^{12})$ 皆为题设方程解.

例 11   证明方程 $\frac{1}{x^2} + \frac{1}{y^2} + \frac{1}{z^2} + \frac{1}{t^2} = 1$ 有整数解.

证   显然 $x = y = z = t = 2$ 为方程的一组平凡解.

又满足题设方程的 x,y,z,t 任何一个的绝对值皆不能为 1,否则式左将大于 1.

同时这些绝对值也不能大于2.否则比如$|x|>2$即$|x|\geq 3$.则注意到

$$\frac{1}{x^2}+\frac{1}{y^2}+\frac{1}{z^2}+\frac{1}{t^2}\leq\frac{1}{9}+\frac{1}{4}+\frac{1}{4}+\frac{1}{4}<1$$

从而

$$|x|=|y|=|z|=|t|=2$$

即

$$(x,y,z,t)=(\pm 2,\pm 2,\pm 2,\pm 2)$$

总计 16 组解.

应该指出一点:指出存在的证题方法,往往是选择所要讨论的集合中具有极端性质(诸如最大、最小等)或具有特殊性质的元素来考虑. 上面的例子中我们已经看到,下面再来看两个例子.

例 12 试证任何四面体 $ABCD$ 中,总可以找到一个顶点,使由该点引出的三条棱可以组成一个三角形.

证 如图 1.5,设 AB 为四面体 $ABCD$ 的六条棱中最长的一条,今证 A,B 两点中必有一点符合要求.

若不然,即由 A,B 引出的各棱均不能组成三角形,此时必有

$$AB\geq AC+AD$$
$$AB\geq BC+BD$$

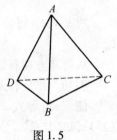

图 1.5

上两式相加可有

$$2AB\geq(AC+BC)+(AD+BD)>$$
$$AB+AB=2AB$$

它显然矛盾! 从而命题得证.

例 13 在一次乒乓球循环赛中,n 名选手$(n\geq 3)$

第1章 指出存在的证明方法

中无获全胜者. 试证必可从中找出三名选手 A,B,C 满足 A 胜 B,B 胜 C,C 胜 A.

证 今设获胜场次最多者为 B.

因 B 未获全胜,故必有选手 A 胜 B.

在输给 B 的选手中,必有一选手 C 胜 A(否则,输给 A 的人数将比输给 B 的人数多 1,与设相抵).

我们知道:要证明一个命题,须考虑所有情况和全部可能,然而要推翻一个命题,只须指出一个反例. 显然举反例也是指出"存在反例".

1753 年欧拉曾猜测:无正整数 a,b,c,d,e 满足 $a^5+b^5+c^5+d^5=e^5$,但 1960 年兰德(L. J. Lander)等人借助电子计算机发现等式 $27^5+84^5+110^5+133^5=144^5$. 从而否定了欧拉的猜测.

例 14 把 $A_1,A_2,\cdots,A_n$ 与 $a_1,a_2,\cdots,a_n$ 先配成 $A_1a_1,A_1a_2,\cdots,A_1a_n;A_2a_1,A_2a_2,\cdots,A_2a_n;\cdots$ 共 n^2 个对,然后把它们分别填入 $n\times n$ 的方格中(称为 n 阶拉丁方阵),若有一种填法使得方阵中每行、每列皆有 $A_1,A_2,\cdots,A_n$ 和 $a_1,a_2,\cdots,a_n$ 出现,且每个 $A_1a_1,A_1a_2,\cdots,A_na_{n-1},A_na_n$ 仅出现一次,则称之为正交拉丁方阵. 这个问题最早为数学家欧拉所研究,故又称之为欧拉方阵. 欧拉经过一些探讨后猜测:

$4k+2$ 阶(k 是非负整数)正交拉丁方阵不存在.

2 阶(即 $4k+2$ 中 $k=0$ 的情形)情况容易验证.

一百多年后,1901 年法国数学家泰勒(用枚举法)证明了 6 阶(即 $4k+2$ 中 $k=1$ 的情形)正交拉丁方阵不存在.

此后,人们对欧拉猜想笃信不疑. 时至 1959 年,意外的情况发生了:数学家玻色和史里克汉德居然造出了 10 阶(即 $4k+2$ 中 $k=2$ 的情形,如图 1.6)的正交拉丁方阵,从而推翻了欧拉猜想.

Aa	Eh	Bi	Hg	Cj	Jd	If	De	Gb	Fc
Ig	Bb	Fh	Ci	Ha	Dj	Je	Ef	Ac	Gd
Jf	Ia	Cc	Gh	Di	Hb	Ej	Fg	Bd	Ae
Fj	Jg	Ib	Dd	Ah	Ei	Hc	Ga	Ce	Bf
Hd	Gj	Ja	Ic	Ee	Bh	Fi	Ab	Df	Cg
Gi	He	Aj	Jb	Id	Ff	Ch	Bc	Eg	Da
Dh	Ai	Hf	Bj	Jc	Ie	Gg	Cd	Fa	Eb
Be	Cf	Dg	Ea	Fb	Gc	Ad	Hh	Ii	Jj
Cb	Dc	Ed	Fe	Gf	Ag	Ba	Ij	Jh	Hi
Ec	Fd	Ge	Af	Bg	Ca	Db	Ji	Hj	Ih

图 1.6

尔后,除了 $k=0,1$ 以外的其他情形的 $4k+2$ 阶正交拉丁方阵均已造出(如今它们已在正交试验设计中被广泛应用).

类似的问题如"柯克曼女生问题":一位女教师带 15 名女生散步. 这些女生每次都 3 人一行排成 5 排. 如果每天每位女生排队位置都可变动. 能否有一种排法使任意两名女生在一星期内的某天总能排在同行? (这是英格兰教会的柯克曼于 1850 年提出的) 西尔维斯特给出该问题的一种解法(数码 1~15 代表 15 名女生):

日期	排列方式				
周日	(1,2,3)	(4,8,12)	(5,10,15)	(6,11,13)	(7,9,14)
周一	(1,4,5)	(2,8,10)	(3,13,14)	(6,9,15)	(7,11,12)
周二	(1,6,7)	(2,9,11)	(3,12,15)	(4,10,14)	(5,8,13)
周三	(1,8,9)	(2,12,14)	(3,5,6)	(4,11,15)	(7,10,13)
周四	(1,10,11)	(2,13,15)	(3,4,7)	(5,9,12)	(6,8,14)
周五	(1,12,13)	(2,4,6)	(3,9,10)	(5,11,14)	(7,8,15)
周六	(1,14,15)	(2,5,7)	(3,8,11)	(4,9,13)	(6,10,12)

第1章 指出存在的证明方法

1974年,有人利用电子计算机给出:15个女生安排在13周,且每3名女生皆有一天安排在同一行,即每组3人皆不相同的排列.

此问题的推广即"斯坦纳三元系"问题. 这是"组合分析"中至今仍在研究的问题.

我们还愿意指出一点:指出存在的方法在高等数学包括线性代数中也很有用,这里我们仅给两例加以说明.

例15 设 A 是 n 阶方阵,I 是 n 阶单位矩阵,O 是 n 阶零矩阵:

(1) 若 $A^k = O(k \geq 2)$,则 $I - A$ 非奇异;

(2) 若 $A^2 + A - I = O$,则 A 非奇异.

证 (1) 由设且注意到

$$(I - A)(I + A + A^2 + \cdots + A^{k-1}) = I - A^k = I$$

知 $(I - A)^{-1} = I + A + A^2 + \cdots + A^{k-1}$

故 $I - A$ 非奇异.

(2) 由设可有 $A^2 + A = I$ 即 $A(A + I) = I$,从而 $A^{-1} = A + I$,故 A 非奇异.

注 本题结论还可稍推广为:

(1) 若 $\sum_{k=0}^{n} a_k A^k = O$,这里规定 $A^0 = I$,且 $a_0 \neq 0$,则 A 非奇异;

(2) 若 $(A + I)^m = O$,这里 m 是正整数,则 A 非奇异.

例16 试证矩阵方程 $\sum_{k=0}^{n} a_k X^{n-k} = O$ 总有解. 这里 $X^0 = I$,且 a_k 为数 $(k = 0, 1, \cdots, n)$,又 $a_n = 1$.

证 这只须注意到下面事实:

(1) 矩阵 $G = \begin{bmatrix} 0 & & \cdots & 0 & -a_n \\ 1 & 0 & \cdots & 0 & -a_{n-1} \\ & 1 & 0 & \cdots & 0 & -a_{n-2} \\ & & & \vdots & \vdots & \vdots \\ \vdots & \vdots & \vdots & 1 & 0 & -a_2 \\ 0 & \cdots & \cdots & 0 & 1 & -a_1 \end{bmatrix}_{n \times n}$

的特征多项式为 $g(x) = x^n + a_1 x^{n-1} + \cdots + a_{n-1} x + a_n$ (故 G 又称为 $g(x)$ 的友阵).

(2) [凯莱-哈密顿定理] 若矩阵 A 的特征多项式为 $f(\lambda) = \det(\lambda I - A) = \lambda^n + a_1 \lambda^{n-1} + \cdots + a_{n-1} \lambda + a_n$, 则 $A^n + a_1 A^{n-1} + \cdots + a_{n-1} A + a_n I = O$, 即 $f(A) = O$.

综上, $X = G$ 便是所给矩阵方程的一个解.

注 本命题实则是凯莱-哈密顿定理的反问题. 定理是说:任何矩阵均适合一个次数等于矩阵阶数且首系数为 1 的多项式;本命题即说:任何首项系数为 1 的多项式均有一个矩阵作为它的根, 且矩阵的阶数为多项式的次数.

例 17 对任何整数 m, 在有理数域上总可以找到一个 4 阶矩阵 H, 使 $HH^T = mI$, 这里 I 是 4 阶单位阵.

证 由 Lagrange 关于整数可表为四平方和定理知有 $a_i (1 \leq n \leq 4)$ 使 $m = a_1^2 + a_2^2 + a_3^2 + a_4^2$.

令 $H = \begin{bmatrix} a_1 & a_2 & a_3 & a_4 \\ a_2 & -a_1 & a_4 & -a_3 \\ a_3 & -a_4 & -a_1 & a_2 \\ a_4 & a_3 & -a_2 & -a_1 \end{bmatrix}$, 则 $HH^T = mI$.

注 结论可以推广为存在 $4n$ 阶矩阵 H 使 $HH^T = mI$, 这里 I 为 $4n$ 阶单位阵.

第1章 指出存在的证明方法

习　题

1. 试证连续十个自然数中,至少有一个数与其他各数均互质.

[**提示**:其中至少有一个不是 $3,5,7$ 倍数的奇数.]

2. 从等差数列 $1,4,7,\cdots,100$ 中,选出 20 项的任意集合 S,则 S 中必有两整数其和是 104.

[**提示**:考虑数对 $\{4,100\}$,$\{7,97\}$,$\{10,94\}$,$\cdots$,$\{49,55\}$,则从 $1,4,7,\cdots,100$ 中任选的 20 项所成的集合 S 中,必含前述 16 个数对中的某一个.]

3. 平面上任给六个点,则它们中的最大距离与最小距离之比不小于 $\sqrt{3}$.

4. 平面上给定 n 个点,其中无三点共线. 则以这些点为顶点至少可构成 C_{n-3}^2 个凸四边形.

5. 平面上给定五个点(没有三点共线者),其中必有某四点可为凸四边形顶点.

[**提示**:若设五点为 A,B,C,D,E,先作四边形 $ABCD$,若其是凸的则证得结论;否则有以其中三点为顶点的三角形,使另一点在其内部. 最后考虑点 E 的情况.]

6. 设 A,B,C,D 是平面上四个相异的点,又过 A,B 的一个圆与过 C,D 的每一个圆相交或重合,则 A,B,C,D 共线或共圆.

7. (1) 平面上五个格点,其中必有一个格点位于其余某两格点所连线段内;

(2) 空间中九个格点,其中必有一个格点位于其余某两格点所连线段内.

8. 今有 n 个人 $A_1,A_2,\cdots,A_n$,又设 A_i 认识他们其中的人数为 $a_i(i=1,2,\cdots,n)$. 试证可将这 n 个人分成两组,使每个人 A_i 在另一组中认识的人数 $a'_i \geq \dfrac{1}{2}a_i$.

赋值证解题

第2章

人类认识事物的过程往往是先从特殊再到一般,这种方法在数学中便称为归纳法.由于事物的特殊性中也蕴涵着事物的某些普遍性,因而我们有时也用这种特殊性去探讨事物的普遍性,这种方法之一便是"赋值解题".

所谓"赋值",顾名思义就是给所要研究的对象赋上某些具体数值.其实这种方法人们是屡见不鲜的.

电子线路的开、关;数理逻辑中的是、非……就常分别用1,0来表示,这其实就是一种"赋值"(当然这里还有所谓代号的意义).倘若没有这种赋值,人们也许很难想象电子计算机的出现(它所常用的二进制也是用1,0两个符号表示的).

第2章 赋值证解题

在一些数学游戏中,比如用卡片猜姓氏、猜物品(卡片上写着赵、钱、孙、李等姓氏或在卡片上画着许多不同品种的物品,让你先认准某种姓氏或物品),再将这些姓氏或物品编上号(其实就是赋值),然后转化为猜数字或用卡片猜年龄的问题.①

这在数学上也有许多精彩的例子.

我们知道,若给定正数 a, b,则称

$A = (a+b)/2$ 为 a, b 的算术平均数;

$G = \sqrt{ab}$ 为 a, b 的几何平均数;

$H = 2 \Big/ \left(\dfrac{1}{a} + \dfrac{1}{b} \right)$ 为 a, b 的调和平均数.

人们当然熟悉: $H \leq G \leq A$.

又若令 $a = a_0, b = b_0$ 是非负的,称由

---

① 人们可用下面的五张卡片去猜 1~31 岁人的年龄:

1	3	5	7
9	11	13	15
17	19	21	23
25	27	29	31

(1)

2	3	6	7
10	11	14	15
18	19	22	23
26	27	30	31

(2)

4	5	6	7
12	13	14	15
20	21	22	23
28	29	30	31

(3)

8	9	10	11
12	13	14	15
24	25	26	27
28	29	30	31

(4)

16	17	18	19
20	21	22	23
24	25	26	27
28	29	30	31

(5)

你只须记住所有有被猜人年龄数的卡片(让他看后指认),然后将被指认卡片左上角的数字(它们分别是1,2,4,8,16)加起来即得. 这其实也是一种"二进制"的应用.

数学解题的特殊方法

$$\begin{cases} a_{n+1} = (a_n + b_n)/2 \\ b_{n+1} = \sqrt{a_n b_n} \end{cases} (n=0,1,2,\cdots) \quad (*)$$

给出的数列 $\{a_n\}$,$\{b_n\}$ 为高斯算术 - 几何平均数列. 这个数列在数学史上有着十分重要的意义. 1791 年,年仅 14 岁的高斯发现,当取 $a_0 = \sqrt{2}$,$b_0 = 1$ 时:
$$\lim_{n\to\infty} a_n = \lim_{n\to\infty} b_n = 1.198\ 140\ 234\ 735\ 592\ 207\ 44\cdots$$
即 a_n,b_n 趋于相同的极限,且极限值仅依赖于 a_0,b_0 的选取,他觉得这个问题很有意义.

1799 年,22 岁的高斯利用 $(*)$ 计算了一种椭圆积分(它通常积不出)的近似值 α,发现 α 乘上前述 $a_0 = \sqrt{2}$,$b_0 = 1$ 时 $\{a_n\}$,$\{b_n\}$ 的极限值,在许多数位上与 $\pi/2$ 的值重合. 5 月 30 日他在日记上写道:上述问题的证明也许会打开一个新的数学领域. 12 月 23 日,高斯证得了他的猜想.

殊不知,这个思想便成了计算数学中著名的高斯算法的依据.

另一个例子,我们想谈谈被誉为数论中"明珠"之一的范·德·瓦尔登定理.

1926 年,26 岁的荷兰青年范·德·瓦尔登(今天他已是世界上知名的数学家了)提出并证明一个结论,曾引起人们的轰动:

若你把自然数集 $\{1,2,\cdots\}$ 任意分成两部分,那么至少有一部分里含有项数为任意多的等差数列.

这个看起来似乎简单的结论所涉及的内容竟是极为深远的.

近年来有人又去研究它,其中魏斯又给出了一个新的证法,它是用"赋值"的办法给出的. 大意是:

第 2 章 赋值证解题

先把自然数按序排好:1,2,3,4,…,对于某种划分来说,我们把上述数中属于第 Ⅰ 部分的用 0 表示;属于第 Ⅱ 部分的用 1 表示.这样,对 1,2,3,4,… 的属性(属于何类)可得到如下的 0 - 1 数列,比如:

001010111…

它表示:1,2 属于 Ⅰ;3 属于 Ⅱ;4 属于 Ⅰ;5 属于 Ⅱ;6 属于 Ⅰ;7,8,9 属于 Ⅱ,….

我们只要把上述数列重复一个固定的次数(即你想要得到的等差数列的长即项数 n),比如 3 次可有:

001010111…
001010111…
001010111…

然后把它们有规则地错动(可向左,也可向右;都错动一位,也可都错动两位、三位;…),比如:

001010111…
 001010111…
  001010111…

我们只须在这种阶梯状的数阵中,找一找同一列中 3 个数码一样的:若这 3 个数码是 0,则所求的长(项数)为 3 的等差数列在 Ⅰ 中;若这 3 个数码是 1,则所求的长为 3 的等差列在 Ⅱ 中.

至于用此排列的方式,必然能在某一列中找到 n 个数码相同的排列问题,尚须利用前述"抽屉原理"去考虑了.

我们还想说一点:有些赋值方法与涂色解题并无本质区别,如涂白色相当于(看做)赋值 1,涂黑色相当于(看做)赋值 0,这时赋值解即化为染色方法.

下面我们来谈谈"赋值"在中学数学中的应用.

2.1 赋值解题

组合数是指 C_n^k 这种数,它与二项式展开有关. 由于电子计算机的出现使得这种数的研究得以进展. 在中学代数中也常需要计算一些组合式的值,例如:

例1 计算下列各值:

(1) $\sum_{k=0}^{n} C_n^k$; (2) $\sum_{k=0}^{n} (-1)^k C_n^k$;

(3) $\sum_{k=0}^{n} 2^k C_n^k$; (4) $\sum_{k=0}^{n} (-1)^k 3^k C_n^k$.

解 由二项式定理 $(x+y)^n = \sum_{k=0}^{n} C_n^k x^k y^{n-k}$,我们分别令 $x=y=1$;$x=1,y=-1$;$x=1,y=2$;$x=1,y=-3$ 等可得:

(1) $\sum_{k=0}^{n} C_n^k = (1+1)^n = 2^n$;

(2) $\sum_{k=0}^{n} (-1)^k C_n^k = (1-1)^n = 0$;

(3) $\sum_{k=0}^{n} 2^k C_n^k = (2+1)^n = 3^n$;

(4) $\sum_{k=0}^{n} (-1)^k 3^k C_n^k = (-3+1)^n = (-2)^n$.

注 随 x,y 赋值不同,我们可以得到许多组合式的值. 此外,将上面方法推广到多项式展开可有相应的式子.

倘若借助于简单的微积分运算再结合一些赋值,还可计算诸如:

例2 计算(1) $\sum_{k=1}^{n} k C_n^k$;

(2) $\sum_{k=0}^{n}(-1)^{k}\dfrac{1}{k+1}C_{n}^{k}$.

解 (1) 将

$$(x+y)^{n}=\sum_{k=0}^{n}C_{n}^{k}x^{k}y^{n-k} \qquad ①$$

两边对 x 求导可有

$$n(x+y)^{n-1}=\sum_{k=0}^{n}kC_{n}^{k}x^{k-1}y^{n-k}$$

令 $x=y=1$,有 $\sum_{k=1}^{n}kC_{n}^{k}=n2^{n-1}$.

当然我们还可以在式①中先令 $y=1$,再两边对 x 求导后,令 $x=1$ 代入也可.

(2) 在式①中令 $x=1,y=-x$ 则有

$$(1-x)^{n}=\sum_{k=0}^{n}(-1)^{k}C_{n}^{k}x^{k}$$

两边对 x 积分有

$$\int_{0}^{1}(1-x)^{n}dx=\int_{0}^{1}\bigl[\sum_{k=0}^{n}(-1)^{k}C_{n}^{k}x^{k}\bigr]dx=$$

$$\sum_{k=0}^{n}\int_{0}^{1}(-1)^{k}C_{n}^{k}x^{k}dx=\sum_{k=0}^{n}(-1)^{k}C_{n}^{k}\dfrac{1}{k+1}$$

而

$$式左=\int_{0}^{1}y^{n}dy=\dfrac{1}{n+1}$$

故

$$\sum_{k=0}^{n}(-1)^{n}C_{n}^{k}\dfrac{1}{k+1}=\dfrac{1}{n+1}$$

注 我们还可仿上对式①x 多次求导或积分,还可计算一批组合式如:

(1) 求 $\sum_{k=1}^{n}k(k-1)C_{n}^{k}$; (2) 求 $\sum_{k=1}^{n}k^{2}C_{n}^{k}$;

(3) 求 $\sum_{k=1}^{n} k^m C_n^k;\cdots$.

我们再来看两个例子.

例3 求多项式 $f(x) = (2x-1)^{1979}(3x^3 - 2x^2 + x - 3)^3(x^2 - 3x + 1)^{25}$ 展开式中所有系数和.

解 易知 $f(x)$ 最高次项次数为
$$1979 + 3 \times 3 + 2 \times 25 = 2038$$

故可设 $f(x) = \sum_{k=0}^{2038} a_k x^k$. 显然 $f(1) = \sum_{k=0}^{2038} a_k$, 即为所求系数和. 而
$$f(1) = (2-1)^{1979}(3-2+1-3)^3(1-3+1)^{25} = 1$$
故
$$\sum_{k=0}^{2038} a_k = 1$$

例4 求多元多项式 $f(x_1, x_2, \cdots, x_k) = \prod_{k=1}^{n}(1 + x_k + x_k^2)^k$ 展开式中所有系数和.

解 仿上例我们只须令 $x_1 = x_2 = \cdots = x_n = 1$ 代入题设, 即所求之数为 $f(1, 1, \cdots, 1)$.
$$f(1, 1, \cdots, 1) = \prod_{k=1}^{n}(1 + 1 + 1)^k = 3^{n(n+1)/2}$$

以上几例可以发现"1"在赋值解题中的重要和常用.

再来看一个几何问题. 它是一则100多年前被人提出的问题(1904年), 曾引起不少人的兴趣, 直到上世纪60年代才找到其解.

例5 求边长是整数, 且面积与周长为同一整数的三角形.

解 设所求三角形三边分别为 a, b, c. 令 $p =$

$\frac{1}{2}(a+b+c)$,由题设及海伦公式有

$$2p = \sqrt{p(p-a)(p-b)(p-c)} \quad \text{①}$$

令 $x = p-a, y = p-b, z = p-c$,则 $p = x+y+z$. 代入式①有

$$4(x+y+z) = xyz \quad \text{②}$$

知 x, y, z 均为正整数.

(1) 若 $p = \frac{1}{2}(a+b+c)$ 为整数,则不妨设 $x \leqslant y \leqslant z$,今考虑若 $x > 3$,则有

$$xyz \geqslant 16z$$
$$x+y+z \leqslant 3z$$

故

$$4(x+y+z) \leqslant 12z < 16z \leqslant xyz \quad \text{③}$$

式③与式②矛盾. 故 $1 \leqslant x \leqslant 3$.

① $x = 1$ 时,式②变为

$$(y-4)(z-4) = 20$$

解得 $(x,y,z) = (1,5,24), (1,6,14)$ 和 $(1,8,9)$.

② $x = 2$ 时,式②化为

$$(y-2)(z-2) = 8$$

解得 $(x,y,z) = (2,3,10)$ 和 $(2,4,6)$.

③ $x = 3$ 时,式②化为

$$(3y-4)(3z-4) = 52$$

又 $y \neq 3$(否则 $3y-4 = 5$ 不是 52 的因子),且 y 不能大于 3(否则 $4 \leqslant y \leqslant z$,有 $8 \leqslant 3y-4 \leqslant 3z-4$,这样 $(3y-4)(3z-4) \geqslant 64$ 不妥),故此时无解.

(2) 若 $p = \frac{1}{2}(a+b+c)$ 非整数,由 a,b,c 为整数,此时必有奇数 X, Y, Z 使 $2x = X, 2y = Y, 2z = Z$. 代入式

② 有
$$16(X+Y+Z) = XYZ$$
上式式左为偶数,式右为奇数,不妥,从而无解.

综上,由 x,y,z 代回计算 a,b,c 可有 (a,b,c) 分别为:$(29,25,6)$,$(20,15,7)$,$(17,10,9)$,$(13,12,5)$,$(10,8,6)$.

注 本例是在求解过程中先赋值、再讨论,给出解的范围再进一步求解.

在考察数和形的变化时,除了研究变化的法则和规律外,有时还要研究它们的不变性,这就是所谓的定值问题. 这类问题通常是利用数变化中的特殊值或图形的特殊位置去确定定值或定点,然后再研究一般的结论,请看下例.

例 6 已知三角函数式 $F(\theta) = \sin^2\theta + \sin^2(\theta + \alpha) + \sin^2(\theta + \beta)$,其中 α,β 是适合 $0 \leq \alpha \leq \beta \leq \pi$ 的常数. 试问 α,β 为何值时,$F(\theta)$ 为与 θ 无关的定值.

解 若 $F(\theta)$ 与 θ 无关,则对不同的 θ 值 $F(\theta)$ 均相等. 考虑到:

$\theta = 0$ 时,$F(0) = \sin^2\alpha + \sin^2\beta$ ①

$\theta = -\alpha$ 时,$F(-\alpha) = \sin^2\alpha + \sin^2(\beta - \alpha)$ ②

$\theta = -\beta$ 时,$F(-\beta) = \sin^2\beta + \sin^2(\alpha - \beta)$ ③

$\theta = \pi/2$ 时,
$$F(\pi/2) = 1 + \cos^2\alpha + \cos^2\beta = 3 - \sin^2\alpha - \sin^2\beta$$ ④

由 $F(0) = F(-\alpha) = F(-\beta) = F(\pi/2)$

据式①,②,③ 有
$$\sin^2\alpha = \sin^2\beta = \sin^2(\beta - \alpha)$$ ⑤

据式①,④ 有

$$\sin^2\alpha + \sin^2\beta = 3/2 \qquad ⑥$$

据式⑤,⑥有

$$\sin^2\alpha = \sin^2\beta = \sin^2(\beta - \alpha) = 3/4$$

又 $0 \leq \alpha \leq \beta \leq \pi$,有 $0 \leq \beta - \alpha \leq \pi$,故知 $\sin\alpha$,$\sin\beta$,$\sin(\beta - \alpha)$ 均为正值,从而

$$\sin\alpha = \sin\beta = \sin(\beta - \alpha) = \frac{\sqrt{3}}{2}$$

解得 $\alpha = \pi/3$,$\beta = 2\pi/3$. 此即使 $F(\theta)$ 与 θ 无关的 α,β 值,事实上

$$F(\theta) = \sin^2\theta + \sin^2(\theta + \pi/3) + \sin^2(\theta + 2\pi/3) =$$

$$\sin^2\theta + \left(\frac{1}{2}\sin\theta + \frac{\sqrt{3}}{2}\cos\theta\right)^2 +$$

$$\left(-\frac{1}{2}\sin\theta + \frac{\sqrt{3}}{2}\cos\theta\right)^2 =$$

$$\sin^2\theta + \frac{1}{2}\sin^2\theta + \frac{3}{2}\cos^2\theta = \frac{3}{2}(\text{定值})$$

函数的"周期"性是函数本身的固有性质,求函数的周期方法很多,利用赋值办法去求也是其中一种. 请看下例.

例7 求函数 $f(x) = |\sin x| + |\cos x|$ 的周期.

解 因为若 $f(x + T) = f(x)$,则有

$$f(x + T) + c = f(x) + c$$

注意到 2π 是 $\sin x$,$\cos x$ 的周期.

在 $f(x) + c = 0$ 中,令 $x = 0$ 得 $c = -1$.

解 $f(x) = 1$,即解 $|\sin x| + |\cos x| = 1$

即 $\sin^2 x + 2|\sin x||\cos x| + \cos^2 x = 1$

有 $|\sin 2x| = 0$(注意 $\sin^2 x + \cos^2 x = 1$)

解得 $x = k\pi/2$ ($k = 0, \pm 1, \pm 2, \cdots$).

验算后知:$T = \pi/2$ 为 $f(x)$ 的周期.

注 函数周期通常指满足 $f(x+T) = f(x)$(x 在函数定义域内) 的最小正数(如果它存在的话). 也有泛指使 $f(x+T) = f(x)$ 成立的 T 值的.

选择题是近年来出现的新的类型题目(就某种意义上讲它的出现和计算机参与了阅卷工作有关),其解法固然可按通常办法处理(如综合法或正推法即根据题目条件寻求必然的结果,而作出正确的选择,还有分析法即逆推法、排除法、图解法、……),但若能结合题目特点,灵活地采用与问题相适应的方法,常常可从速获得解答. 赋值法也是常用的一种. 请看:

例 8 若 $a \geqslant 1$,则方程 $\sqrt{a - \sqrt{a+x}} = x$ 的实根和等于

(A) $\sqrt{a} - 1$.

(B) $\dfrac{\sqrt{a} - 1}{2}$.

(C) $\sqrt{a-1}$.

(D) $\dfrac{\sqrt{a-1}}{2}$.

(E) $\dfrac{\sqrt{4a-3} - 1}{2}$.

解 我们只须选择特殊的 a 值($a \geqslant 1$). 当然最简单的是 $a = 1$,然而这会给我们的选择带来不便,此时选项(A),(B),(C),(D) 均为 0 而无法选择.

今考虑令 $a = 2$,方程化为 $\sqrt{2 - \sqrt{2+x}} = x$.
这时 x 显然应满足

$$\begin{cases} x \geqslant 0, \\ 2+x \geqslant 0, \\ 2-\sqrt{2+x} \geqslant 0, \end{cases} \qquad ①$$

解得 $0 \leqslant x \leqslant 2$. 将上方程两边平方、整理得
$$x^4 - 4x^2 - x + 2 = 0$$

即 $\qquad (x-2)(x+1)(x^2+x-1) = 0$

得 $\qquad x_1 = 2, x_2 = -1,$
$\qquad x_3 = -(\sqrt{5}+1)/2, x_4 = (\sqrt{5}-1)/2$

由①的解再代入方程验算知原方程仅有一个实根 x_4.

注意 $a = 2$ 时,原来问题中选择支结论分别为:

(A) $\sqrt{2}-1$. (B) $\dfrac{\sqrt{2}-1}{2}$. (C) 1. (D) $\dfrac{1}{2}$. (E) $\dfrac{\sqrt{5}-1}{2}$.

从而正确答案应为(E).

例 9 若 a,b 是不相等的正数时,下列三个代数式:(Ⅰ)$\left(a+\dfrac{1}{a}\right)\left(b+\dfrac{1}{b}\right)$,(Ⅱ)$\left(\sqrt{ab}+\dfrac{1}{\sqrt{ab}}\right)^2$,(Ⅲ)$\left(\dfrac{a+b}{2}+\dfrac{2}{a+b}\right)^2$ 中间,值最大的一个

(A) 必定是甲. (B) 必定是乙. (C) 必定是丙. (D) 一般不确定,随 a,b 取值有关.

解 注意到 $\left(a+\dfrac{1}{a}\right)\left(b+\dfrac{1}{b}\right) = ab + \dfrac{1}{ab} + \dfrac{b}{a} + \dfrac{a}{b} > ab + \dfrac{1}{ab} + 2$;$\left(\sqrt{ab}+\dfrac{1}{\sqrt{ab}}\right)^2 = ab + \dfrac{1}{ab} + 2$,

故式(Ⅰ) > 式(Ⅱ).

今取 $a=2, b=1$：式（Ⅰ）值 $=5 >$ 式（Ⅲ）值 $= \dfrac{169}{36}$;

又取 $a=3, b=2$：式（Ⅰ）值 $= \dfrac{25}{3} <$ 式（Ⅲ）值 $= \dfrac{841}{100}$.

综上,（Ⅰ）,（Ⅲ）两式的值大小随 a, b 的取值. 故本题结论应为（D）.

在解选择问题时,赋值解法常称特值法.

从某种意义上讲,"待定系数法"也是一种"赋值"运算,在求数学式待定的系数时,常常是先赋予某些字母以特定的值,将其转化为方程问题去求解这些系数. 它的依据是多项式的恒等定理：即两多项式恒等 ⇔ 它们的系数对应相等. 这样对未知数的任何值代入多项式后,值都相等. 故对某些特殊的未知数的值,两多项式值也定相等. 这方面的例子我们不准备多谈了,我们只须看两个例子.

例10 若 $x^2 - x + a$ 能整除 $x^{13} + x + 90$, 试确定整数 a 的值.

解 由设可令 $x^{13} + x + 90 = (x^2 - x + a) q(x)$, 其中 a 为整数, $q(x)$ 是整系数多项式.

若 $a \leq 0$, 则 $x^2 - x + a$ 有非负数：$x = (1 \pm \sqrt{1-4a})/2$, 但 $x^{13} + x + 90$ 无正根.

对所设恒等式赋值：

令 $x = -1$ 有 $(a+2) \cdot q(-1) = 88$ ①
令 $x = 0$ 有 $a \cdot q(0) = 90$ ②
令 $x = 1$ 有 $a \cdot q(1) = 92$ ③

由②,③知 $a | 2$, 故 a 只能为 2 或 1.

当 $a=1$ 时,代入①有 $3 \mid 88$,不可能.

故 $a=2$. 由此我们还可有
$$x^{13}+x+90=(x^2-x+2)(x^{11}+x^{10}-x^9+3x^8-\\x^7+5x^6+7x^5-3x^4-\\7x^3-x^2+23x+45)$$

再来看一个关于有理函数积分的例子,它常与所谓部分分式有关,而部分分式正是由待定系数法(依据分式分母分解式待定分子)且利用赋值去确定的.

例 11 求不定积分 $\int \dfrac{6x^2+22x+18}{(x+1)(x+2)(x+3)} \mathrm{d}x$.

解 这是有理函数积分问题,先将被积式化为部分分式. 设
$$\frac{6x^2+22x+18}{(x+1)(x+2)(x+3)}=\frac{A}{x+1}+\frac{B}{x+2}+\frac{C}{x+3}$$
式右通分后比较左右两边分子有
$$6x^2+22x+18=A(x+2)(x+3)+\\B(x+1)(x+3)+C(x+1)(x+2)$$
令 $x=-1$,有 $6-22+18=2A$,得 $A=1$;
令 $x=-2$,有 $24-44+18=-B$,得 $B=2$;
令 $x=-3$,有 $54-66+18=2C$,得 $C=3$;
故原式 $=\int \left(\dfrac{1}{x+1}+\dfrac{2}{x+2}+\dfrac{3}{x+3}\right) \mathrm{d}x = \ln|x+1|+2\ln|x+2|+3\ln|x+3|+C$

利用所谓"系数串"方法进行因式分解,也是一种特殊的赋值技巧,它是先把"式"转成"数"(字母赋值后),然后对数进行分解(质因数分解),再用字母回代而得到"式". 这方面的例子我们不举了.

上面我们谈了赋值解题问题,下面我们谈谈赋值证题.

2.2 赋值证题

证题过程中有时需要"赋值",这些问题我们见过许多,先举两例.

例12 已知多项式 $x^3 + bx^2 + cx + d$ 的系数都是整数,且 $bd + cd$ 是奇数. 证明该多项式不能分解为两整系数多项式的乘积.

证 用反证法. 若不然,今设
$$x^3 + bx^2 + cx + d = (x+p)(x^2+qx+r) \quad ①$$
其中 p,q,r 均为整数.

由 $bd + cd = (b+c)d$ 及 $bd + cd$ 是奇数,知 $b+c$ 和 d 均为奇数.

在式①中令 $x = 0$ 有 $d = pr$;由 d 为奇数知 p,r 均为奇数.

在式①中令 $x = 1$ 有
$$1+b+c+d = (1+p)(1+q+r)$$
由 $b+c$ 和 d 是奇数,知式左为奇数,又由上 p 是奇数,则 $1+p$ 为偶数,知式右为偶数,这不可能!

故所设不真,而命题成立.

例13 试证:(1) $n = 4m$ 时,$C_n^0 - C_n^2 + C_n^4 - C_n^6 + \cdots = (-1)^m 2^{2m}$;(2) $n = 6m$ 时,ⓐ $C_n^1 - 3C_n^3 + 3^2 C_n^5 - \cdots = 0$;ⓑ $C_n^1 - \frac{1}{3} C_n^3 + \frac{1}{3^2} C_n^5 + \cdots = 0$.

证 (1) 在恒等式
$$(x+y)^n = \sum_{k=0}^{n} C_n^k x^k y^{n-k} \quad ①$$

中令 $x=1, y=\mathrm{i}$(这里 $\mathrm{i}=\sqrt{-1}$) 有

$$(1+\mathrm{i})^n = C_n^0 + \mathrm{i}C_n^1 - C_n^2 - \mathrm{i}C_n^3 + C_n^4 + \mathrm{i}C_n^5 - \cdots \quad ②$$

又

$$(1+\mathrm{i})^n = \left[2^{\frac{1}{2}}\left(\frac{1+\mathrm{i}}{\sqrt{2}}\right)\right]^n = 2^{\frac{n}{2}}\left(\cos\frac{\pi}{4} + \mathrm{i}\sin\frac{\pi}{4}\right)^n = 2^{\frac{n}{2}}\left(\cos\frac{n\pi}{4} + \mathrm{i}\sin\frac{n\pi}{4}\right)$$

比较式 ② 的两边虚实部并结合上式有

$$C_n^0 - C_n^2 + C_n^4 - C_n^6 + \cdots = 2^{\frac{n}{2}}\cos\frac{n\pi}{4}$$

当 $n = 4m$ 时,$2^{\frac{n}{2}}\cos\frac{n\pi}{4} = (-1)^m 2^{2m}$.

(2) 仿(1) 在式 ① 中令 $x=1, y=-\sqrt{3}\mathrm{i}$,注意 ⓐ 式即为 $(1-\sqrt{3}\mathrm{i})^n$ 展开式的虚部,而

$$(1-\sqrt{3}\mathrm{i})^n = 2^n\left(\frac{1}{2} - \frac{\sqrt{3}}{2}\mathrm{i}\right)^n = 2^n\left(\cos\frac{\pi}{3} - \mathrm{i}\sin\frac{\pi}{3}\right)^n = 2^n\left(\cos\frac{n\pi}{3} - \mathrm{i}\sin\frac{n\pi}{3}\right)$$

$n = 6m$ 时,上式虚部为零,故 1) 成立.

ⓑ 式证明只须取 $x=1, y=\mathrm{i}/\sqrt{3}$ 即可.

对二项式微导、积分,然后赋值也可证明一些结论.

例 14 证明 $\sum_{k=1}^{n}(-1)^k C_n^k k^n = (-1)^n n!$.

证 在二项式展开式中令 $x=1, y=-x$ 有

$$(1-x)^n = \sum_{k=0}^{n}(-1)^k C_n^k x^k \quad ①$$

两边对 x 求导后再乘以 x;再求导,再乘以 x;……如是进行 x 次后,令 $x=1$,则

式① 式左 $= (-1)^n n!$;

式① 式右 $= \sum_{k=1}^{n} (-1)^k C_n^k k^n$.

例 15 证明 $\sum_{k=1}^{n} (-1)^k \frac{1}{k} C_n^k = \sum_{k=1}^{n} \frac{1}{k}$.

证 由例 14 中式①有

$$\frac{(1-x)^n - 1}{x} = \sum_{k=1}^{n} (-1)^k C_n^k x^{k-1}$$

上式两边积分

$$\int_0^1 \frac{1-(1-x)^n}{x} dx = \int_0^1 \sum_{k=1}^{n} (-1)^k C_n^k x^{k-1} dx$$

(换元) 令 $y = 1 - x$, 则有

$$\int_0^1 \frac{1-(1-x)^n}{x} dx = \int_0^1 \frac{1-y^n}{1-y} dy (\text{积分换限}) =$$

$$\int_0^1 \sum_{k=0}^{n-1} y^k dy = \sum_{k=1}^{n} \frac{1}{k}$$

又 $\int_0^1 \sum_{k=1}^{n} (-1)^k C_n^k x^{k-1} dx = \sum_{k=1}^{n} (-1)^k \frac{1}{k} C_n^k$

命题得证.

我们再来看一个几何定值问题.

例 16 在线段 AB 内选一点 M,然后在 AB 的同侧分别以 AM,MB 为边作正方形 $AMCD$ 和 $MBEF$. ⊙P 和 ⊙Q 是这两个正方形的外接圆,它们交于 M 和 N 两点. 试证:不论 M 如何选取,直线 MN 总过一固定点 S.

证 建立坐标系如图 2.1,使点 A,B,M 坐标分别为 $(0,0)$,$(a,0)$,$(m,0)$,其中 $a = |AB|$,$0 < m < a$.

于是 P,Q 的坐标分别为 $\left(\frac{m}{2}, \frac{m}{2}\right)$ 和

$\left(\dfrac{a+m}{2}, \dfrac{a-m}{2}\right)$.

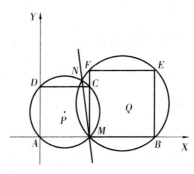

图 2.1

由上可知 ⊙P 方程为

$$\left(x-\dfrac{m}{2}\right)^2+\left(y-\dfrac{m}{2}\right)^2=\left(\dfrac{\sqrt{2}}{2}m\right)^2$$

即

$$x^2-mx+y^2-my=0 \qquad ①$$

且 ⊙Q 方程为

$$\left(x-\dfrac{a+m}{2}\right)^2+\left(y-\dfrac{a-m}{2}\right)^2=\left[\dfrac{\sqrt{2}}{2}(a-m)\right]^2$$

即

$$x^2-(a+m)x+y^2-(a-m)y+am=0 \qquad ②$$

式① - 式②有

$$ax+(a-2m)y-am=0 \qquad ③$$

此即直线 MN 的方程.

在式③ 中令 $m=a/2$ 得 $ax-a^2/2=0$

在式③ 中令 $m=a/4$ 得 $ax-ay/2-a^2/4=0$

　　由上两方程得 $x=a/2, y=-a/2$. 将之代入式③ 恒成立,即说直线 MN 过点 $(a/2, -a/2)$ 且与 m 取值无关.

下面的例子也很有新意,它利用了常函数导数为零的结论.

例17 试证,对任何 θ 均有

$$\cos^2\theta + \cos^2\left(\theta + \frac{\pi}{3}\right) + \cos^2\left(\theta + \frac{2\pi}{3}\right) = \frac{3}{2}$$

证 由题设令

$$f(\theta) = \cos^2\theta + \cos^2\left(\theta + \frac{\pi}{3}\right) + \cos^2\left(\theta + \frac{2\pi}{3}\right)$$

由

$$f'(\theta) = -\sin 2\theta - \sin\left(2\theta + \frac{2\pi}{3}\right) - \sin\left(2\theta + \frac{4\pi}{3}\right) =$$

$$-\sin 2\theta - 2\sin(2\theta + \pi)\cos\frac{\pi}{3} =$$

$$-\sin 2\theta + \sin 2\theta = 0$$

知 $f(\theta) = \text{const}(常数)$.

令 $\theta = 0$ 有 $f(0) = 3/2$,故 $f(\theta) \equiv 3/2$.

再来看个证明不等式的例子.

例18 若实数 x, y 满足 $x^2 + y^2 \leqslant 1$,则

$$|x^2 + 2xy - y^2| \leqslant \sqrt{2}$$

证 设 $x^2 + y^2 = \lambda^2$(赋值),$\lambda \geqslant 0$,由设知 $\lambda \leqslant 1$.
再设 $x = \lambda\cos\theta, y = \lambda\sin\theta$,于是

$$x^2 + 2xy - y^2 = \lambda^2(\cos^2\theta + 2\sin\theta\cos\theta - \sin^2\theta) =$$

$$\lambda^2(\cos 2\theta + \sin 2\theta) =$$

$$\lambda^2\sqrt{2}\sin\left(2\theta + \frac{\pi}{4}\right)$$

故

$$|x^2 + 2xy - y^2| \leqslant \lambda^2\sqrt{2} \leqslant \sqrt{2}$$

证明函数不是周期函数通常是用反证法考虑的,

有时也可从另外角度证明,反而显得简洁.

例19 试证 $\cos\sqrt{x}$ 不是周期函数.

证 若$f(x)$是周期函数,则若$f(x)$有零点,则其零点也周期地出现. 考虑:$\cos\sqrt{x} = 0$,

有$\sqrt{x} = k\pi$ 即 $x = k^2\pi^2(k = 0, \pm 1, \pm 2, \cdots)$

随k的增大,$\cos\sqrt{x}$的零点分布越来越疏而非周期地出现,显然 $\cos\sqrt{x}$ 不能是周期函数.

注1 这是一个甚为有效的办法,它对否定一些函数的周期性,是简便的.

注2 就其方法本身来讲,它也是属于反证法的. 在反证法中利用赋值手段的例子很多.

最后我们来看两个例子,它们不用赋值也可解(证)得,然而一经赋值,问题竟显得简洁、明朗.

例20 如图2.2,在线段AB的两端,一个标以红色,一个标以蓝色. 在线段中间插入n个分点,且在各分点上任意涂上红蓝两色之一. 这样便把原线段分为$n+1$个不重叠的小线段. 这些小线段中的两端颜色不同的叫标准线段. 试证标准线段的个数总是奇数.

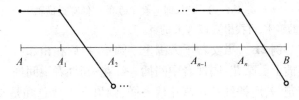

图2.2

这个问题用分析的办法可以证明(它还要用归纳法),但若采用赋值的办法结论几乎是显然的.

证 我们把平面直角坐标系的横轴建在AB上,然后把各分点以其所涂颜色,在其纵坐标上赋值:

红色点纵坐标赋值 1;蓝色点纵坐标赋值 -1.

再把相应的点描出,然后把相邻两点间连以线段.

注意到标准线段总是穿越横轴(即穿越 AB):

当点从 +1(纵坐标)往返穿越最后变到 -1(纵坐标)时,穿越横轴的次数必为奇数(反之,从 -1 变到 +1 也一样);

当点从 +1(纵坐标)往返穿越最后变到 +1(纵坐标)时,穿越横轴的次数必为偶数(类似地当点从 -1 变到 -1 时也一样).

显然结论得证.

注 由此我们不难想到关于多项式根的结论:

实系数多项式 $f(x) = a_0 x^n + a_1 x^{n-1} + \cdots + a_{n-1} x + a_n$,若 $f(a)f(b) < 0$,则 $f(x)$ 在 (a,b) 内有奇数个实根,若 $f(a)f(b) > 0$,则 $f(x)$ 在 (a,b) 内有偶数个(包括 0)实根.

此外我们还可联想到高次不等式的解法:

若求解不等式 $f(x) = (x-a_1)(x-a_2)\cdots(x-a_n) \vee 0$($\vee$ 表示 $\geq$,$\leq$,$>$,$<$ 号之一),这里

$$a_1 \leq a_2 \leq \cdots \leq a_n$$

只须验证 $x < a_1$ 和 $x > a_n$ 时 $f(x)$ 的符号,便可利用 $x = a_1, x = a_2, \cdots, x = a_n$ 是 $f(x)$ 的根,即 $y = f(x)$ 的图像穿过横轴上这些点的事实,可找出 $f(x) \vee 0$ 的解.

例21 男女若干人围坐一圆桌.然后在相邻两人间插上一朵花:同性者中间插一红花;异性者中间插一蓝花.若所插红花与蓝花数一样,则男女人数总和是 4 的倍数.

证 我们先分别对人赋值:男人赋值 +1;女人赋值 -1.这样

红花在 $(+1)(+1)$ 或 $(-1)(-1)$ 间插入(注意其积为 +1);

蓝花在$(+1)(-1)$或$(-1)(+1)$间插入(注意其积为-1).

这样问题变为:

$\{x_1, x_2, \cdots, x_n\}$是一组数,且$x_i(1 \leqslant i \leqslant n)$均为$+1$或$-1$.若$x_1x_2 + x_2x_3 + \cdots + x_{n-1}x_n + x_nx_1 = 0$,则$n$是4的倍数.

由x_1与x'_1(因为围坐圆桌,x_1与x'_1本为一人,如图2.3,今展开后权为两点)均为$+1$(或-1),故它们间的标准线段数为偶数个,即在$x_1x_2, x_2x_3, \cdots, x_nx_1$中间值为$-1$的有偶数,今设为$2k$.

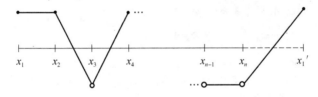

图2.3

又$x_1x_2 + x_2x_3 + \cdots + x_nx_1 = 0$,知
$$x_1x_2, x_2x_3, \cdots, x_nx_1$$
中值为$+1$的也为偶数$2k$个.

注意到乘积$x_1x_2, x_2x_3, \cdots, x_nx'_1$恰好有$n$个,从而$n = 4k$.

最后我们来看一个有趣的例子,这个例子其实还和概率论这门数学分支有关,它涉及排队购物找零问题.

例22 有$2n$个人,其中n个人手持一元币,另外n个人手持五角币.若他们以任意方式站成一个圆圈等待买五角一张的剧票.若手持$2n$张剧票的服务员身上未带零钱,但总可以从圆圈中的某一个人开始,按逆时针方向依次售票,可将全部剧票售完而不会因为没钱找零钱而中止.

我们可以证明下面的事实:

若 n 个实数 $S_1, S_2, \cdots, S_n$ 满足 $\sum_{i=1}^{n} S_i = 0$,则必存在一个指标 $k \in \{1, 2, \cdots, n\}$,使得

$$\begin{cases} S_k \geq 0, \\ S_k + S_{k+1} \geq 0, \\ S_k + S_{k+1} + S_{k+2} \geq 0, \\ \vdots \\ S_k + S_{k+1} + \cdots + S_n \geq 0, \\ S_k + S_{k+1} + \cdots + S_n + S_1 \geq 0, \\ \vdots \\ S_k + S_{k+1} + \cdots + S_n + S_1 + S_2 + \cdots + S_{k-1} \geq 0. \end{cases}$$

该结论可以略证如下:今考虑从

$$S_1, S_1 + S_2, S_1 + S_2 + S_3, \cdots, S_1 + S_2 + \cdots + S_n$$

中选值最小的(若不止一个,可任选其一)设其为 $S_1 + S_2 + \cdots + S_r$,若 $r = n$,由 $S_1 + S_2 + \cdots + S_n = 0$,故 S_1,$S_1 + S_2, \cdots, S_1 + S_2 + \cdots + S_n$ 均非负,命题已证妥. 若 $1 \leq r \leq n-1$,只须取 $k = r+1$ 即可. 这时有

$$\begin{cases} S_k \geq 0, \\ S_k + S_{k+1} \geq 0, \\ \vdots \\ S_k + S_{k+1} + \cdots + S_n \geq 0. \end{cases} \quad ①$$

若其中之一不成立即其中之一为负数,当把它加到 $S_1 + S_2 + \cdots + S_{k-1}$ 上去时,则它比 $S_1 + S_2 + \cdots + S_{k-1}$ 更小(注意 $r = k-1$),这与前设 $S_1 + S_2 + \cdots + S_{k-1}$ 最小矛盾! 故不可能.

第 2 章　赋值证解题

注意到式 ① 中各式式左均不小于 $S_1 + S_2 + \cdots + S_{k-1}$，再由 $S_1, S_1 + S_2, \cdots, S_1 + S_2 + \cdots + S_{k-2}$ 也不小于 $S_1 + S_2 + \cdots + S_{k-1}$，故

$$\begin{cases} S_k + S_{k+1} + \cdots + S_n + S_1 \geq 0, \\ S_k + S_{k+1} + \cdots + S_n + S_1 + S_2 \geq 0, \\ \vdots \\ S_k + S_{k+1} + \cdots + S_n + S_1 + S_2 + \cdots + S_{k-2} \geq 0. \end{cases} \quad ②$$

由 ①，② 知前述结论成立．我们来看例 22 的解．

解　设第 i 个人 S_i 若持五角币者为 $(+1)$，即代表服务员收到一张五角币；持一元币者为 (-1)，即代表服务员找出一张五角币，由 $S_i = \pm 1 (i = 1, 2, \cdots, 2n)$ 及 $\sum_{i=1}^{2n} S_i = 0$，知其符合前述命题条件，从而必可从这 $2n$ 个人围成的圆圈的某一个人开始，可依次顺利售完全部剧票．

注 1　如果购票者不是排成圆圈，而是排成直线，可以算得服务员可顺利地售完 $2n$ 张剧票的排列方法有 C_{2n}^{n-1}/n 种．

注 2　此问题变形或推广之一即 1964 年北京中学生数学竞赛题：

设在一环形公路上有 n 个车站，每站存汽油若干桶（其中有的站可能不存），n 个站的总存量足够一辆汽车沿此公路行驶一周．现使一辆原来没有油的汽车依逆时针方向沿公路行驶，每到一站即将该站存油全部带上（出发站也如此）．试证 n 站中至少存在一站，可使汽车从该站出发环行一周，不致中途因缺油而停车．

下面的问题与之类同．

例 23　把大小两圆盘各拆分成 $2n$ 个相等的扇形格，每格中任涂黑、白颜色一种，但着同色的扇形格数两盘总计皆为 $2n$．当小圆盘在大圆盘上同心旋转时．

试证必有一适当位置使得大小圆盘颜色不同的扇形格不少于 n 对(两盘扇形格对齐).

证 用反证法. 今设 $\{x_i\}$, $\{y_i\}$, $i=1,2,\cdots,2n$ 为小、大两圆盘上的 $2n$ 个扇形格. 且若格子涂黑色者赋值 -1; 涂白色者赋值 $+1$.

又若无论小圆盘旋至任何位置,两圆盘不同色的扇形格都少于 n. 则有

$$\begin{cases} x_1y_1 + x_2y_2 + \cdots + x_{2n}y_{2n} > 0 \\ x_1y_2 + x_2y_3 + \cdots + x_{2n}y_1 > 0 \\ \vdots \\ x_1y_{2n} + x_2y_1 + \cdots + x_{2n}y_{2n-1} > 0 \end{cases}$$

将上各不等式两边相加可有

$$(\sum_{i=1}^{2n} x_i)(\sum_{j=1}^{2n} y_j) > 0 \qquad ①$$

但这不可能. 因为若小圆盘有 k 个白格 $(0 \leqslant k \leqslant 2n)$, $2n-k$ 个黑格,则大圆盘就有 $2n-k$ 个白格,k 个黑格. 从而

$$\sum_{i=1}^{2n} x_i = k - (2n-k) = 2k - 2n$$

$$\sum_{j=1}^{2n} y_j = (2n-k) - k = 2n - 2k$$

故

$$(\sum_{i=1}^{2n} x_i)(\sum_{j=1}^{2n} y_j) = -(2n-2k)^2 \leqslant 0 \qquad ②$$

式②与式①矛盾! 从而前设不真,命题结论成立.

习 题

1. 求 $f(x) = (8x^6 - 6x^5 + 5x^4 - 4x^3 - 3x^2 - 2x - 3)^{1985}$ 的展开式各系数和.

2. 求 (1) $\sum_{k=1}^{n} k^2 C_n^k$；(2) $\sum_{k=1}^{n} k^3 C_n^k$.

3. 设 $(1+x+x^2)^n = \sum_{k=0}^{2n} a_k x^k$，证明
$$a_0 + a_3 + a_6 + \cdots = 3^{n-1}$$

[**提示**：题设式中分别令 $x=1$ 和 $x=(-1+\sqrt{3}\mathrm{i})/2$]

4. 将多项式 $x^3 - x^2 + 2x + 2$ 表示成 $A(x-1)^3 + B(x-1)^2 + C(x-1) + D$ 的形式.

5. 若 $x > -1$，试证 $\dfrac{x}{1+x} \leqslant \ln(1+x) < x$.

6. 若 $0 < \theta < \pi/2$，试证 $\tan\theta > 2\tan\dfrac{\theta}{2}$.

反射、压缩、旋转变换解题

第 3 章

变换是一个集合的任一元素到同一集合的元素——映射,它也是数学解题的一种重要方法,在中学数学中会遇到各种变换:比如在代数中有恒等变换、解方程中有同解(等价)变换……在几何中有等积变换、相似变换……在解析几何中有坐标平移变换、旋转变换……它们通常叫初等变换.

这里我们讲到的几种变换也是初等变换即:反射(对称)变换、压缩变换和旋转变换.下面我们分别谈谈它们.

第3章　反射、压缩、旋转变换解题

3.1　反射(对称)变换

反射(又称线镜反射)变换也叫对称变换,对于图形具有对称特性的命题,或用通常方法不易变动元素位置的命题,常可考虑用对称变换添加辅助线,以沟通题设与结论间的联系,寻得解题途径. 当然反射变换的妙处不仅在此,人们常常利用对称图形所具有的特性,将非对称图形通过反射变换而化为对称图形去考虑,往往可大大简化论证过程.

人们都熟悉所谓"等周定理":

在周长相等的平面图形中,以圆的面积最大;

在面积相等的平面图形中,以圆的周长最小.

传说中泰雅①王的一个女儿迪多从家中出逃,历经风险到达非洲海岸,她用了全部随身携带的珠宝、金银,从当地人手中想换一块海岸土地,结果是允许她得到用一张牛皮所能围成的地块.

迪多把牛皮割成细条沿海岸围成一个半圆形,这块地块是用同样长的牛皮条所能围成的最大面积的地块(如图3.1). 她巧妙地利用了反射原理,把问题化为"等周问题",从而得到了面积最大的地块.

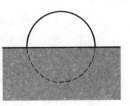

图3.1

---

①　地中海沿岸的一个古老民族.

57

古代亚历山大城的海伦曾提出一个几何极值问题,数学家施瓦兹曾利用反射变换漂亮地解决了这个著名几何问题:

给定三角形中的所有内接三角形中,以给定三角形的垂足三角形(即三角形三条高的垂足为顶点的三角形)周长最小.

读者不难从图3.2中悟出其中的奥妙(△ABC 已知,△PQR 为 △ABC 的垂足三角形,△MNL 为 △ABC 的任一内接图形.

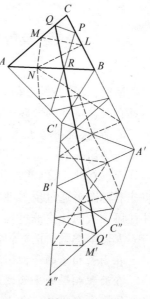

图3.2

将 △ABC 五次反射后发现:△PQR 的三边反射过程中始终在一直线上,它显然最短).

下面我们来看几例.

例1 某生产队打算用三块同样矩形且宽为 l 的水泥板搭成水槽,问侧面与底面夹角 α 为多大时,水槽截面积最大?

解 如图3.3,若将水槽截面图形(梯形)沿上口线反射便成一六边形,这样问题化为:

边长相等六边形,何种图形面积最大?

答案显然是:正六边形.

此时,$\angle ABC = \angle BCD = 120°$ 即 $\alpha = 120°$ 时为所求.

第3章 反射、压缩、旋转变换解题

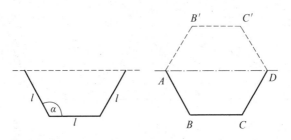

图 3.3

例 2 在正三角形中求一条将它面积等分的最短线.

解 考虑以所给正三角形边长为长的正六边形,它显然可视为正三角形多次反射而成的图形. 这样问题化为:

求将正六边形面积等分的最短封闭曲线(进而,即求面积一定周长最短的封闭曲线).

由等周定理,它显然为圆. 而所求曲线即六分之一圆弧(见图3.4).

图 3.4

我们再来看一例.

例 3 在 $\triangle ABC$ 中, $AB = AC$, $\angle BAC = 80°$. 又 O 为形内一点,且 $\angle OBC = 10°$, $\angle OCB = 20°$,求 $\angle OAC$.

解 由题设知 $\angle OCA = 30°$, $\angle BOC = 150°$.

作 O 关于 AC 的对称点 P(即将 O 沿 AC 反射至 P),连 PA, PB, PC(见图3.5).

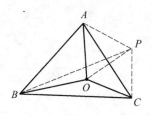

图 3.5

依对称性有 $OC = PC$,且 $\angle OCP = 2\angle OCA = 60°$.

故 $\triangle OCP$ 为等边三角形,从而 $\angle COP = 60°$. 且有

$$\angle BOP = 360° - \angle BOC - \angle COP =$$
$$360° - 150° - 60° =$$
$$150° = \angle BOC$$

由是 $\triangle BOP \cong \triangle BOC$,有

$$\angle CBP = 2\angle OBC = 20°$$
$$\angle BPC = \frac{1}{2}(180° - \angle CBP) = 80° = \angle BAC$$

此即说 A,B,C,P 四点共圆. 从而

$$\angle OAC = \angle CAP = \angle CBP = 20°$$

圆锥曲线有许多光学性质,这样对于某些圆锥曲线的问题,可以用反射变换来考虑. 请看:

例 4 自椭圆外一点 P 向其作切线 PT,PT',其中 T,T' 为切点,F,F' 为椭圆焦点. 试证 PF 平分 $\angle TFT'$,PF' 平分 $\angle TF'T'$.

证 如图 3.6,考虑到 F 关于 PT 的对称点 F_1,F' 关于 PT' 的对称点 F'_1,连 $TF_1,T'F'_1$.

又 $TF' + TF = $ 长轴,$TF = TF_1$(椭圆光学性质),有 $\angle 2 = \angle 1 = \angle 3$,从而 F',T,F_1 共线.

故 $F'F_1 = F'T + TF_1 = TF' + TF = $ 长轴

同理可证 $F'_1 F = $ 长轴.

第3章 反射、压缩、旋转变换解题

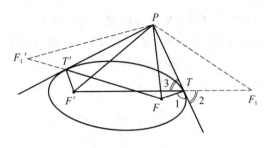

图 3.6

连 PF_1, PF'_1,在 $\triangle PF'F_1$ 和 $\triangle PF'_1F$ 中:
$$F'_1 F = F' F_1, PF = PF_1, PF' = PF'_1$$

故
$$\triangle PF'F_1 \cong \triangle PF'_1 F$$

注意到对称性有
$$\angle TF_1 P = \angle TF_1 P = \angle PFT'$$
$$\angle T'F'P = \angle T'F'_1 P = \angle PF'T$$

例5 试证两个端点在圆周上且将该圆面积等分的曲线中,以该圆直径长最短(波利亚问题).

证 若曲线 l 两端点为 A, B,分两种情形考虑:

(1) 若 A, B 是圆 O 的直径端点.因两定点 A, B 的连线中以直线段最短,故任何曲线 l 长大于 AB.

(2) 如图 3.7,若 A, B 不是圆 O 的直径的端点,作直径 $CD \parallel AB$.由 l 将圆 O 面积等分,则 CD 必与曲线 l 相交,且交点不少于两个,设其一为 E(E 不是圆心),作 B 关于直径 CD 的对称点 B_1.

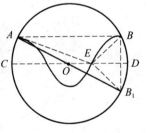

图 3.7

因 $BB_1 \perp CD, BB_1 \perp AB$,故 AB_1 为直径.
在 $\triangle AEB_1$ 中,$AE + EB_1 > AB_1$. 又 $BE = B_1E$,故
$$AE + BE > AB_1$$

又 $\overset{\frown}{AE} \geqslant AE, \overset{\frown}{BE} \geqslant BE.$

故曲线 $l = \overset{\frown}{AE} + \overset{\frown}{EB} \geqslant AE + BE > AB_1$.

3.2 压缩变换

我们在三角中研究过三角函数图像,比如在我们作得 $y = \sin x$ 的图像后,考虑函数 $y = 2\sin x$ 和 $y = \frac{1}{2}\sin x$ 图像时,往往是将 $y = \sin x$ 的图像伸、缩以后得到的(见图3.8). 这里显然利用了伸缩变换.

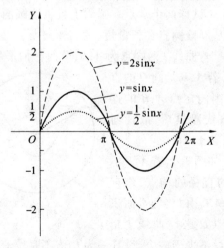

图 3.8

第3章 反射、压缩、旋转变换解题

椭圆可视为圆经过均匀压缩后的图形,由于圆有许多重要性质为人们所熟悉(相对来讲研究圆的性质是方便的),因而在解决椭圆问题时,若将之化为圆的性质去研究将是十分方便的(椭圆化为圆只须将其沿短轴方向均匀伸长即可).

为了讨论方便,我们把平面上的点 $P(x,y)$ 到平面上的点 $P'(x',y')$ 的变换

$$\begin{cases} x = kx' \\ y = y' \end{cases} \quad (*)$$

和

$$\begin{cases} x = x' \\ y = ky' \end{cases} \quad (**)$$

的变换称为沿 X 轴和 Y 轴压缩系数为 k 的压缩变换.

容易证明压缩变换有下列性质:

1. 压缩变换把直线仍变为直线,直线的斜率被放大(若压缩沿 X 轴)或缩小了(若压缩沿 Y 轴)k 倍;

2. 压缩变换把平行线仍变为平行线,且两平行线段的长度比在压缩前后值不变;

3. 在压缩变换下,线段的定比分点不改变;

4. 在压缩变换下,三角形仍变成三角形,且变换前后的面积比为 $1/k$;

5. 在压缩变换下,图形的接(内接、外接)、切(内切、外切)点不变,且接、切线变换后仍为接、切线.

它们的证明读者不难用解析几何知识得到,下面来看几个例子.

例 6 在椭圆上任取一点 P 与短轴两端点连线分别与长轴所在直线交于 Q,R 两点,O 为椭圆中心,则 $OQ \cdot OR = a^2$(a 为长半轴).

证 设椭圆方程为 $\dfrac{x^2}{a^2} + \dfrac{y^2}{b^2} = 1(a > b > 0)$,考虑

压缩变换
$$\begin{cases} x' = \dfrac{b}{a}x \\ y' = y \end{cases}$$
则椭圆化为圆 $x'^2 + y'^2 = b^2$（如图 3.9）.

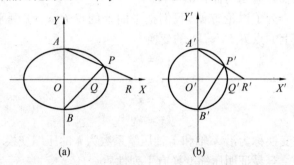

图 3.9

又 A,B,P,Q,R 变换后的点分别为 A',B',P',Q',R'.

易证得 $\text{Rt}\triangle B'O'Q' \backsim \text{Rt}\triangle R'O'A'$，这样可有 $O'Q' \cdot O'R' = b^2$. 还原到椭圆中去：

由 $OQ = \dfrac{a}{b}O'Q'$，及 $OR = \dfrac{a}{b}O'R'$，

从而
$$OQ \cdot OR = \left(\dfrac{a}{b}\right)^2 b^2 = a^2$$

例 7 求椭圆 $\dfrac{x^2}{a^2} + \dfrac{y^2}{b^2} = 1$ 的斜率为 k 的一组平行弦的中点轨迹.

解 已给椭圆在变换 $\begin{cases} x' = \dfrac{b}{a}x \\ y' = y \end{cases}$，下化为

$$x'^2 + y'^2 = b^2$$

第3章　反射、压缩、旋转变换解题

设椭圆的平行弦方程为 $y = kx + m$，其在上述变换下这些弦化为 $y' = \dfrac{a}{b}kx' + m$.

易知圆内平行弦中点轨迹是垂直于各弦且过弦中点的直线 $y' = -\dfrac{b}{ak}x'$. 还原到椭圆中去即为

$$y = -\dfrac{b}{ak} \cdot \dfrac{b}{a}x = -\dfrac{b^2}{a^2 k}x$$

例8　求内接（外切）于椭圆 $\dfrac{x^2}{a^2} + \dfrac{y^2}{b^2} = 1$ 的三角形面积最大（最小）值.

解　如图 3.10，我们知道：圆 $x'^2 + y'^2 = a^2$ 经过压缩变换 $\begin{cases} x = x' \\ y = ky' \end{cases}$，其中 $k = b/a$，即化为 $\dfrac{x^2}{a^2} + \dfrac{y^2}{b^2} = 1$.

又内接于圆 $x'^2 + y'^2 = a^2$ 的三角形面积最大值为 $3\sqrt{3}\,a^2/4$，故内接于椭圆 $\dfrac{x^2}{a^2} + \dfrac{y^2}{b^2} = 1$ 的三角形面积最大值为

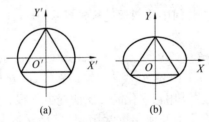

图 3.10

$$S = k \cdot S' = k \cdot 3\sqrt{3}\,a^2/4 = 3\sqrt{3}\,ab/4$$

同理可求外切于该椭圆的三角形面积最小值为 $3\sqrt{3}\,ab$.

注　仿上方法不难有结论：

内接于椭圆 $\dfrac{x^2}{a^2} + \dfrac{y^2}{b^2} = 1$ 的 n 边形面积最大值为 $\dfrac{n}{2}ab\sin\dfrac{2\pi}{n}$；

外切于椭圆 $\dfrac{x^2}{a^2} + \dfrac{y^2}{b^2} = 1$ 的 n 边形面积最小值为 $\dfrac{n}{2}ab\tan\dfrac{2\pi}{n}$.

又这个结论还可推广到空间椭球的内接、外切多面体的情形中去.

应该指出的是：这种压缩变换不仅适于处理椭圆中的问题，它也适于处理能用均匀压缩考虑的其他问题，比如某些非等轴双曲线的性质可通过变换化为等轴双曲线（它比较容易考虑）来处理，这方面的例子不举了.

3.3 旋 转 变 换

在解析几何中我们学过从坐标系 $\{O;x,y\}$ 到坐标系 $\{O';x',y'\}$ 的变换：
$$\begin{cases} x = x'\cos\theta - y'\sin\theta \\ y = x'\sin\theta + y'\cos\theta \end{cases} \text{或} \begin{pmatrix} x \\ y \end{pmatrix} = \begin{pmatrix} \cos\theta & -\sin\theta \\ \sin\theta & \cos\theta \end{pmatrix} \begin{pmatrix} x' \\ y' \end{pmatrix}$$
称为旋转变换. 用它来化简二次曲线方程很有效. 其实这种变换在平面几何中也常用到，只是它不太为人们所重视罢了. 下面的例子将会说明这种变换在解平面几何问题时的妙用.

旋转变换可视为对称轴相交的两次对称变换的积（即连续作两次变换）. 对于图形具有等边特性的命题，有时可考虑用旋转变换去迁徙元素位置，改换命题

条件,达到证(解)题的目的.

下面我们来看一些例子.

例9 设 $\triangle ABC$ 是正三角形,P 是形外一点,试证 $PA \leqslant PB + PC$.

证 以 B 为中心将 $\triangle BPC$ 逆时针旋转 $60°$,由 $\triangle ABC$ 是正三角形,故旋转后:

C 合于点 A,P 落在 D 处(见图 3.11).

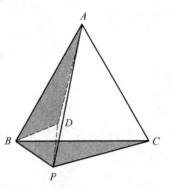

图 3.11

若 P 在 $\triangle ABC$ 外接圆上时,由 $\angle BPA = 60°$,则 D 落在 PA 上,此时有

$$PB + PC = PD + DA = PA$$

若 P 不在 $\triangle ABC$ 外接圆上时,连 DP,由 $\angle PBD = 60°$,故 $\triangle BPD$ 是等边三角形,有 $PD = DB = PB$.
从而 $PB + PC = PD + DA > PA$.

综上可有 $PB + PC \geqslant PA$.

例10 若 P 为正 $\triangle ABC$ 内一点,连 PA, PB, PC,若 $PA = 10, PB = 6, PC = 8$,试求该正三角形边长.

解 将 $\triangle BPC$ 绕 B 逆时针旋转 $60°$ 至 $\triangle BP'A$ 位置(见图 3.12),连 PP',显然 $\triangle BPP'$ 为正三角形.

在 $\triangle APP'$ 中:$AP = 10, AP' = 8, PP' = PB = 6$,有 $AP^2 = AP'^2 + PP'^2$,则 $\triangle APP'$ 为直角三角形. 故 $\angle AP'P = 90°$.

在 $\triangle ABP'$ 中由余弦定理有

$$AB^2 = AP'^2 + BP'^2 - 2AP' \cdot BP' \cos \angle AP'B$$

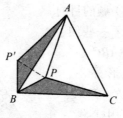

图 3.12

即

$$AB^2 = 6^2 + 8^2 - 2 \cdot 6 \cdot 8\cos 150° = 100 + 48\sqrt{3}$$

所以

$$AB = 2\sqrt{25 + 12\sqrt{3}}$$

注 若 PA,PB,PC 不为直角三角形三边时,即 △APP' 不为 Rt△ 时上述方法仍适用(只须用余弦定理在 △$PP'A$ 中求出 $\angle PP'A$).

又还可将题中正三角形的限制去掉,而换成任意三角形也可用上面方法求得.

比如下面的命题可视为本题的一个推广:

P 为正 △ABC 内一点,又 P 到三角形三顶点 A,B,C 距离分别为 a,b,c,试证: $S_{\triangle ABC} = \frac{\sqrt{3}}{8}(a^2 + b^2 + c^2) + \frac{3}{2}\sqrt{p(p-a)(p-b)(p-c)}$,其中 p 为半周长即 $p = \frac{1}{2}(a+b+c)$.

它可以先求 △ABC 的边长;也可分别将 △PAB,△PBC,△PCA 仿例的办法旋转可得三个小正三角形(边长分别为 a,b,c)和三个全等的三边长为 a,b,c 的三角形.

我们再来看一个由极值问题引起的结论.

第3章 反射、压缩、旋转变换解题

例 11 在 Rt$\triangle ABC$ 中,斜边 AB 长为 2. 一动点至三顶点距离之和的极小值为 $\sqrt{7}$. 求两锐角大小.

证 由前面的例子启发我们设法将 $DA + DB + DC$ 化为一条线段. 为此将 $\triangle DCA$(见图 3.13(a))绕 C 逆时针旋转 $60°$ 至 $\triangle D'CA'$ 位置(见图 3.13(b)).

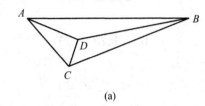

(a)

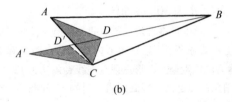

(b)

图 3.13

这样 $A'D' = AD, D'C = DC, \angle D'CD = 60°$
故 $\triangle CDD'$ 为正三角形,故 $DD' = DC$.

由是 $DA + DB + DC = A'D' + D'D + DB$,此既然为极小值,则 D', D 必在线段 $A'B$ 上,即 A', D', D, B 四点共线,且 $A'B = \sqrt{7}$.

在 $\triangle A'CB$ 中,由余弦定理有
$$A'B^2 = A'C^2 + BC^2 - 2A'C \cdot BC \cdot \cos(90° + 60°)$$
令
$$AC = A'C = x$$
则
$$BC = \sqrt{AB^2 - x^2} = \sqrt{4 - x^2}$$

代入前式有

$$7 = x^2 + (4 - x^2) + x \cdot \sqrt{4 - x^2} \cdot \sqrt{3}$$

即

$$x^4 - 4x^2 + 3 = 0$$

解得 $x_1 = 1, x_2 = \sqrt{3}$(已舍去负值).

即

$$AC = 1, BC = \sqrt{3}$$

或

$$AC = \sqrt{3}, BC = 1$$

由之 $\cos A = AC/AB = 1/2$ 或 $\sqrt{3}/2$,得 $\angle A = 60°$ 或 $30°$;从而 $\angle B$ 为 $30°$ 或 $60°$.

注 本题也可将直角三角形的条件换成任意三角形.

仿上不难求得:任意三角形内至三顶点距离和最小的点(它显然为由该点至三角形三顶点连线夹角均为 $120°$ 的点).

再稍拓广便是斯坦因豪斯的"三村办学问题":

今有 A, B, C 三村各有学生 p, q, r,今打算在三村中间办一小学,学校办在何处最好?(即所有学生到校路程和最小)

例12 若三角形两内角平分线相等,则该三角形为等腰三角形.

据[美]《数学教师》杂志宣称,此命题证法已发现 80 种,其中多半为间接证法(反证法),也有直接证法,但多用到三角知识.下面利用旋转变换(还用了平移)给出一个直接的几何证明.

证 设 BD, CE 分别为 $\triangle ABC$ 的 $\angle B, \angle C$ 的平分线,且令交点为 O,则 O 为其内心,连 AO,于是 AO 平分 $\angle BAC$(见图 3.14(a)),且设其为 2α.

将 $\triangle AEC$ 绕 O 逆时针旋转 β 即 $\angle EOB$ 的度数,即为 $\triangle A'E'C'$ 位置(见图 3.14(b)).

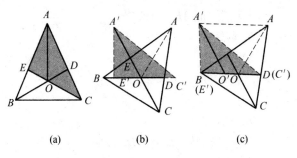

(a)　　　　　(b)　　　　　(c)

图 3.14

由 $BD = CE = C'E'$，故可将 $\triangle A'E'C'$ 向左平移使 E' 与 B 重合（见图 3.14(c)），连 AA'.

考虑 $\angle BAD = \angle BA'D$，故 A', A, D, B 四点共圆，因此 $\angle ABD = \angle DA'A$，又 $\angle AOD$ 是 $\triangle AOB$ 的外角，有

$$\angle AOD = \angle ABO + \alpha = \angle AA'D + \alpha = \angle O'A'A$$

考虑四边形 $AA'O'O$ 的外角等于其内对角，故 A, A', O', O 四点也共圆.

又 $A'O' = AO$，有 $A'A \parallel O'O$ 即 $A'A \parallel BD$（圆内平行弦夹弧相等的逆命题），故圆内接四边形 $A'BDA$ 为等腰梯形.

故其两对角线 $AB = A'D$.

即 $AB = A'C' = AC$，故 $\triangle ABC$ 为等腰三角形.

注 其实该命题的一个等价或变形问题被马峰证得，该命题是：

若三角形两角顶点到对角连线相等，且分该两角对应成比例，则该三角形为等腰三角形.

先考虑下面事实：若实数 $a > c > d > b$，且 $a + b = c + d$，则 $ab < cd$.

回到命题，如图 3.15，$BD = CE$，且 $\angle 1 : \angle 2 = \angle 3 : \angle 4$.

今用反证法证 $AB = AC$. 若 $BD \neq CE$, 不妨设 $AB < AC$, 于是 $\angle C < \angle B$.

又由题设知 $\angle 3 < \angle 1$, $\angle 4 < \angle 2$.

则 $OB < OC$.

又 $BD = CE$, 故 $OE < OD$.

从而
$$OC \cdot OE < OB \cdot OD \quad (*)$$

过 B 作 $\angle OBH = \angle 4$

于是 B,C,D,H 四点共圆. 由相交弦定理知
$$OC \cdot OH = OB \cdot OD \quad (**)$$

而 $OH < OE$, 知式 $(*)$ 与 $(**)$ 矛盾！

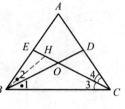

图 3.15

例 13 设 M, N 是正五边形 $ABCDE$ 边 AB, BC 上使 $AM = BN$ 的点, 试求 EM 与 AN 的夹角.

解 设 O 为正五边形 $ABCDE$ 的中心, 若将正五边形绕 O 顺时针旋转 $72°$ 后, $\triangle AEM$ 恰好至 $\triangle BAN$ 位置 (如图 3.16).

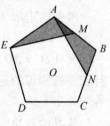

图 3.16

因平面 π 绕其上任一点旋转 α 角后, 其上任意直线 l 在旋转前后的夹角也为 α.

故 EM 与 AN 夹角为 $72°$.

注 此结论可推广至正 n 边形的情形.

下面我们来看一个关于几何作图的问题.

例 14 求作一正三角形, 使其三个顶点分别落在已知的三条平行线 l, m, n 上.

分析 如图 3.17, 若 $\triangle ABC$ 为所求作, 即点 A 在

第3章 反射、压缩、旋转变换解题

l 上、B 在 m 上、C 在 n 上.

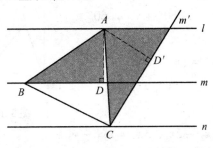

图 3.17

过 A 作 $AD \perp m$,且将 Rt$\triangle ABD$ 绕 A 逆时针旋 $60°$ 至 Rt$\triangle ACD'$ 位置,且 m 旋至 m' 位置.

因 B 在 m 上,C 在 n 上,既然 B 重合于 C,故 C 在直线 n 和 m' 交点上.

如是可在 l 上取 A,在 m 上取 B,且作 $AD \perp m$ 垂足为 D.作 $\angle DAD' = 60°$,且使 $AD' = AD$,过 D' 作 $m' \perp AD'$ 交 n 于 C,C 为第三顶点.

作法及证明(略).

最后我们利用旋转变换解一个数论中格点三角形的例子.

例 15 试证 XY 平面上的任何正三角形,它的三个顶点均不能全为有理点(两坐标皆为有理数的点).

证 若不然,如图 3.18,今设 $\triangle ABC$ 是各顶点均为有理点的正三角形,可将其一顶点移至 O.

若三角形三顶点坐标分别为:
$$A(x_1, y_1), B(x_2, y_2), C(0, 0)$$

今考虑将 $\triangle ABC$ 绕顶点 $C(O)$ 逆时针旋转 $60°$,这时 A 旋至 B 位置.又由坐标旋转公式

$$\begin{cases} x = x'\cos 60° - y'\sin 60° \\ y = x'\sin 60° + y'\cos 60° \end{cases}$$

应有

$$\begin{cases} x_1 = (x_2 - \sqrt{3}y_2)/2 \\ y_1 = (\sqrt{3}x_2 + y_2)/2 \end{cases}$$

故

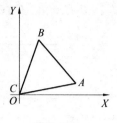

图 3.18

$\sqrt{3}y_2 = x_2 - 2x_1, \sqrt{3}x_2 = 2y_1 - y_2.$

上两式左均为无理数，式右均为有理数，这不可能！

从而所设不真，故命题正确.

由上可以看出，旋转变换目的是把分散的条件集中起来，去沟通已知（条件）与未知（结论）的联系——然而关键是旋转中心和旋转角度的选取.

最后我们来看一个立体几何的例子.

例 16 如果空间四边形（四顶点不共面）的两组对边分别相等，则两条对角线的中点连线垂直于两条对角线. 反之，如果空间四边形两条对角线的中点连线垂直于两条对角线，则四边形的两组对边相等.

证 设空间四边形 $ABCD$ 中，$AD = BC, AB = DC$，M 为其对角线 AC 中点，N 为对角线 BD 中点.

一方面，注意到交换 A 与 C、B 与 D 将得到同一空间四边形（见图 3.19）.

另一方面，图 3.19(b) 又可是图 3.19(a) 绕某一轴旋转 $180°$ 而得到的. 由 A 与 C 关于 M 对称，B 与 D 关于 N 对称知，这个对称轴必过 M, N，从而有

$$MN \perp AC, \quad MN \perp BD.$$

反之，若 MN 为 AC 与 BD 的中垂线，则将图形绕 MN 旋转 $180°$，仅相当于交换了 A 与 C，B 与 D 的位置，

第 3 章　反射、压缩、旋转变换解题

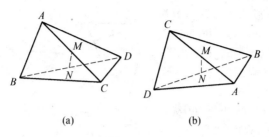

(a)　　　　　　　　(b)

图 3.19

故得 $AB = CD, AD = AC$.

注　本题原命题也可由下面旋转办法证得.

如图 3.20，连 AN, NC. 将 $\triangle ABD$ 绕 BD 旋至 $\triangle BCD$ 所在平面(摊开方向)，若顶点 A 旋至 A'，这样 $A'BCD$ 成为一平面四边形. 因 $DN = NB$，故 $A'N = NC$.

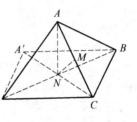

图 3.20

注意 $A'N = AN$，故 $AN = NC$. 又 M 为 AC 中点，从而 $MN \perp AC$.

连接 MB, MD，同理可证 $MN \perp BD$.

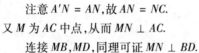

1. 设 PQ 为圆 O 的一弦，M 是 PQ 中点. 过 M 任作两弦 AB, CD，连 AD, CB 分别交弦 PQ 于 E, F(见图 3.21). 试证 $ME = MF$.

〔提示：将 AB 沿过 M 的直径反射.〕

2. 设 A, B 是直线 l 同侧的两点，试在 l 上求一点 P 使 $AP + BP$ 最小.

3. 以 $\triangle ABC$ 的 AB, AC 为长向三

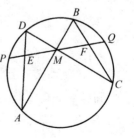

图 3.21

75

角形形外作两正 △ABD 和 △ACF,且以 BC 为长向 △ABC 同侧作正 △BCE,则 ADEF 为平行四边形(见图 3.22).

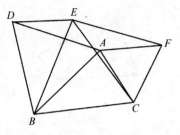

[提示:将 △ABC 绕 B 逆时针旋转 60°.]

图 3.22

4. 在正方形 ABCD 的边 CD 上任取一点 Q,连 AQ,过 D 作 DP ⊥ AQ 交 AQ 于 R,交 BC 于 P,若 O 为正方形中心,则 OP ⊥ OQ.

[提示:将正方形以 O 为中心顺时针旋转 90°.]

5. 从正方形 ABCD 的顶点 A 向 BC,CD 分别引直线 AE,AF,使 DF = AE − BE. 求证 AF 平分 ∠EAD.

[提示:将 △ADF 绕 A 逆时针方向旋转 90°.]

6. 在 △ABC 中,AB = AC,又 P 为该三角形外接圆 $\stackrel{\frown}{BC}$ 上一点,则 PA/(PB + PC) 为定值.

[提示:令 ∠BAC = α,将 △PAC 绕 A 顺时针方向旋转 α 角.]

7. 正方形 ABCD 内一点 P 到其顶点 A,B,D 距离分别为 1,3,$\sqrt{7}$,求正方形面积.

8. 试证:过椭圆的焦点且垂直于长轴的弦,是椭圆内过焦点最短的弦.

9. 在椭圆上任取一点 P,过 P 作椭圆的切线和过长轴两端 A,B 所引的二切线分别交于 C 和 D,求证 AC · BD 为定值.

10. 过椭圆 $\dfrac{x^2}{a^2} + \dfrac{y^2}{b^2} = 1$ 的任一点作切线,试求它与两坐标轴所围成三角形面积的最小值.

算两次、极端原理、涂色解题

第4章

4.1 算两次解题

我们对下面命题并不陌生：

正三角形内一点到三边距离和为定值.

它是通过两次计算三角形面积而得：

若设正 $\triangle ABC$ 边长为 a，底边上高线长为 h.

由图 4.1(a)，$S_{\triangle ABC} = S_{\triangle PAB} + S_{\triangle PBC} + S_{\triangle PAC} = \frac{1}{2}a(PX + PY + PZ)$.

数学解题的特殊方法

由图 4.1(b),$S_{\triangle ABC} = \frac{1}{2}ah$.

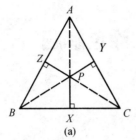
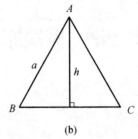

图 4.1

这样 $PX + PY + PZ = h$(正三角形高线).

再比如计算自然数幂和,若采用下面几何方法(它也是通过算两次而得)

比如图 4.2(a),图中数字代表该正方形边长,大正方形边长(两种算法)可分别写为

$$5 \times (5+1) \text{ 或 } 2 \times (1+2+3+4+5)$$

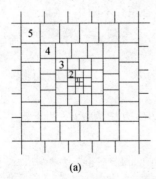
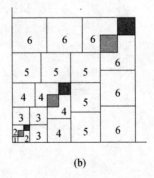

图 4.2

这样用两种方法计算大正方形面积可得等式

第4章 算两次、极端原理、涂色解题

$$4 \times (1^3 + 2^3 + 3^3 + 4^3 + 5^3) = [2 \times (1 + 2 + 3 + 4 + 5)]^2$$

即

$$1^3 + 2^3 + 3^3 + 4^3 + 5^3 = \left[\frac{1}{2} \times 5 \times (5 + 1)\right]^2$$

一般地,仿上方法可给出公式

$$1^3 + 2^3 + \cdots + n^3 = \left[\frac{1}{2}n(n + 1)\right]^2$$

图 4.2(b) 可仿(a) 的做法给出解释. 不过注意在其中一种计算过程中带网点部分的正方形要重复计算,但注意它恰好与右上方涂黑色的正方形面积相当,这样一加一减抵消了.

关于算两次这一方法的起源,可追溯到一两个世纪前.

19 世纪初,意大利数学家富比尼(G. Fubini) 在研究重积分化为累次积分及交换积分顺序时,给出一个著名定理:

若 $f(x,y)$ 在 $\mathbf{R}^m \times \mathbf{R}^n = \mathbf{R}^{m+n}$(Euclid 空间) Lebesgue 可测, $x \in \mathbf{R}^m, y \in \mathbf{R}^n$ 时则

$$\iint_{\mathbf{R}^{m+n}} f(x,y) \mathrm{d}(x,y) = \int_{\mathbf{R}^n} \mathrm{d}y \int_{\mathbf{R}^m} f(x,y) \mathrm{d}x$$

若 $f(x,y)$ 定义在 Lebesgue 可测集 $E \subset \mathbf{R}^{m+n}$ 上,则先将 $f(x,y)$ 扩充定义到 $\mathbf{R}^{m+n}$,使 $f(x,y)$ 在 E 处取 0 值.

这似乎成了算两次方法的早期典例.

其实级数求和中的阿贝尔(Abel) 变换也是一种算两次的方法:当某个级数不便直接计算时,而改用它的变形来计算.

在级数求和问题中,欲求 $\sum_{i=1}^{m} a_i b_i$,有时我们先令 $B_1 = b, B_2 = b_1 + b_2, \cdots, B_m = b_1 + b_2 + \cdots + b_m$,则

$$\sum_{i=1}^{m} a_i b_i = a_m B_m + \sum_{i=1}^{m-1} (a_i - a_{i+1}) B_i \quad (*)$$

此式称为阿贝尔变换或公式. 它是高等数学中的一个重要而用途广泛的等式.

(其实,定积分计算中分部积分公式 $\int_a^b f(x)g(x)\mathrm{d}x = f(b)g(b) - \int_a^b G(x)\mathrm{d}f(x)$ 形式上与之类同,其中 $G(x) = \int_a^x g(t)\mathrm{d}t$,只是那里的求和号换成了积分号而已).

公式(*)乍看上去很不直观,甚至不好理解. 但它若用下面几何图示(图4.3),结论几乎是显然的(图的语言有时还能帮助我们理解某些抽象数学式所表现的内容,若仅从式上理解,无论如何是难以想得通的):

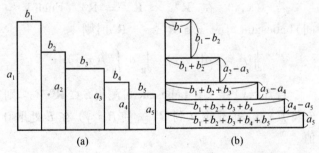

图 4.3

图 4.3(a) 表示边长分别为 $a_i, b_i (i = 1, 2, 3, 4, 5)$

的矩形,其面积和为 $\sum_{i=1}^{5} a_i b_i$.

图 4.3(b) 表示图形按另一种方式剖分,这时该图形面积为 $a_5 B_5 + \sum_{i=1}^{4}(a_i - a_{i+1})B_i$,其中 $B_k = \sum_{i=1}^{k} b_i (k=1,2,3,4,5)$.

这样,$\sum_{i=1}^{5} a_i b_i = a_5 B_5 + \sum_{i=1}^{4}(a_{i+1} - a_i)$.

它恰好是阿贝尔公式. 这里也是通过算两次而得.

下面的两个例子也将能体现到算两次方法的独特魅力与功效.

例1 在凸 n 边形内任取 m 个点,以任意方式连接所有这些点和凸 n 边形顶点,这些连线段间彼此无交点. 这样多边形被剖分成若干小三角形,试求这些小三角形个数.

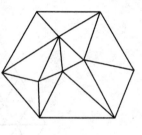

图 4.4

解 考虑全部三角形内角和. 设小三角形个数为 t(图 4.4).

一方面由三角形内角和为 π,故这些三角形内角总和为 $t\pi$.

另一方面,凸 n 边形内角和为 $(n-2)\pi$,而以每个凸 n 边形内的点为顶点的三角形在该点处各内角和为 2π,这样

$$t\pi = (n-2)\pi + 2m\pi$$

从而小三角形个数

$$t = 2m + n - 2$$

例2 将 $\triangle ABC$ 每边 n 等分,过各分点作其他两

边的平行线,它们将 △ABC 剖分成 n^2 个小三角形. 现将这些三角形顶点着以红、蓝、绿三色之一,且边 AB 上的点不着红色,BC 上的点不着蓝色,CA 上的点不着白色. 试证必存在一个三角形其三顶点分别着三种不同颜色.

证 反证法. 若这种三顶点着不同色的三角形不存在. 设每个小三角形 T 两端异色的边数为 x_T. 今考虑它们的和 S.

一方面,若 T 的边不在 △ABC 三边上,则这条边还属于另一个小三角形 T'(图 4.5),x_T 在 S 中呈偶数 0 或 2.

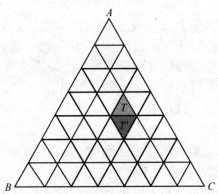

图 4.5

若 T 的边在 △ABC 的某条边上,比如在 AB 上. 由题设 AB 上的点着蓝、绿两色(且 A 着蓝色,B 着绿色),故从 A 经 AB 上各分点过渡到 B 时,颜色改变奇数次,即 AB 上有奇数条属于小三角形两边着异色的边.

对于边 BC 或 CA 也一样. 换言之,它们在 S 中呈现奇数,故这时 S 为奇数.

第4章 算两次、极端原理、涂色解题

另一方面,若异色三角形不存在,即每个三角形 T 至少有两个顶点着同色,那么每个三角形有 0 或 2 条两端着异色的边,它们在 S 中呈偶数,故此时 S 是偶数.

S 既是奇数、又是偶数,矛盾!这样异色三角形不存在的假设不真.

注1 从映射观点看,命题是说:此种映射至少存在一个不动点(异色三角形).

注2 顺便讲一句,关于点连线着色问题,有很多有趣的结论,比如:

1. 平面上任给 5 个点,每两点连线段且着红、蓝两色之一,必存在一同色三角形或五边形(边皆着同色者).

2. 若所给点个数为 6,依上题方法连线着色,则至少出现两个同色三角形.

3. 对于点数为 n,上述连线、着色(双色)出现同色三角形个数 T_n 满足

$$T_n = \begin{cases} \dfrac{1}{3}m(m-1)(m-2), & \text{若 } n = 4m+2 \text{ 或 } 4m; \\ \dfrac{2}{3}m(m-1)(4m+1), & \text{若 } n = 4m+1; \\ \dfrac{2}{3}m(m+1)(4m-1), & \text{若 } n = 4m+3. \end{cases}$$

具体地可有

n	6	7	8	9	10	11	12	…
T_n	2	4	8	12	20	28	40	…

4. 将平面任意着红、绿、蓝三种颜色,则必存在一个三顶点同色的等腰三角形.

[提示:设有 x 个同色三角形,则不同色者有 $C_6^3 - x$ 个. 一方面同色三角形有 3 个同色角,不同色三角形有一个同色角,则同色角 S 有 $3x + (C_6^3 - x) = (2x + 20)$ 个,另一方面从一顶点

引 r 条同色线,则同色角个数 $C_r^2 + C_{5-r}^2 \geqslant C_3^2 + C_2^2 = 4$,则 $S \geqslant 24$]

5.(1)平面任意染三种颜色,必存在距离为任意实数的两同色点;(2)空间中任意染两种颜色,必存在着同色点的任意三角形(包括退化情形).

算两次方法在高等数学中也有应用,从某种意义上讲,求数列或函数极限时的夹逼定理,可视为算两次方法的变形或延拓. 请看例子.

例 3 求 $\lim\limits_{x \to 0^+} \left(\dfrac{2^x + 3^x}{5} \right)^{\frac{1}{x}}$.

解 对 $x > 0$,有 $0 \leqslant \left(\dfrac{2^x + 3^x}{5} \right)^{\frac{1}{x}} = \left[3^x \cdot \dfrac{(2/3)^x + 1}{5} \right]^{\frac{1}{x}} = 3 \left[\dfrac{(2/3)^x + 1}{5} \right]^{\frac{1}{x}} < 3 \cdot \left(\dfrac{2}{5} \right)^{\frac{1}{x}}$,

由 $\lim\limits_{x \to 0^+} \left(\dfrac{2}{5} \right)^{\frac{1}{x}} = 0$,知 $\lim\limits_{x \to 0^+} \left(\dfrac{2^x + 3^x}{5} \right)^{\frac{1}{x}} = 0$.

当然这里算两次是计算两个不同的式子,而前述算两次是对一个式子用两种不同方法计算,尽管如此,前者的目的也还是落在了计算所求式的值上面,可谓殊途同归,目的(标)仍是一个.

再来看一个线性代数方面的问题.

例 4 若 $A \in \mathbf{R}^{n \times n}$(即 A 为 n 阶矩阵),又 $A^2 = A$,则 $r(A) + r(I - A) = n$,这里 I 是 n 阶单位阵,$r(T)$ 表示矩阵 T 的秩.

证 一方面由题设 $A^2 = A$ 即 $A(I - A) = O$,则 $r(A) + r(I - A) \leqslant n$;

另一方面
$$n = r(I) = r[A + (I - A)] \leqslant r(A) + r(I - A)$$

从而
$$r(A) + r(I - A) = n$$
此外,如前文所讲,级数求和时交换求和顺序
$$\sum_i \sum_j a_{ij} = \sum_j \sum_i a_{ij}$$
积分计算中交换积分次序等,其实正是算两次方法的由来的依据. 特别是交换积分次序某些情况下是不可替代的. 请看:

例5 计算积分 $I = \int_0^1 \mathrm{d}y \int_y^{\sqrt{y}} \dfrac{\sin x}{x} \mathrm{d}x$.

我们知道积分 $\int \dfrac{\sin x}{x} \mathrm{d}x$ 不能用有限形式表示(俗称积不出),但交换一下积分次序问题便可解.

解 如图4.6所示,交换积分次序可有(积分区域为带网点者)

$$I = \int_0^1 \mathrm{d}y \int_y^{\sqrt{y}} \dfrac{\sin x}{x} \mathrm{d}x =$$
$$\int_0^1 \mathrm{d}x \int_{x^2}^{x} \dfrac{\sin x}{x} \mathrm{d}y =$$
$$\int_0^1 (\sin x - x\sin x) \mathrm{d}x =$$
$$1 - \cos 1$$

图 4.6

再来看一个例子.

例6 计算积分 $I = \int_0^1 \mathrm{d}y \int_y^1 \mathrm{e}^{\frac{y}{x}} \mathrm{d}x$.

解 因为 $\int \mathrm{e}^{\frac{y}{x}} \mathrm{d}x$ 不易积出,考虑交换积分次序(积分区域为图4.7中带网点部分)

数学解题的特殊方法

$$I = \int_0^1 \mathrm{d}x \int_0^x \mathrm{e}^{\frac{y}{x}} \mathrm{d}y =$$
$$\int_0^1 \left[x\mathrm{e}^{\frac{y}{x}} \right] \Big|_0^x \mathrm{d}x =$$
$$\int_0^1 (\mathrm{e} - 1) x \mathrm{d}x =$$
$$\frac{1}{2}(\mathrm{e} - 1)$$

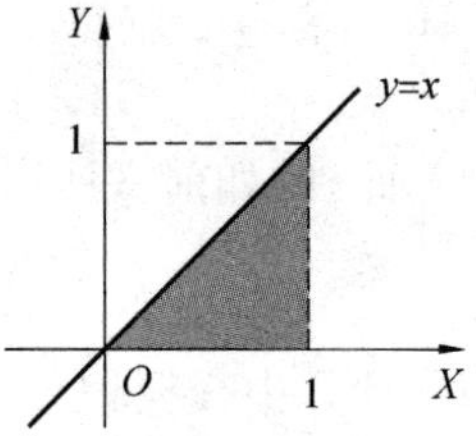

图 4.7

算两次方法其实会在许多场合出现和使用,以上的例子只是方法的点滴而已.

4.2 极端原理解题

所谓极端原理顾名思义是要考虑问题的极端情形,再以肯定或否定的形式确定它,以达到解题的目的.

例7 平面上有 $N(N \geq 3)$ 个不在同一直线上(不共线)的点.试证必存在经过其中某3点的圆,使这 N 个点均不在该圆内.

证 在 $P_1, P_2, \cdots, P_N$ 两两距离中,设 P_i, P_j 之间距离最小.

连 $P_i P_j$ (图4.8),在与除该两点外的其他点所连线段夹角(即点对 $P_i P_j$ 张角)中必有最大的一个,设为 P_k,即 $\angle P_i P_k P_j$ 最大.

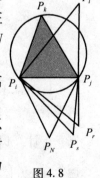

图 4.8

则过 P_i, P_j, P_k 点的圆即为所求.

注 该证法属构造性的或具体指出存在的.

例 8 若三角形三边皆不大于 1(图 4.9),则其面积不大于 $\frac{\sqrt{3}}{4}$.

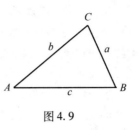

图 4.9

解 设 $\triangle ABC$ 三边 a, b, c 皆不大于 1. 又 $\angle A$, $\angle B$, $\angle C$ 中 $\angle A$ 最小,显然 $\angle A \leqslant \frac{\pi}{3}$. 注意到 $\sin A$ 在 $\left[0, \frac{\pi}{2}\right]$ 区间是增函数,则

$$S_{\triangle ABC} = \frac{1}{2}bc\sin A \leqslant$$

$$\frac{1}{2} \cdot 1 \cdot 1 \cdot \sin \frac{\pi}{3} = \frac{\sqrt{3}}{4}$$

下面是一则组合几何问题.

例 9 空间中任给 8 个点,其中任何 4 点都不共面. 若它们之间任连 17 条线段,则它们至少可形成一个三角形.

解 设 A 为 8 个点中所连线段最多者,设所连线段条数为 n.

用反证法. 若这些线段不构成一个三角形,即是说与 A 所连的 n 个点间彼此均无连线段,而其余 $7-n$ 个点中每个点所连线段条件不多于 n.

这样所连线段总条件不多于

$$n + (7-n)n = n(8-n) \leqslant \left\{\frac{1}{2}[n+(8-n)]\right\}^2 = 16$$

与题设连线 17 条相抵(这里使用了算术 – 几何不等式).

从而前设不真,故这些线段必有可构成一个三角形者.

当然这里的"极端"还有"放大"或"缩小"至最"好"或最"坏"的情形——此时也正是所希望得到便于计算、推理、得出要证(求)结论的最简情形.

再来看一个平面几何方面的例子.

例10 若 P 是面积为 S 的四边形 $ABCD$ 内一点,又 $PA^2 + PB^2 + PC^2 + PD^2 = 2S$,则 $ABCD$ 必为正方形,且 P 为其中心.

证 如图4.10,设 P 与四边形四顶点连线夹角分别为 $\alpha, \beta, \gamma, \delta$,由

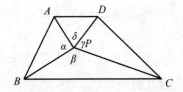

图 4.10

$$PA^2 + PB^2 + PC^2 + PD^2 =$$
$$\frac{1}{2}(PA^2 + PB^2) + \frac{1}{2}(PB^2 + PC^2) +$$
$$\frac{1}{2}(PC^2 + PD^2) + \frac{1}{2}(PD^2 + PA^2) \geq$$
$$PA \cdot PB + PB \cdot PC + PC \cdot PD + PD \cdot PA =$$
$$2\left(\frac{S_{\triangle APB}}{\sin \alpha} + \frac{S_{\triangle BPC}}{\sin \beta} + \frac{S_{\triangle CPD}}{\sin \gamma} + \frac{S_{\triangle DPA}}{\sin \delta}\right) \geq$$
$$2(S_{\triangle APB} + S_{\triangle BPC} + S_{\triangle CPD} + S_{\triangle DPA}) =$$
$$2S_{ABCD} = 2S$$

等号当且仅当 $PA = PB = PC = PD$ 且 $\sin \alpha = \sin \beta = \sin \gamma = \sin \delta$ 时成立. 此时 $ABCD$ 恰为正方形,且 P 为其中心.

第4章　算两次、极端原理、涂色解题

我们知道要证明一个问题需考虑全部情形或所有可能,然而要推翻一个命题,只须举一个反例. 举反例往往是在运用极端原理寻找那些极端情形. 反例在保障数学命题的严谨与完备上必不可少. 特别是在高等数学中.

例 11　是否存这样的函数:(1) 它仅在一点连续;(2) 仅在每个无理点连续;(3) 无处连续的函数.

解　(1) 考虑下面函数(0 是一个极特殊的点)
$$f(x)=\begin{cases} x, & \text{若 } x \text{ 是有理数}; \\ -x, & \text{若 } x \text{ 是无理数}. \end{cases}$$
其仅在 $x=0$ 处连续.

(2) 考虑下面函数
$$f(x)=\begin{cases} \dfrac{1}{n}, & \text{若 } x=\dfrac{m}{n}, \text{这里 } m,n \text{ 互素}; \\ 0, & \text{若 } x \text{ 是无理数}. \end{cases}$$
该函数在每个有理点处连续,在无理点处不连续.

(3) 这个函数的构造有些让人感到意外,它属于 Dirichlet:
$$f(x)=\begin{cases} 1, & \text{若 } x \text{ 为有理数}; \\ 0, & \text{若 } x \text{ 为无理数}. \end{cases}$$
该函数还有另外表示:$\lim\limits_{n\to\infty}\left[\lim\limits_{k\to\infty}(\cos n!\ \pi x)^{2k}\right]$.

又如"处处连续却无处可微函数"的构造,曾令一大批数学家为之努力,当然构造它们远非易事,但有一点可以肯定:数学家们都是在考虑采用极端原理.

下面的一些例子也会在高等数学学习中遇到,不难,但有用.

例 12　若 $f(x)$ 连续,又 $F(x)$ 为其原函数,(1) 若 $f(x)$ 是周期函数,$F(x)$ 不一定是周期函数;(2) 若

$f(x)$ 是偶函数,$F(x)$ 未必是奇函数.

解 (1) 周期函数中常函数是一个特殊函数,若 $f(x)=a$(常数),则 $\int f(x)\mathrm{d}x=ax+c$ 不是周期函数.

(2) 因 $f(x)=a$(常数)是一个偶函数(不是奇函数),而 $\int f(x)\mathrm{d}x=ax+c$ 不是奇函数.

在"线性代数",反例对概念、定理的理解同样很重要.比如对矩阵而言 $A\neq O,B\neq O$,但 $AB=O$ 的例子如

$$A=\begin{pmatrix}0\\&1\end{pmatrix},B=\begin{pmatrix}1\\&0\end{pmatrix}$$

即是(注意它们是 2 阶非 0 矩阵中非 0 元素最少的.又矩阵是数表而非数).

又如矩阵相似与合同问题有:

相似矩阵未必合同的例子:

$$A=\begin{pmatrix}1&0\\0&2\end{pmatrix},B=\begin{pmatrix}1&-1/2\\0&2\end{pmatrix}$$

合同矩阵未必相似的例子:

$$A=\begin{pmatrix}1\\&4\end{pmatrix},B=\begin{pmatrix}1\\&1\end{pmatrix}$$

在"概率论与数理统计"中,比如概率为 0 的事件未必是不可能事件的例子.

考虑几何概型:设 $\Omega=\{(x,y)\mid 0\leqslant x,y\leqslant 1\}$,$A=\{x=y\mid 0\leqslant x,y\leqslant 1\}$,显然事件 A 的概率 $P(A)=0$,但 A 非不可能事件(即可能发生).

第4章 算两次、极端原理、涂色解题

4.3 涂色解题

利用涂色(染色)解数学题是近年来组合数学和图论学科的出现和引入所致. 本书前文已对此有过介绍和讨论(本节前面例注中提到的问题多可用涂色去考虑和解决).

其实,涂(染)色只是赋值的一种变形或者是赋值的形象化.

拿残棋盘剪裁问题为例:

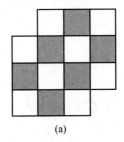 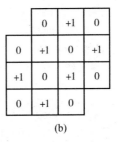

图 4.11

左面图 4.11(a)的涂色与右面图 4.11(b)的赋值并无本质差异,只是在剪裁小矩形时图(a)要求一黑一白格,图(b)要求小矩形上数字和为 +1. 接下来的讨论并不困难.

当然有时染色比赋值更直白,形象. 总之,这种方法我们不多费笔墨了,好在这类文献较丰富,请读者自己去查阅.

习 题

1. 将 1～10 这 10 个自然数随意写在一个圆周的十个小圆圈内(如图 4.12). 试证必有相邻 3 个数使它们的和不小于 17.

2. 一个立方体的 8 个顶点处(如图 4.13),任意标着 +1 或 -1. 而每个面上标着它 4 个顶点处所标数字的乘积. 试证所有这些数之和恒不为 0.

3. 设 $1 \leqslant a_1 < a_2 < \cdots < a_{19} \leqslant a_0$,则 $a_i - a_j (1 \leqslant i, j \leqslant 19$ 且 $i \neq j)$ 至少有三个相等.

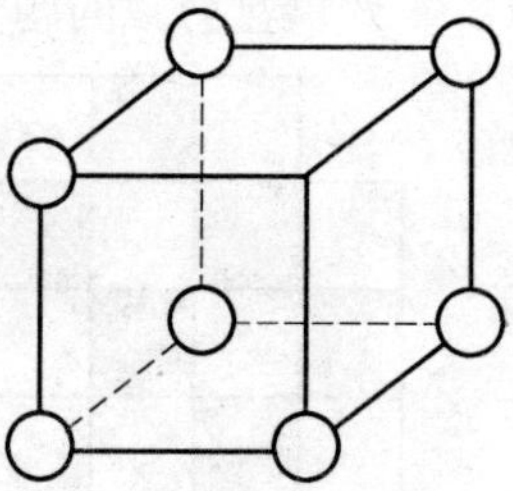

4*. 试通过用两种方法计算圆 $x^2 + y^2 = a$ 位于第一象限格点数并证明:

(1) $[\sqrt{a}] + [\sqrt{a-1^2}] + [\sqrt{a-2^2}] + \cdots = \left[\dfrac{a}{1}\right] - \left[\dfrac{a}{3}\right] + \left[\dfrac{a}{5}\right] - \left[\dfrac{a}{7}\right] + \cdots$ (Liouville 公式)

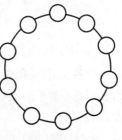

图 4.12

图 4.13

(2) $\dfrac{\pi}{4} = 1 - \dfrac{1}{3} + \dfrac{1}{5} - \dfrac{1}{7} + \cdots$ (Leibniz 公式)

5. 计算下列二重积分:

(1) $\int_1^2 dy \int_y^2 \dfrac{\sin x}{x-1} dx$;

(2) $\int_0^1 x f(x) dx$,其中 $f(x) = \int_1^{x^2} \dfrac{\sin t}{t} dt$;

(3) $\int_0^1 dx \int_x^1 e^{-y^2} dy$.

6. 试证任意凸五边形总存在可以构成三角形三边的三条

第4章　算两次、极端原理、涂色解题

对角线.

［提示：考虑凸五边形中最长对角线,再考虑以其一边与凸五边形的三边构成的四边形及其对角线情况］

7. 若一环形公路上有 n 个车站,每站存汽油若干桶(其中有的站可能不存). n 个站的总存量足够一辆汽车沿公路行驶一周. 现使一辆原来没有汽油的汽车依逆时针方向沿公路行驶,每到一站即将该站存油全部带上(出发站也如此). 试证 n 个车站中至少存在一车站可使汽车从该站出发环行一周,不致中途因缺油而停车.

8. 构造正定矩阵 A, B, 使 AB 不正定.

［提示：矩阵 $A = \begin{pmatrix} 1 & 1 \\ 1 & 2 \end{pmatrix}, B = \begin{pmatrix} 1 & -1 \\ -1 & 2 \end{pmatrix}$, 皆正定, 但 $AB = \begin{pmatrix} 0 & 1 \\ -1 & 3 \end{pmatrix}$ 非正定］

9. 请构造一个事件两两独立但不整体独立的例子.

［提示：四张卡片分别记有 112,121,222,211, 定义 $\xi_i = \{$所取卡片第 i 位数字$\}, i = 1, 2, 3$］

10. 试构造一个于某点取正值的可导函数,但在该点的任何邻域都不单调的例子.

［提示：考虑 $f(x) = \begin{cases} x + 2x^2 \sin \dfrac{1}{x}, & \text{若 } x \neq 0; \\ 0, & \text{若 } x = 0. \end{cases}$ ］

概念在解题中的应用

第 5 章

数学中有些概念需要我们特别注意.弄懂某些概念对我们解题常会很有帮助.下面我们对中学数学中某些概念的应用稍稍阐述.

5.1 "非负数"在解题中的应用

我们知道任何实数的偶次方、绝对值以及正实数(包括零)的算术根都必须大于或等于零,换言之即它们都是"非负"的.

非负数在解题中很有用途.下面请看例子.

第 5 章 概念在解题中的应用

1. 在解方程中的应用

例 1 解方程 $\sqrt{2x + 3y - 7} + \sqrt{3x - 2y - 5} = 0$.

解 考虑算术根非负,故原方程可化为方程组

$$\begin{cases} 2x + 3y - 7 = 0 \\ 3x - 2y - 5 = 0 \end{cases}$$

解之有

$$\begin{cases} x = 29/13 \\ y = 11/13 \end{cases}$$

故原方程有解

$$\begin{cases} x = 29/13 \\ y = 11/13 \end{cases}$$

例 2 解方程 $|2x^2 + 4xy - 2x - y + 2| + (3x^2 + 6xy - x + 3y)^2 = 0.$

解 由于两个非负数之和为零,则每个非负数均应为零,故原方程可等价于

$$\begin{cases} 2x^2 + 4xy - 2x - y + 2 = 0 \\ 3x^2 + 6xy - x + 3y = 0 \end{cases}$$

解之有

$$\begin{cases} x_1 = -2 \\ y_1 = 14/9 \end{cases} \begin{cases} x_2 = -3 \\ y_2 = 2 \end{cases}$$

例 3 求方程 $\log_a(x^2 + 1) + \log_a(y^2 + 4) = \log_a 8 + \log_a x + \log_a y$ 的实数解.

解 由对数性质原方程可化为

$$\log_a(x^2 + 1)(y^2 + 4) = \log_a 8xy$$

故有

$$(x^2 + 1)(y^2 + 4) = 8xy$$

移项整理后有

$$(xy - 2)^2 + (2x - y)^2 = 0$$

数学解题的特殊方法

故由非负数性质知
$$\begin{cases} xy - 2 = 0 \\ 2x - y = 0 \end{cases}$$

解之有 $\begin{cases} x_1 = 1 \\ y_1 = 2 \end{cases} \begin{cases} x_2 = -1 \\ y_2 = -2 \end{cases}$（不合题意舍之）.

例4 求方程 $2\sin x = 5x^2 + 2x + 3$ 的实数解.

解 由 $5x^2 + 2x + 3 = (x+1)^2 + 4x^2 + 2.$

而
$$(x+1)^2 + 4x^2 \geq 0$$

故
$$5x^2 + 2x + 3 > 2$$

而 $|2\sin x| \leq 1$，从而原方程无解.

2. 在求值问题中的应用

例5 若 $y = c\sqrt{ax - b} + d\sqrt{b - ax} + ab (a,b,c,d$ 均大于 $0)$，求 $\log_b xy$ 的值.

解 由题设及根式性质有
$$ax - b \geq 0 \text{ 且 } b - ax \geq 0$$

故仅有 $ax - b = 0$ 时成立. 有 $x = b/a$.

代入 y 的解析式中可求得 $y = ab$.

从而 $\log_b xy = \log_b b^2 = 2.$

例6 若 x 是实数，求 $y = x^2 - 4x + 5$ 的极小值.

解 由 $y = x^2 - 4x + 5 = (x-2)^2 + 1.$

因 x 是实数，故 $(x-2)^2 \geq 0$.

因而，当 $x = 2$ 时，y 有极小值 1.

3. 在证明问题中的应用

例7 若 a,b,c 为三个互不相等的实数，试证一元二次方程 $ax^2 + 2bx + c = 0, bx^2 + 2cx + a = 0$ 和 $cx^2 + 2ax + b = 0$，不能都有相等的实根.

证 用反证法. 若不然,设它们(三方程)均有等实根,则它们的判别式均为 0:

$$\Delta_1 = 4b^2 - 4ac = 0$$
$$\Delta_2 = 4c^2 - 4ab = 0$$
$$\Delta_3 = 4a^2 - 4bc = 0$$

故
$$a^2 + b^2 + c^2 - ab - ac - bc = 0$$

即
$$(a-b)^2 + (a-c)^2 + (c-b)^2 = 0$$

从而 $a - b = a - c = c - b = 0$(注意它们的平方非负).

即有 $a = b = c$,与题设矛盾!

所以原方程不能都有相等的实根.

例8 设 x_1, x_2, x_3, x_4 为非零实数,且 $(x_1^2 + x_2^2)x_4^2 - 2x_2(x_1 + x_3)x_4 + x_2^2 + x_4^2 = 0$,试证 x_1, x_2, x_3 成等比数列,且公比为 x_4.

证 原式展开、变形后可化为
$$(x_1 x_4 - x_2)^2 + (x_2 x_4 - x_3)^2 = 0$$

故有
$$x_1 x_4 - x_2 = 0$$

且
$$x_2 x_4 - x_3 = 0$$

即
$$x_2 = x_1 x_4 \quad x_3 = x_2 x_4$$

故
$$\frac{x_2}{x_1} = x_4 = \frac{x_3}{x_2}$$

即 x_1, x_2, x_3 成等比数列,且公比为 x_4.

例9 对任何实数 x,y，不等式 $x^2 + xy + y^2 + 2x - 2y + 4 \geq 0$ 恒成立.

证 注意到下面的式子变形
$$2(x^2 + xy + y^2 + 2x - 2y + 4) = (x+2)^2 + (y-2)^2 + (x+y)^2$$

对任何实数 x,y 均有
$$(x+2)^2 \geq 0, \quad (y-2)^2 \geq 0, \quad (x+y)^2 \geq 0$$

故对任何实数 x,y，题设不等式恒成立.

例10 对任何 θ
$$5 + 8\cos\theta + 4\cos 2\theta + \cos 3\theta \geq 0$$

均成立.

证 由三角函数倍角公式可有
$$5 + 8\cos\theta + 4\cos 2\theta + \cos 3\theta =$$
$$5 + 8\cos\theta + 4(2\cos^2\theta - 1) +$$
$$(4\cos^3\theta - 3\cos\theta) =$$
$$(1 + \cos\theta)(1 + 2\cos\theta)^2$$

由 $1 + \cos\theta \geq 0, (1 + 2\cos\theta)^2 \geq 0$ 知，题设不等式对任何 θ 都成立.

5.2 对称式在解题中的应用

关于对称式的概念，我们已在韦达定理应用一节介绍过，下面我们来看看它在解题中的应用.

例11 化简多项式 $(x + y + z)(x^2 + y^2 + z^2 - xy - yz - zx)$.

解 由 $x + y + z$ 和 $x^2 + y^2 + z^2 - xy - yz - zx$ 分

别是一次齐次对称式和二次齐次对称式[①],故它们的积是三次齐次对称式;这种对称式基本形状是

$$x^3 + y^3 + z^3, x^2y + y^2z + z^2x + x^2z + y^2x + z^2y, xyz$$

因而可设

原式 $= a(x^3 + y^3 + z^3) + b(x^2y + y^2z + z^2x + x^2z + y^2x + z^2y) + cxyz$,这里 a,b,c 为待定常数.

令 $x=1, y=z=0$,可求得 $a=1$;

令 $x=y=1, z=0$,注意到 $a=1$,有 $b=0$;

令 $x=y=z=1$,再由 $a=1, b=0$,可得 $c=-3$.

由是　　原式 $= x^3 + y^3 + z^3 - 3xyz$

注　题设式子恰是 $x^3 + y^3 + z^3 - 3xyz$ 的因式分解式.

例12　将 $x^4 + y^4 + z^4 - 2x^2y^2 - 2y^2z^2 - 2z^2x^2$ 分解因式.

解　若将原式视为 x 的多项式 $f(x)$,易于验算 $f(\pm(y+z)) = 0$,知原多项式有因子

$$(x+y+z)(x-y-z)$$

由原式是四次齐次对称式,故知它还应有因子

$$(y-z-x) \text{ 和} (z-x-y)$$

故 原式 $= k(x+y+z)(x-y-z)(y-z-x)(z-x-y)$,其中 k 是待定常数.

令 $x=1, y=z=0$,可求得 $k=1$.

例13　若 a,b,c 为相异正实数,试证 $(a+b+c)(a^4+b^4+c^4) > (a^2+b^2+c^2)(a^3+b^3+c^3)$.

证　设 $P = (a+b+c)(a^4+b^4+c^4)$,且设 $Q = (a^2+b^2+c^2)(a^3+b^3+c^3)$,则 P, Q 均为 a,b,c 的五

---

① 所谓 n 次齐次对称式是指:既是对称式,又是 n 次齐次式的多项式.

数学解题的特殊方法

次齐次式.

今考虑 x,y 的对称式

$$f(x,y) = (x+y)(x^4+y^4) - (x^2+y^2)(x^3+y^3)$$

注意到

$$f(x,y) = xy(x-y)^2(x+y)$$

当 x,y 为相异正实数时,$f(x,y) > 0$.

再注意到 $P - Q = f(a,b) + f(b,c) + f(c,a)$,而 $f(a,b) > 0, f(b,c) > 0, f(c,a) > 0$.

故 $P - Q > 0$,即 $P > Q$.

下面我们来看几个三角对称式的例子.

例 14 若 A,B,C 为 $\triangle ABC$ 的三个内角,试证:

(1) $\sin A + \sin B + \sin C \leqslant 3\sqrt{3}/2$;

(2) $\cos A \cos B \cos C \leqslant 1/8$;

(3) $\sin^2 A + \sin^2 B + \sin^2 C \leqslant 9/4$.

证 (1) 由三角函数和差化积公式且注意到 $A + B + C = \pi$,$\sin A + \sin B + \sin C = \sin A + 2\sin\dfrac{B+C}{2}\cos\dfrac{B-C}{2} = \sin A + 2\cos\dfrac{A}{2}\cos\dfrac{B-C}{2}$

而 $\cos\dfrac{A}{2} > 0$,上式仅当 $B = C$ 时有最大值.

由 $\sin A + \sin B + \sin C$ 关于 A,B,C 的对称性有:

$\sin A + \sin B + \sin C = \sin B + 2\cos\dfrac{B}{2}\cos\dfrac{C-A}{2}$

又 $\cos\dfrac{B}{2} > 0$,上式仅当 $A = C$ 时有最大值.

即当 $A = B = C = \pi/3$ 时,$\sin A + \sin B + \sin C$ 有最大值 $3\sqrt{3}/2$,故

$$\sin A + \sin B + \sin C \leqslant 3\sqrt{3}/2$$

(2) 若 A, B, C 之一为钝角时,
$$\cos A\cos B\cos C < 0$$
若 A, B, C 均为锐角时,
$$\cos A\cos B\cos C =$$
$$[\cos(A+B) + \cos(A-B)]\cos C/2 =$$
$$[\cos(A-B) - \cos C]\cos C/2$$
上式仅当 $A = B$ 时有最大值.

由 $\cos A\cos B\cos C$ 关于 A, B, C 的轮换对称式知
$$\cos A\cos B\cos C = [\cos(B-C) - \cos A]\cos A/2$$
而它仅当 $B = C$ 时有最大值.

综上 $\cos A\cos B\cos C$ 仅当 $A = B = C = \pi/3$ 时有最大值 $1/8$
故
$$\cos A\cos B\cos C \leqslant 1/8$$

(3) 只须注意到
$$\sin^2 A + \sin^2 B + \sin^2 C = 2(1 + \cos A\cos B\cos C)$$
即可.

注 利用求最(大、小)值是证明不等式的一个重要技巧.

例 15 若 $A + B + C = \pi$,求下列函数的最值:

(1) $\tan\dfrac{A}{2} + \tan\dfrac{B}{2} + \tan\dfrac{C}{2}$ 的最小值;

(2) $\tan\dfrac{A}{2}\tan\dfrac{B}{2}\tan\dfrac{C}{2}$ 的最大值;

(3) $\tan^2\dfrac{A}{2} + \tan^2\dfrac{B}{2} + \tan^2\dfrac{C}{2}$ 的最小值.

解 (1) 由公式 $\tan\alpha = \sin\alpha/\cos\alpha$ 有

$$\tan\frac{A}{2}+\tan\frac{B}{2}+\tan\frac{C}{2}=\tan\frac{A}{2}+\left(\sin\frac{B}{2}\bigg/\cos\frac{B}{2}+\sin\frac{C}{2}\bigg/\cos\frac{C}{2}\right)=$$

$$\tan\frac{A}{2}+\sin\left(\frac{B+C}{2}\right)\bigg/\left(\cos\frac{B}{2}\cos\frac{C}{2}\right)=$$

$$\tan\frac{A}{2}+2\cos\frac{A}{2}\bigg/\left(\cos\frac{B-C}{2}+\cos\frac{B+C}{2}\right)=$$

$$\tan\frac{A}{2}+2\cos\frac{A}{2}\bigg/\left(\cos\frac{B-C}{2}+\sin\frac{A}{2}\right)$$

上式仅当 $B=C$ 时最小.

又由 $\tan\frac{A}{2}+\tan\frac{B}{2}+\tan\frac{C}{2}$ 关于 A,B,C 的轮换对称式知它仅当 $A=C$ 时最小.

综上,当 $A=B=C=\pi/3$ 时,$\tan\frac{A}{2}+\tan\frac{B}{2}+\tan\frac{C}{2}$ 有最小值 $\sqrt{3}$.

(2) 考虑下面式子变形

$$\left(\tan\frac{A}{2}\tan\frac{B}{2}\tan\frac{C}{2}\right)^2=\left(\tan\frac{A}{2}\tan\frac{B}{2}\right)\left(\tan\frac{B}{2}\tan\frac{C}{2}\right)\left(\tan\frac{C}{2}\tan\frac{A}{2}\right)\leqslant$$

$$\left[\frac{1}{3}\left(\tan\frac{A}{2}\tan\frac{B}{2}+\tan\frac{B}{2}\tan\frac{C}{2}+\tan\frac{C}{2}\tan\frac{A}{2}\right)\right]^3\leqslant$$

$$(1/3)^3=1/3^3$$

这里注意到

$$\tan\frac{A}{2}\tan\frac{B}{2}+\tan\frac{B}{2}\tan\frac{C}{2}+\tan\frac{C}{2}\tan\frac{A}{2}=1$$

故 $\tan\frac{A}{2}\tan\frac{B}{2}\tan\frac{C}{2}$ 的最大值为 $\frac{\sqrt{3}}{9}$.

第5章 概念在解题中的应用

(3) 注意下面的式子变形及柯西不等式有

$$3\left(\tan^2\frac{A}{2}+\tan^2\frac{B}{2}+\tan^2\frac{C}{2}\right)=$$

$$(1^2+1^2+1^2)\left(\tan^2\frac{A}{2}+\tan^2\frac{B}{2}+\tan^2\frac{C}{2}\right)\geq$$

$$\left(\tan\frac{A}{2}+\tan\frac{B}{2}+\tan\frac{C}{2}\right)^2$$

上式等号仅当 $\tan\frac{A}{2}=\tan\frac{B}{2}=\tan\frac{C}{2}$,即 $A=B=C=\pi/3$ 时成立.

故 $\tan^2\frac{A}{2}+\tan^2\frac{B}{2}+\tan^2\frac{C}{2}$ 的最小值为 1.

注 显然从这些结论中还可导出一些三角不等式.

又(3) 的证明中应用了柯西不等式

$$(a_1^2+a_2^2+a_3^2)(b_1^2+b_2^2+b_3^2)\geq(a_1b_1+a_2b_2+a_3b_3)^2$$

关于对称多项式表示为初等对称式的问题,我们不准备过多地述及了(读者会在"高等代数"课程中遇到),这里仅举一例说明.

例 16 若 $x+y+z=u+v+w, x^2+y^2+z^2=u^2+v^2+w^2, x^3+y^3+z^3=u^3+v^3+w^3$. 试证 $x^n+y^n+z^n=u^n+v^n+w^n$.

证 设 $x+y+z=\sigma_1, xy+yz+zx=\sigma_2, xyz=\sigma_3$, $u+v+w=\tau_1, uv+vw+wu=\tau_2, uvw=\tau_3$.

由设即有 $\begin{cases}\sigma_1=\tau_1\\ \sigma_1^2-2\sigma_2=\tau_1^2-2\tau_2\\ \sigma_1^3-3\sigma_1\sigma_2+3\sigma_3=\tau_1^3-3\tau_1\tau_2+3\tau_3\end{cases}$

解之有 $\sigma_1=\tau_1, \sigma_2=\sigma_2, \sigma_3=\tau_3$.

因为式 $x^n+y^n+z^n$ 可表为 $\sigma_1,\sigma_2,\sigma_3$ 的多项式 $f(\sigma_1,\sigma_2,\sigma_3)$,而 $u^n+v^n+w^n$ 则可表为 $f(\tau_1,\tau_2,\tau_3)$.

又由 $f(\sigma_1,\sigma_2,\sigma_3) = f(\tau_1,\tau_2,\tau_3)$,
故 $x^n + y^n + z^n = u^n + v^n + w^n$.

至于其他方面的问题可参见"韦达定理及判别式在解题中的应用"一节内容.

关于"对称"概念在几何中也有应用,可见"反射、压缩、旋转变换解题"一节的例子.

5.3 共轭无理数(对)在解题中的应用

像复数 $a+bi$ 和 $a-bi$(a,b 为实数)称为共轭复数(对)一样,我们称 $p\sqrt{c}+q\sqrt{d}$ 和 $p\sqrt{c}-q\sqrt{d}$(p,q 为有理数,$\sqrt{c},\sqrt{d}$ 为无理数)为共轭无理数(对).

共轭复数在解题中用途很大,而共轭无理数对(因为它也有许多特殊性质)在解题中也有用途.

我们先来看看它在计算中的应用.

例 17 计算并化简根式积 $\sqrt{2+\sqrt{3}}\sqrt{2+\sqrt{2+\sqrt{3}}}\sqrt{2-\sqrt{2+\sqrt{3}}}$.

解 $2+\sqrt{2+\sqrt{3}}$ 和 $2-\sqrt{2+\sqrt{3}}$ 是共轭无理数对,且它们乘积为 $2-\sqrt{3}$. 这样

$$\text{原式} = \sqrt{2+\sqrt{3}}\sqrt{2-\sqrt{3}} = 1$$

这里 $2+\sqrt{3}$ 与 $2-\sqrt{3}$ 又为共轭无理数.

例 18 若 $\{a_k\}$ 是公差为 d 的正项等差数列($k=1,2,\cdots$),求 $\sum_{k=1}^{n}\dfrac{1}{\sqrt{a_k}+\sqrt{a_{k+1}}}$.

解 考虑 $\sqrt{a_{k+1}}+\sqrt{a_k}$ 与 $\sqrt{a_{k+1}}-\sqrt{a_k}$ 为共轭无

第 5 章　概念在解题中的应用

理数,且它们乘积为 d.

由是
$$\frac{1}{\sqrt{a_{k+1}}+\sqrt{a_k}}=\frac{\sqrt{a_{k+1}}-\sqrt{a_k}}{d}$$

故
$$\sum_{k=1}^{n}\frac{1}{\sqrt{a_{k+1}}+\sqrt{a_k}}=\sum_{k=1}^{n}\frac{\sqrt{a_{k+1}}-\sqrt{a_k}}{d}=$$
$$\frac{1}{d}\sum_{k=1}^{n}(\sqrt{a_{k+1}}-\sqrt{a_k})=$$
$$\frac{1}{d}(\sqrt{a_n}-\sqrt{a_1})$$

这里注意到在求和时前后项相消.

例19　解方程 $(\sqrt{3}-\sqrt{2})^{3x-7}=(\sqrt{3}+\sqrt{2})^{7x+3}$.

解　由恒等式 $(\sqrt{3}-\sqrt{2})(\sqrt{3}+\sqrt{2})=1$
故原方程可化为
$$(\sqrt{3}-\sqrt{2})^{3x-7}=(\sqrt{3}-\sqrt{2})^{-(7x+3)}$$
从而
$$3x-7=-(7x+3)$$
解得
$$x=4/10$$

例20　若 a,b 分别表示 $(3-\sqrt{7})^{-1}$ 的整数和小数部分,求 $a^2+(1+\sqrt{7})ab$ 的值.

解　由 $3-\sqrt{7}$ 与它的共轭无理数 $3+\sqrt{7}$ 的乘积为 2,故 $(3-\sqrt{7})^{-1}=(3+\sqrt{7})/2$.

又
$$2<\sqrt{7}<3$$
故

数学解题的特殊方法

$$0 < (\sqrt{7}-1)/2 < 1$$

而

$$(3-\sqrt{7})^{-1} = 2 + (\sqrt{7}-1)/2$$

从而

$$a = 2$$
$$b = (\sqrt{7}-1)/2$$

于是

$$a^2 + (1+\sqrt{7})ab = 4 + 6 = 10$$

下面我们来看看共轭无理数在证明中的应用.

例21 试证不定方程 $x^2 - 2y^2 = 1$ 有无穷多组解.

证 由观察法知 $x = 3, y = 2$ 是方程的一组解. 注意共轭无理数对

$$(3+2\sqrt{2})(3-2\sqrt{2}) = 1 \qquad ①$$

式①两边平方便有

$$(17+12\sqrt{2})(17-12\sqrt{2}) = 1$$

故 $x = 17, y = 12$ 是方程的另一组解.

类似地将方程两边 n 次方,可得相应的解如:

$$(A+B\sqrt{2})(A-B\sqrt{2}) = 1$$

即 $x = A, y = B$ 也为方程的解.

注 这里我们用了结论:

若 a, b, D 均是整数,且 D 是正的非完全平方数,则 $(a+b\sqrt{D})^n$ 可展成 $A+B\sqrt{D}$ 形状.

又若 $(a+b\sqrt{D})^n = A+B\sqrt{D}$,则 $(a-b\sqrt{D})^n = A-B\sqrt{D}$.

例22 试证 $\sqrt[3]{20+14\sqrt{2}} + \sqrt[3]{20-14\sqrt{2}} = 4$.

证 只须注意到 $20+14\sqrt{2}$ 与 $20-14\sqrt{2}$ 是共轭无理数,且它们分别可化为

$$20 + 14\sqrt{2} = 2^3 + 3 \cdot 2^2 \cdot \sqrt{2} +$$
$$3 \cdot 2 \cdot (\sqrt{2})^2 + (\sqrt{2})^3 = (2+\sqrt{2})^3$$
$$20 - 14\sqrt{2} = (2-\sqrt{2})^3$$

从而

$$原式左 = (2+\sqrt{2}) + (2-\sqrt{2}) = 4$$

下面再来看一个例子.

例23 试证 $(\sqrt{2}-1)^n$ 必可展成 $\sqrt{m+1} - \sqrt{m}$ 形状,这里 n, m 均为自然数.

证 设 $(\sqrt{2}-1)^n = [(-1) + \sqrt{2}]^n = A + B\sqrt{2}$.

这里 n 为奇数时, $A < 0, B > 0$;

n 为偶数时, $A > 0, B < 0$.

则

$$[(-1) - \sqrt{2}]^n = A - B\sqrt{2}$$

由

$$A^2 - 2B^2 = [(-1)+\sqrt{2}]^n$$
$$[(-1)-\sqrt{2}]^n =$$
$$[(-1)^2 - (\sqrt{2})^2]^n = \pm 1$$

(n 为奇数取 $-$;n 为偶数取 $+$)

即 $A^2 = 2B^2 \pm 1$ ($+$,$-$ 号取法同上).

故当 n 为奇数时

$$(\sqrt{2}-1)^n = A + B\sqrt{2} = -\sqrt{A^2} + \sqrt{2B^2} =$$
$$-\sqrt{2B^2 - 1} + \sqrt{2B^2} =$$
$$\sqrt{2B^2} - \sqrt{2B^2 - 1}$$

当 n 为偶数时

$$(\sqrt{2}-1)^n = A + B\sqrt{2} = \sqrt{A^2} - \sqrt{2B^2} =$$

$$\sqrt{2B^2+1}-\sqrt{2B^2}$$

综上,$(\sqrt{2}-1)^n$ 总可以展成 $\sqrt{m+1}-\sqrt{m}$(m 是自然数)形状.

5.4 函数奇偶性、周期性、单调性及反函数在解题中的应用

定义在 D 的实函数 $y=f(x)$,若对任何 $x\in D$:
若 $f(-x)=-f(x)$,则称 $f(x)$ 为奇函数;
若 $f(-x)=f(x)$,则称 $f(x)$ 为偶函数.
奇函数、偶函数的图像都有对称性:偶函数图像关于 Y 轴对称;奇函数图像关于原点对称.

命题 任何函数均可表示为一个奇函数与一个偶函数之和.

证 容易验证:$F(x)=f(x)-f(-x)$ 是奇函数;且 $G(x)=f(x)+f(-x)$ 是偶函数.
而 $$f(x)=[F(x)+G(x)]/2$$

函数的奇偶性除了在研究函数性质和作图像上有用以外,利用它还可解某些问题. 请看:

例24 (1) 若 $f(x)$ 为偶函数,则 $\int_{-a}^{a}f(x)\mathrm{d}x=2\int_{0}^{a}f(x)\mathrm{d}x$;(2) 若 $f(x)$ 为奇函数,则 $\int_{-a}^{a}f(x)\mathrm{d}x=0$.

证 (1) $\int_{-a}^{a}f(x)\mathrm{d}x=\int_{-a}^{0}f(x)\mathrm{d}x+\int_{0}^{a}f(x)\mathrm{d}x$
而

$$\int_{-a}^{0} f(x)\,dx = -\int_{-a}^{0} f(-x)\,d(-x) =$$
$$\int_{0}^{-a} f(-x)\,d(-x) = \int_{0}^{a} f(t)\,dt$$

故
$$\int_{-a}^{a} f(x)\,dx = 2\int_{0}^{a} f(x)\,dx$$

(2) 仿(1)可证得.

注 这些性质在计算函数定积分时,常常用到.

例 25 计算 $\int_{-1}^{2} x\sqrt{|x|}\,dx$.

解 由于被积式中有根式,故积分可分段考虑:
$$原式 = \int_{-1}^{1} x\sqrt{|x|}\,dx + \int_{1}^{2} x\sqrt{x}\,dx =$$
$$0 + \frac{2}{5}x^{\frac{5}{2}}\Big|_{1}^{2} = \frac{2}{5}(4\sqrt{2} - 1)$$

这里注意到 $x\sqrt{|x|}$ 为奇函数,又 $x > 0$ 时 $|x| = x$ 即可.

例 26 计算积分 (1) $\int_{-a}^{a}[f(x) - f(-x)]\,dx$;
(2) $\int_{-a}^{a} x[f(x) + f(-x)]\,dx$.

解 (1) 因 $f(x) - f(-x)$ 为奇函数,故原式 $= 0$.

(2) 因 $f(x) + f(-x)$ 为偶函数,则知 $x[f(x) + f(-x)]$ 是奇函数,故原式 $= 0$.

函数的周期性也是函数的一个重要概念,它是指若有常数 T 使 $f(x + T) = f(x)$ 对该函数定义域中所有 x 均成立则称 $f(x)$ 为周期函数,其中 T 称为该周期函数的周期;其中的最小者(如果存在的话)称为最小周期(有时也简称周期).

函数的周期性对于研究函数性质很有用途,这在三角函数中已有述及,它在其他方面也有用途.

例 27 若 $f(x)$ 是定义在 $-\infty < x < +\infty$ 上的连续且以 T 为周期的函数,则定积分 $\int_a^{a+T} f(x)\,dx = \int_0^T f(x)\,dx$ (a 为常数).

证 由 $\int_a^{a+T} f(x)\,dx = \int_a^0 f(x)\,dx + \int_0^T f(x)\,dx + \int_T^{a+T} f(x)\,dx$

在 $\int_T^{a+T} f(x)\,dx$ 中令 $x = u + T$,则

$$\int_T^{a+T} f(x)\,dx = \int_0^a f(u+T)\,du = \int_0^a f(u)\,du = \int_0^a f(x)\,dx = -\int_a^0 f(x)\,dx$$

故

$$\int_a^{a+T} f(x)\,dx = \int_0^T f(x)\,dx$$

例 28 设 $f(x) = \int_x^{x+\frac{\pi}{2}} |\sin t|\,dt$.

(1) 证明 $f(x+\pi) = f(x)$;

(2) 求 $f(x)$ 的最大、最小值.

证 (1) 令 $t = u - \pi$,则 $|\sin t| = |\sin u|$,故

$$f(x) = \int_x^{x+\frac{\pi}{2}} |\sin t|\,dt = \int_{x+\pi}^{(x+\pi)+\frac{\pi}{2}} |\sin u|\,du = f(x+\pi)$$

解 (2) 由(1)知 $f(x)$ 是以 π 为周期的函数,故只须考虑 $0 \leqslant x \leqslant \pi$ 的情况即可.

当 $0 < x < \dfrac{\pi}{2}$,即 $\dfrac{\pi}{2} < x + \dfrac{\pi}{2} < \pi$ 时

$$f(x) = \int_{x}^{x+\frac{\pi}{2}} |\sin t|\, dt = \int_{x}^{x+\frac{\pi}{2}} \sin t\, dt = \cos x + \sin x$$

当 $\dfrac{\pi}{2} < x < \pi$,即 $\pi < x + \dfrac{\pi}{2} < \dfrac{3}{2}\pi$ 时

$$f(x) = \int_{x}^{x+\frac{\pi}{2}} |\sin t|\, dt = \int_{x}^{\pi} \sin t\, dt - \int_{\pi}^{x+\frac{\pi}{2}} \sin t\, dt = 2 + \cos x - \sin x$$

又 $f(0) = 1,\ f\left(\dfrac{\pi}{2}\right) = 1$

$$f(x) = 1$$

故 $f(x)$ 可视为 $(-\infty, +\infty)$ 上的连续函数.

即

$$f(x) = \begin{cases} \cos x + \sin x, & 0 \leqslant x \leqslant \pi/2 \\ 2 + \cos x - \sin x, & \pi/2 < x \leqslant \pi \end{cases}$$

而

$$f'(x) = \begin{cases} -\sin x + \cos x, & 0 \leqslant x \leqslant \pi/2 \\ -\sin x - \cos x, & \pi/2 < x \leqslant \pi \end{cases}$$

由 $f'(x) = 0$,解得 $x_1 = \pi/4, x_2 = 3\pi/4$.

容易验证:当 $x = \pi/4$ 时,$f(x)$ 有极大值;当 $x = 3\pi/4$ 时,$f(x)$ 有极小值.

注意到 $f\left(\dfrac{\pi}{4}\right) = \sqrt{2},\ f\left(\dfrac{3\pi}{4}\right) = 2 - \sqrt{2}$,故 $f(x)$ 的最大值为 $\sqrt{2}$,最小值为 $2 - \sqrt{2}$.

注 这里利用了函数 $f(x)$ 的周期性,只对 x 在区间 $[0,\pi]$ 的情形进行了讨论,这便可求得函数在区间 $(-\infty, +\infty)$ 上的最大、最小值.

函数的单调性也是函数的一种性质(当然并非所有函数都如此),利用函数的单调性可以证明不等式(参看"不等式的证明方法"一章). 这方面例子这里不举了.

我们再来看看反函数概念在解题中的应用.

例 29　试在正实数范围内解方程 $\dfrac{11x^2 - 6}{7 - 12x^2} = \sqrt{\dfrac{7x + 6}{12x + 11}}$.

解　若设 $y = \dfrac{11x^2 - 6}{7 - 12x^2}$,则 $x = \sqrt{\dfrac{7y + 6}{12y + 11}}$,这就是说方程两端的式子在区间 $[0, +\infty)$ 互为反函数.

令 $f(x) = \dfrac{11x^2 - 6}{7 - 12x^2}, \varphi(x) = \sqrt{\dfrac{7x + 6}{12x + 11}}$.

由 $f(x), \varphi(x)$ 的图像关于直线 $y = x$ 对称,从而方程 $f(x) = \varphi(x)$ 的实根为它们的图像在直线 $y = x$ 上交点的横坐标.

令

$$x = \dfrac{11x^2 - 6}{7 - 12x^2}$$

即

$$12x^3 + 11x^2 - 7x - 6 = 0$$

解之有 $x_1 = -1, x_2 = -2/3, x_3 = 3/4$.

因 $\varphi(x) \geq 0$,故 $f(x), \varphi(x)$ 交点不可能在第三象限. 而 $x = 3/4$ 代入原方程适合.

故 $x = 3/4$ 为原方程唯一的实根.

下面我们谈谈韦达定理在解题中的应用.

5.5 韦达定理在解题中的应用

人们对于方程的研究,可以追溯到三千多年以前,在埃及出土的莱因特纸草上已载有相当于一元一次方程的算式. 我国古代数学书《九章算术》中也有"方程"一章,上面记载有多元线性方程组的解法. 16世纪以后,人们对于方程便有了深入的研究:卡当、韦达、笛卡儿等人引进符号系统;韦达发现一元二次、三次方程根与系数关系;塔塔利亚、卡当、费拉利解决了一元三次、四次方程求根公式;高斯等人证明了方程论的基本定理(一元n次方程至少有一个根);伽罗华和阿贝尔共同完成一般一元五次以上多项式无求根公式的证明(由此而诞生了"群论")……

我们想先谈谈一元n次方程根与系数关系即韦达定理在解题中的作用. 人们知道:

方程$f(x) = a_0 x^n + a_1 x^{n-1} + \cdots + a_{n-1}x + a_n = 0$的$n$个根是$x_1, x_2, \cdots, x_n$,则

$$\begin{cases} x_1 + x_2 + \cdots + x_n = -a_1/a_0 \\ x_1 x_2 + x_1 x_3 + \cdots + x_{n-1} x_n = a_2/a_0 \\ \vdots \\ x_1 x_2 \cdots x_n = (-1)^n a_n/a_0 \end{cases} \quad (*)$$

此即称韦达定理(有人称韦达本人只给出一元二次、三次方程根与系数关系,但有人也提出异议,认为此定理确是韦达发现,所不同的是他只研究了正根的情形).

若 $a_0 \neq 0$，令 $f(x) = x^n + \dfrac{a_1}{a_0}x^{n-1} + \cdots + \dfrac{a_{n-1}}{a_0}x + \dfrac{a_n}{a_0}$，则 $f(x) = 0$ 的根也为 $x_i(1 \leq i \leq n)$，再利用恒等式 $f(x) = \prod\limits_{i=1}^{n}(x - x_i)$，将式右展开比较两边 x 方幂的系数即可证得此定理.

利用韦达定理可以解决有关方程根的许多问题，这在中学代数中是屡见不鲜的. 倘若将它与所谓"初等对称多项式"联系起来，所能处理的问题将更为广泛.

所谓对称多项式是指：n 个变元（n 元）的多项式 $f(x_1, x_2, \cdots, x_n)$ 中，对换任意两个变元 x_i 与 x_j，式 $f(x_1, x_2, \cdots, x_n)$ 不变的多项式.

形如（ * ）中式左的关于 $x_1, x_2, \cdots, x_n$ 的代数式叫基本对称多项式. 可以证明：

任一对称多项式 $f(x_1, x_2, \cdots, x_n)$ 都可以唯一地表示成基本对称多项式的多项式.

下面我们通过一些例子谈谈前述结论的应用.

例30 若 a, b, c 均为实数，则 a, b, c 都是正数 $\Leftrightarrow a + b + c > 0, ab + bc + ca > 0, abc > 0$.

证 必要性显然. 今证充分性.

由韦达定理知 a, b, c 是方程 $x^3 - (a+b+c)x^2 + (ab+bc+ca)x - abc = 0$ 的三个根.

以 0 或任何负数代入上方程式左，结果总是负数，故方程无零或负根.

从而三实数 a, b, c 均为正值.

例31 若 $\alpha + \beta + \gamma = 0$，则 $\alpha^3 + \beta^3 + \gamma^3 = 3\alpha\beta\gamma$.

证 今设 α, β, γ 是三次方程

$$x^3 + px + q = 0 \qquad ①$$

的三个根,由韦达定理有

$$\begin{cases} \alpha + \beta + \gamma = 0 \\ \alpha\beta + \beta\gamma + \gamma\alpha = p \\ \alpha\beta\gamma = -q \end{cases} \qquad ②$$

其显然符合题设. 再由 α,β,γ 是 ① 的根有

$$\alpha^3 + p\alpha + q = 0$$
$$\beta^3 + p\beta + q = 0$$
$$\gamma^3 + p\gamma + q = 0$$

上三式两边分别相加有

$$\alpha^3 + \beta^3 + \gamma^3 + p(\alpha + \beta + \gamma) + 3q = 0$$

由式 ② 故有

$$\alpha^3 + \beta^3 + \gamma^3 = 3\alpha\beta\gamma$$

注 类似地我们不难解决下面的命题:

若 $\dfrac{1}{\alpha} + \dfrac{1}{\beta} + \dfrac{1}{\gamma} = 0$,则 $\alpha^2 + \beta^2 + \gamma^2 = (\alpha + \beta + \gamma)^2$.

这只须设 $1/\alpha, 1/\beta, 1/\gamma$ 是方程 $x^3 + px + q = 0$ 的根,故 α, β, γ 是方程 $qy^3 + py^2 + 1 = 0$ 的根. 由韦达定理有 $\alpha\beta + \beta\gamma + \gamma\alpha = 0$.

于是有

$$\alpha^2 + \beta^2 + \gamma^2 = (\alpha + \beta + \gamma)^2$$

例 32 若实数 α,β,γ 满足 $\alpha + \beta + \gamma = 0$,则

$$\frac{\alpha^2 + \beta^2 + \gamma^2}{2} \cdot \frac{\alpha^5 + \beta^5 + \gamma^5}{5} = \frac{\alpha^7 + \beta^7 + \gamma^7}{7}.$$

证 由例 2 可知 α,β,γ 满足方程 $x^3 + px + q = 0$.

由 $\alpha^3 + p\alpha + q = 0$ 两端同乘以 α^n 便得

$$\alpha^{n+3} + p\alpha^{n+1} + q\alpha^n = 0$$

同理可得

$$\beta^{n+3} + p\beta^{n+1} + q\beta^n = 0$$
$$\gamma^{n+3} + p\gamma^{n+1} + q\gamma^n = 0$$

以上三式两边相加后得

$$\alpha^{n+3} + \beta^{n+3} + \gamma^{n+3} + p(\alpha^{n+1} + \beta^{n+1} + \gamma^{n+1}) + q(\alpha^n + \beta^n + \gamma^n) = 0$$

即 $\alpha^{n+3} + \beta^{n+3} + \gamma^{n+3} = -(\alpha\beta + \beta\gamma + \gamma\alpha)(\alpha^{n+1} + \beta^{n+1} + \gamma^{n+1}) + \alpha\beta\gamma(\alpha^n + \beta^n + \gamma^n)$ (牛顿公式).

由题设 $\alpha + \beta + \gamma = 0$ 可得

$$\alpha^2 + \beta^2 + \gamma^2 = -2(\alpha\beta + \beta\gamma + \gamma\alpha)$$

$n = 2$ 时由牛顿公式可有

$$\alpha^5 + \beta^5 + \gamma^5 = -5\alpha\beta\gamma(\alpha\beta + \beta\gamma + \gamma\alpha)$$

$n = 4$ 时由牛顿公式可有

$$\alpha^7 + \beta^7 + \gamma^7 = 7\alpha\beta\gamma(\alpha\beta + \beta\gamma + \gamma\alpha)^2$$

故

$$\frac{\alpha^2 + \beta^2 + \gamma^2}{2} \cdot \frac{\alpha^5 + \beta^5 + \gamma^5}{5} = \alpha\beta\gamma(\alpha\beta + \beta\gamma + \gamma\alpha)^2 = \frac{\alpha^7 + \beta^7 + \gamma^7}{7}$$

注 仿上我们还可以证明若 $\alpha + \beta + \gamma = 0$,则

(1) $\dfrac{\alpha^2 + \beta^2 + \gamma^2}{2} \cdot \dfrac{\alpha^3 + \beta^3 + \gamma^3}{3} = \dfrac{\alpha^5 + \beta^5 + \gamma^5}{5}$;

(2) $\dfrac{\alpha^3 + \beta^3 + \gamma^3}{3} \cdot \dfrac{\alpha^4 + \beta^4 + \gamma^4}{4} = \dfrac{\alpha^7 + \beta^7 + \gamma^7}{7}$ 等.

下面再来看一个例子.

例33 若某三角形的三边长分别是方程 $x^3 + px^2 + qx + r = 0$ 的三个根,求该三角形面积.

解 由海伦-秦九韶公式知:若 a, b, c 为三角形边长,则有 $S_\triangle = \sqrt{s(s-a)(s-b)(s-c)}$,其中 $s = \dfrac{1}{2}(a + b + c)$.

由韦达定理知

第5章 概念在解题中的应用

$$\begin{cases} a+b+c=-p \\ ab+bc+ca=q \\ abc=-r \end{cases}$$

而

$$s(s-a)(s-b)(s-c) =$$
$$s^4 - s^3(a+b+c) + s^2(ab+bc+ca) - sabc =$$
$$(-p/2)^4 - (-p/2)^3(-p) + (-p/2)^2 q -$$
$$(-p/2)(-r) =$$
$$(4p^2q - p^4 - 8pr)/16$$

故

$$S_\triangle = \sqrt{4p^2q - p^4 - 8pr}/4$$

注 关于方程 $x^3 + px^2 + qx + r = 0$ 的可为三角形三边长的充要条件见本节习题.

利用韦达定理还可以解某些方程或方程组,它们常通过恒等变换化为下面各形式,然后再用韦达定理去解.

(1) $\begin{cases} x+y=a \\ xy=b \end{cases}$,显然 x, y 为 $t^2 - at + b = 0$ 的两根.

(2) $\begin{cases} x-y=a \\ xy=b \end{cases}$ $\xrightarrow{\text{转化为}}$ $\begin{cases} x+(-y)=a \\ x(-y)=-b \end{cases}$

(3) $\begin{cases} x^n \pm y^n = a \\ xy = b \end{cases}$ $\xrightarrow{\text{转化为}}$ $\begin{cases} x^n \pm y^n = a \\ x^n \cdot (\pm y^n) = \pm b^n \end{cases}$

(4) $\begin{cases} px^n + qy^n = a \\ xy = b \end{cases}$ $\xrightarrow{\text{转化为}}$ $\begin{cases} px^n + qy^n = a \\ (px^n)(qy^n) = pqb^n \end{cases}$

经上面转化后先化为一元二次方程(用换元法),再解两个 n 次二项方程即可.

另外,有些多元方程组,若方程均呈对称式出现,它也常可通过恒等变换化成适合韦达定理的形式,然后再用韦达定理去解.

例34 解(超越)方程组
$$\begin{cases} xy - x + 2y = 102 & \text{①} \\ \lg(y-1) \cdot \lg(x+2) = 1 & \text{②} \end{cases}$$

解 由①有$(x+2)(y-1) = 100$,若$x > -2, y > 1$,此式两边取对数有
$$\lg(x+2) + \lg(y-1) = 2 \quad \text{③}$$

由②,③知$\lg(x+2)$,$\lg(y-1)$是方程$t^2 - 2t + 1 = 0$的两根.

由$t_1 = t_2 = 1$知$\lg(x+2) = 1, \lg(y-1) = 1$. 解得$x = 8, y = 11$.

例35 求解方程组
$$\begin{cases} x+y+z+w = 10 & \text{①} \\ x^2+y^2+z^2+w^2 = 30 & \text{②} \\ x^3+y^3+z^3+w^3 = 100 & \text{③} \\ xyzw = 24 & \text{④} \end{cases}$$

解 由设可有
$$xy + yz + zw + wx + xz + yw =$$
$$[(x+y+z+w)^2 - (x^2+y^2+z^2+w^2)]/2 =$$
$$(100 - 30)/2 = 35 \quad \text{⑤}$$

又
$$xyz + xyw + xzw + yzw =$$
$$[(x+y+z+w)^3 + 2(x^3+y^3+z^3+w^3) -$$
$$3(x+y+z+w)(x^2+y^2+z^2+w^2)]/6 =$$
$$(1\,000 + 200 - 900)/6 = 50 \quad \text{⑥}$$

考虑原方程组①,④式及⑤,⑥式知:x, y, z, w是方程
$$t^4 - 10t^3 + 35t^2 - 50t + 24 = 0$$

的根. 易算得其四个根为 1,2,3,4.

于是原方程组有解 $(x,y,z,w):(1,2,3,4),(1,2,4,3),\cdots$ 共 24 组.

在平面解析几何中, 直线 L 的方程是

$$Ax+By+C=0 \text{ 或 } \begin{cases} x=x_0+lt \\ y=y_0+mt \end{cases} (-\infty<t<+\infty)$$

二次曲线 C 的方程是

$$ax^2+2bxy+cy^2+2ex+2fy+g=0(a,b,c \text{ 不同时为 } 0).$$

讨论直线与二次曲线相交的问题,从代数的观点来看,即求一个一次方程与一个二次方程联立求解的问题. 而通常用直线的参数式与二次方程联立可得关于 t 的一元二次方程 $\alpha t^2+\beta t+\gamma=0(*)$,其中

$$\begin{cases} \alpha=al^2+2blm+cm^2 \\ \beta=(ax_0+by_0+e)l+(bx_0+cy_0+f)m \\ \gamma=ax_0^2+2bx_0y_0+cy_0^2+2ex_0+2fy_0+g \end{cases}$$

由此当然可以解出 t_1,t_2. 但有些问题往往无须解出方程 $(*)$ 的根,而只须知道它的两根和或积(或由和、积可以表示的代数式)即可,这就要用韦达定理. 下面请看例子.

例 36 试证抛物线的平行弦中点在一条直线上.

证 如图 5.1,设抛物线方程为 $y^2=2px(p>0)$,又它的一组平行弦的斜率为 k,方程为 $y=kx+b$.

由方程组 $\begin{cases} y^2=2px \\ y=kx+b \end{cases}$,消去 x 得

$$y^2-2py/k+2pb/k=0$$

它的两根 y_1,y_2 即为抛物线与其弦两交点的纵坐标. 由韦达定理知

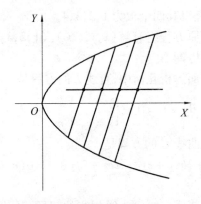

图 5.1

$$y_1 + y_2 = 2p/k$$

注意到 $y = (y_1 + y_2)/2 = p/k$ 为弦中点的纵坐标,它仅与 p,k 有关而与 b 无关,即 $y = p/k$ 为平行弦中点的轨迹方程,它是一条直线.

注 由证题过程知此直线平行于 X 轴.

例 37 过椭圆一焦点作弦,则各弦中点轨迹仍是一椭圆,且它的离心率与原椭圆离心率相等.

证 设椭圆方程为 $\dfrac{x^2}{a^2} + \dfrac{y^2}{b^2} = 1 (a > b > 0)$.

过它的一个焦点 $F(c,0)$(其中 $c = \sqrt{a^2 + b^2}$)的直线方程是 $y = k(x - c)$.

由方程组 $\begin{cases} \dfrac{x^2}{a^2} + \dfrac{y^2}{b^2} = 1 \\ y = k(x - c) \end{cases}$,消去 y 得方程

$$(b^2 + a^2 k^2)x^2 - 2a^2 ck^2 x - a^2(b^2 - k^2 c^2) = 0$$

此方程两根 x_1, x_2 为椭圆与其弦交点的横坐标. 由韦达定理知弦的中点横坐标为

$$x = (x_1 + x_2)/2 = a^2 ck^2/(b^2 + a^2 k^2)$$

代入原方程组得:$y = -b^2ck/(b^2+a^2k^2)$. 此即弦中点纵坐标.

于是
$$y/x = -b^2/(a^2k)$$

由 $y = k(x-c)$ 有 $k = y/(x-c)$ 代入上式,整理后有
$$b^2x^2 + a^2y^2 - b^2cx = 0$$

即
$$\frac{(x-c/2)^2}{(c/2)^2} + \frac{y^2}{(bc/2a)^2} = 1$$

故知过椭圆焦点的弦的中点轨迹仍为椭圆.

其离心率 $e = \sqrt{\left(\dfrac{c}{2}\right)^2 - \left(\dfrac{bc}{2a}\right)^2} \Big/ \left(\dfrac{c}{2}\right) = \dfrac{c}{a}$

例38 一直线截双曲线和它的渐近线,证明夹在渐近线与双曲线间的线段相等.

证 如图5.2,设双曲线方程为 $\dfrac{x^2}{a^2} - \dfrac{y^2}{b^2} = 1$(其中 $a > 0, b > 0$). 则它的渐近线方程为 $y = \pm bx/a$.

今设直线 $y = kx + m$ 交双曲线两支和它的两条渐近线依次为
$$P(x_1, y_1), R(x_2, y_2), S(x_3, y_3), Q(x_4, y_4)$$

由方程组 $\begin{cases} y = kx + m \\ \dfrac{x^2}{a^2} - \dfrac{y^2}{b^2} = 1 \end{cases}$,消去 y 得
$$(b^2 - a^2k^2)x^2 - 2a^2mkx - a^2(b^2 + m^2) = 0$$

其两根为 x_1 和 x_4,依韦达定理有
$$x_1 + x_4 = 2a^2mk/(b^2 - a^2k^2)$$

又解方程组 $\begin{cases} y = kx + m \\ y = bx/a \end{cases}$ 和 $\begin{cases} y = kx + m \\ y = -bx/a \end{cases}$

数学解题的特殊方法

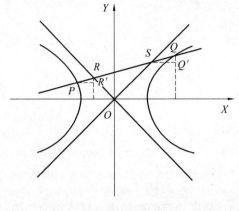

图 5.2

求得
$$x_2 = am/(b - ak)$$
$$x_3 = -am/(b + ak)$$

故
$$x_2 + x_3 = 2a^2mk/(b^2 - a^2k^2)$$

从而
$$x_1 + x_4 = x_2 + x_3$$

即
$$x_2 - x_1 = x_4 - x_3$$

若 $k = 0$,命题成立.

若 $k \neq 0$,从 P 作 X 轴平行线,从 R 作 Y 轴平行线,设交于 R';从 S 作 X 轴平行线,从 Q 作 Y 轴平行线,设交于 Q',则 $|PR'| = |SQ'|$.

又
$$\angle RPR' = \angle QSQ' = \alpha$$

故
$$|PR| = |SQ|$$

例 39 在双曲线 $xy = a^2$ 上的四点 $A_1(x_1, y_1)$, $A_2(x_2, y_2)$, $A_3(x_3, y_3)$, $A_4(x_4, y_4)$, 该四点的法线交于一点 $A_0(x_0, y_0)$, 试证：

(1) $x_0 = \sum_{i=1}^{4} x_i$；   (2) $y_0 = \sum_{i=1}^{4} y_i$；

(3) $\prod_{i=1}^{4} x_i = -a^4$；   (4) $\prod_{i=1}^{4} y_i = -a^4$.

证 若双曲线 $xy = a^2$ 在点 (x_1, y_1) 处法线方程为
$$y - y_1 = (x_1/y_1)(x - x_1) \qquad ①$$
由 $y_1 = a^2/x_1$ 及点 (x_0, y_0) 适合上方程,则
$$y_0 - a^2/x_1 = x_1^2(x_0 - x_1)/a^2$$
即
$$x_1^4 - x_0 x_1^3 + a^2 y_0 x_1 - a^4 = 0 \qquad ②$$
故 x_1 是方程 $x^4 - x_0 x^3 + a^2 y_0 x - a^4 = 0$ 的根.

同理 x_2, x_3, x_4 也是上方程的根.

这样,由韦达定理有
$$\sum_{i=1}^{4} x_i = x_0 \qquad ③$$
$$\prod_{i=1}^{4} x_i = -a^4 \qquad ④$$
$$x_1 x_2 x_3 + x_1 x_2 x_4 + x_1 x_3 x_4 + x_2 x_3 x_4 = -a^2 y_0 \qquad ⑤$$
即
$$\left(\sum_{i=1}^{4} \frac{1}{x_i}\right) \prod_{i=1}^{4} x_i = -a^2 y_0$$

由式 ④ 有
$$a^2 \sum_{i=1}^{4} \frac{1}{x_i} = y_0$$

再以 $y_i = a^2/x_i$ 代入上式有 $\sum_{i=1}^{4} y_i = y_0$；代入 ④ 有

数学解题的特殊方法

$$\prod_{i=1}^{4} y_i = -a^4$$

例40 抛物线 $y^2 = 2px$ 和 $y = k(x-a)$ 相交于 A,B 两点,则该两点横坐标之积为常量 a^2.

证 由方程组 $\begin{cases} y^2 = 2px \\ y = k(x-a) \end{cases}$,消去 y 有

$$k^2(x-a)^2 = 2px$$

即

$$k^2x^2 - (2ak^2 + 2p)x + k^2a^2 = 0$$

其两根 x_1, x_2 即为 A, B 点横坐标.
由韦达定理有 $x_1 x_2 = a^2$.

例41 从椭圆焦点 F 作弦 A_1FA_2,则 $\dfrac{1}{A_1F} + \dfrac{1}{A_2F} = $ 常数.

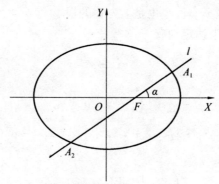

图 5.3

证 如图 5.3,设椭圆方程为

$$\frac{x^2}{a^2} + \frac{y^2}{b^2} = 1 \,(a > b > 1)$$

过其焦点 $F(c, 0)$ 的直线 l(其中 $c = \sqrt{a^2 - b^2}$)方

程为
$$\begin{cases} x = c + t\cos\alpha \\ y = t\sin\alpha \end{cases}$$

将它们代入椭圆方程有
$$\alpha t^2 + 2\beta t + \gamma = 0 \qquad ①$$

其中
$$\begin{cases} \alpha = a^2\sin^2\alpha + b^2\cos^2\alpha \\ \beta = b^2 c\cos\alpha \\ \gamma = -b^2 \end{cases}$$

方程①的两根若为 t_1, t_2,则由韦达定理有
$$|t_1 t_2| = |\gamma/\alpha| = -\gamma/\alpha$$
$$|t_1 - t_2| = \sqrt{(t_1 + t_2)^2 - 4t_1 t_2} = 2\sqrt{\beta^2 - \alpha\gamma}/\alpha$$

故
$$\left|\frac{1}{t_1} - \frac{1}{t_2}\right| = \left|\frac{t_1 - t_2}{t_1 t_2}\right| = \frac{2a}{b^2}$$

注意参数 t 的几何意义:$|t|$ 为直线 l 上的点距 F 的距离,再注意位于 F 两侧的点的参数 t 异号即有
$$\frac{1}{AF_1} + \frac{1}{AF_2} = \frac{2a}{b^2} \;(\text{常数})$$

注 对于参数 t 的几何意义在解本命题时很重要. 下面的命题也可用与本例类同的方法:

过抛物线 $y = 2px(p > 0)$ 焦点 F 作一弦与抛物线交于 P,Q 两点,自 P,Q 向其对称轴引垂线,令垂足为 R,S,则 $|PR|\cdot|QS|=$ 常数.

5.6　判别式在解题中的应用

所谓"判别式"通常是指一元二次方程 $ax^2 + bx +$

$c=0(a\neq 0)$ 中,$\Delta=b^2-4ac$ 是判别该方程的判别式.

当然判别式的意义远不止于此:一元三次、四次方程有求根判别式;检验两个多项式有无公共解或判断一个多项式有无重根,有判别式(即所谓结式);判别一条二次曲线的方程种类也有判别式;……

我们这里主要讲一元二次方程(或二次三项式)判别式的应用. 当然我们首先会想到:

$\Delta>0$,方程 $ax^2+bx+c=0$ 有两相异实根;

$\Delta=0$,方程 $ax^2+bx+c=0$ 有两相等实根;

$\Delta<0$,方程 $ax^2+bx+c=0$ 无实根(有共轭复根).

利用这个结论可以解一些问题. 请看:

例42 若方程 $(b-c)x^2+(c-a)x+(a-b)=0$ 有等根,则 a,b,c 成等差数列.

证 由设 $\Delta=(c-a)^2-4(b-c)(a-b)=0$

有 $(a+c-2b)^2=0$(由上式变形得).

即
$$2b=a+c$$

二次三项式 ax^2+bx+c 经配方可变形为
$$ax^2+bx+c=a\left(x+\frac{b}{2a}\right)^2+\frac{4ac-b^2}{4a}$$

故当二次三项式为完全平方式 $\Leftrightarrow a>0$,且 $\Delta=0$.

注 命题"若 $(z-x)^2-4(x-y)(y-z)=0$,则 x,y,z 成等差数列"与本命题类似.

例43 m 为何值时,多项式 $6x^2+mxy-3y^2+3x+10y-3$ 能分解成关于 x,y 的一次多项式积的形式.

解 将原多项式视为 x 的多项式时,若它能分解成两个一次式之积,则它的判别式

$$\Delta = (my+3)^2 - 24(-3y^2+10y-3)$$

是一个完全平方式,即 $(m^2+72)y^2 + (6m-240)y + 81$ 是完全平方式. 而这时其判别式

$$\Delta' = m^2 + 10m - 119 = 0$$

解得 $m_1 = 7, m_2 = -17$.

下面的例子是求解方程组的.

例 44 求满足方程组

$$\begin{cases} x^2 + y^2 - xy - 3x + 3 = 0 & \text{①} \\ x^2 + y^2 + z^2 - xy - yz - 2xz + 3 = 0 & \text{②} \end{cases}$$

的实数 x, y, z.

解 由①整理为 $x^2 - (y+3)x + (y^2+3) = 0$.

因 x, y 为实数,故

$$\Delta = (y+3)^2 - 4(y^2+3) \geqslant 0$$

即

$$(y-1)^2 \leqslant 0$$

得

$$y = 1$$

将 $y = 1$ 代入①得

$$x^2 - 4x + 4 = 0$$

解得 $x = 2$. 将 x, y 值代入②得

$$z^2 - 5z + 6 = 0$$

解之有 $z_1 = 2, z_2 = 3$.

故方程组的解为 $(x,y,z) = (2,1,2)$ 或 $(x,y,z) = (2,1,3)$.

利用判别式证明不等式可以看做是判别式的巧用.

例 45 实数 a,b,c,d 满足 $a+b+c = d^2, a^2+b^2+c^2 = d^2/2$. 试证 $0 \leqslant a,b,c \leqslant 2d^2/3$.

证 将 $a = d^2 - b - c$ 代入题设后一式中整理为
$$2b^2 + 2(c - d^2)b + 2(c^2 - cd^2 + d^4/4) = 0$$
因 b 为实数,故 $\Delta \geqslant 0$.

即 $4(c - d^2)^2 - 16(c^2 - cd^2 + d^4/4) \geqslant 0$

即
$$c(3c - 2d^2) \leqslant 0$$

故
$$0 \leqslant c \leqslant 2d^2/3$$

同理可证
$$0 \leqslant a \leqslant 2d^2/3, \quad 0 \leqslant b \leqslant 2d^2/3$$

例46 试证 $\dfrac{1}{3} \leqslant \dfrac{\sec^2 x - \tan x}{\sec^2 x + \tan x} \leqslant 3$.

证 由 $\sec^2 x = 1 + \tan^2 x$,令 $\dfrac{\sec^2 x - \tan x}{\sec^2 x + \tan x} = y$,

则有
$$(y - 1)\tan^2 x + (y + 1)\tan x + (y - 1) = 0$$

若 $y \neq 1$,又因 $\tan x$ 为实数,故
$$\Delta = (y + 1)^2 - 4(y - 1)^2 \geqslant 0$$

即
$$3y^2 - 10y + 3 \leqslant 0$$

解之有
$$1/3 \leqslant y \leqslant 3$$

故
$$\frac{1}{3} \leqslant \frac{\sec^2 x - \tan x}{\sec^2 x + \tan x} \leqslant 3$$

又当 $y = 1$ 时,上不等式仍成立.

注1 这里先引进辅助元 y,这也是一个重要技巧.

注2 此解法中涉及一元二次不等式解法,它实际上也是依据了判别式,这不难由下表看出:

$f(x) = ax^2 + bx + c$ 符号判别

$\Delta > 0$	
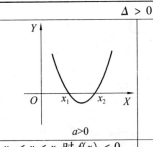 $a>0$	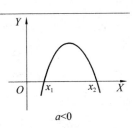 $a<0$
$x_1 < x < x_2$ 时 $f(x) < 0$ $x > x_2$ 或 $x < x_1$ 时 $f(x) > 0$	$x_1 < x < x_2$ 时 $f(x) > 0$ $x > x_2$ 或 $x < x_1$ 时 $f(x) < 0$
$\Delta = 0$	
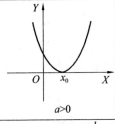 $a>0$	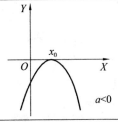 $a<0$
$x \neq -\dfrac{b}{2a}$, $f(x)$ 与 a 同号	
$x = -\dfrac{b}{2a}$, $f(x) = 0$	
$\Delta < 0$	
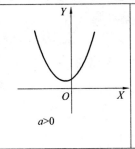 $a>0$	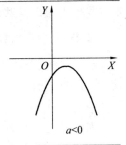 $a<0$
$f(x)$ 与 a 同号	

例 47 若 $\alpha + \beta + \gamma = \pi/2$，则 $\sin\alpha\sin\beta\sin\gamma \leqslant 1/8$.

证 令 $x = \sin\alpha\sin\beta\sin\gamma$

则
$$x = \frac{1}{2}\sin\alpha[\cos(\beta - \gamma) - \cos(\beta + \gamma)]$$

即
$$\sin^2\alpha - \cos(\beta - \gamma)\sin\alpha + 2x = 0$$

此可视为 $\sin\alpha$ 的二次三项式. 由 $\sin\alpha$ 为实数,故
$$\Delta = \cos^2(\beta - \gamma) - 8x \geqslant 0$$

即
$$x \leqslant \cos^2(\beta - \gamma)/8 \leqslant 1/8$$

这只须注意到
$$0 < \cos^2(\beta - \gamma) \leqslant 1$$

即可.

故
$$\sin\alpha\sin\beta\sin\gamma \leqslant 1/8$$

关于判别式在不等式证明中的应用,我们后文"不等式的证明方法"一节中还将叙及.

与不等式联系的问题,是求函数极值的问题. 利用判别式也可以求某些函数的极值.

例 48 求实函数 $y = x + \sqrt{2x^2 - 4x + 6}$ 的极值.

解 原式变形为 $\sqrt{2x^2 - 4x + 6} = y - x$,当 $y \geqslant x$ 时,平方、整理有
$$x^2 + (2y - 4)x + 6 - y^2 = 0 \qquad ①$$

因 x, y 均为实数,故
$$\Delta = 8(y^2 - 2y - 1) \geqslant 0$$

解得

第5章 概念在解题中的应用

或
$$y \leqslant 1 - \sqrt{2}$$
$$y \geqslant 1 + \sqrt{2}$$

而由 $y = 1 - \sqrt{2}$ 时,由①得 $x = 1 + \sqrt{2}$,与 $y \geqslant x$ 所设相抵,故不妥.

由之
$$y \geqslant 1 + \sqrt{2}$$
即
$$y_{\min} = 1 + \sqrt{2}$$

注1 由本例方法知例45也可化为求极值问题,解法同上.

注2 此方法求函数极值时,$\Delta = 0$ 能够成立是用此方法(判别式法)求极值的必要条件(但一般不充分),不然会有误,如:

求 $y = \cos^2 x - 4\cos x + 5$ 的极值.

若由 $\cos^2 x - 4\cos x + 5 - y = 0$,得到 $\Delta = (-4)^2 - 4(5 - y) \geqslant 0$,即 $y \geqslant 1$,而得到 $y_{\min} = 1$ 是错误的. 因为当 $\cos x = 2$ 时,才有 $y = 1$,这不可能.

又如:求 $y = 2x + \sqrt{2x - 1}$ 的极值.

若用判别式法(令 $t = \sqrt{2x - 1}$)求得 $y_{\min} = 3/4$,这也不可能,因为此时 $t = -1/2$ 与前设相抵.

利用判别式还可以求某些条件极值.

例49 已知 $\dfrac{x^2}{4} + \dfrac{y^2}{9} = 1$,求 $x + y$ 的极值.

解 令 $u = x + y$,则 $y = u - x$,代入题设式 $\dfrac{x^2}{4} + \dfrac{y^2}{9} = 1$ 有
$$9x^2 + 4(u - x)^2 - 36 = 0$$

即
$$13x^2 - 8ux + (4u^2 - 36) = 0$$
由 x, u 为实数有 $\Delta \geqslant 0$,即
$$u^2 \leqslant 13$$
即
$$-\sqrt{13} \leqslant u \leqslant \sqrt{13}$$
从而
$$u_{\min} = -\sqrt{13}, u_{\max} = \sqrt{13}$$

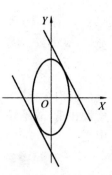

图 5.4

注 1 本题的几何意义是十分明显的,见图 5.4.

注 2 题设 $\dfrac{x^2}{4} + \dfrac{y^2}{9} = 1$ 常称约束条件;而 $x + y$ 称为目标函数.

利用判别式还可以解决一些三角问题.

例 50 在 $\triangle ABC$ 中,已知 $\cot A + \cot B + \cot C = \sqrt{3}$. 试证 $\triangle ABC$ 是正三角形.

证 注意到
$$\cot A \cot B + \cot B \cot C + \cot C \cot A = 1$$
及题设可有
$$\cot A + \cot B - \dfrac{\cot A \cot B - 1}{\cot A + \cot B} = \sqrt{3}$$
即
$$\cot^2 A + (\cot B - \sqrt{3})\cot A + (\cot^2 B - \sqrt{3}\cot B + 1) = 0$$
因 $\cot A$ 为实数,故 $\Delta \geqslant 0$
即
$$-(\sqrt{3}\cot B - 1)^2 \geqslant 0$$
有
$$\sqrt{3}\cot B - 1 = 0$$

得
$$B = \pi/3$$
同理
$$A = C = \pi/3$$
即 $\triangle ABC$ 为正三角形.

求二次曲线切线问题,即是等价于求解二次曲线的方程与直线方程联立的重根,而它最终归结为解一元二次方程问题.此外还可以利用判别式判定直线与二次曲线、二次曲线与二次曲线的位置关系(相交、相切、相离).

例 51 m 为何值时,抛物线 $y = x^2 - 2x + 1$ 与直线 $y = mx$ (1) 相交,(2) 相切,(3) 相离.

解 将 $y = mx$ 代入 $y = x^2 - 2x + 1$ 得 $x^2 - (2 + m)x + 1 = 0$.

由 $\Delta = (2 + m)^2 - 4 = m(m + 4)$

(1) $\Delta > 0$ 时,直线与抛物线相交,即
$$m > 0 \text{ 或 } m < -4$$

(2) $\Delta = 0$ 时,直线与抛物线相切,即
$$m = 0 \text{ 或 } -4$$

(3) $\Delta < 0$ 时,直线与抛物线相离,即
$$-4 < m < 0$$

例 52 双曲线 $xy = a^2$ 上的一条切线与两坐标轴组成一个三角形,求其面积.

解 如图 5.5,设切线 MN 方程为
$$\frac{x}{n} + \frac{y}{m} = 1$$

MN 与双曲线 $xy = a^2$ 切于 $P(x_0, y_0)$,则
$$\begin{cases} x_0/n + y_0/m = 1 & \text{①} \\ x_0 y_0 = a^2 & \text{②} \end{cases}$$

①代入②得

$$mx_0^2 - mnx_0 + na^2 = 0$$

而由 P 为切点故

$$\Delta = (-mn)^2 - 4mna^2 = 0$$

有

$$mn = 4a^2$$

而

$$S_{\triangle MON} = mn/2 = 2a^2$$

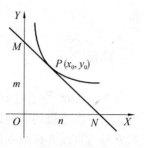

图 5.5

例 53 如图 5.6,在椭圆 $x^2 + 4y^2 = 4$ 上任取一点 P,使以 $P, A(4,2), B(2,0)$ 为顶点的三角形面积最大.

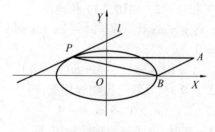

图 5.6

解 以 AB 为底的三角形其高越大面积越大.

过椭圆上点 P 所作切线中以其与 AB 平行的切线距 AB 最远. 此时切点即为所求.

而 $k_{AB} = 1$,今可设直线 l 方程为 $y = x + b$.

由

$$\begin{cases} y = x + b \\ x^2 + 4y^2 = 4 \end{cases}$$

得

$$\begin{cases} x = -4\sqrt{5}/5 \\ y = \sqrt{5}/5 \end{cases}$$

即 P 坐标是 $(-4\sqrt{5}/5, \sqrt{5}/5)$ 时为所求.

下面我们谈谈面积、体积概念在解题中的应用.

5.7　面积、体积在解题中的应用

多边形(特别是三角形)面积计算有好多种形式,比如三角形面积公式常见的就有

$$S_{\triangle ABC} = \frac{1}{2}ah_a(=\frac{1}{2}bh_b=\frac{1}{2}ch_c)=$$

$$\frac{1}{2}ab\sin C(=\frac{1}{2}ac\sin B=\frac{1}{2}bc\sin A)=$$

$$\sqrt{p(p-a)(p-b)(p-c)}=$$

$$(\text{其中}\ p=\frac{1}{2}(a+b+c))$$

$rp(r\ 为\ \triangle ABC\ 内切圆半径)=$

$abc/4R=\cdots$

(R 为 $\triangle ABC$ 外接圆半径)

这些公式除了用于三角形面积计算外,还可利用它们证明某些几何问题,比如:推导某些几何元素的计算公式、证明线段间的数量关系、证明面积的和差倍分问题,甚至可以证明某些著名的几何定理.

因为对于同一图形来讲,它的"面积"概念是同一的,这样就可以利用面积的不同表达式建立某些等式关系,而这些,有时正是我们要证的或要用的结论.

下面的问题便是一个典型的例子.

例54　如图 5.7, O 为 $\triangle ABC$ 内任一点,若它到三边 BC, CA, AB 的距离分别为 x, y, z, 则 $\dfrac{x}{h_a}+\dfrac{y}{h_b}+\dfrac{z}{h_c}=1$,

这里 h_a, h_b, h_c 分别为边 BC, CA, AB 上的高.

证 连 OA, OB, OC. 且设 a, b, c 为 $\angle A, \angle B, \angle C$ 的对边长.

由三角形面积公式有

$$\frac{x}{h_a} = \frac{S_{\triangle BOC}}{S_{\triangle ABC}} \quad \frac{y}{h_b} = \frac{S_{\triangle AOC}}{S_{\triangle ABC}}$$

$$\frac{z}{h_c} = \frac{S_{\triangle AOB}}{S_{\triangle ABC}}$$

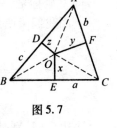

图 5.7

上面三式两端相加有

$$\frac{x}{h_a} + \frac{y}{h_b} + \frac{z}{h_c} = \frac{S_{\triangle BOC} + S_{\triangle AOC} + S_{\triangle AOB}}{S_{\triangle ABC}} =$$

$$\frac{S_{\triangle ABC}}{S_{\triangle ABC}} = 1$$

注 "正三角形内任一点到三边距离之和为定值"显然是本命题的特例.

仿上我们还不难证得下面结论：

命题 1 设 O 为 $\triangle ABC$ 内任一点, AO, BO, CO 交边 BC, CA, AB 于 D, E, F. 则

$$\frac{OD}{AD} + \frac{OE}{BE} + \frac{OF}{CF} = 1$$

且

命题 2 如图 5.8, H 为 $\triangle ABC$ 的垂心, 且令 $AH = x, BH = y, CH = z$, 则

$$\frac{a}{x} + \frac{b}{y} + \frac{c}{z} = \frac{abc}{xyz}$$

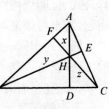

图 5.8

命题 2 的略证 由设只须证

$$ayz + bxz + cxy = abc$$

由

第5章 概念在解题中的应用

$$\angle BHC = \angle EHF = 180° - \angle BAC$$

有
$$\sin \angle BHC = \sin \angle BAC$$

从而
$$ayz = \frac{ayz \cdot \sin \angle BHC}{\sin \angle BAC} = \frac{2aS_{\triangle BHC}}{\sin \angle BAC} = 4RS_{\triangle BHC}$$

同理
$$bxz = 4RS_{\triangle AHC}, \quad cxy = 4RS_{\triangle AHB}$$

而
$$ayz + bxz + cxy = 4R(S_{\triangle BHC} + S_{\triangle AHC} + S_{\triangle AHB}) =$$
$$4RS_{\triangle ABC} = abc$$

这只须注意到 $R = 2a/\sin \angle BAC$ 及 $2S_{\triangle ABC} = ab\sin \angle BAC$ 即可.

梅涅劳斯定理和塞瓦定理是几何上用来证明线共点的重要命题,这两个定理若用面积方法去考虑,证明过程将显得十分简洁.

例 55（Menelaus 定理）设 P, Q, R 是 $\triangle ABC$ 三边 BC, CA, AB 或其延长线上的点,则它们共线 $\Leftrightarrow \dfrac{BP}{CP} \cdot \dfrac{CQ}{AQ} \cdot \dfrac{AR}{BR} = 1$(如图 5.9).

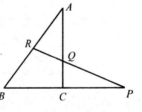

图 5.9

证 必要性. 设 P, Q, R 在一直线上,由三角形面积公式有

$$\frac{S_{\triangle BPR}}{S_{\triangle CPQ}} = \frac{BP \cdot PR}{CP \cdot PQ}$$

$$\frac{S_{\triangle CPQ}}{S_{\triangle AQR}} = \frac{CQ \cdot PQ}{AQ \cdot QR}$$

数学解题的特殊方法

$$\frac{S_{\triangle AQR}}{S_{\triangle BPR}} = \frac{AR \cdot QR}{BR \cdot PR}$$

上面三式两端相乘有

$$\frac{BP}{CP} \cdot \frac{CQ}{AQ} \cdot \frac{AR}{BR} = 1$$

充分性. 用同一法仿上步骤可得.

注 倘若连接 AP,它还可以用三角形面积公式 $S_\triangle = \frac{1}{2}ab\sin C$ 来证.

例 56 （Ceva 定理）O 为 $\triangle ABC$ 内任一点,AO,BO,CO 分别交边 BC,CA,AB 于 D,E,F,试证

$$\frac{BD}{DC} \cdot \frac{CE}{EA} \cdot \frac{AF}{FB} = 1$$

证 如图 5.10,设 O 为顶点的三角 α, β, γ.

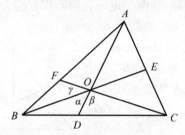

图 5.10

由三角形面积公式或性质有

$$\frac{BD}{DC} = \frac{S_{\triangle BOD}}{S_{\triangle COD}} = \frac{BO \cdot \sin \alpha}{CO \cdot \sin \beta}$$

$$\frac{CE}{EA} = \frac{S_{\triangle COE}}{S_{\triangle AOE}} = \frac{CO \cdot \sin \gamma}{AO \cdot \sin \alpha}$$

$$\frac{AF}{FB} = \frac{S_{\triangle AOF}}{S_{\triangle BOF}} = \frac{AO \cdot \sin \beta}{BO \cdot \sin \gamma}$$

故
$$\frac{BD}{DC} \cdot \frac{CE}{EA} \cdot \frac{AF}{FB} = 1$$

由上面例子可见,利用面积关系证题基本思路是:利用已知面积关系,列出一些与几何结论有直接或间接关系的等式,据已知条件或已证的关系式,消去等式中与结论无关的量,从而得到所要求证的结论.下面再来看一些例子.

例57 如图 5.11,若 E,F 为 $\triangle ABC$ 边 BC 上的两个三等分点,BM 是 AC 上的中线.AE,AF 分 BM 为长是 x,y,z 的三线段,若 $x > y > z$,求 $x : y : z$.

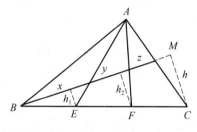

图 5.11

解 自 E,F,C 分别向 BM 作垂线,显然
$$h_1 : h_2 : h = 1 : 2 : 3$$
由 $\triangle ABE$ 与 $\triangle AEF$ 同高等底而等积有
$$\frac{1}{2}xh_1 + \frac{1}{2}xh = \frac{1}{2}(x+y)h_2 - \frac{1}{2}xh_1 + \frac{1}{2}yh$$
注意上面高的比例式消 h 后有 $y = 3x/5$,即 $x : y = 5 : 3$.

同理由 $S_{\triangle ABE} = S_{\triangle ACF}$,有 $x : z = 5 : 2$

故
$$x : y : z = 5 : 3 : 2$$

例58 以 $\triangle ABC$ 边 AB,AC 为长向形外作正方形

$ACGH$ 和 $ABEF$,若 $AD \perp BC$,则 DA 延长线 AM 平分 FH(见图 5.12).

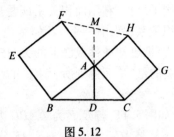

图 5.12

证 由 $\angle MAH$ 与 $\angle CAD$ 互余,$\angle MAF$ 与 $\angle BAD$ 互余,

且
$$AC = AH = AD/\cos \angle CAD$$
$$AF = AB = AD/\cos \angle BAD$$

故
$$\frac{S_{\triangle AMH}}{S_{\triangle AMF}} = \frac{1/2 \cdot AH \cdot AM \cdot \sin \angle MAH}{1/2 \cdot AF \cdot AM \cdot \sin \angle FAM} = \frac{(AD/\cos \angle CAD) \cdot \cos \angle CAD}{(AD/\cos \angle BAD) \cdot \cos \angle BAD} = 1$$

即
$$S_{\triangle AMH} = S_{\triangle AMF}$$

故
$$FM = HM$$

下面的例子是关于线段的等式 $\frac{1}{a_1} + \frac{1}{a_2} + \cdots + \frac{1}{a_n} = \frac{n}{a}$ 类型的.

例59 已知正七边形 $ABCDEFG$ 的边长为 c,较长和较短的对角线分别为 a, b. 试证 $\frac{1}{a} + \frac{1}{b} = \frac{1}{c}$.

证 如图 5.13,延长 CB,GA 交于 H.

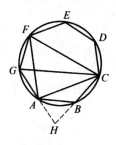

图 5.13

因
$$\angle ACB = \pi/7$$
$$\angle CAH = \angle GFC = 3\pi/7$$

故
$$\angle AHC = \angle CAH = 3\pi/7$$

于是
$$CH = CA = b$$

又
$$S_{\triangle ACF} = S_{\triangle HCG} = \frac{1}{2}ab\sin\frac{2\pi}{7}$$

故
$$S_{\triangle ACF} = S_{\triangle ACG} + S_{\triangle ABC} + S_{\triangle ABH}$$

即
$$\frac{1}{2}ab\sin\frac{2\pi}{7} = \frac{1}{2}ac\sin\frac{2\pi}{7} + \frac{1}{2}c^2\sin\frac{5\pi}{7} + \frac{1}{2}c(b-c)\sin\frac{2\pi}{7}$$

化简整理后有

即
$$ab = ac + bc$$

$$\frac{1}{a} + \frac{1}{b} = \frac{1}{c}$$

注1 此结论可推广到正 $2^n - 1$ 边的情形.

注2 本题若直接应用托勒密定理去证,过程将比较简洁:

在四边形 $ACFG$ 中,由托勒密定理有
$$bc + ac = ab$$
又
$$abc \neq 0$$
两边同除以 abc 有
$$\frac{1}{a} + \frac{1}{b} = \frac{1}{c}$$

例 60 求证三角形内切圆半径的倒数等于其三个旁切圆半径倒数之和.

证 设三角形面积为 S,内切圆半径为 r,三个旁切圆半径分别为 r_a, r_b, r_c,且 $p = \frac{1}{2}(a + b + c)$.

由
$$S = rp = r_a(p - a)$$
有
$$\frac{r}{r_a} = 1 - \frac{a}{p}$$
同理
$$\frac{r}{r_b} = 1 - \frac{b}{p} \quad \frac{r}{r_c} = 1 - \frac{c}{p}$$
故
$$\frac{r}{r_a} + \frac{r}{r_b} + \frac{r}{r_c} = 3 - \frac{a+b+c}{p} = 1$$
即
$$\frac{1}{r_a} + \frac{1}{r_b} + \frac{1}{r_c} = \frac{1}{r}$$

下面再看一个关于二次曲线的例子.

例 61　如图 5.14，过抛物线 $y^2 = 2px$ 的焦点 $F(p/2,0)$ 的弦 AB 被焦点分成长为 m,n 的两条焦半径，求证 $\dfrac{1}{m} + \dfrac{1}{n} = \dfrac{2}{p}$.

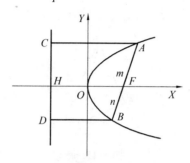

图 5.14

证　设 A,B 在抛物线准线上射影分别为 C,D，由抛物线性质有
$$AC = m, BD = n$$
由
$$S_{HDBF} + S_{CHFA} = S_{CDBA}$$
有
$$p(HD + CH) = mHD + nCH$$
又
$$HC/HD = m/n$$
即
$$nCH = mHD$$
且
$$(HC + HD)/HD = (m + n)/n$$
将上两式代入前式化简整理后即有

143

数学解题的特殊方法

$$\frac{1}{m} + \frac{1}{n} = \frac{2}{p}$$

我们再来看一个关于线段不等式的例子.

例 62 如图 5.15,在 $\triangle ABC$ 中,$AB = AC$,D 为 BC 上任一点,$DE \perp AB$,$DF \perp AC$. 求证

$$AD + BC \geqslant 2(ED + DF)$$

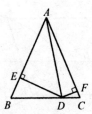

图 5.15

证 由题设可有

$$\frac{1}{2}(AD + BC)AB \geqslant \frac{1}{2}(AB\sin B + BC)AB =$$

$$\frac{1}{2}AB^2 \sin B + \frac{S_{\triangle ABC}}{\sin B} =$$

$$\frac{S_{\triangle ABC} \cdot \sin B}{\sin \angle BAC} + \frac{S_{\triangle ABC}}{\sin B} =$$

$$S_{\triangle ABC}(\frac{\sin B}{\sin \angle BAC} + \frac{1}{\sin B}) \geqslant$$

$$S_{\triangle ABC}(\frac{\sin B}{\sin \angle BAC} + \frac{\sin \angle BAC}{\sin B}) \geqslant$$

$$2S_{\triangle ABC} = (注意 a + \frac{1}{a} \geqslant 2,若 a > 0)$$

$$AB(DE + DF)$$

故

$$AD + BC \geqslant 2(DE + DF)$$

下面我们再用面积关系证明前面章节提到过的

例子.

例63 角平分线相等的三角形是等腰的.

证 如图 5.16,设 $BD = CE = t, \angle B = 2\alpha, \angle C = 2\beta$. 由

$$S_{\triangle ABC} = S_{\triangle ABD} + S_{\triangle BDC}$$

及三角形面积公式有

$$\frac{1}{2}ac\sin 2\alpha = \frac{1}{2}at\sin \alpha + \frac{1}{2}ct\sin \alpha$$

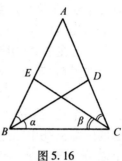

图 5.16

故

$$\frac{2\cos \alpha}{t} = \frac{1}{a} + \frac{1}{c} \qquad (1)$$

同理

$$\frac{2\cos \beta}{t} = \frac{1}{a} + \frac{1}{b} \qquad (2)$$

式(1) - 式(2) 有

$$\frac{2(\cos \alpha - \cos \beta)}{t} = \frac{b-c}{bc}$$

因 $0 < \alpha, \beta < \frac{\pi}{2}$,故

若 $b > c$,则 $\cos \alpha > \cos \beta$ 有 $\alpha < \beta$,这与 $b > c$ 矛盾.

若 $b < c$,则 $\cos \alpha < \cos \beta$ 有 $\alpha > \beta$,这又与 $b < c$ 矛盾.

综上只有 $b = c$ 成立.

著名的波兰数学家斯坦因豪斯在其所著《数学万花筒》中有一个著名的三村办学问题:

数学解题的特殊方法

有 A,B,C 村庄各有学生 a,b,c 人,他们打算联合办一学校,问学校建在什么地方最好(使所有学生走的路程最短)?

作者在书中利用力学办法给出一个解答:

如图 5.17,在标有三村位置的木板上,在三村所表示的点处各钻一个孔,然后把三根系在一起的细绳从孔中穿过,再在它们下面分别拴上重为 a,b,c 的物品,当整个力学系统处于平衡位置时,三绳结点 M 的位置即为所求. 可以证明, M 的位置是使

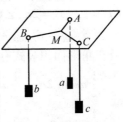

图 5.17

$$\frac{\sin \angle BMC}{a} = \frac{\sin \angle CMA}{b} = \frac{\sin \angle AMB}{c} \quad (*)$$

成立的点. 我们用面积方法来证明这个结论.

例64 设 M 是 $\triangle ABC$ 内使式 $(*)$ 成立的点,又设 P 为 $\triangle ABC$ 内的其他点,则 $a \cdot PA + b \cdot PB + c \cdot PC \geq a \cdot MA + b \cdot MB + c \cdot MC$. 等号仅当 M,P 重合时成立.

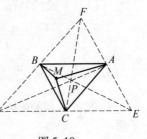

图 5.18

证 如图 5.18,过 A, B, C 分别作 MA, MB, MC 的垂线,易证

$$\sin D = \sin \angle BMC$$
$$\sin E = \sin \angle CMA$$

第5章 概念在解题中的应用

$$\sin F = \sin \angle AMB$$

由题设及正弦定理有

$$\frac{EF}{a} = \frac{DF}{b} = \frac{DE}{c} = k(k>0)$$

而 $S_{\triangle DEF} = S_{\triangle FME} + S_{\triangle FMD} + S_{\triangle DME} =$

$$\frac{1}{2}(EF \cdot MA + FD \cdot MB + DE \cdot MC) =$$

$$\frac{k}{2}(a \cdot MA + b \cdot MB + c \cdot MC)$$

另外 $\frac{k}{2}(a \cdot PA + b \cdot PB + c \cdot PC) =$

$$\frac{1}{2}(EF \cdot PA + FD \cdot PB + DE \cdot PC) \geqslant$$

$$S_{\triangle PEF} + S_{\triangle PDF} + S_{\triangle PDE} = S_{\triangle DEF}$$

故

$$a \cdot PA + b \cdot PB + c \cdot PC \geqslant$$
$$a \cdot MA + b \cdot MB + c \cdot MC$$

等号成立仅当 $EF \perp PA, FD \perp PB, DE \perp PC$ 同时成立时,即 P 与 M 重合时.

下面的例子也是属于物理范畴的.

例65 光线由 A 到 B 在介质面 l 上反射. 设 C 为 l 上一点,直线 AC, BC 与 l 所夹锐角分别为 θ_1, θ_2,又设 C' 是 l 上另一点. 则当 v_1, v_2(光在不同介质的速度)满足 $v_1 : v_2 = \cos \theta_1 : \cos \theta_2$ 时,$\frac{AC'}{v_1} + \frac{BC'}{v_2} > \frac{AC}{v_1} + \frac{BC}{v_2}$ 成立.

证 设 B' 是 B 关于 l 的对称点(图 5.19).

$$B'C = BC, \quad B'C' = BC'$$

过 A, B' 分别作 CA, CB' 的垂线交 l 于 E, D;且两直

数学解题的特殊方法

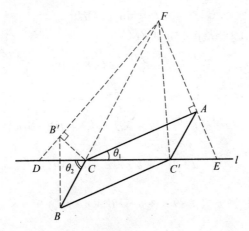

图5.19

线交于 F. 在 $\triangle DEF$ 中

$$EF \cdot C'A + DF \cdot C'B' > 2(S_{\triangle C'EF} + S_{\triangle C'DF}) =$$
$$2S_{\triangle DEF} = 2(S_{\triangle CEF} + S_{\triangle CDF}) =$$
$$EF \cdot CA + DF \cdot CB'$$

由正弦定理

$$\frac{EF}{DF} = \frac{\sin \angle FDE}{\sin \angle FED} = \frac{\cos \theta_2}{\cos \theta_1} = \frac{v_2}{v_1}$$

故

$$v_2 \cdot AC' + v_1 \cdot B'C' > v_2 \cdot AC + v_1 \cdot B'C$$

即

$$\frac{AC'}{v_1} + \frac{BC'}{v_2} > \frac{AC}{v_1} + \frac{BC}{v_2}$$

注 这个不等式的物理意义是:光线按折射律运行时,所费时间最少. 故若承认了费马的"光行最速原理",由该命题可推出光的折射律.

该命题有不少初等证法,最早的是1690年由惠更斯给出的.

上两个例子实际上也是关于极值问题的例子,下面的例子也属于这类问题.

例 66 在 $\angle A$ 内有一定点 P,过 P 作直线交边于 B,C 两点,问 $\dfrac{1}{PB}+\dfrac{1}{PC}$ 何时能取最大值?

解 如图 5.20,令 $\angle PAB = \alpha, \angle PAC = \beta$.

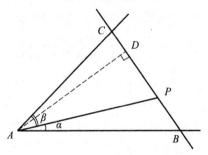

图 5.20

在 BC 上取 D 使 $AD \perp BC$,设 $AD = h$. 由面积公式有

$$\frac{1}{PC}+\frac{1}{PB}=\frac{h}{2}\left(\frac{1}{S_{\triangle ABP}}+\frac{1}{S_{\triangle ACP}}\right)=$$

$$\frac{h}{2}\frac{S_{\triangle ABC}}{S_{\triangle ABP}\cdot S_{\triangle ACP}}=$$

$$\frac{h}{2}\frac{2AB\cdot AC\sin(\alpha+\beta)}{AB\cdot AC\cdot AP^2\sin\alpha\cdot\sin\beta}=$$

$$h\frac{\sin(\alpha+\beta)}{AP^2\sin\alpha\cdot\sin\beta}\leqslant$$

$$\frac{\sin(\alpha+\beta)}{AP\sin\alpha\cdot\sin\beta}$$

上式右为常数,故当 $h = AP$,即 $BC \perp AP$ 时,$1/PC + 1/PB$ 最大.

利用面积关系推导三角函数式,似乎更为便当,因为三角形的面积用三角函数表示的式子很多(见附:三角形面积的一些公式表).下面请看:

例 67 若 a,b,c 和 $\angle A, \angle B, \angle C$ 分别为 $\triangle ABC$ 的三边和三内角,试证 $a^2\cot^2 A + b^2\cot^2 B + c^2\cot^2 C = a^2\cot B\cot C + b^2\cot A\cot C + c^2\cot A\cot B.$

证 由三角形面积公式(见附录)有

$$S_\triangle = \frac{1}{4} \cdot \frac{a^2 + b^2 + c^2}{\cot A + \cot B + \cot C}$$

$$S_\triangle = \frac{1}{4}(a^2\cot A + b^2\cot B + c^2\cot C)$$

有

$$\frac{a^2 + b^2 + c^2}{\cot A + \cot B + \cot C} = a^2\cot A + b^2\cot B + c^2\cot C$$

将上式两端同乘 $\cot A + \cot B + \cot C$,注意到 $\cot A \cdot \cot B + \cot B \cdot \cot C + \cot C \cdot \cot A = 1$ 便可证得结论.

最后我们谈谈体积在解题中的应用问题.我们知道,面积是平面图形的一种属性的度量,那么对于空间图形来讲,体积也是它属性的一种度量,因而对面积解题的思想自然可以拓广到空间问题中去.这方面的问题我们不打算详谈了,下面仅举两例说明.

例 68 若 O 为正四面体内任一点,则它到各面距离和为定值(常量).

证 设 O 到正四面体 $S\text{-}ABC$ 各面距离分别为 x,y,z,t(见图 5.21).

连接 OS,OA,OB,OC.且设正多面体每个面面积为 S,高为 h.

由 $V_{S\text{-}ABC} = V_{O\text{-}SAB} + V_{O\text{-}SAC} + V_{O\text{-}SBC} + V_{O\text{-}ABC}$,这里

V_{S-ABC} 表示四面体 S-ABC 的体积等.

故

$$sh = sx + sy + sz + st$$

有

$$h = x + y + z + t$$

注 本题结论是命题"正三角形内一点到三边距离和为定值"的推广,此外它还可以拓广为:

任意四面体 S-ABC 内一点 O 到各面距离分别为 a,b,c,d,而 h_a,h_b,h_c,h_d 分别为相应顶点到其对面的距离,则 $\dfrac{a}{h_a} + \dfrac{b}{h_b} + \dfrac{c}{h_c} + \dfrac{d}{h_d} = 1$.

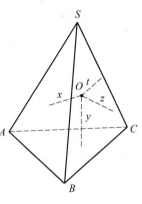

图 5.21

例 69 如图 5.22,O 是四棱锥 S-ABC 底面 $\triangle ABC$ 上一点,过 O 分别作棱 SA, SB, SC 的平行线 OA', OB', OC',它们交棱锥相应界面 $\triangle SBC, \triangle SCA, \triangle SAB$ 于 A', B', C',则 $\dfrac{OA'}{SA} + \dfrac{OB'}{SB} + \dfrac{OC'}{SC} = 1$.

证 连 OS, OA, OB, OC. 再连 SA' 且延长,必与 AO 延长线相交(因 $OA' \parallel SA$,则它们可确定平面,而 S, A', A, O 四点均在该平面内,又 SA' 与 AO 不平行故必相交).

对四棱锥 O-SBC 和 A-SBC 来讲有

$$\frac{V_{O-SBC}}{V_{A-SBC}} = \frac{OA'}{SA}$$

(它们同底,再由相似形性质)

同理可证

数学解题的特殊方法

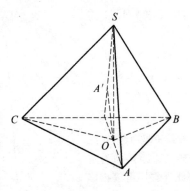

图 5.22

$$\frac{V_{O-SAC}}{V_{B-SAC}} = \frac{OC'}{SC}$$

$$\frac{V_{O-SAB}}{V_{C-SAB}} = \frac{OB'}{SB}$$

将上三式两边相加,注意到

$$V_{S-ABC} = V_{O-SBC} + V_{O-SAC} + V_{O-SAB}$$

有 $$\frac{OA'}{SA} + \frac{OB'}{SB} + \frac{OC'}{SC} = 1$$

例70 外切于球 O 的凸 n 面体的各个面面积分别为 $S_1, S_2, \cdots, S_n$, P 是多面体内一点,其到面 S_i 的距离分别为 $h_i (i = 1, 2, \cdots, n)$,则当 P 是多面体内切球心时,和式 $\sum_{i=1}^{n} \frac{S_i}{h_i}$ 最小.

证 连接 P 与 n 面体各顶点,则将该 n 面体分成 n 个顶点在 P 的棱锥,它们的体积分别记为 $V_1, V_2, \cdots, V_n$ (与面 S_i 相对应).

由

$$V_{n\text{面体}} = \sum_{i=1}^{n} V_i = \frac{1}{3} \sum_{i=1}^{n} S_i h_i$$

考虑

$$\left(\sum_{i=1}^n S_i h_i\right)\left(\sum_{i=1}^n \frac{S_i}{h_i}\right) \geq \sum_{i=1}^n S_i^2$$

这里用了不等式 $\left(\sum_{i=1}^n x_i y_i\right)\left(\sum_{i=1}^n \frac{x_i}{y_i}\right) \geq \sum_{i=1}^n x_i^2$,等号仅当 $y_1 = y_2 = \cdots = y_n$ 时成立(它可以用数学归纳法证明).

于是

$$\sum_{i=1}^n \frac{S_i}{h_i} \geq \frac{\sum_{i=1}^n S_i^2}{3V_{n\text{面体}}} \quad (\text{常量})$$

且等号仅当 $h_1 = h_2 = \cdots = h_n$ 时,即 P 为 n 面体内切球球心时成立.

注 下面的结论显然是本命题在低维空间的特例:

命题1 外切于 $\odot O$ 的凸多边形 $A_1 A_2 \cdots A_n$ 内一点 P,P 到该多边形各边 a_i 的距离为 $h_i (i = 1, 2, \cdots, n)$,则 P 为多边形内心时 $\sum_{i=1}^n \frac{a_i}{h_i}$ 最小.

命题2 P 是 $\triangle ABC$ 内一点,D,E,F 分别为 P 向 BC,CA,AB 所作垂线的垂足,求出使所有 $\frac{BC}{PD} + \frac{CA}{PE} + \frac{AB}{PF}$ 达到最小的 P 点.

例71 四面体的二面角的内(或外)平分面分其所对棱而成的两线段之比与该二面角两个面的面积之比相等.

证 如图5.23,平面 $ABD(ABH)$ 是四面体 $S\text{-}ABC$ 的二面角 $S\text{-}AB\text{-}C$ 的内(外)平分面.

作 $DG \perp$ 平面 SAB(垂足为 G),$DF \perp$ 平面 CAB(垂足为 F),则 $DG = DF$.

又设 $\triangle SAB,\triangle CAB,\triangle DAB$ 的面积分别为 S_1,S_2,S_3.

数学解题的特殊方法

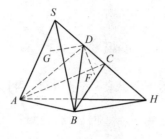

图 5.23

则

$$V_{D-SAB} : V_{D-CAB} = \left(\frac{1}{3}S_1 \cdot DG\right) : \left(\frac{1}{3}S_2 \cdot DF\right) = S_1 : S_2$$

又设 SC 与平面 ABD 的夹角为 α,则三棱锥 $S\text{-}ABD$,$C\text{-}ABD$ 的高分别是 $DS \cdot \sin\alpha$ 和 $DC \cdot \sin\alpha$,故

$$V_{S-ABD} : V_{C-ABD} = \left(\frac{1}{3}S_3 \cdot DS \cdot \sin\alpha\right) :$$
$$\left(\frac{1}{3}S_3 \cdot DC \cdot \sin\alpha\right) =$$
$$DS : DC$$

故

$$S_1 : S_2 = DS : DC$$

即

$$S_{\triangle SAB} : S_{\triangle CAB} = DS : DC$$

同理可证

$$HS : HC = S_{\triangle SAB} : S_{\triangle CAB}$$

注 1 此命题可视为三角形内(外)角平分线定理的推广.
又由三角形内(外)角平分线定理的推论:
  三角形的两边和该两边所成角的内、外角分线组成调和线束.而不通过调和线束的直线与该四条直线相交,其四个支点形成调和点列.
  如图 5.24,AD,AE 分别为 $\triangle ABC$ 中 $\angle BAC$ 的内、外角分线,

第 5 章　概念在解题中的应用

则 $1/BD + 1/BE = 2/BC$.

如是,对四面体也有类似的推论:

四面体的两面与这两面所成二面角的内、外平分面组成调和面束. 不通

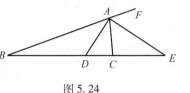

图 5.24

过调和面束的轴的直线与该四个平面相交,其四个交点成调和点列.

注 2　由本命题可得下面公式:

四面体、正 n 棱锥、正圆锥的内切球的半径 $r = 3V/S_表$. 其中 V 表示该几何体体积,$S_表$ 表示其表面积.

它的证明留给读者.

最后我们谈谈复数在解题中的应用.

5.8　复数在解题中的应用

复数最初是在解二次方程中出现的. 1484 年舒凯就已遇到此类问题;1545 年,卡当第一个认真地讨论了复数. "虚数"的名称是笛卡儿于 1637 年在其所著《几何学》一书中首先给出的.

1777 年,欧拉在他的一篇论文《微分公式》中第一次用 i 来表示 $\sqrt{-1}$,但并未引起人们重视. 直到 1801 年,高斯系统地使用这个符号后,它才通行世界.

复数的几何表示,1806 年瑞士的阿贡在一篇论文中已提出. 1831 年高斯对复数的几何表示作了详细说明.

欧拉在 1778 年给出著名公式

$$e^{i\theta} = \cos\theta + i\sin\theta \quad (\text{欧拉公式})$$

把 i,e 及三角函数联系起来.

若令 $\theta = \pi$ 则有 $e^{i\pi} + 1 = 0$,这就把 $0,1,i,\pi,e$ 数学中五个最重要的量联系了起来.

复数的出现,不仅扩大了数系,而且其自身的研究和发展,使之在许多方面得以应用. 19 世纪中叶便形成数学的一个新的分支 —— 复变函数论.

代数学基本定理(一元 n 次代数方程至少有一个根)的证明,就是利用了复数工具.

复数在中学数学中应用也很广. 我国科技大学的常庚哲先生曾利用复数工具证明了匹多不等式(并将结果推广)和戴维斯问题①. 下面我们简单地谈谈这个问题.

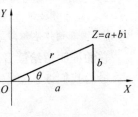

图 5.25

我们知道复数有许多不

---

① 所谓匹多不等式是指20世纪40年代美国人匹多(D. Pedoe)证明的一个不等式,它是 1891 年由 J. Neuberg 提出的(证明见本节例 7). 设 a,b,c 和 a',b',c' 分别表示 $\triangle ABC$ 和 $\triangle A'B'C'$ 的三边,S,S' 分别表示它们的面积,则

$$a'^2(b^2+c^2-a^2)+b'^2(c^2+a^2-b^2)+c'^2(a^2+b^2-c^2) \leqslant 16SS'$$

式中等号仅当 $\triangle ABC \backsim \triangle A'B'C'$ 时成立.

所谓戴维斯问题指美国人戴维斯(J. Davis)1979 年在其所著《循环矩阵》中提出的一个问题:

设 P 是已知三角形 $T_1 = \triangle A_1B_1C_1$ 内一点,A_1P,B_1P,C_1P 分别交对边于 A_2,B_2,C_2,于是得到新三角形 $T_2 = \triangle A_2B_2C_2$;而 A_2P,B_2P,C_2P 又交 $\triangle A_2B_2C_2$ 边于 A_3,B_3,C_3,于是得三角形 $T_3 = \triangle A_3B_3C_3 \cdots \cdots$ 如此下去得三角形序列 T_n. 求 T_n 收敛于 P 的速度.

结论是 $\triangle A_n B_n C_n$ 当 $n \to \infty$ 时与 $\left(\dfrac{1}{2}\right)^{n-1}$ 同阶无穷小.

第5章 概念在解题中的应用

同的表示方法,如图5.25,复数 $Z = a + bi$(其实部用 Re Z 虚部用 Im Z 表示),Z 可以表示成三角式

$$Z = r(\cos\theta + i\sin\theta)$$

这里 $r = \sqrt{a^2 + b^2}$(称为 Z 的模记 $|Z|$),$\cos\theta = a/r$,$\sin\theta = b/r$,又 θ 称为复角主值常用 arg Z 表示.

此外它还可以表示成指数形式

$$Z = re^{i\theta}$$

有了它们,我们便可以在代数、三角、几何中得以应用.

I. 复数在解三角问题中的应用

我们考虑 $Z = \cos\theta + i\sin\theta$ 即模 $|Z| = 1$ 的复数,由 $\overline{Z} = \cos\theta - i\sin\theta$,于是不难有

$$\sin\theta = \frac{Z^2 - 1}{2iZ}, \quad \cos\theta = \frac{Z^2 + 1}{2Z} \quad (*)$$

又据棣美弗定理有

$$Z^n = (\cos\theta + i\sin\theta)^n = \cos n\theta + i\sin n\theta$$

$$\overline{Z}^n = \cos n\theta - i\sin n\theta$$

这样又可得到

$$\sin n\theta = \frac{Z^{2n} - 1}{2iZ^n}, \quad \cos n\theta = \frac{Z^{2n} + 1}{2Z^n} \quad (**)$$

下面来看几个例子:

例72 试证三角函数三倍角公式:

(1) $\sin 3\theta = 3\sin\theta - 4\sin^3\theta$;

(2) $\cos 3\theta = 4\cos^3\theta - 3\cos\theta$.

证 由二项式定理

$(\cos\theta + i\sin\theta)^3 = \cos^3\theta + 3\cos^2\theta(i\sin\theta) +$
$\qquad 3\cos\theta(i\sin\theta)^2 + (i\sin\theta)^3 =$
$\qquad 4\cos^3\theta - 3\cos\theta +$

157

$$i(3\sin\theta - 4\sin^3\theta)$$

又由棣美弗公式

$$(\cos\theta + i\sin\theta)^3 = \cos 3\theta + i\sin 3\theta$$

比较上两式右端虚、实部系数，问题得证。

例 73 求证 $\tan 3\alpha - \tan 2\alpha - \tan\alpha = \tan 3\alpha \tan 2\alpha \tan\alpha$.

证 由前面式(**)我们可有

$$\tan n\theta = \frac{Z^{2n} - 1}{i(Z^{2n} + 1)}$$

于是考虑下面式子

$$\frac{Z^6 - 1}{i(Z^6 + 1)} - \frac{Z^4 - 1}{i(Z^4 + 1)} - \frac{Z^2 - 1}{i(Z^2 + 1)} -$$

$$\frac{Z^6 - 1}{i(Z^6 + 1)} \cdot \frac{Z^4 - 1}{i(Z^4 + 1)} \cdot \frac{Z^2 - 1}{i(Z^2 + 1)}$$

其通分后分子为

$$-(Z^6 + 1)(Z^4 + 1)(Z^2 + 1) +$$
$$(Z^6 + 1)(Z^4 - 1)(Z^2 + 1) +$$
$$(Z^6 + 1)(Z^4 + 1)(Z^2 + 1) -$$
$$(Z^6 - 1)(Z^4 - 1)(Z^2 - 1) = 0$$

即 $\tan 3\alpha - \tan 2\alpha - \tan\alpha - \tan 3\alpha \tan 2\alpha \tan\alpha = 0$，问题得证。

例 74 试证下面三角函数等式：

(1) $\sin\dfrac{\pi}{7}\sin\dfrac{2\pi}{7}\sin\dfrac{3\pi}{7} = \dfrac{\sqrt{7}}{8}$；

(2) $\tan\dfrac{\pi}{7}\tan\dfrac{2\pi}{7}\tan\dfrac{3\pi}{7} = \sqrt{7}$；

(3) $\cos\dfrac{2\pi}{7}\cos\dfrac{4\pi}{7}\cos\dfrac{6\pi}{7} = \dfrac{1}{8}$.

证 (1) 由 $x^7 - 1 = (x - 1)(x^6 + x^5 + x^4 + x^3 +$

$x^2 + x + 1$),又 $x^7 - 1 = 0$ 的七个根为

$$x_k = \cos\frac{2k\pi}{7} + i\sin\frac{2k\pi}{7} \quad (k = 0,1,2,\cdots,6)$$

而 $x_1, x_2, \cdots, x_6$ 是 $x^6 + x^5 + \cdots + x + 1 = 0$ 的六个根.

我们不难证明

$$x_6 = \overline{x_1}, \quad x_5 = \overline{x_2}, \quad x_4 = \overline{x_3}$$

又

$$(x - x_1)(x - x_6) = (x - x_1)(x - \overline{x_1}) =$$
$$x^2 - 2x\cos\frac{2\pi}{7} + 1$$

$$(x - x_2)(x - x_5) = (x - x_2)(x - \overline{x_2}) =$$
$$x^2 - 2x\cos\frac{4\pi}{7} + 1$$

$$(x - x_3)(x - x_4) = (x - x_3)(x - \overline{x_3}) =$$
$$x^2 - 2x\cos\frac{6\pi}{7} + 1$$

故

$$\sum_{k=0}^{6} x^k = \prod_{k=1}^{6}(x - x^k) = \prod_{k=1}^{3}\left(x^2 - 2x\cos\frac{2k\pi}{7} + 1\right)$$

令 $x = 1$ 有

$$8\prod_{k=1}^{3}\left(1 - \cos\frac{2k\pi}{7}\right) = 7$$

即

$$8\prod_{k=1}^{3} 2\sin^2\frac{k\pi}{7} = 7$$

故

$$\sin\frac{\pi}{7}\sin\frac{2\pi}{7}\sin\frac{3\pi}{7} = \frac{\sqrt{7}}{8}$$

（2）易证 $\cos\dfrac{\pi}{7}\cos\dfrac{2\pi}{7}\cos\dfrac{3\pi}{7}=\dfrac{1}{8}$，从而

$$\tan\dfrac{\pi}{7}\tan\dfrac{2\pi}{7}\tan\dfrac{3\pi}{7}=\sqrt{7}$$

（3）设 $z=\cos\dfrac{2\pi}{7}+\mathrm{i}\sin\dfrac{2\pi}{7}$，由式(＊＊)有

$$\cos\dfrac{2\pi}{7}=\dfrac{z^2+1}{2z}$$

$$\cos\dfrac{4\pi}{7}=\dfrac{z^4+1}{2z^2}$$

$$\cos\dfrac{6\pi}{7}=\dfrac{z^6+1}{2z^3}$$

又

$$z^7=\left(\cos\dfrac{2\pi}{7}+\mathrm{i}\sin\dfrac{2\pi}{7}\right)^7=\cos2\pi+\mathrm{i}\sin2\pi=1$$

故

$$\cos\dfrac{2\pi}{7}\cos\dfrac{4\pi}{7}\cos\dfrac{6\pi}{7}=\dfrac{z^2+1}{2z}\cdot\dfrac{z^4+1}{2z^2}\cdot\dfrac{z^6+1}{2z^3}=$$
$$\dfrac{(z^{12}+z^{10}+z^8+z^6+z^4+z^2+1)+z^6}{8z^6}$$

又

$$1+z^2+z^4+z^6+z^8+z^{10}=z^{12}=\dfrac{1-(z^2)^7}{1-z^2}=$$
$$\dfrac{1-(z^7)^2}{1-z^2}=$$
$$\dfrac{1-1}{1-z^2}=$$
$$0(\text{注意 } z^2\neq1)$$

故

$$\cos\dfrac{2\pi}{7}\cos\dfrac{4\pi}{7}\cos\dfrac{6\pi}{7}=\dfrac{0+z^6}{8z^6}=\dfrac{1}{8}$$

注 (3)与(1)其实无异,但解法上稍有区别.

下面来看一个关于三角级数的例子.

例 75 求(1) $\sum_{k=1}^{n} \sin k\alpha$;(2) $\sum_{k=1}^{n} \cos k\alpha$.

解 由 $\sum_{k=1}^{n} Z^k = \dfrac{Z^{n+1} - Z}{Z - 1} = \dfrac{Z^{(n+1)/2}\left[Z^{n/2} - Z^{-n/2}\right]}{(Z^{1/2} - Z^{-1/2})}$

由前面式(**)且比较上式两端,写成三角式的虚实部可有

$$\sum_{k=1}^{n} \sin k\alpha = \sin \dfrac{n\alpha}{2} \sin \dfrac{n+1}{2}\alpha \Big/ \sin \dfrac{\alpha}{2}$$

$$\sum_{k=1}^{n} \cos k\alpha = \sin \dfrac{n\alpha}{2} \cos \dfrac{n+1}{2}\alpha \Big/ \sin \dfrac{\alpha}{2}$$

注1 上面式子证法很多,比如可用数学归纳法或通过三角式子的变形等.

注2 由上可证得许多结论,如:

(1)令 $\alpha = \dfrac{\pi}{n}$,可有 $\sum_{k=1}^{n-1} \cos \dfrac{k\pi}{n} = 0$;

(2)令 $\alpha = \dfrac{\pi}{7}$,可得 $\cos \dfrac{\pi}{7} + \cos \dfrac{3\pi}{7} + \cos \dfrac{5\pi}{7} = \dfrac{1}{2}$ 及 $\cos \dfrac{2\pi}{7} + \cos \dfrac{4\pi}{7} + \cos \dfrac{6\pi}{7} = -\dfrac{1}{2}$ 等.

例 76 若 $\cos \alpha + \cos \beta + \cos \gamma = 0$;$\sin \alpha + \sin \beta + \sin \gamma = 0$,试证:

(1) $\cos 2\alpha + \cos 2\beta + \cos 2\gamma = 0$;$\sin 2\alpha + \sin 2\beta + \sin 2\gamma = 0$;

(2) $\cos 3\alpha = \cos 3\beta = \cos 3\gamma = \cos(\alpha + \beta + \gamma)$;$\sin 3\alpha = \sin 3\beta = \sin 3\gamma = \sin(\alpha + \beta + \gamma)$.

(3) $\cos^2\alpha + \cos^2\beta + \cos^2\gamma$,$\sin^2\alpha + \sin^2\beta + \sin^2\gamma$ 为定值.

证 (1)令 $Z_1 = \cos \alpha + i\sin \alpha$,$Z_2 = \cos \beta + i\sin \beta$,

$Z_3 = \cos\gamma + i\sin\gamma$,由设有
$$Z_1 + Z_2 + Z_3 = 0$$
且
$$\overline{Z_1} + \overline{Z_2} + \overline{Z_3} = 0$$
又
$$Z_i\overline{Z_i} = 1 \ (i = 1,2,3) \quad \text{①}$$
故有
$Z_1^2 + Z_2^2 + Z_3^2 =$
$(Z_1 + Z_2 + Z_3)^2 - 2(Z_1Z_2 + Z_2Z_3 + Z_3Z_1) =$
$-2(\overline{Z_1} + \overline{Z_2} + \overline{Z_3})/(\overline{Z_1}\,\overline{Z_2}\,\overline{Z_3}) = 0 \quad \text{②}$

而 $Z_1^2 + Z_2^2 + Z_3^2 = (\cos 2\alpha + \cos 2\beta + \cos 2\gamma) +$
$i(\sin 2\alpha + \sin 2\beta + \sin 2\gamma)$,比较两端虚实部系数
故
$$\cos 2\alpha + \cos 2\beta + \cos 2\gamma = 0$$
$$\sin 2\alpha + \sin 2\beta + \sin 2\gamma = 0$$

(2) 由式①及式②可有
$$(Z_1 + Z_2)^2 = Z_3^2, \quad Z_1^2 + Z_2^2 = -Z_3^2$$
上两式相减可有
$$Z_3^2 = Z_1Z_2$$
从而
$$Z_3^3 = Z_1Z_2Z_3$$
同理
$$Z_1^3 = Z_1Z_2Z_3 \quad Z_2^3 = Z_1Z_2Z_3$$
从而
$$Z_1^3 = Z_2^3 = Z_3^3 = Z_1Z_2Z_3$$
由棣美弗公式及复数乘法公式可有
$$\cos 3\alpha = \cos 3\beta = \cos 3\gamma = \cos(\alpha + \beta + \gamma)$$

第5章 概念在解题中的应用

$\sin 3\alpha = \sin 3\beta = \sin 3\gamma = \sin(\alpha+\beta+\gamma)$

(3) 注意下面式子的变形有

$\cos^2\alpha + \cos^2\beta + \cos^2\gamma = (1+\cos 2\alpha)/2 + (1+\cos 2\beta)/2 + (1+\cos 2\gamma)/2 = 3/2 + (\cos 2\alpha + \cos 2\beta + \cos 2\gamma)/2 = 3/2.$

这里利用了(1)中的结论.

类似地可证 $\sin^2\alpha + \sin^2\beta + \sin^2\gamma = 3/2$

注 本题各结论均可推广如:

结论(2)可推广为:

$\cos 3k\alpha = \cos 3k\beta = \cos 3k\gamma = \cos k(\alpha+\beta+\gamma);$
$\sin 3k\alpha = \sin 3k\beta = \sin 3k\gamma = \sin k(\alpha+\beta+\gamma)$($k$ 为正整数).

又由上结论还可有:

$\cos 3k\alpha + \cos 3k\beta + \cos 3k\gamma = 3\cos k(\alpha+\beta+\gamma)$
$\sin 3k\alpha + \sin 3k\beta + \sin 3k\gamma = 3\sin k(\alpha+\beta+\gamma)$
$\tan 3k\alpha + \tan 3k\beta + \tan 3k\gamma = 3\tan k(\alpha+\beta+\gamma)$

结论(3)可推广为:

$\cos^4\alpha + \cos^4\beta + \cos^4\gamma = 9/8,$
$\sin^4\alpha + \sin^4\beta + \sin^4\gamma = 9/8.$

再来看一个利用复数解三角方程的例子.

例77 解 $8\cos^3 x - 6\cos x + \sqrt{2} = 0.$

解 令 $Z = \cos x + i\sin x$,故 $\cos x = \dfrac{Z^2+1}{2Z}$ 代入原方程化简后即有

$$Z^6 + \sqrt{2}Z^3 + 1 = 0$$

由 $\cos x \neq 0$ 有 $Z \neq 0$. 令 $y = Z^3$ 有

$$y^2 + \sqrt{2}y + 1 = 0$$

得

$$y = (-\sqrt{2} \pm \sqrt{2}i)/2$$

数学解题的特殊方法

又

$$Z^3 = \cos 3x + i\sin 3x$$

有

$$\cos 3x = -\sqrt{2}/2$$

故

$$3x = 2k\pi \pm 3\pi/4$$

即

$$x = 2k\pi/3 \pm \pi/4 \ (k \text{ 为整数})$$

我们再来看看利用复数解反三角函数的问题.
我们容易证明下面的事实:
(1) 若 a, b 为实数,则 $a + bi$ 的幅角

$$\arg(a+bi) = \begin{cases} \tan^{-1}(b/a) & a > 0 \text{ 时} \\ \pi/2 & a = 0, b > 0 \text{ 时} \\ -\pi/2 & a = 0, b < 0 \text{ 时} \\ \pi + \tan^{-1}(b/a) & a < 0 \text{ 时} \end{cases}$$

(2) 若 $Z_j (j = 1, 2, \cdots, n)$ 为复数,且 $-\pi < \sum \arg Z_j \leqslant \pi$ 时

$$\sum_{j=1}^{n} \arg Z_j = \arg \prod_{j=1}^{n} Z_j$$

当 $-\pi < \arg Z_k - \arg Z_j \leqslant \pi$ 时

$$\arg Z_k - \arg Z_j = \arg Z_k/Z_j$$

当 $-\pi < n\arg Z \leqslant \pi$ 时

$$n\arg Z = \arg Z^n$$

(3) $\arg \lambda Z = \arg Z \Leftrightarrow \lambda$ 为非 0 实数.
下面我们来看一些例子.

例 78 计算 $\tan^{-1}\dfrac{4}{3} + \tan^{-1}\dfrac{5}{12} + \tan^{-1}\dfrac{16}{63}$.

解 显然

$$-\pi < \tan^{-1}\frac{4}{3} + \tan^{-1}\frac{5}{12} + \tan^{-1}\frac{16}{63} \leqslant \pi$$

故

原式 = arg(3 + 4i) + arg(12 + 5i) + arg(63 + 16i) =
arg[(3 + 4i)(12 + 5i)(63 + 16i)] =
arg[$(63^2 + 16^2)$i] = π/2

例79 解方程 $\tan^{-1}(x+2) - \tan^{-1}(x+1) = \pi/4$.

解 由 $\tan^{-1}(x+2) - \tan^{-1}(x+1) =$ $\arg\dfrac{1+(x+2)i}{1+(x+1)i}$, $\pi/4 = \arg(1+i)$.

故原方程可化为

$$\frac{1+(x+2)i}{1+(x+1)i} = \lambda(1+i)$$

即

$$1 + (x+2)i = -\lambda x + \lambda(x+2)i$$

比较虚实部有

$$1 = -\lambda x, x + 2 = \lambda(x+2)$$

得 $x = -1$ 或 $x = -2$

例80 若 $\tan^{-1}x + \tan^{-1}y + \tan^{-1}z = \pi$. 则 $x + y + z = xyz$.

证 由题设有

arg(1 + xi) + arg(1 + yi) + arg(1 + zi) = π

即

arg[(1 + xi)(1 + yi)(1 + zi)] = π

此即说 (1 + xi)(1 + yi)(1 + zi) 的虚部系数 $x + y + z - xyz = 0$.

由于复数可以写成指数形式,加上指数运算的某些性质,我们便可以有效地处理某些三角问题.

由 $e^{i\theta} = \cos\theta + i\sin\theta$ 不难有 $e^{-i\theta} = \cos\theta - i\sin\theta$,

数学解题的特殊方法

从而有
$$\cos\theta = (e^{i\theta} - e^{-i\theta})/2$$
$$\sin\theta = (e^{i\theta} - e^{-i\theta})/(2i)$$
$$\tan\theta = (e^{i\theta} - e^{-i\theta})/(i(e^{i\theta} + e^{-i\theta}))$$

类似地可有
$$\cos n\theta = (e^{in\theta} - e^{-in\theta})/2$$
$$\sin n\theta = (e^{in\theta} - e^{-in\theta})/(2i)$$

下面我们来看一些例子.

例81 求证 $\tan 55° \tan 65° = \cot 75° \tan 85°$.

证 令 $\alpha = 55°, \beta = 65°, \gamma = 75°, \delta = 85°$(这里 $\alpha, \beta, \gamma, \delta$ 为弧度) 故

$$\text{式左} = \frac{e^{i\alpha} - e^{-i\alpha}}{i(e^{i\alpha} + e^{-i\alpha})} \cdot \frac{e^{i\beta} - e^{-i\beta}}{i(e^{i\beta} + e^{-i\beta})} = \frac{e^{i(\beta-\alpha)} + e^{-i(\beta-\alpha)} + 1}{e^{i(\beta-\alpha)} + e^{-i(\beta-\alpha)} - 1}$$

这里注意到

$$e^{i(\alpha+\beta)} + e^{-i(\alpha+\beta)} = 2\cos\frac{2\pi}{3} = -1$$

类似地可有

$$\text{式右} = \frac{e^{i(\delta+\gamma)} + e^{i(\delta-\gamma)} - e^{-i(\delta-\gamma)} + e^{-i(\delta+\gamma)}}{e^{i(\delta+\gamma)} + e^{-i(\delta-\gamma)} - e^{-i(\delta-\gamma)} - e^{-i(\delta+\gamma)}}$$

注意到 $e^{i(\delta+\gamma)} = e^{i\pi} \cdot e^{-i\pi/9} = -e^{-i\pi/9}, e^{-i(\delta+\gamma)} = -e^{i\pi/9}$,从而

$$\text{式右} = \frac{e^{i(\delta-\gamma)} + e^{-i(\delta-\gamma)} + 1}{e^{i(\delta-\gamma)} + e^{-i(\delta-\gamma)} - 1}$$

注意到 $\beta - \alpha = \delta - \gamma$,从而式左 = 式右.

例82 试证 $|\sin n\theta| \leq n|\sin\theta|$($n$ 为正整数).

证 由 $\sin n\alpha = [(e^{i\theta})^n - (e^{-i\theta})^n]/(2i) = (e^{i\theta} - e^{-i\theta})[e^{i(n-1)\theta} + e^{i(n-3)\theta} + \cdots + e^{i(n-n)\theta}]/(2i)$

第 5 章 　概念在解题中的应用

注意到 $\sin\theta = (e^{i\theta} - e^{-i\theta})/(2i)$ 及 $|Z_1 + Z_2| \leqslant |Z_1| + |Z_2|$ 有

$$|\sin n\theta| \leqslant |\sin\theta| \sum_{k=1}^{n} |e^{i(n-2k-1)\theta}| = n|\sin\theta|$$

例 83 设 a 为实数，且 $a(\cos\theta + i\sin\theta) \neq 1$，试求：

$$(1) S_1 = \sum_{k=0}^{n} a^k \cos k\theta; \quad (2) S_2 = \sum_{k=1}^{n} a^{k-1} \sin k\theta.$$

解 令 $Z = ae^{i\theta}$，由 $Z \neq 1$ 故有

$$S_1 + iaS_2 = 1 + \sum_{k=1}^{n} a^k(\cos k\theta + i\sin k\theta) =$$

$$1 + \sum_{k=1}^{n} Z^k = \frac{1 - Z^{k+1}}{1 - Z} = \frac{(1 - Z^{k+1})(1 - \overline{Z})}{(1 - Z)(1 - \overline{Z})} =$$

$$\frac{1 - ae^{-i\theta} + a^{n+2}e^{in\theta} - a^{n+1}e^{i(n+1)\theta}}{1 - 2a\cos\theta + a^2}$$

比较两端虚实部可有

$$S_1 = \frac{1 - a\cos\theta + a^{n+2}\cos n\theta - a^{n+1}\cos(n+1)\theta}{1 - 2a\cos\theta + a^2}$$

$$S_2 = \frac{\sin\theta + a^{n+1}\sin n\theta - a^n\sin(n+1)\theta}{1 - 2a\cos\theta + a^2}$$

注 由此当 $|a| < 1$ 有 $a(\cos\theta + i\sin\theta) \neq 1$，且 $\lim_{n\to\infty} a^n = 0$. 在上两式中令 $n \to \infty$ 有

$$1 + a\cos\theta + a^2\cos 2\theta + \cdots = \frac{1 - a\cos\theta}{1 - 2a\cos 2\theta + a^2}$$

$$\sin\theta + a\sin 2\theta + a^2\sin 3\theta + \cdots = \frac{\sin\theta}{1 - 2a\cos\theta + a^2}$$

又例 75 的结论只是本例的特殊情况.

例 84 试证：$(1) \prod_{k=1}^{n} \tan\frac{k\pi}{2n+1} = \sqrt{2n+1}$；

(2) $\sum_{k=1}^{n} \tan^2 \dfrac{k\pi}{2n+1} = n(2n+1).$

证 由欧拉公式可有

$$e^{i(2n+1)\theta} = (\cos\theta + i\sin\theta)^{2n+1} =$$
$$\cos^{2n+1}\theta(1 + i\tan\theta)^{2n+1} =$$
$$\cos^{2n+1}\theta \sum_{k=0}^{2n+1} C_{2n+1}^{k} i^k \tan^k \theta$$

比较等式两端虚部可有

$$\sin(2n+1)\theta = \cos^{2n+1}\theta[C_{2n+1}^{1}\tan\theta - C_{2n+1}^{3}\tan^3\theta + \cdots +$$
$$(-1)^{n-1}C_{2n+1}^{2n-1}\tan^{2n-1}\theta +$$
$$(-1)^{n}\tan^{2n+1}\theta] =$$
$$(-1)^{n}\sin\theta\cos^{2n}\theta[\tan^{2n}\theta -$$
$$C_{2n+1}^{2}\tan^{2n-2}\theta + \cdots + (-1)^{n}C_{2n+1}^{1}]$$

今设 $0 < \theta < \pi/2$,且记 $x = \tan^2\theta$,又 $\sin\theta\cos^{2n}\theta \neq 0$,上式可写为

$$x^n - C_{2n+1}^{2}x^{n-1} + \cdots + (-1)^n C_{2n+1}^{1} =$$
$$(-1)^n \dfrac{\sin(2n+1)\theta}{\sin\theta\cos^{2n}\theta} \qquad ①$$

当 $\sin(2n+1)\theta = 0$ 时,式右多项式值为 0.
而在 $0 < \theta < \pi/2$ 时,上方程的根为

$$\dfrac{\pi}{2n+1}, \dfrac{2\pi}{2n+1}, \cdots, \dfrac{n\pi}{2n+1}$$

而式 ① 左多项式根恰为

$$\tan^2\dfrac{\pi}{2n+1}, \tan^2\dfrac{2\pi}{2n+1}, \cdots, \tan^2\dfrac{n\pi}{2n+1}$$

由韦达定理有

$$\prod_{k=1}^{n} \tan^2 \dfrac{k\pi}{2n+1} = C_{2n+1}^{1} = 2n+1$$

$$\sum_{k=1}^{n} \tan^2 \dfrac{k\pi}{2n+1} = C_{2n+1}^{2} = n(2n+1)$$

第5章 概念在解题中的应用

从而题设结论成立.

注 显然例74中(2)的结论只是本题结论(1)的特例,然而它们使用了不同方法.

仿照上例的方法,我们不难证得下面一些公式:

(1) $\sum_{k=1}^{n} \tan\left[\theta + \frac{(k-1)\pi}{n}\right] = \begin{cases} n\tan n\theta, & n \text{ 为奇数} \\ -n\tan n\theta, & n \text{ 为偶数} \end{cases}$

(2) $\sum_{k=1}^{n} \cot\left[\theta + \frac{(k-1)\pi}{n}\right] = n\cot n\theta$

(3) $\prod_{k=1}^{n} \tan\left[\theta + \frac{(k-1)\pi}{n}\right] = \begin{cases} (-1)^{(n-1)/2}\tan n\theta, & n \text{ 为奇数} \\ (-1)^{n/2}, & n \text{ 为偶数} \end{cases}$

(4) $\prod_{k=1}^{n} \cot\left[\theta + \frac{(k-1)\pi}{n}\right] =$
$\begin{cases} (-1)^{(n-1)/2}\cot n\theta, & n \text{ 为奇数} \\ (-1)^{n/2}, & n \text{ 为偶数} \end{cases}$

这些留给读者考虑.

我们再来看一个解三角方程的例子.

例85 解方程 $\cos^2 x + \cos^2 2x + \cos^2 3x = 1$.

解 将三角函数换成指数式有

$$\left(\frac{e^{ix} + e^{-ix}}{2}\right)^2 + \left(\frac{e^{i2x} + e^{-i2x}}{2}\right)^2 + \left(\frac{e^{i3x} + e^{-i3x}}{2}\right)^2 = 1$$

展开、整理、化简后即为

$$(e^{i3x} + e^{-i3x})(e^{i2x} + e^{-i2x})(e^{ix} + e^{-ix}) = 0$$

即由上式左三因式分别为0有

$$e^{i6x} = -1, e^{i4x} = -1, e^{i2x} = -1$$

解得

$$6x_1 = 2k\pi + \pi, \quad x_1 = \frac{1}{3}k\pi + \frac{\pi}{6}$$

$$4x_2 = 2k\pi + \pi, \quad x_2 = \frac{1}{2}k\pi + \frac{\pi}{4}$$

数学解题的特殊方法

$$2x_3 = 2k\pi + \pi, \quad x_3 = k\pi + \frac{\pi}{2}$$

其中 k 为整数.

最后我们给出三角形边角间的关系.

例 86 若 a, b, c 为任意三角形 ABC 内角 A, B, C 的对边,则

$$a = be^{iC} + ce^{-iB} = be^{-iC} + ce^{iB}$$
$$b = ce^{iA} + ae^{-iC} = ce^{-iA} + ae^{iC}$$
$$c = ae^{iB} + be^{-iA} = ae^{-iB} + be^{iA}$$

证 如图 5.26,我们把三角形 ABC 的一边放在向量平面的 X 轴上(如 AC),来考察向量 $\vec{AC}, \vec{AB}$ 和 $\vec{BC}$. 由平面内自由向量与复数存在一一对应:复数 $\rho e^{i\theta}$ 与长为 ρ,与 X 轴正向夹角为 θ 的向量对应. 由是

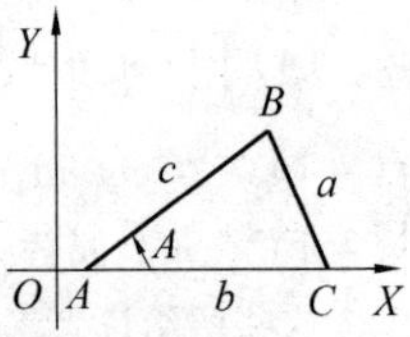

$$\vec{AC} = be^{i\theta} = b$$
$$\vec{AB} = ce^{iA}$$
$$\vec{BC} = ae^{-iC}$$

图 5.26

注意到

$$\vec{AC} = \vec{AB} + \vec{BC}$$

故

$$b = ce^{iA} + ae^{-iC}$$

显然将上式换成它的共轭式也成立,即

$$b = ce^{-iA} + ae^{iC}$$

类似地可得到其他的式子.

注 本题结论也可视向量的三角形加法法则的复指数形式. 早在 19 世纪初,就为德国人 Francais 所给出.

第5章　概念在解题中的应用

用此式子可解决一些三角形边角关系的问题.例如：

在 $\triangle ABC$ 中，$AB = AC = b$，$BC = a$，且 $\angle BAC = 20°$. 求证 $a^3 + b^3 = 3ab^2$.

由

$$a = be^{iC} + ce^{-iB} = b(e^{i\alpha} + e^{-i\alpha})$$

$$\alpha = 4/9$$

而

$$a^3 = b^3(e^{i\alpha} + e^{-i\alpha})^3 =$$
$$b^3(e^{i3\alpha} + e^{-i3\alpha}) + 3b^3(e^{i\alpha} + e^{-i\alpha})$$

由 $e^{i2\alpha} + e^{-i\alpha} = 2\cos\left(\dfrac{4}{3}\pi\right) = -1$，注意到 $a = b(e^{i\alpha} + e^{-i\alpha})$

有 $a^3 = -b^3 + 3b^2 a$ 即 $a^3 + b^3 = 3ab^2$.

Ⅱ. 复数在解几何问题中的应用

由于高斯在复平面上建立了复数与点的对应，因而复数解几何问题当然成了重要的手段.

为此我们先来回顾一下复数运算的几何意义.

1. 复数的加法

$Z = Z_1 + Z_2$ 表示以 OZ_1，OZ_2 为邻边的平行四边形对角线 OZ 的端点 Z 所代表的复数（如图5.27）.

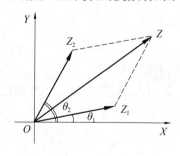

图 5.27

2. 复数的乘法

$Z = Z_1 Z_2$，若设 $Z_1 = \rho_1 e^{i\theta_1}$，$Z_2 = \rho_2 e^{i\theta_2}$，则 $Z =$

$\rho_1\rho_2 e^{i(\theta_1+\theta_2)}$,即 Z 的模等于 Z_1,Z_2 的模之积,辐角为 Z_1,Z_2 的辐角之和.

3. 面积

$$S_{\triangle OZ_1Z_2} = \frac{1}{2}|Z_1||Z_2|\sin(\theta_2-\theta_1) = \frac{1}{2}\text{Im}(Z_2\overline{Z_1})①$$

若 Z_1,Z_2,Z_3 是平面上任意三点,则由

$$S_{\triangle Z_1Z_2Z_3} = \frac{1}{2}\text{Im}[(\overline{Z_2}-\overline{Z_1})(Z_3-Z_1)] =$$

$$\frac{1}{2}\text{Im}(\overline{Z_2}Z_3 - \overline{Z_2}Z_1 - \overline{Z_1}Z_3) =$$

$$\frac{1}{2}\text{Im}(\overline{Z_1}Z_2 - \overline{Z_2}Z_3 + \overline{Z_3}Z_1) =$$

(因为 $\text{Im}\overline{Z} = -\text{Im}Z$)

$$\frac{1}{4i}\begin{vmatrix} 1 & 1 & 1 \\ Z_1 & Z_2 & Z_3 \\ \overline{Z_1} & \overline{Z_2} & \overline{Z_3} \end{vmatrix}$$

由之不难有结论:

若 Z_1,Z_2,Z_3 共线 $\Leftrightarrow \begin{vmatrix} 1 & 1 & 1 \\ Z_1 & Z_2 & Z_3 \\ \overline{Z_1} & \overline{Z_2} & \overline{Z_3} \end{vmatrix} = 0$

下面我们来看一些例子.

例 87 如图 5.28,是三个大小相同的正方形,试证 $\angle 1 + \angle 2 + \angle 3 = \pi/2$.

---

① 前文已叙,这里 Im Z 表示 Z 的虚部系数;且 Re Z 表示 Z 的实部系数;Arg Z 代表 Z 的辐角,arg Z 代表 Z 的辐角主值.

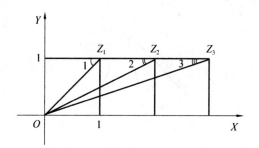

图 5.28

证 如图建立复平面坐标系,于是显然有
$$Z_1 = 1 + i, \quad Z_2 = 2 + i, \quad Z_3 = 3 + i$$
而
$$\arg Z_1 + \arg Z_2 + \arg Z_3 = \angle 1 + \angle 2 + \angle 3$$
又
$$Z_1 Z_2 Z_3 = (1+i)(2+i)(3+i) = 10i$$
注意到
$$0 < \arg Z_1 + \arg Z_2 + \arg Z_3 < 2\pi$$
从而
$$\arg(Z_1 Z_2 Z_3) = \arg Z_1 + \arg Z_2 + \arg Z_3 = \pi/2$$

注 此题证法颇多,它还可用几何、三角等方法证.

例 88 试证任意凸四边形两对角线之积小于两双对边乘积之和而大于它们的差.

证 如图 5.29,建立复平面坐标系.

设 A,B,C,D 各点表示的复数分别为 a,b,c,d.

由 $AD = |d|, CD = |d-c|, BC = |c-b|, AB = |b|, AC = |c|, BD = |d-b|$. 这里的线段均表示标量.

由
$$AB \cdot CD + AD \cdot BC = |b||d-c| + |d||c-b| =$$
$$|b(d-c)| + |d(c-b)| \geqslant$$

数学解题的特殊方法

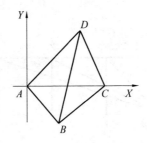

图 5.29

$|b(d-c)+d(c-b)|=$
$|dc-bc|=|c||d-b|=$
$AC \cdot BD$ ①

类似地可证 $AB \cdot CD - AD \cdot BC \leqslant AC \cdot BD.$

注 上式等号当且仅当复数 $b(d-c)$ 和 $d(c-b)$ 的辐角相差 $2k\pi$ 时成立.

又本命题可视为托勒密定理的推广(当四边形对角和为 π 时可证式 ① 等号成立).

例89 如图 5.30,以 $\triangle ABC$ 的各边为对应边各向三角形外作三个相似三角形 $\triangle ABD, \triangle BCE, \triangle CAF.$ 试证 $\triangle ABC$ 与 $\triangle DEF$ 的重心合一(重合).

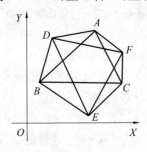

图 5.30

174

证 设 a,b,c,d,e,f 分别表示点 A,B,C,D,E,F 所表示的复数. 由设

$$\triangle ABD \backsim \triangle BCE \backsim \triangle CAF$$

今令 $\angle ABD = \theta$,且设 $BD:AB = r$,因而 $\overline{BA}$ 逆时针旋转 θ 角后,将模乘以 r 即得 $\overline{BD}$,即

$$d - b = (a - b) \cdot r(\cos\theta + i\sin\theta) = (a - b)Z$$

同理

$$e - c = (b - c)Z$$
$$f - a = (c - a)Z$$

上三式相加有

$$d + e + f = a + b + c$$

由 $\triangle ABC$ 重心在 $(a + b + c)/3$;$\triangle DEF$ 重心在 $(d + e + f)/3$,故它们重合.

例 90 若 $A_0 A_1 \cdots A_{n-1}$ 是半径为 r 的圆 O 内接正 n 边形:

(1) P 是平面上一点,且 $OP = a$,$\angle A_0 OP = \theta$,则

$$\prod_{k=0}^{n-1} PA_k = \sqrt{a^{2n} - 2a^n r^n \cos n\theta + r^{2n}}$$

(2) 若 $n - 1$ 为偶数,P 为 $\odot O$ 上一点,则

$$\sum_{k=0}^{(n-1)/2} PA_{2k} = \sum_{k=0}^{(n-3)/2} PA_{2k+1}$$

(3) 若 P 为 $\odot O$ 上一点,则 $\sum_{k=0}^{n-1} PA_k / n > r$.

证 (1) 如图 5.31,建立复平面直角坐标系. 如是正多边形 $A_0 A_1 \cdots A_{n-1}$ 的各顶点分别是方程

$$Z^n - r^n = 0 \qquad\qquad ①$$

的 n 个根:$Z_k = r\left(\cos\dfrac{2k\pi}{n} + i\sin\dfrac{2k\pi}{n}\right) = r\rho^k (k = 0,1,$

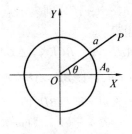

图 5.31

$2,\cdots,n-1)$,其中 $\rho = \cos\theta + i\sin\theta, \theta = \dfrac{2\pi}{n}$.

注意方程①左边可为

$$Z^n - r^n = \prod_{k=0}^{n-1}(Z - r\rho^k)$$

又点 P 对应复数 $Z_0 = a(\cos\theta + i\sin\theta)$,故

$$\prod_{k=0}^{n-1} PA_k = \prod_{k=0}^{n-1}|Z_0 - r\cdot\rho^k| = |\prod_{k=0}^{n-1}(Z_0 - r\cdot\rho^k)| =$$

$$|Z_0^n - r^n| = |a^n(\cos\theta - i\sin\theta)^n - r^n| =$$

$$\sqrt{(a^n\cos n\theta - r^n)^2 + (a^n\sin n\theta)^2} =$$

$$\sqrt{a^{2n} - 2a^n r^n \cos n\theta + r^{2n}}$$

(2) 如图 5.32,令 $\angle PA_{n-1}A_0 = \theta$,则有

$$\sum_{k=0}^{(n-3)/2} PA_{2k+1} = 2r\sum_{k=0}^{(n-3)/2}\sin\left(\theta + \dfrac{2k\pi}{n}\right)$$

$$\sum_{k=0}^{(n-1)/2} PA_{2k} = 2r\sum_{k=0}^{(n-1)/2}\sin\left(\theta + \dfrac{2k-1}{n}\pi\right)$$

若令

$$\omega = \cos\dfrac{\pi}{n} + i\sin\dfrac{\pi}{n}$$

则

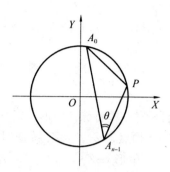

图 5.32

$$\omega^n = -1$$

再设 $Z = \cos\theta + i\sin\theta$,易证得

$$\sum_{k=0}^{(n-1)/2} Z\omega^{2k} = \sum_{k=0}^{(n-3)/2} Z\omega^{2k+1}$$

而它们的虚部系数即为

$$\sum_{k=0}^{(n-1)/2} \sin\left(\theta + \frac{2k\pi}{n}\right) =$$

$$\sum_{k=0}^{(n-3)/2} \sin\left(\theta + \frac{2k-1}{n}\pi\right)$$

命题得证.

(3) 由上 A_k 对应复数 $Z_k = r\rho^k$. 再令 P 点对应复数为 a,则 $|a| = r$.

$$\sum_{k=0}^{n-1} PA_k = \sum_{k=0}^{n-1} |a - r\rho^k| \geqslant \left|\sum_{k=0}^{n-1} (a - r\rho^k)\right| = \left| na - r\sum_{k=0}^{n-1} \rho^k \right|$$

由韦达定理知 $\sum_{k=0}^{n-1} \rho^k = 0$,又据题设上式等号不能成立.

$$\sum_{k=0}^{n-1} PA_k > |na| = n|a| = nr$$

即

$$\sum_{k=0}^{n-1} PA_k/n > r$$

下面我们来看一些特殊三角形的复数表示.

例 91 (1) 顶点为 Z_1, Z_2, Z_3 按逆时针方向排列的三角形是正三角形 $\Leftrightarrow Z_3 = \omega Z_1 + \omega^2 Z_2$，其中 $\omega = (1 - \sqrt{3}\mathrm{i})/2$；

(2) 顶点为 Z_1, Z_2, Z_3 的三角形是正三角形 $\Leftrightarrow Z_1^2 + Z_2^2 + Z_3^2 = Z_1 Z_2 + Z_2 Z_3 + Z_3 Z_1$.

证 (1) 如图 5.33，若 Z_1, Z_2, Z_3 为正三角形三顶点，须且只须

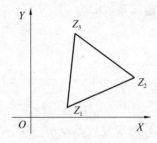

图 5.33

$$Z_3 - Z_1 = \mathrm{e}^{\mathrm{i}\pi/3}(Z_2 - Z_1)$$

即

$$Z_3 = (1 - \mathrm{e}^{\mathrm{i}\pi/3})Z_1 + \mathrm{e}^{\mathrm{i}\pi/3} Z_2 = \omega Z_1 + \omega^2 Z_2$$

(2) 证充分性 由设有

$$(Z_3 - Z_1)^2 = Z_1 Z_2 - Z_2^2 + Z_2 Z_3 - Z_3 Z_1 = (Z_1 - Z_2)(Z_2 - Z_3)$$

由此

$$\frac{Z_3 - Z_1}{Z_2 - Z_1} = \frac{Z_2 - Z_3}{Z_1 - Z_3} = \frac{Z_1 - Z_2}{Z_3 - Z_2}$$

故

$$\arg\left(\frac{Z_3 - Z_1}{Z_2 - Z_1}\right) = \arg\left(\frac{Z_2 - Z_3}{Z_1 - Z_3}\right) = \arg\left(\frac{Z_1 - Z_2}{Z_3 - Z_2}\right)$$

此即说以 Z_1, Z_2, Z_3 为顶点的三角形三个内角相等,即它是正三角形.

证必要性 因正三角形等边且等角,故

$$\left|\frac{Z_3 - Z_1}{Z_2 - Z_1}\right| = \left|\frac{Z_2 - Z_3}{Z_1 - Z_3}\right|$$

$$\arg\left(\frac{Z_3 - Z_1}{Z_2 - Z_1}\right) = \arg\left(\frac{Z_2 - Z_3}{Z_1 - Z_3}\right)$$

从而

$$\frac{Z_3 - Z_1}{Z_2 - Z_1} = \frac{Z_2 - Z_3}{Z_1 - Z_3}$$

即

$$Z_1^2 + Z_2^2 + Z_3^2 = Z_1 Z_2 + Z_2 Z_3 + Z_3 Z_1$$

例92 顶点为 Z_1, Z_2, Z_3 与顶点为 Z'_1, Z'_2, Z'_3 两三角形相似 $\Leftrightarrow \begin{vmatrix} 1 & 1 & 1 \\ Z_1 & Z_2 & Z_3 \\ Z'_1 & Z'_2 & Z'_3 \end{vmatrix} = 0$ 或

$$\begin{vmatrix} 1 & 1 & 1 \\ Z_1 & Z_2 & Z_3 \\ \overline{Z'}_1 & \overline{Z'}_2 & \overline{Z'}_3 \end{vmatrix} = 0$$

证 必要性.若两三角形同向相似(见图 5.34),则它们对应边成比例、对应角相等,故有

$$\frac{Z_3 - Z_2}{Z_2 - Z_1} = \frac{Z'_3 - Z'_2}{Z'_2 - Z'_1}$$

数学解题的特殊方法

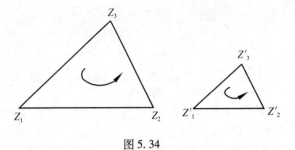

图 5.34

即

$$\begin{vmatrix} 1 & 1 & 1 \\ Z_1 & Z_2 & Z_3 \\ Z'_1 & Z'_2 & Z'_3 \end{vmatrix} = 0$$

若两三角形反向相似(见图 5.35)则有

$$\frac{Z_3 - Z_2}{Z_2 - Z_1} = \frac{\overline{Z}'_3 - \overline{Z}'_2}{\overline{Z}'_2 - \overline{Z}'_1}$$

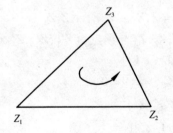 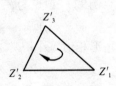

图 5.35

即

$$\begin{vmatrix} 1 & 1 & 1 \\ Z_1 & Z_2 & Z_3 \\ \overline{Z}'_1 & \overline{Z}'_2 & \overline{Z}'_3 \end{vmatrix} = 0$$

充分性. 仿上可得.

注　有了例91、例92的结论,我们可重新证明前面见过的

第5章 概念在解题中的应用

例子. 如

命题1 不存在三个顶点均为有理点的正三角形.

略证 设正三角形顶点为 $Z_k = x_k + \mathrm{i}y_k (k = 1,2,3)$. 若 Z_1, Z_2 均为有理点, 即 $x_1, y_1; x_2, y_2$ 都是有理数, 由例91的结论有

$$Z_3 = \omega Z_1 + \omega^2 Z_2$$

即

$$\begin{cases} x_3 = \dfrac{1}{2}(x_1 + x_2) + \dfrac{\sqrt{3}}{2}(y_1 - y_2) \\ y_3 = \dfrac{1}{2}(y_1 + y_2) - \dfrac{\sqrt{3}}{2}(x_1 - x_2) \end{cases}$$

若 $y_1 \neq y_2$, 则 x_3 为无理数; 若 $x_1 \neq x_2$, 则 y_3 为无理数.

命题2 题目见本节例89.

略证 由例92的结论有(记号见例89)

$$\begin{vmatrix} 1 & 1 & 1 \\ b & e & c \\ c & f & a \end{vmatrix} = \begin{vmatrix} 1 & 1 & 1 \\ b & e & c \\ a & d & b \end{vmatrix} = 0$$

从而 $\dfrac{e-b}{c-b} = \dfrac{f-c}{a-c} = \dfrac{d-a}{b-a}$, 若令之为 k 有

$$e - b = k(c - b)$$
$$f - c = k(a - c)$$
$$d - a = k(b - a)$$

由之也有 $a + b + c = d + e + f$.

例93 设 $\triangle ABC$ 和 $\triangle A'B'C'$ 的三边长分别是 α, β, γ 和 α', β', γ', 它们的面积分别为 S 和 S', 则 $\alpha'^2(\beta^2 + \gamma^2 - \alpha^2) + \beta'^2(\gamma^2 + \alpha^2 - \beta^2) + \gamma'^2(\alpha^2 + \beta^2 - \gamma^2) \geqslant 16SS'$ (Pedoe 不等式).

证 如图5.36, 建立复平面上直角坐标系, 记 a, b, c 和 a', b', c' 分别为 $\triangle ABC$ 和 $\triangle A'B'C'$ 顶点对应的复数, 显然有

$$\alpha = |a|, \quad \beta = |b|, \quad \gamma = |a - b|$$
$$\alpha' = |a'|, \quad \beta' = |b'|, \quad \gamma' = |a' - b'|$$

数学解题的特殊方法

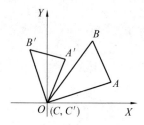

图 5.36

于是 $\alpha'^2(\beta^2 + \gamma^2 - \alpha^2) = a'\overline{a}'[b\overline{b} + (a-b)(\overline{a} - \overline{b}) - a\overline{a}] = a'\overline{a}'[2b\overline{b} - (a\overline{b} + \overline{a}b)]$;

类似地有

$$\beta'^2(\gamma^2 + \alpha^2 - \beta^2) = b'\overline{b}'[2a\overline{a} - (a\overline{b} + \overline{a}b)]$$

$$\gamma'^2(\alpha^2 + \beta^2 - \gamma^2) = [(a'\overline{a}' + b'\overline{b}' - (a'\overline{b}' + \overline{a}'b')](a\overline{b} + \overline{a}b)$$

将上三式两边分别相加有

$$H = \alpha'^2(\beta^2 + \gamma^2 - \alpha^2) + \beta'^2(\gamma^2 + \alpha^2 - \beta^2) + \gamma'^2(\alpha^2 + \beta^2 - \gamma^2) =$$
$$2(|a'|^2|b|^2 + |a|^2|b'|^2) - (a\overline{b} + \overline{a}b)(a'\overline{b}' + \overline{a}'b') \quad ①$$

又由三角形面积的复数表示式有

$$S = \frac{1}{2}\text{Im}(\overline{a}b) = \frac{1}{2}\frac{\overline{a}b - a\overline{b}}{2i}$$

$$S' = \frac{1}{2}\text{Im}(\overline{a}'b') = \frac{1}{2}\frac{\overline{a}'b' - a'\overline{b}'}{2i}$$

故

$$16SS' = -(\overline{a}b - a\overline{b})(\overline{a}'b' - a'\overline{b}') \quad ②$$

由式①和②有

$$H - 16SS' = 2[\,|\,a'\,|^2\,|\,b\,|^2 + |\,a\,|^2\,|\,b'\,|^2 - (a\,\overline{a'}\,\overline{b}b' + \overline{a}a'b\,\overline{b'})\,] =$$
$$2(ab' - a'b)\overline{(ab' - a'b)} =$$
$$2\,|\,ab' - a'b\,|^2 \geqslant 0$$

故
$$H \geqslant 16SS'$$

上面等号仅当 $ab' = a'b$，即 $b/a = b'/a'$ 时成立（即 $\triangle ABC \backsim \triangle A'B'C'$ 时）.

注 1981 年中国科技大学的杨路、张景中将此结果推广到高维空间.

我们再来看一个著名的"牛顿线"的例子.

例 94 完全四边形（四条直线两两相交于六点，此图形称完全四边形）三条对角线中点共线（此线称为完全四边形的牛顿线）.

证 如图 5.37，设完全四边形六顶点即为该点所表示的复数值，由题设知即证

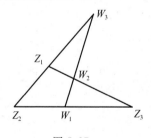

图 5.37

$$\frac{Z_1 + W_1}{2}, \frac{Z_2 + W_2}{2}, \frac{Z_3 + W_3}{2}$$

三点共线. 今考虑

数学解题的特殊方法

$$\begin{vmatrix} 1 & 1 & 1 \\ \dfrac{Z_1+W_1}{2} & \dfrac{Z_2+W_2}{2} & \dfrac{Z_3+W_3}{2} \\ \dfrac{\overline{Z_1}+\overline{W_1}}{2} & \dfrac{\overline{Z_2}+\overline{W_2}}{2} & \dfrac{\overline{Z_3}+\overline{W_3}}{2} \end{vmatrix} =$$

$$\dfrac{1}{4}\begin{vmatrix} 1 & 1 & 1 \\ Z_1+W_1 & Z_2+W_2 & Z_3+W_3 \\ \overline{Z_1}+\overline{W_1} & \overline{Z_2}+\overline{W_2} & \overline{Z_3}+\overline{W_3} \end{vmatrix}$$

而式右的行列式可表示为

$$\begin{vmatrix} 1 & 1 & 1 \\ Z_1 & Z_2 & Z_3 \\ \overline{Z_1} & \overline{Z_2} & \overline{Z_3} \end{vmatrix} + \begin{vmatrix} 1 & 1 & 1 \\ Z_1 & Z_2 & W_1 \\ \overline{Z_1} & \overline{Z_2} & \overline{W_1} \end{vmatrix} + \begin{vmatrix} 1 & 1 & 1 \\ Z_1 & W_2 & Z_3 \\ \overline{Z_1} & \overline{W_2} & \overline{Z_3} \end{vmatrix} +$$

$$\begin{vmatrix} 1 & 1 & 1 \\ Z_1 & W_2 & W_3 \\ \overline{Z_1} & \overline{W_2} & \overline{W_3} \end{vmatrix} + \begin{vmatrix} 1 & 1 & 1 \\ W_1 & Z_2 & Z_3 \\ \overline{W_1} & \overline{Z_2} & \overline{Z_3} \end{vmatrix} +$$

$$\begin{vmatrix} 1 & 1 & 1 \\ W_1 & Z_2 & W_3 \\ \overline{W_1} & \overline{Z_2} & \overline{W_3} \end{vmatrix} + \begin{vmatrix} 1 & 1 & 1 \\ W_1 & W_2 & Z_3 \\ \overline{W_1} & \overline{W_2} & \overline{Z_3} \end{vmatrix} +$$

$$\begin{vmatrix} 1 & 1 & 1 \\ W_1 & W_2 & W_3 \\ \overline{W_1} & \overline{W_2} & \overline{W_3} \end{vmatrix}$$

由 Z_1, Z_2, W_3；Z_1, W_2, Z_3；W_1, Z_2, Z_3；W_1, W_2, W_3 共线，故上面八个行列式中第2个、第3个、第5个和第8个行列式值为0. 为此只须证其余四个行列式之和为0即可.

第5章 概念在解题中的应用

$$\begin{vmatrix} 1 & 1 & 1 \\ Z_1 & Z_2 & Z_3 \\ \overline{Z_1} & \overline{Z_2} & \overline{Z_3} \end{vmatrix} + \begin{vmatrix} 1 & 1 & 1 \\ Z_1 & W_2 & W_3 \\ \overline{Z_1} & \overline{W_2} & \overline{W_3} \end{vmatrix} + \begin{vmatrix} 1 & 1 & 1 \\ W_1 & Z_2 & W_3 \\ \overline{W_1} & \overline{Z_2} & \overline{W_3} \end{vmatrix} +$$

$$\begin{vmatrix} 1 & 1 & 1 \\ W_1 & W_2 & Z_3 \\ \overline{W_1} & \overline{W_2} & \overline{Z_3} \end{vmatrix}$$

遍乘 $i/4$ 后,它们恰为 $S_I + S_{II} + S_{III} + S_{IV} = S_{\triangle Z_1 Z_2 Z_3} + S_{\triangle Z_1 W_2 W_3} + S_{\triangle W_1 Z_2 W_3} + S_{\triangle W_1 W_2 Z_3}$.

而 $\triangle Z_1 Z_2 Z_3$ 与 $\triangle W_1 Z_2 W_3$ 有相反绕向,$S_I + S_{II}$ 中公共部分四边形面积互相抵消了,只剩下 $S_{\triangle W_1 Z_3 W_2} + S_{\triangle Z_1 W_2 Z_3} = - S_{\triangle W_1 W_2 Z_3} - S_{\triangle Z_1 W_2 W_3}$

故
$$S_I + S_{II} + S_{III} + S_{IV} = 0$$

从而 $\dfrac{Z_1 + W_1}{2}, \dfrac{Z_2 + W_2}{2}, \dfrac{Z_3 + W_3}{2}$ 共线.

最后我们谈谈利用复数求一些轨迹方程的例子. 它的步骤通常是:

(1) 选择适当坐标系,据已知条件建立动点 $M(x,y)$ 与复数 $Z = x + iy$ 的对应,视 Z 为变量;

(2) 据题意,找出含 Z 的等式(此即所求轨迹方程的复数式);

(3) 将 $Z = x + iy$ 代回等式,利用复数性质得轨迹方程的直角坐标式.

例95 有一轮子沿直线滚动,轮子半径是 a,在轮辐上有点 M,它距轮心为 $b(b < a)$,求 M 的轨迹方程.

解 如图 5.38,建立复平面坐标系. 设轮子从开始起转过 φ 角 $(\varphi > 0)$.

数学解题的特殊方法

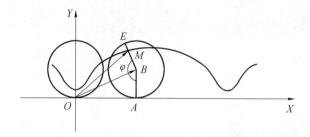

图 5.38

有 $|OA| = \widehat{AE} = a\varphi$,而 $\overrightarrow{OB}$ 表示复数 $a\varphi + ia$.

设动点 M 表示 $Z = x + iy$,又由 BM 与 X 轴交角为
$$2\pi - (\pi/2 + \varphi) = 3\pi/2 - \varphi$$

故 $\overrightarrow{BM}$ 表示复数 $b[\cos(3\pi/2 - \varphi) + i\sin(3\pi/2 - \varphi)] = -b(\sin\varphi + i\cos\varphi)$.

又由 $\overrightarrow{OM} = \overrightarrow{OB} + \overrightarrow{BM}$,从而可有
$$x + iy = (a\varphi + ia) + [-b(\sin\varphi + i\cos\varphi)] = (a\varphi - b\sin\varphi) + i(a - b\cos\varphi)$$

点 M 轨迹即 $\begin{cases} x = a\varphi - b\sin\varphi \\ y = a - b\cos\varphi \end{cases}$,此为旋轮线.

注 若 $b > a$ 时可得长辐旋轮线(例中旋轮线称为短辐旋轮线),见图 5.39.

复数在其他方面还有应用,我们不妨举一个在"数论"方面的例子,作为本节的结束.

例96 若 (a_1, b_1, c_1) 和 (a_2, b_2, c_2) 分别是两组勾股数,则复数积

$$(a_1 + b_1 i)(a_2 + b_2 i) = (a_1 a_2 - b_1 b_2) + (a_1 b_2 + b_1 a_2)i$$

$$(a_1 + b_1 i)(b_2 + a_2 i) = (a_1 b_2 - b_1 a_2) + (a_1 a_2 + b_1 b_2)i$$

第 5 章　概念在解题中的应用

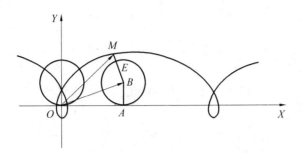

图 5.39

确定两组勾股数：$(|a_1a_2 - b_1b_2|, a_1b_2 + b_1a_2, c_1c_2)$，$(|a_1b_2 - b_1a_2|, a_1a_2 + b_1b_2, c_1c_2)$。

证　由设有 $c_1^2 = a_1^2 + b_1^2, c_2^2 = a_2^2 + b_2^2$。又

$$|a_1a_2 - b_1b_2|^2 + (a_1b_2 + b_1a_2)^2 =$$
$$a_1^2a_2^2 + b_1^2b_2^2 + a_1^2b_2^2 + b_1^2a_2^2 =$$
$$(a_1^2 + b_1^2)(a_2^2 + b_2^2) =$$
$$c_1^2c_2^2 = (c_1c_2)^2$$

故 $(|a_1a_2 - b_1b_2|, a_1b_2 + b_1a_2, c_1c_2)$ 为一组勾股数。

同理可证 $(|a_1b_2 - b_1a_2|, a_1a_2 + b_1b_2, c_1c_2)$ 也为一组勾股数。

注 1　若把弦数相等的两组勾股数称为共弦勾股数，则由已知的勾股数可以作出 2^{n-1} 组共弦勾股数。

注 2　若 (a,b,c) 为一组勾股数，又 $(a+bi)^n = p+qi$，则 $(|p|,|q|,c^n)$ 也为一组勾股数。

[附一] 三角形面积的一些公式表

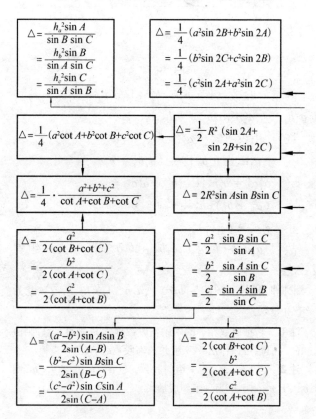

第 5 章　概念在解题中的应用

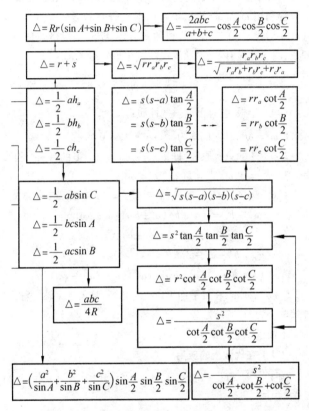

说明　△ 表示 △ABC 面积;h_a 表示 a 边上的高;R 表示 △ABC 外接圆半径;r_a 表示 a 边旁切圆半径;r 表示 △ABC 内切圆半径;$s = \frac{1}{2}(a+b+c)$.

数学解题的特殊方法

[附二] 原根 ω 在解题中的应用[①]

三次原根是为了解决代数方程求根问题时引入的. 1732 年欧拉曾利用 ω 和 $ω^2$ 给出了曾由卡当研究的形如 $x^3 + mx = n(m,n$ 均大于 $0)$ 三次方程根的一般式;1770 年拉格朗日为了解三、四次方程引入了"预解式",其中也应用了 ω.

$$ω = \frac{-1 + i\sqrt{3}}{2} = \cos\frac{2π}{3} + i\sin\frac{2π}{3} = e^{i2π/3},$$ 是方程 $x^3 - 1 = 0$ 的一个根. 它有下面一些性质:

1. $\bar{ω} = ω^2$,且它们均为 $x^2 + x + 1 = 0$ 的根.

2. ω 是 1 的三次原根(即 $ω^2, ω^3$ 为 $x^3 - 1 = 0$ 的另两个根).

3. $ω^{3n} = 1, ω^{3n+1} = ω, ω^{3n+2} = ω^2$.

4. $x^2 ± x + 1 = (x ∓ ω)(x ∓ ω^2) = (1 ∓ ωx)(1 ∓ ω^2 x)$;

$a^3 ± b^3 = (a ± b)(a ± bω)(a ± bω^2) = (a ± b)(aω ± b)(aω^2 ± b)$

$a^3 + b^3 + c^3 - 3abc = (a + b + c)(a + bω + cω^2)(a + bω^2 + cω)$

5. 以 $1, ω, ω^2$ 在复平面组成正三角形,且关于 x 轴对称,其外接圆心为 O,半径为 1.

下面谈谈它的应用.

(Ⅰ)在代数上的应用

例 1 计算:(1)$[(\sqrt{3} + 1) + i(\sqrt{3} - 1)]^{12}$;(2)$\sqrt{2 + 2\sqrt{3}i}$.

解 (1)考虑下面的式子变形(换)

原式 $= 2^{12}[\frac{\sqrt{3} - i}{2} + \frac{1 + i\sqrt{3}}{2}]^{12} =$

[①] 据王勤国,三次原根的应用(《数学通报》,1980.12—1981.1.)一文改编.

第5章 概念在解题中的应用

$$2^{12}[i \cdot \frac{-1-\sqrt{3}i}{2} - \frac{-1-i\sqrt{3}}{2}]^{12} =$$

$$2^{12}[\omega^2(1-i)]^{12} = 2^{12}(1-i)^{12} =$$

$$2^{12}(-2i)^6 = -2^{18}$$

(2) 考虑下面的式子变形(换)

$$原式 = \sqrt{4 \cdot \frac{1+i\sqrt{3}}{2}} = \sqrt{4(-\omega^2)} = \pm 2i\omega =$$

$$\pm(\sqrt{3}+i)$$

例2 设 $P(x), Q(x), R(x)$ 及 $S(x)$ 皆为多项式，且 $P(x^3) + xQ(x^3) + x^2R(x^3) = (x^2+x+1)S(x)$，则上面四个多项式系数和等.

证 以 $1, \omega, \omega^2$ 分别代入题设式有

$$P(1) + Q(1) + R(1) = 3S(1) \quad ①$$

$$P(1) + \omega Q(1) + \omega^2 R(1) = 0 \quad ②$$

$$P(1) + \omega^2 Q(1) + \omega R(1) = 0 \quad ③$$

式 ② + ③

$$2P(1) - Q(1) - R(1) = 0 \quad ④$$

考虑 $\omega \times ② + \omega^2 \times ③$

$$-P(1) - Q(1) + 2R(1) = 0 \quad ⑤$$

由 ④,⑤ 可有 $P(1) = Q(1) = R(1)$，再由 ① 可得 $P(1) = Q(1) = R(1) = S(1)$。注意到 $P(1)$ 即为多项式各系数和等即可.

例3 试证下列组合等式：

(1) $C_n^0 + C_n^3 + C_n^6 + \cdots = \frac{1}{3}(2^n + 2\cos\frac{n\pi}{3})$;

(2) $C_n^1 + C_n^4 + C_n^7 + \cdots = \frac{1}{3}(2^n + 2\cos\frac{n-1}{3}\pi)$;

(3) $C_n^2 + C_n^5 + C_n^8 + \cdots = \frac{1}{3}(2^n - 2\cos\frac{n+1}{3}\pi)$.

证 (1) 由 $(1+x)^n = C_n^0 + C_n^1 x + C_n^2 x^2 + \cdots + C_n^n x^n$，分别以 $1, \omega, \omega^2$ 代入上式有

数学解题的特殊方法

$$C_n^0 + C_n^1 + C_n^2 + \cdots + C_n^n = 2^n \quad ①$$

$$C_n^0 + C_n^1\omega + C_n^2\omega^2 + \cdots + C_n^n\omega^n = (1+\omega)^n \quad ②$$

$$C_n^0 + C_n^1\omega^2 + C_n^2\omega^4 + \cdots + C_n^n\omega^{2n} = (1+\omega^2)^n \quad ③$$

由 ① + ② + ③ 有

$$3(C_n^0 + C_n^3 + C_n^6 + \cdots) = 2^n + (1+\omega)^n + (1+\omega^2)^n$$

注意到 $1 + \omega = \cos\dfrac{\pi}{3} + i\sin\dfrac{\pi}{3}$, $1 + \omega^2 = \cos\dfrac{\pi}{3} - i\sin\dfrac{\pi}{3}$

及棣美弗公式可有

$$C_n^0 + C_n^3 + C_n^6 + \cdots = \dfrac{1}{3}\left(2^n + 2\cos\dfrac{n\pi}{3}\right)$$

类似地由 ① + $\omega \times$ ② + $\omega^2 \times$ ③ 及 ① + $\omega^2 \times$ ② + $\omega \times$ ③ 可得其他两式的证明.

例 4 若 $a^2 + a + 1 = 0$, 则 $(x+1)^3 + (x+a)^3 + (x+a^2)^3 = 3(x^3+1)$.

证 由 $a^2 + a + 1 = 0$, 则 $a = \omega$ 或 ω^2.

当 $a = \omega$ 时, 由

$$(x+1) + \omega(x+\omega) + \omega^2(x+\omega^2) = 0$$

这样可有

$$(x+1)^3 + (x+\omega)^3 + (x+\omega^2)^3 - 3(x^3+1) = 0$$

当 $a = \omega^2$ 时, 同样有上面结论.

例 5 若 $(1 + x + x^2)^n = c_0 + c_1 x + c_2 x^2 + \cdots + c_{2n} x^{2n}$, 则 $c_0 + c_3 + c_6 + \cdots = c_1 + c_4 + c_7 + \cdots = c_2 + c_5 + c_8 + \cdots$.

证 以 ω 代入题设等式可有

$$c_0 + c_1\omega + c_2\omega^2 + \cdots + c_{2n}\omega^{2n} = 0$$

整理后即

$$(c_0 + c_3 + c_6 + \cdots) + (c_1 + c_4 + c_7 + \cdots)\omega +$$
$$(c_2 + c_5 + c_8 + \cdots)\omega^2 = 0$$

从而有

$$c_0 + c_3 + c_6 + \cdots = c_1 + c_4 + c_7 + \cdots = c_2 + c_5 + c_8 + \cdots$$

第 5 章　概念在解题中的应用

又以 $x=1$ 代入题设式中知
$$c_0+c_1+\cdots+c_{2n}=3^n$$
综上,命题得证.

注　以上例 2 至例 5 均是用赋值办法解题,只是用了 ω 的特性而已.

我们来看两个关于因式分解的例子. 为此先介绍一个结论:

若 $R(x)$ 是实系数多项式,则
$$(x^2+x+1)\mid R(x)\Leftrightarrow R(\omega)=0$$

证　必要性显然. 今证充分性.

由 $\overline{\omega}=\omega^2$,若 $R(\omega)=0$,则 $R(\omega^2)=R(\overline{\omega})=0$.

从而,$R(x)$ 有因子 $(x-\omega)(x-\omega^2)=x^2+x+1$.

例 6　分解因式:(1) x^5+x^4+1;
$$(2)2x^4+x^3+4x^2+2x+3.$$

解　(1) 令 $R(x)=x^5+x^4+1$,则容易验证
$$R(\omega)=0$$
从而 $R(x)$ 有因子 x^2+x+1. 用综合除法不难有
$$原式=(x^2+x+1)(x^3-x+1)$$

(2) 令 $R(x)=2x^4+x^3+4x^2+2x+3$,由 $R(\omega)=0$,仿上知
$$原式=(x^2+x+1)(2x^2-x+3)$$

例 7　在实域内分解 $a^3(b^6-c^6)+b^3(c^6-a^6)+c^3(a^6-b^6)$.

解　题设多项式 $R(a,b,c)$ 是齐次轮换对称式.

令 $a=b$,有 $R(a,b,c)=0$,知原式有因子 $(a-b)(b-c)(c-a)$;

令 $a=b\omega$,也有 $R(a,b,c)=0$,知原式有因子 $(a-b\omega)(b-c\omega)(c-a\omega)$;

令 $a=b\omega^2$,必有 $R(a,b,c)=0$,知原式有因子 $(a-b\omega^2)(b-c\omega^2)(c-a\omega^2)$.

故

$$原式 = k(a-b)(b-c)(c-a)(a^2+ab+b^2)$$
$$(b^2+bc+c^2)(c^2+ac+a^2)$$

比较系数可得 $k = 1$.

下面的例子是关于整除性的(其实它与多项式因式分解无异).

例8 试证 $(x^2+x+1) \mid (x^{101}+x^{201}+x^{301})$.

证 令 $R(x) = x^{101}+x^{201}+x^{301}$,则由

$$R(\omega) = \omega^{101}+\omega^{201}+\omega^{301} = \omega^2+1+\omega = 0$$

故

$$(x^2+x+1) \mid (x^{101}+x^{201}+x^{301})$$

例9 试决定多项式 $f(x)$ 的变元指数,使 $g(x) \mid f(x)$,其中:

(1) $f(x) = x^{2m}+x^m+1, g(x) = x^2+x+1$;

(2) $f(x) = x^{3m}+x^{3n+1}+x^{3p+2}, g(x) = x^4+x^2+1$;

(3) $f(x) = (1-x)^m+x^m+1, g(x) = x^2-x+1$.

解 (1) 由设知 $f(\omega) = \omega^{2m}+\omega^m+1$ 应为 0.

易知 $m \neq 3k$ 时, $f(\omega) = 0$. 从而 $m = 3k \pm 1$ 时 ($k = 1, 2, \cdots$,包括 $m = 1$), $g(x) \mid f(x)$.

类似地仿上办法可有:

(2) m, p 为奇数 n 为偶数或 m, p 为偶数 n 为奇数时, $g(x) \mid f(x)$.

(3) $m = 6k \pm 2$ (除 $m = 2$ 外, k 为自然数).

最后看一个计算行列式值的例子.

例10 计算循环行列式 $\begin{vmatrix} a & b & c \\ c & a & b \\ b & c & a \end{vmatrix}$

解 令 $f(x) = a+bx+cx^2$,有

$$\begin{vmatrix} a & b & c \\ c & a & b \\ b & c & a \end{vmatrix} \begin{vmatrix} 1 & 1 & 1 \\ 1 & \omega & \omega^2 \\ 1 & \omega^2 & \omega^4 \end{vmatrix} =$$

第 5 章　概念在解题中的应用

$$\begin{vmatrix} f(1) & f(\omega) & f(\omega^2) \\ f(1) & \omega f(\omega) & \omega^2 f(\omega^2) \\ f(1) & \omega^2 f(\omega) & \omega f(\omega^2) \end{vmatrix} =$$

$$f(1)f(\omega)f(\omega^2)\begin{vmatrix} 1 & 1 & 1 \\ 1 & \omega & \omega^2 \\ 1 & \omega^2 & \omega \end{vmatrix}$$

而

$$\begin{vmatrix} 1 & 1 & 1 \\ 1 & \omega & \omega^2 \\ 1 & \omega^2 & \omega \end{vmatrix} \neq 0$$

故

原式 $= f(1)f(\omega)f(\omega^2) =$
$(a+b+c)(a+b\omega+c\omega^2)(a+b\omega^2+c\omega^4) =$
$a^3 + b^3 + c^3 - 3abc$

注　本题方法可以推广到计算 n 阶行列式的情形.

(Ⅱ) 在几何上的应用

由本节前面的内容我们不难有结论：

Z_1, Z_2, Z_3 是一个正三角形三顶点(Z_1, Z_2, Z_3 按逆时针绕向) $\Leftrightarrow \begin{vmatrix} 1 & 1 & 1 \\ 1 & \omega & \omega^2 \\ Z_1 & Z_2 & Z_3 \end{vmatrix} = 0.$

利用这个结论，我们可以解决一些几何问题.

例 11　如附图 1，内接于 $\odot O$ 的凸六边形 $A_1A_2A_3A_4A_5A_6$，若 $|A_1A_2| = |A_3A_4| = |A_5A_6| = R(\odot O$ 的半径$)$，M_1, M_2, M_3 分别为 A_2A_3, A_4A_5, A_6A_1 的中点，则 $\triangle M_1M_2M_3$ 为正三角形.

证　由设可知 $\triangle OA_1A_2, \triangle OA_3A_4, \triangle OA_5A_6$ 均为正三角形，故 $\angle A_1OA_2 = \angle A_3OA_4 = \angle A_5OA_6 = \pi/3$.

注意到 $1 + \omega = \cos\dfrac{\pi}{3} + i\sin\dfrac{\pi}{3}$，若令 $A_i(i=1,2,\cdots,6)$，$M_i(i=1,2,3)$ 即为相应点代表的复数，则有

数学解题的特殊方法

$$A_2 = (1+\omega)A_1,$$
$$A_4 = (1+\omega)A_3,$$
$$A_6 = (1+\omega)A_5.$$

而

$$M_1 = [(1+\omega)A_1 + A_3]/2$$
$$M_2 = [(1+\omega)A_3 + A_5]/2$$
$$M_3 = [(1+\omega)A_5 + A_1]/2$$

且 M_1, M_2, M_3 为逆时针绕向,将它们代入行列式

$$\begin{vmatrix} 1 & 1 & 1 \\ 1 & \omega & \omega^2 \\ M_1 & M_2 & M_3 \end{vmatrix}$$

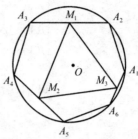

附图 1

易算得它的值为 0,故 $\triangle M_1M_2M_3$ 为正三角形.

例 12 如附图 2,以 $\triangle ABC$ 三边 AB, BC, CA 为长分别向形外、形内作正三角形,令 N, M, L 分别为外侧三个正三角形的中心;且 N', L', M' 为内侧三个正三角形的中心.试证 $\triangle MNL$ 和 $\triangle M'N'L'$ 均为正三角形.

证 今设各点即代表该点的复数值.

因 $\triangle ECB$ 为正三角形,且逆时针绕向,故有

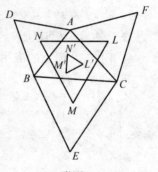

附图 2

$$\begin{vmatrix} 1 & 1 & 1 \\ 1 & \omega & \omega^2 \\ E & C & B \end{vmatrix} = 0$$

展开行列式则有 $E = -\omega(C + \omega B)$.

类似地有 $F = -\omega(A + \omega C), D = -\omega(B + \omega A)$.

而正 $\triangle BCE$ 中心(重、垂、内、外心合一)

第 5 章　概念在解题中的应用

$$M = \frac{1}{3}(B + E + C) = \frac{1}{3}(1 - \omega)(C - \omega^2 B)$$

同理

$$L = \frac{1}{3}(1 - \omega)(A - \omega^2 C)$$

$$N = \frac{1}{3}(1 - \omega)(B - \omega^2 A)$$

易算得

$$\begin{vmatrix} 1 & 1 & 1 \\ 1 & \omega & \omega^2 \\ L & M & N \end{vmatrix} = 0$$

故 $\triangle LMN$ 是正三角形.

同理可证 $\triangle L'M'N'$ 也为正三角形.

关于 ω 在几何上的应用的例子,这里不多举了.

(Ⅲ) 在三角上的应用

ω 在三角上的应用,我们只须举一个例子,其实与这方面类似的例子或方法我们已在前文见过.

例 13　若 $3 \nmid n$(即 n 不是 3 的倍数),则

(1) $\sin x + \sin(x + \frac{2n\pi}{3}) + \sin(x + \frac{4n\pi}{3}) = 0$;

(2) $\cos x + \cos(x + \frac{2n\pi}{3}) + \cos(x + \frac{4n\pi}{3}) = 0$.

证　因 $3 \nmid n$,故 $1 + \omega^n + \omega^{2n} = 0$.

而

$$(\cos x + i\sin x)(1 + \omega^n + \omega^{2n}) = 0$$

即

$$(\cos x + i\sin x) + (\cos x + i\sin x)\omega^n +$$
$$(\cos x + i\sin x)\omega^{2n} = 0$$

得

$$\cos x + \cos(x + \frac{2n\pi}{3}) + \cos(x + \frac{4n\pi}{3}) +$$
$$i[\sin x + \sin(x + \frac{2n\pi}{3}) + \sin(x + \frac{4n\pi}{3})] = 0$$

数学解题的特殊方法

比较上等式两边虚实部系数即证得结论.

习 题

非负数、对称式、函数特性应用部分

1. 求方程 $\dfrac{36}{\sqrt{x-2}} + \dfrac{4}{\sqrt{y-1}} = 28 - 4\sqrt{x-2} - \sqrt{y-1}$ 的实数解.

[提示:将方程配成 $(\sqrt{z} + 1/\sqrt{z})^2$ 形状的式子,再用非负数概念考虑.]

2. 若 a,b,c,d 均为正实数,又 $a^4 + b^4 + c^4 + d^4 = 4abcd$,则以 a,b,c,d 为边长的四边形是菱形.

3. 若 a,b,c,d 均为正实数,且 $abcd = 1$,则 $a^2 + b^2 + c^2 + d^2 + ab + ac + ad + bc + bd + cd \geq 10$.

4. 若 $A + B + C = \pi$,则 $\tan^2\dfrac{A}{2} + \tan^2\dfrac{B}{2} + \tan^2\dfrac{C}{2} \geq 1$.

5. 若 $f(x)$ 是奇函数,则 $f'(x)$,$\int_0^x f(x)\mathrm{d}x$ 均为偶函数;又若 $f(x)$ 是偶函数,则 $f'(x)$,$\int_0^x f(x)\mathrm{d}x$ 是奇函数.

6. 若 $f(x)$ 满足 $af(x) + bf\left(\dfrac{1}{x}\right) = \dfrac{c}{x}$,其中 a,b,c 均为常数,且 $|a| \neq |b|$. 试证 $f(x)$ 是奇函数.

7. 求函数 $f(x) = \sin mx + \cos nx$ 的周期,这里 m,n 为整数.

8. 设三角函数 $f(x) = \sqrt{2}\sin\left(\dfrac{k\pi}{5} + \dfrac{\pi}{3}\right)$,其中 $k \neq 0$. (1) 写出 $f(x)$ 的极大值 M 和极小值 m,且找出 $f(x)$ 的最小正周期 T; (2) 试求最小的正整数 k_0,使当自变量 x 在任意两整数间(包括整数本身)变化时,函数 $f(x)$ 至少有一个值是 M,同时有一个值是 m.

9. (1) 试用变量替换 $y = \pi - x$ 证明
$$\int_0^\pi xf(\sin x)\mathrm{d}x = \dfrac{\pi}{2}\int_0^\pi f(\sin x)\mathrm{d}x$$

(2) 计算 $\int_0^\pi \dfrac{x\sin x}{1+\cos^2 x}\mathrm{d}x$.

10. (1) 若 $f(x)=\int_x^{x+\frac{\pi}{2}}|\sin t|\,\mathrm{d}t$,试证 $f(x+\pi)=f(x)$;

(2) 若 $f(x)$ 在 $[-a,a]$ 上连续 $(a>0)$.试证 $\int_{-a}^a f(x)\mathrm{d}x=\int_0^a[f(x)+f(-x)]\mathrm{d}x$.且由此计算

$$\int_{-\frac{\pi}{4}}^{\frac{\pi}{4}}\dfrac{1}{1+\sin x}\mathrm{d}x$$

韦达定理、判别式应用部分

11. 若方程 $x^3+px^2+qx+r=0$ 的三根 α,β,γ:

(1) 成等差数列 $\Leftrightarrow 2p^3-9pq+27r=0$;

(2) 成等比数列 $\Leftrightarrow q^3-p^3r=0$;

(3) 成调和数列 $\Leftrightarrow 27r^2-9pqr+2q^3=0$;

(4) 三根相等 $\Leftrightarrow 27r=p^3,3q=p^2$;

(5) 三根是三角形三条边长 $\Leftrightarrow p<0,q>0,r<0$,且 $p^3>4pq-8r$.

12. 求:(1) 椭圆 $\dfrac{x^2}{a^2}+\dfrac{y^2}{b^2}=1$;(2) 抛物线 $y^2=2px$;(3) 双曲线 $\dfrac{x^2}{a^2}-\dfrac{y^2}{b^2}=1$ 与斜率为 k 的方向共轭的直径方程.

13. 过椭圆一焦点的直线与椭圆两交点到同旁准线距离的倒数之和为定值.

14. 过抛物线 $y^2=2px$ 的焦点的一条直线和抛物线交于两点,它们的纵坐标之积为定值.

15. 若 $P_0(x_0,y_0)$ 在圆锥曲线上,则过 P_0 的圆锥曲线切线方程为:

(1) 圆 $x^2+y^2=r^2$ 的切线方程

$$x_0x+y_0y=r^2$$

(2) 椭圆 $\dfrac{x^2}{a^2}+\dfrac{y^2}{b^2}=1$ 的切线方程

$$\frac{x_0 x}{a^2} + \frac{y_0 y}{b^2} = 1$$

(3) 双曲线 $\frac{x^2}{a^2} - \frac{y^2}{b^2} = 1$ 的切线方程

$$\frac{x_0 x}{a^2} - \frac{y_0 y}{b^2} = 1$$

(4) 抛物线 $y^2 = 2px$ 的切线方程

$$y_0 y = p(x + x_0)$$

(5) 一般二次曲线 $Ax^2 + Bxy + Cy^2 + Dx + Ey + F = 0$（$A, B, C$ 不全为零）的切线方程

$$Ax_0 x + B\left(\frac{y_0 x + x_0 y}{2}\right) + Cy_0 y + D\left(\frac{x_0 + x}{2}\right) +$$

$$E\left(\frac{y_0 + y}{2}\right) + F = 0$$

16. 直线 $y = kx + m$ 与圆锥曲线相切：
(1) 与圆 $x^2 + y^2 = r^2$ 相切条件
$$m^2 = r^2(1 + k^2)$$

(2) 与椭圆 $\frac{x^2}{a^2} + \frac{y^2}{b^2} = 1$ 相切条件
$$m^2 = k^2 a^2 + b^2$$

(3) 与双曲线 $\frac{x^2}{a^2} - \frac{y^2}{b^2} = 1$ 相切条件
$$m^2 = k^2 a^2 - b^2$$

(4) 与抛物线 $y^2 = 2px$ 相切条件
$$m = p/2k$$

17. 求：(1) 椭圆；(2) 双曲线；(3) 抛物线两条互相垂直切线交点的轨迹以及交角为 $\theta(\theta \neq \pi/2)$ 两条切线交点的轨迹.

18. 若实数 a, b, c 满足 $a + b + c = 0$ 且 $abc = 1$，求证 a, b, c 中必有一个大于 $2/3$.

19. 若 x 为实数，则 $\frac{1}{7} \leqslant \frac{x^2 - 3x + 4}{x^2 + 3x + 4} \leqslant 7$.

20. 若 x, y 为实数，且 $x^2 + y^2 + 2xy + x - y = 0$. 则 x 的最大

值为 1/8,y 的最小值为 -1/8.

21. 若 $x \geq 0, y \geq 0$,且 $x + 2y = 1$,求 $x^2 + y^2$ 的最大与最小值.

22. 求与抛物线 $y^2 = 2px$ 相切于两点且通过它的焦点的圆方程.

23. k 为何值时,直线 $kx + y - 8 = 0$ 与圆 $(x-2)^2 + (y+3)^2 = 9$,(1) 相交;(2) 相切;(3) 相离.

面积、体积应用部分

24. 等腰三角形底边上一点到两腰距离之和为定值.

25. 在 $\square ABCD$ 的两边 AD 和 CD 上各取一点 F 和 E,使 $AE = CF$. 若 AE, CF 交于 P,则 $\angle APB = \angle CPB$.

26. 过 $\triangle ABC$ 的顶点 A 作其外接圆的切线,交 BC 的延长线于 D,则 $AC^2 : AB^2 = CD : BD$.

27. 如图 5.40, P 为正三角形 ABC 外接圆 $\overset{\frown}{BC}$ 上一点;则

(1) $PA^2 = AB^2 + PB \cdot PC$;

(2) $\dfrac{1}{PB} + \dfrac{1}{PC} = \dfrac{1}{PD}$.

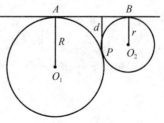

图 5.40

28. 在 $\triangle ABC$ 中,D 在 AB 上且 $AD : DB = 1 : 2$;G 在 CD 上且 $CG : DG = 3 : 2$. 若 BG 交 AC 于 F,求 $BG : GF$ 的值.

29. 如图 5.41,两圆 $\odot O_1, \odot O_2$ 外切于 P,而 P 到两圆外公切线 AB 的距离为 d,则 $\dfrac{1}{R} + \dfrac{1}{r} = \dfrac{2}{d}$ (R, r 分别为 $\triangle ABC$ 外接圆、内切圆半径).

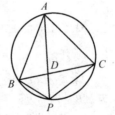

图 5.41

30. 若 h_a, h_b, h_c 分别为 $\triangle ABC$ 三边上高,r 为内切圆

半径,r_a,r_b,r_c 为旁切圆半径,则(1) $\frac{1}{h_a}+\frac{1}{h_b}+\frac{1}{h_c}=\frac{1}{r}$;(2) $\frac{1}{h_a}+\frac{1}{h_b}-\frac{1}{h_c}=\frac{1}{r_c}$,$\frac{1}{h_a}-\frac{1}{h_b}+\frac{1}{h_c}=\frac{1}{r_b}$,$-\frac{1}{h_a}+\frac{1}{h_b}+\frac{1}{h_c}=\frac{1}{r_a}$.

31. 在 $\triangle ABC$ 中,若 $\angle A:\angle B:\angle C=4:2:1$,则 $\frac{1}{a}+\frac{1}{b}=\frac{1}{c}$.

32. (1) $\angle AOB=120°$,OC 为它的平分线,若 l 与 OA,OB,OC 交 P,Q,R 三点,则 $\frac{1}{OP}+\frac{1}{OQ}=\frac{1}{OR}$.

(2) 过 $\angle XOY$ 的平分线上一点 A 作一直线与 OX,OY 分别交于 P,Q 两点. 又过 A 作 $AR \parallel OY$ 交 OX 于 R,则 $\frac{1}{OP}+\frac{1}{OQ}=\frac{1}{OR}$.

33. $\triangle ABC$ 的 $\angle A$ 平分线和它的外角平分线分别交 BC 于 D,E,求证 $\frac{1}{BD}+\frac{1}{BE}=\frac{2}{BC}$.

34. 设 $ABCD$ 是圆内接四边形,a,b 为 $\angle A$ 的两邻边长,c,d 为 $\angle B$ 的两邻边长. 则 $\sin A:\sin B=(ad+bc):(ab+cd)$.

35. 从 S 发出的四条射线分别与直线 l_1,l_2 相交于 A_1,A_2,A_3,A_4 和 B_1,B_2,B_3,B_4 各点. 求证 $\frac{A_1A_2 \cdot A_3A_4}{A_2A_3 \cdot A_1A_4}=\frac{B_1B_2 \cdot B_3B_4}{B_2B_3 \cdot B_1B_4}$.

复数应用部分

36. 若 $A+B+C=\pi$,试证:

(1) $\sin A+\sin B+\sin C=4\cos\frac{A}{2}\cos\frac{B}{2}\cos\frac{C}{2}$;

(2) $\cos A+\cos B+\cos C=1+4\sin\frac{A}{2}\sin\frac{B}{2}\sin\frac{C}{2}$;

(3) $\sin 2A+\sin 2B+\sin 2C=4\sin A\sin B\sin C$;

(4) $\cos 2A+\cos 2B+\cos 2C=-1-4\cos A\cos B\cos C$;

(5) $\sin^2 A+\sin^2 B+\sin^2 C=2+2\cos A\cos B\cos C$;

(6) $\cos^2 A+\cos^2 B+\cos^2 C=1-2\cos A\cos B\cos C$.

第 5 章 概念在解题中的应用

[提示:(1),(2) 考虑 $(1 \pm e^{iA})(1 \pm e^{iB})(1 \pm e^{iC})$;(3) ~ (6) 考虑 $(1 \pm e^{i2A})(1 \pm e^{i2B})(1 \pm e^{i2C})$.]

37. 求 $\sum_{k=1}^{n}(-1)^{k-1}\cos k\alpha$ 和 $\sum_{k=1}^{n}(-1)^{k-1}\sin k\alpha$.

38. 计算:(1)$\sin\dfrac{\pi}{10}\sin\dfrac{3\pi}{10}$;(2)$\cos\dfrac{\pi}{5}-\cos\dfrac{2\pi}{5}$;(3) $\cot 6°\cot 42°\cot 66°\cot 78°$;(4)$\tan 9°+\cot 117°-\tan 243°-\cot 351°$.

39. 试证:(1)$\cos^2\alpha+\cos^2(\alpha+120°)+\cos^2(\alpha-120°)=3/2$;

(2)$\sin^2\alpha+\sin^2(\alpha+120°)+\sin^2(\alpha+120°)=3/2$

[提示:考虑 $\sin\alpha+\sin(\alpha+120°)+\sin(\alpha-120°)$ 和 $\cos\alpha+\cos(\alpha+120°)+\cos(\alpha-120°)$.]

40. 若 $\cos\alpha+\cos\beta+\cos\gamma=0$ 且 $\sin\alpha+\sin\beta+\sin\gamma=0$,试证:

(1)$\cos^3\alpha+\cos^3\beta+\cos^3\gamma=3/4\cdot\cos(\alpha+\beta+\gamma)$;

(2)$\sin^3\alpha+\sin^3\beta+\sin^3\gamma=-3/4\cdot\sin(\alpha+\beta+\gamma)$;

(3)$\cos^5\alpha+\cos^5\beta+\cos^5\gamma=15/2^4\cdot\cos(\alpha+\beta+\gamma)$;

(4)$\sin^5\alpha+\sin^5\beta+\sin^5\gamma=-15/2^4\cdot\sin(\alpha+\beta+\gamma)$;

(5)$\cos^7\alpha+\cos^7\beta+\cos^7\gamma=9^3/2^6\cdot\cos(\alpha+\beta+\gamma)$;

(6)$\sin^7\alpha+\sin^7\beta+\sin^7\gamma=-6^3/2^6\cdot\sin(\alpha+\beta+\gamma)$.

41. 解方程 $\sin x+\sin 2x+\sin 3x=1+\cos x+\cos 2x$.

42. 在 $\triangle ABC$ 中,试证:(1)$a^3\cos(B-C)+b^3\cos(C-A)+c^3\cos(A-B)=3abc$;(2)$a^3\sin(B-C)+b^3\sin(C-A)+c^3\sin(A-B)=0$.

[提示:用向量加法的复指数形式.]

43. (1) 若 $(Z_1-Z_2)(Z'_1-Z'_2)=(Z_2-Z_3)(Z'_2-Z'_3)=(Z_3-Z_1)(Z'_3-Z'_1)$,则以 Z_1,Z_2,Z_3 与 Z'_1,Z'_2,Z'_3 为顶点的三角形均为正三角形;(2) 顶点为 Z_1,Z_2,Z_3 的三角形是等腰直角三角形 $\Leftrightarrow Z_1^2+2Z_2^2+Z_3^2=2Z_2(Z_1+Z_3)$.

44. (1) 如图 5.42, 以 △ABC 两边 AB, AC 为一边向形外各作正三角形 ABC', ACB', 又若以 BC 为一边所作的正三角形与 A 同侧, 求证 $A'C' \underline{\parallel} AB'$;

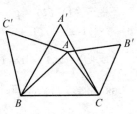

图 5.42

(2) 如图 5.43, 以 △ABC 两边 AB, AC 为一边向形外各作正方形 ABEF 及 ACGH, 求证 △ABC 的高 AD 平分 FH.

45. 正多边形 $A_0 A_1 \cdots A_{n-1}$ 的外接圆 O 半径为 r: (1) 若 P 是 $\angle A_0 OA_{n-1}$ 平分线上一点, 则 $\sum_{k=0}^{n-1} PA_k^n = OP^n + r^n$; (2) 若 P 是 ⊙O 上任一点, 则 $\sum_{k=0}^{n-1} PA_k^2 \leq 2r^2$.

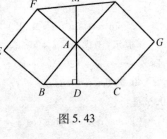

图 5.43

46. 试用复数方法推导圆的渐开线方程.

等(公)式、不等式在解题中的应用

第6章

数学中的公式是解数学题的重要工具和手段. 许多著名数学结论的证明, 常常是通过某些等式的证明而得到的.

比如"堆垒数论"中关于自然数表示为完全平方数的问题, 1621年已为法国人巴契特所注意, 他验证了从 1~325 的自然数均可用四个整数的平方和表示[①]. 尔

[①] 其实, 仅形如 $4^n(8k-1)$ 的整数 (n,k 为自然数且 n 可为0) 才须四个完全平方和来表示, 其他整数则可用少于四个平方和表示. 上述数如:

k \ n	0	1	2	3	4	...
1	7	28	112	448	1 792	
2	15	60	240	960	3 840	
3	23	92	368	1 472	5 888	
4	31	124	496	1 984	7 936	
⋮	⋮	⋮	⋮	⋮	⋮	

后,费马也声称发现并证明了这个结论,然而详细过程他未曾公布. 当问题传到法国数学家笛卡儿那里,他经过一番思考和探讨后竟感慨道:"它实在太难了,以致使我不敢动手去做."

1730 年数学大师欧拉开始研究这个问题,十三年过去了,他只得到下面一个等式:

$$(a^2 + b^2 + c^2 + d^2)(r^2 + s^2 + t^2 + u^2) = $$
$$(ar + bs + ct + du)^2 + (as - br + cu - dt)^2 + $$
$$(at - bu - cr + ds)^2 + (au + bt - cs - dr)^2$$

然而,就是这个等式给问题的证明带来希望. 其实这个恒等式也可从恒等行列式

$$\begin{vmatrix} x & -y \\ y & x \end{vmatrix} \begin{vmatrix} z & -w \\ w & z \end{vmatrix} = $$
$$\begin{vmatrix} xz + yw & zy - xw \\ xw - yz & xz + yw \end{vmatrix}$$

直接得到(两边分别展开),其中 $x = a + bi, y = c + di, z = r - si, w = t - ui$.

1770 年,数学家拉格朗日利用了欧拉的等式第一个证明了:

自然数可表示为四个整数的平方和.

1773 年,66 岁且已失明的欧拉,也给出了上面结论的一个证明(他也用到了前述等式).

等式在证明或计算中有着重要的作用. 关于常见公式的一般应用,我们不谈了,下面我们谈谈某些特殊等(公)式在解题中的巧用.

第6章 等(公)式、不等式在解题中的应用

6.1 $x^3 + y^3 + z^3 - 3xyz = (x + y + z)(x^2 + y^2 + z^2 - xy - yz - zx)$ 的应用

这个公式的证明见"行列式的应用"一节中的例. 若注意到 $x^2 + y^2 + z^2 - xy - yz - zx = [(x-y)^2 + (y-z)^2 + (z-x)^2]/2 \geqslant 0$,我们可有下面的结论:

(1) 若 $x + y + z = 0$,则 $x^3 + y^3 + z^3 = 3xyz$;

(2) 若 $x + y + z > 0$,则 $x^3 + y^3 + z^3 \geqslant 3xyz$,且等号仅当 $x = y = z$ 时成立.

它显然是算术 - 几何平均值不等式在三维的情形.

下面看看这些等式的应用.

1. 在化简求值方面的应用

例1 求 $\dfrac{(a-b)^3 + (b-c)^3 + (c-a)^3}{(a-b)(b-c)(c-a)}$ 的值.

解 注意到 $(a-b) + (b-c) + (c-a) = 0$,故有
$$(a-b)^3 + (b-c)^3 + (c-a)^3 = 3(a-b)(b-c)(c-a)$$
于是
$$原式 = \dfrac{3(a-b)(b-c)(c-a)}{(a-b)(b-c)(c-a)} = 3$$

例2 化简 $\sin^3\alpha + \sin^3(\alpha + 120°) + \sin^3(\alpha + 240°)$.

解 由三角函数诱导及和差化积公式有
$$\sin\alpha + \sin(\alpha + 120°) + \sin(\alpha + 240°) =$$
$$2\sin(\alpha + 120°)\cos 120° + \sin(\alpha + 120°) = 0$$
这样由上面公式知

数学解题的特殊方法

原式 $= 3\sin\alpha\sin(\alpha+120°)\sin(\alpha+240°) =$

$\dfrac{3}{2}\sin\alpha[\cos 120° - \cos 2\alpha] =$

$-\dfrac{3}{4}\sin\alpha - \dfrac{3}{2}\cos 2\alpha\sin\alpha =$

$-\dfrac{3}{4}\sin\alpha - \dfrac{3}{4}[\sin 3\alpha - \sin\alpha] =$

$-\dfrac{3}{4}\sin 3\alpha$

例3 若 $\tan A, \tan B, \tan C$ 为实系数方程 $x^3 + px^2 + gx + r = 0$ 的三个根，求 $\tan^3 A + \tan^3 B + \tan^3 C$ 的值.

解 由题设及韦达定理有

$$\tan A + \tan B + \tan C = -p$$
$$\tan A\tan B + \tan B\tan C + \tan C\tan A = q$$
$$\tan A\tan B\tan C = -r$$

而

$\tan^3 A + \tan^3 B + \tan^3 C = (\tan A + \tan B + \tan C)(\tan^2 A + \tan^2 B + \tan^2 C - \tan A\tan B - \tan B\tan C - \tan C\tan A) + 3\tan A\tan B\tan C =$
$(\tan A + \tan B + \tan C)[(\tan A + \tan B + \tan C)^2 - 3(\tan A\tan B + \tan B\tan C + \tan C\tan A)] + 3\tan A\tan B\tan C = -p^3 + 3pq - 3r$

2. 在因式分解中的应用

例4 分解因式 $(2x-y-z)^3 + (2y-z-x)^3 + (2z-x-y)^3$.

解 注意到下面的等式

$(2x-y-z) + (2y-z-x) + (2z-x-y) = 0$

故

第6章 等(公)式、不等式在解题中的应用

原式 $= 3(2x - y - z)(2y - z - x)(2z - x - y)$

例5 分解因式 $(x - y + z)^3 - x^3 + y^3 - z^3$.

解 由 $(x - y + z) + y + (-x - z) = 0$

故

原式 $= (x - y + z)^3 + y^3 + (-x - z)^3 +$
$3x^2z + 3xz^2 =$
$-3(x - y + z)y(x + z) + 3xz(x + z) =$
$3(x + z)[xz - y(x - y + z)] =$
$3(x + z)(x - y)(z - y)$

3. 在解方程(组)中的应用

例6 解方程 $\dfrac{(x-a)^2}{(x-b)(x-c)} + \dfrac{(x-b)^2}{(x-a)(x-c)} + \dfrac{(x-c)^2}{(x-a)(x-b)} = 3$, 其中 a, b, c 为互不相等的实数.

解 方程两边同乘 $(x-a)(x-b)(x-c)$ 变为

$(x-a)^3 + (x-b)^3 + (x-c)^3 = 3(x-a)(x-b)(x-c)$

知

$(x-a) + (x-b) + (x-c) = 0$ ①

或

$x - a = x - b = x - c$ ②

由式 ① 可有 $x = (a + b + c)/3$; 而由 ② 无解.

例7 解方程组 $\begin{cases} x + y + z = 15 & ① \\ x^3 + y^3 + z^3 = 495 & ② \\ xyz = 105 & ③ \end{cases}$

解 由题设及公式可有

$xy + yz + zx = 71$ ④

由 ①, ③, ④ 知 x, y, z 为 $t^3 - 15t^2 + 71t - 105 = 0$

的三个根.

解得

$$t_1 = 3, \quad t_2 = 5, \quad t_3 = 7$$

由 x, y, z 的对称性可得六组解(请读者自己写出).

4. 在证明恒等式中的应用

例8 若 $x = a^2 - bc, y = b^2 - ca, z = c^2 - ab$,则
$$ax + by + cz = (a + b + c)(x + y + z)$$

证 由题设及下面式子变形有
$$ax + by + cz = a^3 + b^3 + c^3 - 3abc =$$
$$(a + b + c)(a^2 + b^2 + c^2 - ab - bc - ca) =$$
$$(a + b + c)(x + y + z)$$

例9 若 $\cos A + \cos B + \cos C = 0$,试证三角式
$$\cos 3A + \cos 3B + \cos 3C = 12\cos A \cos B \cos C$$

证 由设知
$$\cos^3 A + \cos^3 B + \cos^3 C = 3\cos A \cos B \cos C$$

而
$$\cos 3A + \cos 3B + \cos 3C =$$
$$4(\cos^3 A + \cos^3 B + \cos^3 C) -$$
$$3(\cos^3 A + \cos^3 B + \cos^3 C) =$$

等等. 原式得证.

实际上

$$\cos 3A + \cos 3B + \cos 3C =$$
$$4(\cos^3 A + \cos^3 B + \cos^3 C) -$$
$$3(\cos A + \cos B + \cos C) =$$
$$12\cos A \cos B \cos C$$

5. 在解三次方程上的应用

我们知,若令 $\omega = (-1 + \sqrt{3}\mathrm{i})/2$,则有
$$x^3 + y^3 + z^3 - 3xyz =$$
$$(x + y + z)(x + \omega y + \omega^2 z)(x + \omega^2 y + \omega z)$$

它的验证并不难. 我们感兴趣的是:若把 $x^3 + y^3 + z^3 - 3xyz$ 视为 x 的三次多项式
$$x^3 - (3yz)x + (y^3 + z^3)$$

第6章 等(公)式、不等式在解题中的应用

则它有根 $x_1 = -(y+z), x_2 = -(\omega y + \omega^2 z)$,
$x_3 = -(\omega^2 y + \omega z)$.

这样,为了解实系数三次方程 $x^3 + px + q = 0$ (*),只要选取 y 和 z,使得
$$-3yz = p, y^3 + z^3 = q$$
即
$$y^3 z^3 = -p^3/27, \quad y^3 + z^3 = q$$
也就是使 y^3, z^3 适合(t 的)二次方程
$$t^2 - qt - p^3/27 = 0 \quad (**)$$

如是,解三次方程(*)的问题可化为解二次方程(* *)的问题. 下面请看例子.

例 10 解三次方程 $x^3 - 6x + 6 = 0$.

解 由设 $p = -6, q = 6$.

考虑到二次方程 $t^2 - 6t + 6^3/27 = 0$,即
$$t^2 - 6t + 8 = 0$$
解之有 $t_1 = 2, t_2 = 4$.

由对称性,不妨设 $y^3 = 2, z^3 = 4$,即
$$y = \sqrt[3]{2}, \quad z = \sqrt[3]{4}$$
故所求方程的三个根为
$$x_1 = -(\sqrt[3]{2} + \sqrt[3]{4})$$
$$x_2 = -(\sqrt[3]{2}\omega + \sqrt[3]{4}\omega^2)$$
$$x_3 = -(\sqrt[3]{2}\omega^2 + \sqrt[3]{4}\omega)$$

注 对于一般形式的三次方程 $x^3 + ax^2 + bx + c = 0$,若实施变换 $x = u - a/3$,则方程可化为
$$u^3 + pu + q = 0$$
形状的方程. 上述方法仍适用.

6.2 $(a \pm b\sqrt{D})^n = A \pm B\sqrt{D}$ 的应用

我们知道:若 a, b, D 是整数,$D > 0$ 且不是完全平方数,则式 $(a + b\sqrt{D})^n$ 可以展成 $A + B\sqrt{D}$ 形状;又若 $(a + b\sqrt{D})^n = A + B\sqrt{D}$,则 $(a - b\sqrt{D})^n = A - B\sqrt{D}$,且称它们为共轭无理数对.

用这个结论也可以解决一些有趣的问题(这一点我们前文曾有介绍).

例 11 试证 $(\sqrt{2} - 1)^n$ 必可展成 $\sqrt{m+1} - \sqrt{m}$ 形状.

证 设 $(\sqrt{2} - 1)^n = [(-1) + \sqrt{2}]^n = A + B\sqrt{2}$(当 n 为奇数时,$A < 0, B > 0$;当 n 为偶数时,$A > 0, B < 0$),则

$$(-1)^n (\sqrt{2} - 1)^n = [(-1) + \sqrt{2}]^n = A - B\sqrt{2}$$

因

$$A^2 - 2B^2 = [(-1) + \sqrt{2}]^n [(-1) - \sqrt{2}]^n$$
$$= [(-1)^2 - 2]^n = (-1)^n$$

故 $A^2 = 2B^2 + (-1)^n = 2B^2 \pm 1$($n$ 为奇数取"$-$"号,n 为偶数取"$+$"号).

当 n 为奇数时:$(\sqrt{2} - 1)^n = A + B\sqrt{2} = -\sqrt{A^2} + \sqrt{2B^2} = -\sqrt{2B^2 - 1} + \sqrt{2B^2} = \sqrt{2B^2} - \sqrt{2B^2 - 1}$;

当 n 为偶数时:$(\sqrt{2} - 1)^n = A + B\sqrt{2} = \sqrt{2B^2 + 1} - \sqrt{2B^2}$.

综上,$(\sqrt{2} - 1)^n$ 可展成 $\sqrt{m+1} - \sqrt{m}$ 形状.

第6章 等(公)式、不等式在解题中的应用

注 此结论可稍推广为:

若 $k, k+1$ 之一为完全平方数,则 $(\sqrt{k+1} - \sqrt{k})^n$ 必可展成 $\sqrt{m+1} - \sqrt{m}$ 形状.

例12 试证 $\sqrt[3]{20 + 14\sqrt{2}} + \sqrt[3]{20 - 14\sqrt{2}} = 4$.

证 因 $20 + 14\sqrt{2}$ 与 $20 - 14\sqrt{2}$ 为共轭无理数对,其应可化为 $(a + b\sqrt{2})^3$ 形状.

事实上,$20 + 14\sqrt{2} = 2^3 + 3 \cdot 2^2 \cdot \sqrt{2} + 3 \cdot 2 \cdot (\sqrt{2})^2 + (\sqrt{2})^3 = (2 + \sqrt{2})^3$.

由前面结论应有 $20 - 14\sqrt{2} = (2 - \sqrt{2})^3$. 故

$$\text{式左} = (2 + \sqrt{2}) + (2 - \sqrt{2}) = 4$$

注 仿此题,我们可以拟造一批习题. 比如:

证明 $\sqrt[n]{A + B\sqrt{D}} + \sqrt[n]{A - B\sqrt{D}} = 2a$,这里 $A + B\sqrt{D}$ 恰好为 $(a + b\sqrt{D})^n$ 的展开式.

例13 试证不定方程 $x^2 - 2y^2 = 1$ 有无数组整数解①.

证 由观察法知 $x = 3, y = 2$ 是原方程的一组解. 将之代入原方程且将其因式分解,有

$$(3 + 2\sqrt{2})(3 - 2\sqrt{2}) = 1 \qquad ①$$

上式两边平方有 $(17 + 12\sqrt{2})(17 - 12\sqrt{2}) = 1$,知 $x = 17, y = 12$ 是方程的另一组解.

类似地,将①两边 n 次方:若 $(3 + 2\sqrt{2})^n = A_n + B_n\sqrt{2}$,则 $(3 - 2\sqrt{2})^n = A_n - B_n\sqrt{2}$,

---

① 关于不定方程通常都是求其整数或有理数解,这类方程又称丢番图方程.

故 $x = A_n, y = B_n$ 也为方程的解.

6.3　$F(x) = P(x)Q(x) + R(x)$ 的应用

若 $F(x)$ 是有理系数多项式. 今用 $P(x)$ 除之可有
$$F(x) = P(x)Q(x) + R(x) \qquad (*)$$
式中,$Q(x)$ 为商式,$R(x)$ 为余式.

试想,在计算 $F(a)$ 时,当 F 的次数较高,而 a 的高次幂不便计算时,我们可考虑用式(*),若知 a 是某个多项式 $P(x)$ 的根,则可先用 $F(x)$ 除以 $P(x)$ 求得 $R(x)$,由 $P(a) = 0$,从而 $F(a) = R(a)$. 请看例子:

例14　若 $F(x) = 3x^5 - 8x^4 + 13x^3 - 9x^2 + 17x - 2$,试求 $F\left(\dfrac{2}{3}\right)$ 的值.

解　$x = 2/3$ 是 $P(x) = 3x - 2$ 的根. 由
$$F(x) = (3x - 2)(x^4 - 2x^3 + 3x^2 - x + 5) + 8$$
于是
$$F\left(\dfrac{2}{3}\right) = 8$$

例15　若 $F(x) = 12x^5 - 18x^4 - 19x^3 + 10x^2 + 3x - 8$,试求 $F\left(\dfrac{3 - \sqrt{29}}{4}\right)$ 的值.

解　由有理系数多项式无理根成双(对),又知 $(3 \pm \sqrt{29})/4$ 是 $P(x) = 4x^2 - 6x - 5$ 的两个根. 而
$$F(x) = P(x)(3x^3 - x + 1) + 4x - 3$$
这里

第6章　等(公)式、不等式在解题中的应用

$$R(x) = 4x - 3$$

故

$$F\left(\frac{3-\sqrt{29}}{4}\right) = R\left(\frac{3-\sqrt{29}}{4}\right) = -\sqrt{29}$$

例16　若 $F(x) = 3x^7 - 11x^6 + 15x^5 - 24x^4 + 13x^3 + 3x - 9$，求 $F(1 + \sqrt[3]{5})$ 的值.

解　$x = 1 + \sqrt[3]{5}$ 显然是 $(x-1)^3 = 5$ 的根. 而
$$F(x) = [(x-1)^3 - 5](3x^4 - 2x^3 + 1) + (3x^2 - 3)$$
这里
$$R(x) = 3x^2 - 3$$
故
$$F(1 + \sqrt[3]{5}) = R(1 + \sqrt[3]{5}) = 3\sqrt[3]{5}(2 + \sqrt[3]{5})$$

6.4　$(m-l) \mid f(m)$ 及求多项式的有理根

大家知道：求多项式 $f(x) = \sum_{k=0}^{n} a_k x^k$ 的整数根，通常是从 $f(x)$ 的常数项 a_0 的因子去寻找(这可由韦达定理知晓)，可是当 a_0 的因子较多时，这种方法使用起来未免稍嫌烦琐. 但我们知道代数中有许多关于多项式的等式，利用它们往往可以得到寻找多项式有理根的简便方法. 比如我们知道：

若 l 是 $f(x) = 0$ 的整数根，则对任何整数 m 均有：$(m-l) \mid f(m)$.

只须注意到 $f(m) = f(m) - f(l) = \sum_{k=0}^{n} a_k(m^k - l^k)$；

再注意到二项式的分解即可.

利用这个结论可以给出整(有理)系数多项式①的有理根的一个求法.

例 17 试求 $f(x) = x^4 - 17x^3 + 77x^2 - 85x + 360$ 的整数根.

解 因 $f(1) = 336$，知 1 不是 $f(x)$ 的根.

可令 $m = 1$，从 $f(m)$ 中去找可能的 $m - l$，这只须注意到 $(m - l) | f(m)$，然后再据 $l | 360$ 去确定 l.

由 $336 = 2^4 \cdot 3 \cdot 7$，$(1 - l) | 336$，$l | 360$，故 l 可能是 $\{2, 3, 4, 5, 8, 9, 15\} = L_1$ 中元素.

又 $f(2) = 378$，知 2 不是 $f(x)$ 的根.

可令 $m = 2$，从 $f(m)$ 可能的因子中去掉 $2 - l$，进而找出 l.

而 $378 = 2 \cdot 3^3 \cdot 7$，故 l 可能是 $\{3, 4, 5, 8, 9\} = L_2$ 中的元素.

从 $L_1 \cap L_2$ 中验算、查找知 $x = 8, x = 9$ 是原多项式的根.

又

$$f(x) = (x - 8)(x - 9)(x^2 + 5)$$

而 $x^2 + 5$ 已无有理根. 故 $f(x)$ 只有有理根 8 和 9.

若 l 是 $f(x)$ 的根，则 $(l \pm 1) | f(x \pm 1)$，即 $l \pm 1$ 分别是 $f(x \pm 1)$ 的根.

$f(x - 1)$ 的有理根为 $f(-1)/a_n$ 的因子，今记 $f(-1)/a_n$ 的因子集合为 A；

$f(x)$ 的有理根为 a_0/a_n 的因子，记 a_0/a_n 因子集合为 B；

---

① 这里虽然只是对整系数多项式讨论的，但它的结果对有理系数多项式同样成立(因有理系数多项式可化成整系数多项式).

第6章　等(公)式、不等式在解题中的应用

$f(x+1)$ 的有理根为 $f(1)/a_n$ 的因子，记 $f(1)/a_n$ 因子集合为 C.

注意到若 l 是 $f(x)=0$ 的根，则有 $f(x-1)=0$ 的根 α 及 $f(x+1)=0$ 的根 β 适合：$(\alpha+\beta)/2 = l; \beta - \alpha = 2$.

这只须在 A,B,C 中找适合上述关系的 α,β 和 l 即可.

例 18　求 $f(x) = 4x^4 - 7x^2 - 5x - 1$ 的有理根.

解　由 $f(1) = -9, f(-1) = 1$
故
$$A = \{\pm 1, \pm 1/2, \pm 1/4\}$$
$$B = \{\pm 1/2, \pm 1/4\}$$
$$C = \{\pm 1, \pm 1/2, \pm 3/2, \pm 9/2, \pm 1/4, \pm 3/4, \pm 9/4\}$$

由
$$1/2 + (-3/2) = -1/2$$
$$1/2 - (-3/2) = 2$$
又
$$1/2 \in A, \quad -1/2 \in B, \quad -3/2 \in C$$

只须验算 $-1/2$ 是否为 $f(x)$ 的根. 作综合除法知 $-1/2$ 是 $f(x)$ 的二重根.

注　事实上若 p/q 是 $f(x)$ 的根，由 $p/q + 1 = (p+q)/q$，$p/q - 1 = (p-q)/q$，故在考虑 $f(x)$ 的可能有理根时，对同分母的分数只须考虑分子是否满足上述关系即可.

此外求多项式有理根还可用下面办法：

我们知道 $f(x)$ 被 $q(x) = sx - r (s > 0)$ 所除时，有
$$f(x) = (sx - r)(b_{n-1}x^{n-1} + \cdots + b_0) + f\left(\frac{r}{s}\right) \quad ①$$

数学解题的特殊方法

$b_{n-1}, b_{n-2}, \cdots, b_0$ 均为整数 $\Leftrightarrow f\left(\dfrac{r}{s}\right)$ 是整数.

故当 $f\left(\dfrac{r}{s}\right)=0$ 时可有: $s\mid a_n, r\mid a_0$ 且

$$(s-r)\mid f(1),\quad (s+r)\mid f(-1).$$

显然,若 $a_n, a_0, f(1)$ 均为奇数,则 $f(x)$ 无有理根. 用之可求多项式有理根.

例 19 求 $f(x)=x^3-6x^2+15x-14$ 的有理根.

解 易算得 $f(1)=-4, f(-1)=-36$.
又 $s\mid 1$,故只有 $s=1$;
且 $r\mid 14$,故 $r=\pm 2,\pm 7,\pm 14$.
而 $(s-r)\mid 4$ 即 $(1-r)\mid 4$ 的 r 只有 $r=2$;
且 $(s+r)\mid 36$ 即 $(1+r)\mid 36$ 的 r 中也有 $r=2$.
$f(x)$ 的可能有理根为 2,验算后知

$$f(x)=(x-2)(x^2-4x+7).$$

例 20 求 $f(x)=6x^4+19x^3-7x^2-26x+12$ 的有理根.

解 由 $f(1)=4, f(-1)=18$.
又 $s\mid 6$,则 $s=1,2,3,6$;
且 $r\mid 12$,则 $r=\pm 1,\pm 2,\pm 3,\pm 4,\pm 6,\pm 12$;
$(s-r)\mid 4, \dfrac{r}{s}$ 为 $2,3,-3,\dfrac{1}{2},\dfrac{1}{3},\dfrac{3}{2},\dfrac{2}{3},\dfrac{4}{3},-\dfrac{1}{3}$;
$(s+r)\mid 18, \dfrac{r}{s}$ 只能为 $-\dfrac{1}{3},\dfrac{1}{2},2,-3$.

只须检验 $-1/3, 1/2, 2, -3$ 即可. 由综合除法知 $1/2, -3$ 为 $f(x)$ 的有理根,且

$$f(x)=(2x-1)(x+3)(3x^2+2x-4)$$

第 6 章 等(公) 式、不等式在解题中的应用

6.5 万能公式在解题中的应用

三角函数是一种超越函数,处理这类函数的问题,有时是不方便的,比如求某些三角函数式的积分等. 但是,在半角公式中,若令 $t = \tan \dfrac{\alpha}{2}$,则有

$$\sin \alpha = \frac{2t}{1+t^2}, \quad \cos \alpha = \frac{1-t^2}{1+t^2}, \quad \tan \alpha = \frac{2t}{1-t^2}$$

即三角函数 $\sin \alpha, \cos \alpha, \tan \alpha$ 均可通过上述等式化为 $\tan \dfrac{\alpha}{2}$ 的有理函数式,这也就可以把三角函数问题化为有理函数来处理,即把三角问题转为代数问题,无疑会给我们研究问题带来某些方便. 这种变换称为 Euler 变换.

上面的公式常称为"万能替换公式",简称"万能公式".

下面我们谈谈万能公式在解题中的应用.

1. 在计算中的应用

例 21 化简

$$(\tan x + \sec x - 1)(\cot x + \csc x - 1)$$

解 注意到 $\sec x = 1/\cos x, \csc x = 1/\sin x$ 及万能公式,有

$$\text{原式} = \left(\frac{2t}{1-t^2} + \frac{1+t^2}{1-t^2} - 1\right)\left(\frac{1-t^2}{2t} + \frac{1+t^2}{2t} - 1\right) = $$

$$\frac{2t}{1-t} \cdot \frac{1-t}{t} = 2$$

例 22 解方程 $\sqrt{3} \sin x + \cos x = 1$.

解 令 $t = \tan \dfrac{x}{2}$，则原方程变为

$$\sqrt{3}\,\dfrac{2t}{1+t^2} + \dfrac{1-t^2}{1+t^2} = 1$$

即

$$\dfrac{2\sqrt{3}\,t - 2t^2}{1+t^2} = 0$$

因 $1 + t^2 \neq 0$ 有 $\sqrt{3}\,t - t^2 = 0$

解得

$$t_1 = 0, \quad t_2 = \sqrt{3}$$

由 $t_1 = 0$，得 $\tan \dfrac{x}{2} = 0$，有 $x_1 = 2k\pi$（k 是整数）；

由 $t_2 = \sqrt{3}$，得 $\tan \dfrac{x}{2} = \sqrt{3}$，有 $x_2 = 2k\pi + \dfrac{2\pi}{3}$（$k$ 是整数）.

检验后知原方程的解为 $x = 2k\pi$ 或 $x = 2k\pi + \dfrac{2\pi}{3}$（$k$ 是整数）.

注 利用万能公式解方程时，因 $x = (2n+1)\pi$ 无意义，因而应注意可能失去形如 $x = (2n+1)\pi$ 这类的解，须通过检验把失根找回.

例 23 解不等式 $\dfrac{\sqrt{\sin x}}{1 + \cos x} > 1$ $(0 < x < \pi)$.

解 由万能公式原不等式可化为

$$\sqrt{\dfrac{2t}{1+t^2}} \Big/ \left(1 + \dfrac{1-t^2}{1+t^2}\right) > 1$$

即

$$\sqrt{2t(1+t^2)} > 2$$

有

第6章 等(公)式、不等式在解题中的应用

$$t(1+t^2) > 2$$

即

$$(t-1)(t^2+t+2) > 2$$

由

$$t^2 + t + 2 = (t+1/2)^2 + 7/4 > 0$$

故 $t-1 > 0$ 即 $t > 1$

因而 $\tan\dfrac{x}{2} > 1$ 有 $\dfrac{\pi}{2} < x < \pi$

利用万能公式有时还可以解某些代数问题(即前述问题的反问题).

例24 解不等式 $\dfrac{x}{\sqrt{1+x^2}} + \dfrac{1-x^2}{1+x^2} > 0$.

解 令 $x = \tan\alpha(|\alpha| < \pi/2)$,由万能公式不等式化为

$$\sin\alpha + \cos 2\alpha > 0$$

即

$$\sin\alpha + 1 - 2\sin^2\alpha > 0$$

或

$$(2\sin\alpha + 1)(\sin\alpha - 1) < 0$$

解得

$$-\dfrac{1}{2} < \sin\alpha < 1$$

进而解得

$$-\dfrac{\pi}{6} < \alpha < \dfrac{\pi}{2}$$

故

$$x = \tan\alpha > \sqrt{3}/3$$

万能公式在求不定积分中应用很广(前文已叙,在微积分学中此变换也称为欧拉变换),今举一例说

明.

例 25 求 $I = \int \dfrac{dx}{\sqrt{1+\sin x}}$.

解 令 $t = \tan \dfrac{x}{2}$，则有（注意到 $dx = \dfrac{2}{1+t^2}dt$）

$$I = \int \dfrac{2dt}{(1+t)\sqrt{1+t^2}} =$$

$$\int \dfrac{2\sec^2 u\, du}{(1+\tan u)\sec u} =$$

$$\int \dfrac{\sqrt{2}\,du}{\sin(u+\pi/4)} =$$

$$\sqrt{2}\ln|\csc(u+\pi/4) - \cot(u+\pi/4)| + C$$

注 一般地对三角函数有理式的积分

$$I = \int R(\sin x, \cos x)\,dx$$

均可令 $\tan \dfrac{x}{2} = t$，则 $I = \int R\left(\dfrac{2t}{1+t^2}, \dfrac{1-t^2}{1+t^2}\right)\dfrac{2}{1+t^2}dt$ 而化为有理函数积分.

2. 在证明中的应用

例 26 若 $a\sin x + b\cos x = 0, A\sin 2x + B\cos 2x = C (a, b$ 不全为零$)$，则

$$2abA + (b^2 - a^2)B + (a^2 + b^2)C = 0$$

证 若 $a \neq 0$，则由题设有 $\tan x = -b/a$. 再由万能公式有

$$\sin 2x = -\dfrac{2ab}{a^2+b^2}, \quad \cos 2x = \dfrac{a^2-b^2}{a^2+b^2}$$

将它们代入 $A\sin 2x + B\cos 2x = C$，有

$$-\dfrac{2abA}{a^2+b^2} + \dfrac{B(a^2-b^2)}{a^2+b^2} = C$$

即

第6章 等(公)式、不等式在解题中的应用

$$2abA + (b^2 - a^2)B + (a^2 + b^2)C = 0$$

若 $a = 0$,则 $b \neq 0$,由 $a\sin x + b\cos x = 0$ 知 $\cos x = 0$,由此有

$$\sin 2x = 0, \quad \cos 2x = -1$$

将之代入题设式中有 $B = -C$ 也可证得结论(注意 $a = 0, b \neq 0$).

下面的例子是属于代数方面的.

例27 设 $a + b + c = abc$,试证 $a(1 - b^2)(1 - c^2) + b(1 - a^2)(1 - c^2) + c(1 - a^2)(1 - b^2) = 4abc$.

证 由设可令 $a = \tan A, b = \tan B, c = \tan C$,且 $A + B + C = \pi$.

由

$$\cot 2A \cot 2B + \cot 2B \cot 2C + \cot 2C \cot 2A = 1$$

故

$$\frac{1 - \tan^2 A}{2\tan A} \cdot \frac{1 - \tan^2 B}{2\tan B} + \frac{1 - \tan^2 B}{2\tan B} \cdot \frac{1 - \tan^2 C}{2\tan C} + \frac{1 - \tan^2 C}{2\tan C} \cdot \frac{1 - \tan^2 A}{2\tan A} = 1$$

即

$$\frac{1 - a^2}{2a} \cdot \frac{1 - b^2}{2b} + \frac{1 - b^2}{2b} \cdot \frac{1 - c^2}{2c} + \frac{1 - c^2}{2c} \cdot \frac{1 - a^2}{2a} = 1$$

两边同乘 $4abc$ 即有

$$a(1 - b^2)(1 - c^2) + b(1 - c^2)(1 - a^2) + c(1 - a^2)(1 - b^2) = 4abc$$

我们再来看看关于不等式证明的例子.

例28 试证 $\cot \dfrac{\theta}{2} > 1 + \cot \theta$. 其中 $0 < \theta < \dfrac{\pi}{2}$.

证 令 $\tan\dfrac{\theta}{2} = t$,当 $0 < \theta < \dfrac{\pi}{2}$ 时,则 $0 < t < 1$.
用万能公式,题设不等式化为

$$\dfrac{1}{t} > 1 + 1 \Big/ \left(\dfrac{2t}{1 - t^2}\right)$$

即

$$\dfrac{1}{t} > \dfrac{1 + 2t - t^2}{2t}$$

由 $t > 0$,故只须证 $1 + 2t - t^2 < 2$ 即可. 由 $(1 - t)^2 > 0$,结论显然成立.

例 29 试证 $2\sin 2\theta \leqslant \cot\dfrac{\theta}{2}$,其中 $0 < \theta < \pi$.

证 令 $\tan\dfrac{\theta}{2} = t$,当 $0 < \theta < \pi$ 时,则 $0 < t < +\infty$. 由万能公式所证不等式化为

$$\dfrac{8t(1 - t^2)}{(1 + t^2)^2} \leqslant \dfrac{1}{t}$$

由 $t > 0$,故只须证

$$8t^2(1 - t^2) \leqslant (1 + t^2)^2$$

即

$$9t^4 - 6t^2 + 1 \geqslant 0$$

注意到 $(3t^2 - 1)^2 \geqslant 0$ 即可.

最后我们看一个综合题.

例 30 在 $\triangle ABC$ 中,$\cos 2A = \dfrac{(d - a)(b - c)}{(d + a)(b + c)}$,$\cos 2B = \dfrac{(d - b)(c - a)}{(d + b)(c + a)}$,$\cos 2C = \dfrac{(d - c)(a - b)}{(d + c)(a + b)}$. 则 $|\tan A + \tan B + \tan C| = 1$.

证 令 $\tan A = t$,则由题设及万能公式有

第6章 等(公)式、不等式在解题中的应用

$$\cos 2A = \frac{1-t^2}{1+t^2} = \frac{(d-a)(b-c)}{(d+a)(b+c)}$$

用合分比定理可解得

$$\tan^2 A = t^2 = \frac{ab+cd}{ac+bd}$$

同理可得

$$\tan^2 B = \frac{ad+bc}{ab+cd}, \quad \tan^2 C = \frac{ac+bd}{ad+bc}$$

这样可有

$$\tan^2 A \tan^2 B \tan^2 C = \frac{ab+cd}{ac+bd} \cdot \frac{ad+bc}{ab+cd} \cdot \frac{ac+bd}{ad+bc} = 1$$

即

$$|\tan A \tan B \tan C| = 1$$

注意到

$$\tan A + \tan B + \tan C = \tan A \tan B \tan C$$

故

$$|\tan A + \tan B + \tan C| = 1$$

6.6 有关 1 的等式在解题中的应用

在三角或代数中,常常遇到与 1 有关的等式比如:

$1 = \tan \alpha \cot \alpha = \sin \alpha \csc \alpha = \cos \alpha \sec \alpha$

$1 = \sin^2 \alpha + \cos^2 \alpha = \sec^2 \alpha - \tan^2 \alpha = \csc^2 \alpha - \cot^2 \alpha$

$1 = \tan 45° = \cot 45° = \sin 90° = \cos 0°$;

$1 = \log_a b \cdot \log_b a$

$1 = \log_a a = a^0$

$1 = (\sqrt{a+1} + \sqrt{a})(\sqrt{a+1} - \sqrt{a}) \ (a \geq 0)$

$1 = C_n^0 = 0!$

$$1 = \cos 2k\pi + \mathrm{i}\sin 2k\pi (k \in \mathbf{Z})$$

$$1 = \omega^3 = \left(-\frac{1}{2} + \frac{\sqrt{3}}{2}\mathrm{i}\right)^3$$

⋮

巧妙地利用这些等式,常可有简捷、迅速的解题之效. 请看例子:

例31 求 $\log_{(\sqrt{3}-\sqrt{2})}(\sqrt{3} + \sqrt{2})$ 的值.

解 由 $(\sqrt{3} + \sqrt{2})(\sqrt{3} - \sqrt{2}) = 1$,故有

$$原式 = \log_{(\sqrt{3}-\sqrt{2})}(\sqrt{3} - \sqrt{2})^{-1} = -1$$

例32 若 $a\sqrt{1-b^2} + b\sqrt{1-a^2} = 1$,则 $a^2 + b^2 = 1$.

证 由题设知 $|a| \leqslant 1$,$|b| \leqslant 1$. 故可令 $a = \sin\alpha$,$b = \sin\beta(\alpha,\beta$ 为锐角). 则

$$式左 = \sin\alpha\sqrt{1-\sin^2\beta} + \sin\beta\sqrt{1-\sin^2\alpha} = \sin\alpha\cos\beta + \sin\beta\cos\alpha = \sin(\alpha + \beta)$$

即

$$\sin(\alpha + \beta) = 1$$

知

$$\alpha + \beta = \pi/2$$

故

$$a^2 + b^2 = \sin^2\alpha + \sin^2\beta = \sin^2\alpha + \cos^2\alpha = 1$$

例33 若 $a^2 + a + 1 = 0$,求 $a^{1984} + a^{2000} + 1$ 的值.

解 由设 $a^2 + a + 1 = 0$ 知 $a = \omega$ 或 ω^2.

若 $a = \omega$,$a^{1984} + a^{2000} + 1 = \omega + \omega^2 + 1 = 0$

若 $a = \omega^2$,$a^{1984} + a^{2000} + 1 = \omega^2 + \omega + 1 = 0$

例34 若二次方程 $(b-c)x^2 + (c-a)x + a -$

第6章 等(公)式、不等式在解题中的应用

$b = 0$ 有等根,则 a,b,c 成等差数列.

证 由 $(b - c) + (c - a) + (a - b) = 0$,知 1 是题设二次方程的根.

由韦达定理知其另一根为 $\dfrac{a - b}{b - c}$(显然 $b - c \neq 0$,因其为方程二次项系数).

又由题设两根相等,有 $\dfrac{a - b}{b - c} = 1$ 即 $a - b = b - c$.

例 35 试证 $\dfrac{1 + \sec \alpha + \tan \alpha}{1 + \sec \alpha - \tan \alpha} = \dfrac{1 + \sin \alpha}{\cos \alpha}$.

证 由三角函数性质及相应公式有

$$\text{式左} = \dfrac{\sec^2\alpha - \tan^2\alpha + \sec \alpha + \tan \alpha}{1 + \sec \alpha - \tan \alpha} =$$

$$\dfrac{(\sec \alpha + \tan \alpha)(1 + \sec \alpha - \tan \alpha)}{1 + \sec \alpha - \tan \alpha} =$$

$$\sec \alpha + \tan \alpha = \dfrac{1 + \sin \alpha}{\cos \alpha}$$

例 36 试证 $\dfrac{1 - \sin^6\alpha - \cos^6\alpha}{1 - \sin^4\alpha - \cos^4\alpha} = \dfrac{3}{2}$.

证 由三角函数性质及相应公式有

$$\text{式左} = \dfrac{(\sin^2\alpha + \cos^2\alpha)^3 - (\sin^6\alpha + \cos^6\alpha)}{(\sin^2\alpha + \cos^2\alpha)^2 - (\sin^4\alpha + \cos^4\alpha)} =$$

$$\dfrac{3\cos^4\alpha\sin^2\alpha + 3\sin^4\alpha\cos^2\alpha}{2\sin^2\alpha\cos^2\alpha} = \dfrac{3}{2}$$

例 37 若角 A, B 是 $\triangle ABC$ 的两个内角,又 $\tan A$, $\tan B$ 是方程 $x^2 + p(x + 1) + 1 = 0$ 的两个实根. 试证 $\triangle ABC$ 是钝角三角形.

证 由韦达定理及题设有

$$\begin{cases} \tan A + \tan B = -p \\ \tan A \tan B = p + 1 \end{cases}$$

若 C 为三角形另一个内角,则由
$$\tan(180° - C) = \tan(A + B) = -p/[1 - (p + 1)] = 1$$
故 $A + B = 45°$ 从而 $C = 135°$
即 $\triangle ABC$ 是钝角三角形.

不等式和等式一样在解题中很有用途,这方面的例子很多,对于一些常见的不等式的应用,这里不再赘述,我们仅就某些特殊不等式的用途稍加阐述.

6.7 $\sum_{i=1}^{n} \dfrac{a_i}{b_i} \geq n \sum_{i=1}^{n} a_i \Big/ \sum_{i=1}^{n} b_i$ 的应用

我们用数学归纳法不难证明下面的不等式:
若 $a_1 \geq a_2 \geq \cdots \geq a_n > 0$,且 $b_n \geq b_{n-1} \geq \cdots \geq b_1 > 0$,则 $\sum_{i=1}^{n} \dfrac{a_i}{b_i} \geq n \sum_{i=1}^{n} a_i \Big/ \sum_{i=1}^{n} b_i$.

这个不等式在证明某些问题中很为有用,请看:

例 38 设 a, b, c 均为正数,则 $\dfrac{b + c - a}{a} + \dfrac{c + a - b}{b} + \dfrac{a + b - c}{c} \geq 3$.

证 不妨设 $0 < a \leq b \leq c$,又题设不等式可化为不等式
$$\dfrac{b + c}{a} + \dfrac{c + a}{b} + \dfrac{a + b}{c} \geq 6$$
因 $b + c \geq c + a \geq a + b > 0$,故由上面不等式有
$$\dfrac{b + c}{a} + \dfrac{c + a}{b} + \dfrac{a + b}{c} \geq 3 \cdot \dfrac{(b + c) + (c + a) + (a + b)}{a + b + c} = 6$$

第6章　等(公)式、不等式在解题中的应用

注 对于其他情况如 $0 < a \leqslant c \leqslant b$ 等,仍可仿上面办法处理. 只须注意到这时 $b+c \geqslant a+b \geqslant a+c > 0$ 即可(或由 a,b,c 对称性直接看出).

例39 若正数 $a+b+c=1$,则 $\dfrac{1}{a+b}+\dfrac{1}{a+c}+\dfrac{1}{b+c} \geqslant \dfrac{9}{2}$.

证 不妨设 $a \geqslant b \geqslant c$,则有 $a+b \geqslant a+c \geqslant b+c > 0$. 注意到 $a+b+c=1$.
故
$$\frac{1}{a+b}+\frac{1}{a+c}+\frac{1}{b+c} \geqslant$$
$$3 \cdot \frac{3}{(a+b)+(a+c)+(b+c)} = \frac{9}{2}$$

例40 试证 n 个正数的算术平均值不小于其调和平均值.

证 设 $x_1 \geqslant x_2 \geqslant \cdots \geqslant x_n > 0$,由前面不等式有
$$\frac{1}{x_1}+\frac{1}{x_2}+\cdots+\frac{1}{x_n} \geqslant n \cdot \frac{n}{x_1+x_2+\cdots+x_n}$$
即
$$n \Big/ \left(\frac{1}{x_1}+\frac{1}{x_2}+\cdots+\frac{1}{x_n}\right) \leqslant \frac{x_1+x_2+\cdots+x_n}{n}$$

6.8　不等式 $\sqrt{ab} \leqslant \dfrac{a+b}{2}$ 在解题中的应用

算术-几何平均值不等式 $\sqrt{ab} \leqslant \dfrac{a+b}{2}$ (*)用途甚广,这里不打算多谈,仅举几例说明.

数学解题的特殊方法

1. 在证明不等式上的应用

例 41　若 $a > 1, b > 1, c > 1$，则 $(1 + a)(1 + b)(a + c)(b + c) > 16abc$.

证　由题设及不等式(*)有
$$1 + a > 2\sqrt{a}$$
$$1 + b > 2\sqrt{b}$$
$$a + c > 2\sqrt{ac}$$
$$b + c > 2\sqrt{bc}$$

上面四式两边分别相乘即可证得题设.

例 42　试证不等式 $\dfrac{x^2 + 2}{\sqrt{x^2 + 1}} \geqslant 2$ $(x \in \mathbf{R})$.

证　注意下面式子的变形及不等式(*)有
$$\frac{x^2 + 2}{\sqrt{x^2 + 1}} = \frac{x^2 + 1 + 1}{\sqrt{x^2 + 1}} = \sqrt{x^2 + 1} + \frac{1}{\sqrt{x^2 + 1}} \geqslant 2$$

例 43　(1) 若 a, b, c 为任意实数，则 $a^2b^2 + b^2c^2 + c^2a^2 \geqslant abc(a + b + c)$；

(2) 若 a, b, c 为正实数，则 $\dfrac{1}{a} + \dfrac{1}{b} + \dfrac{1}{c} \leqslant \dfrac{a^3 + b^3 + c^3}{a^3 b^3 c^3}$；

(3) 若 a, b, c 为正实数，则 $\dfrac{b + c - a}{a} + \dfrac{a + c - b}{b} + \dfrac{a + b - c}{c} \geqslant 3$.

证　(1) 只须注意到
$$a^2b^2 + b^2c^2 \geqslant 2ab^2c$$
$$b^2c^2 + c^2a^2 \geqslant 2abc^2$$
$$c^2a^2 + a^2b^2 \geqslant 2a^2bc$$

第6章 等(公)式、不等式在解题中的应用

再将上面三式两边相加即可.

(2) 由 $\dfrac{a^6}{b^2c^2} + \dfrac{b^6}{c^2a^2} \geqslant \dfrac{2a^2b^2}{c^2}, \dfrac{b^6}{c^2a^2} + \dfrac{c^6}{a^2b^2} \geqslant \dfrac{2b^2c^2}{a^2},$

$\dfrac{c^6}{a^2b^2} + \dfrac{a^6}{b^2c^2} \geqslant \dfrac{2c^2a^2}{b^2}$,再由上结论可有

$$\dfrac{b^2c^2}{a^2} + \dfrac{c^2a^2}{b^2} + \dfrac{a^2b^2}{c^2} \geqslant a^2 + b^2 + c^2$$

而 $a^2 + b^2 + c^2 \geqslant bc + ca + ab$,再由上式可有

$$\dfrac{1}{a} + \dfrac{1}{b} + \dfrac{1}{c} \leqslant \dfrac{a^3 + b^3 + c^3}{a^3b^3c^3}$$

(3) 这个问题我们前文已证明过,这里给出另证.

只须注意到 $\dfrac{b}{a} + \dfrac{a}{b} \geqslant 2, \dfrac{a}{c} + \dfrac{c}{a} \geqslant 2, \dfrac{c}{b} + \dfrac{b}{c} \geqslant 2$

即可.

例 44 若 x, y, z 是正数,则 $x^3 + y^3 + z^3 \geqslant 3xyz$.

证 对于 x, y,若 $x \geqslant y$,则有
$$(x-y)(x^2-y^2) \geqslant 0$$
即
$$x^3 + y^3 \geqslant xy^2 + x^2y$$
同理
$$y^3 + z^3 \geqslant yz^2 + y^2z$$
$$z^3 + x^3 \geqslant zx^2 + z^2x$$

上三式两边分别相加有

$2(x^3 + y^3 + z^3) \geqslant x(y^2 + z^2) + y(z^2 + x^2) + z(x^2 + y^2) \geqslant x(2yz) + y(2zx) + z(2xy) = 6xyz$

故
$$x^3 + y^3 + z^3 \geqslant 3xyz$$

注 此不等式也可用前面的关于 $x^3 + y^3 + z^3 - 3xyz$ 的分

解式证得.

2. 在求极值上的应用

例 45 若 $a+b+c=1$,求 $a^2+b^2+c^2$ 的极小值.

解 由下面式子变形及前述不等式(*)有

$3(a^2+b^2+c^2)=(a^2+b^2+c^2)+(a^2+b^2)+(b^2+c^2)+(c^2+a^2) \geq a^2+b^2+c^2+2ab+2bc+2ca=(a+b+c)^2=1.$

故
$$a^2+b^2+c^2 \geq 1/3$$

即 $a^2+b^2+c^2$ 的极小值为 $1/3$.

例 46 若 $a_i > 0 (1 \leq i \leq n)$,且 $a_1 a_2 \cdots a_n = 1$,求 $\prod_{i=1}^{n}(1+a_i)$ 的极小值.

解 由 $1+a_i \geq 2\sqrt{a_i}$ $(i=1,2,\cdots,n)$

$$\prod_{i=1}^{n}(1+a_i) \geq 2^n \prod_{i=1}^{n} \sqrt{a_i} = 2^n \sqrt{a_1 a_2 \cdots a_n} = 2^n$$

故 $\prod_{i=1}^{n}(1+a_i)$ 的极小值为 2^n.

注 仅由 $f(x) \geq A(x \in D)$ 的结论,尚不能确定 A 为 $f(x)$ 在 D 的极小值,应指出存在 $x_0 \in D$ 使 $f(x_0) = A$,这个结论才为真. 以上两例中这一点是可以保证的.

3. 在解方程(组)上的应用

例 47 求方程 $(x^2+1)(y^2+2)(z^2+8) = 32xyz$ 的所有实数解.

解 由 $x^2+1 \geq 2x, y^2+2 \geq 2\sqrt{2}y, z^2+8 \geq 4\sqrt{2}z$(等号仅当 $x^2=1, y^2=2, z^2=8$ 时成立).

此三式两边相乘可有

$$(x^2+1)(y^2+2)(z^2+8) \geq 32xyz$$

第6章 等(公)式、不等式在解题中的应用

而等号当且仅当 $x^2=1, y^2=2, z^2=8$ 时成立.

故

$$x=\pm 1, \quad y=\pm\sqrt{2}, \quad z=\pm 2\sqrt{2}$$

又原方程式左大于 0,故 x,y,z 须全为正或一正两负,故原方程有实数解

$$(x,y,z)=(1,\sqrt{2},2\sqrt{2})$$

或

$$(1,-\sqrt{2},-2\sqrt{2})$$

或

$$(-1,-\sqrt{2},2\sqrt{2})$$

亦或

$$(-1,\sqrt{2},-2\sqrt{2})$$

例 48 解方程 $(2^{2x}+1)(2^{2y}+2)(2^{2z}+8)=2^{5+x+y+z}$.

解 由 $2^{2x}+1\geq 2\cdot 2^x, 2^{2y}+2\geq 2\sqrt{2}\cdot 2^y, 2^{2z}+8\geq 4\sqrt{2}\cdot 2^z$,将三式两边相乘有

$$(2^{2x}+1)(2^{2y}+2)(2^{2z}+8)\geq 2^{5+x+y+z}$$

当且仅当 $2^{2x}=1, 2^{2y}=2, 2^{2z}=8$ 时,等号成立.

故 $x=0, y=\dfrac{1}{2}, z=\dfrac{3}{2}$ 为原方程实根.

例 49 求方程组

$$\begin{cases} x_1+2/x_1=2x_2 \\ x_2+2/x_2=2x_3 \\ \vdots \\ x_{n-1}+2/x_{n-1}=2x_n \\ x_n+2/x_n=2x_1 \end{cases}$$

的全部实数解.

解 由方程组知 $x_k(k=1,2,\cdots,n)$ 均为正数或均为负数. 今不妨设其均为正数.

由 $\quad x_k + 2/x_k \geqslant 2\sqrt{2}\ (k=1,2,\cdots,n)$

再由题设方程式知 $2x_k \geqslant 2\sqrt{2}$ 即 $x_k \geqslant \sqrt{2}\ (k=1,2,\cdots,n)$.

将方程组所有方程两边相加有

$$\sum_{k=1}^{n} x_k = \sum_{k=1}^{n} \frac{2}{x_k}$$

再由 $x_k \geqslant \sqrt{2}$, 知当且仅当 $x_k = \sqrt{2}$ 时, 上面等式成立.

故方程组有解

$$x_k = \sqrt{2}\ \text{或}\ x_k = -\sqrt{2}\ (k=1,2,\cdots,n).$$

4. 在几何问题上的应用

例50 若 $\triangle ABC$ 三边 a,b,c 适合 $a^4 + b^4 + c^4 = a^2b^2 + b^2c^2 + c^2a^2$, 则 $\triangle ABC$ 是正三角形.

证 注意到 $a^4 + b^4 \geqslant 2a^2b^2, b^4 + c^4 \geqslant 2b^2c^2, c^4 + a^4 \geqslant 2a^2c^2$ 有

$$a^4 + b^4 + c^4 \geqslant a^2b^2 + b^2c^2 + c^2a^2$$

等号仅当 $a^2 = b^2 = c^2$ 即 $a = b = c$ 时成立. 故 $\triangle ABC$ 是等边三角形.

例51 若 S 为 $\triangle ABC$ 的面积, 则 $a^2 + b^2 + c^2 \geqslant 4\sqrt{3}S$.

证 令 $p = (a+b+c)/2$, 则由

$$\frac{p}{3} = \frac{(p-a)+(p-b)+(p-c)}{3} \geqslant \sqrt[3]{(p-a)(p-b)(p-c)}$$

有

第6章 等(公)式、不等式在解题中的应用

$$p^3 \geqslant 27(p-a)(p-b)(p-c)$$

故

$$p^2 \geqslant 3\sqrt{3}\sqrt{p(p-a)(p-b)(p-c)} = 3\sqrt{3}S$$

有

$$(2p)^2/3 \geqslant 4\sqrt{3}S$$

由 $a^2+b^2+c^2 \geqslant (a+b+c)^2/3$，问题得证.

下面我们看看某些不等式在三角上的应用.

6.9 $x^2+y^2+z^2 \geqslant 2xy\cos C + 2yz\cos A + 2zx\cos B$ 的应用

下面是一则重要的不等式命题，它在解决不少问题中有用.

命题 若 x,y,z 为任意实数，又 A,B,C 为 $\triangle ABC$ 的三个内角，则

$$x^2+y^2+z^2 \geqslant 2xy\cos C + 2yz\cos A + 2zx\cos B$$

(*)

式中等号仅当 $x:y:z = \sin A:\sin B:\sin C$ 时成立.

这只须注意到 $x^2+y^2+z^2-(2xy\cos C+2yz\cos A+2zx\cos B)=(x-y\cos C-z\cos B)^2+(y\sin C-z\sin B)^2 \geqslant 0$ 即可.

等号仅当 $x-y\cos C-z\cos B=0$ 及 $y\sin C-z\sin B=0$，即 $x:y:z=\sin A:\sin B:\sin C$ 时成立.

下面来看看这个不等式的应用.

例52 若 $A+B+C=\pi$，则：

(1) $\sin\dfrac{A}{2}\sin\dfrac{B}{2}\sin\dfrac{C}{2} \leqslant \dfrac{1}{8}$；

(2) $\cos A\cos B\cos C \leqslant \dfrac{1}{8}$.

且等号仅当 $A = B = C = \pi/3$ 时成立.

证 （1）这个问题前文我们已经证明过，这里再给出一种证法. 在不等式（*）中令 $x = y = z = 1$ 则有

$$2(\cos A + \cos B + \cos C) \leqslant 3$$

由

$$\cos A + \cos B + \cos C = 1 + 4\sin\frac{A}{2}\sin\frac{B}{2}\sin\frac{C}{2}$$

故

$$\sin\frac{A}{2}\sin\frac{B}{2}\sin\frac{C}{2} \leqslant \frac{1}{8}$$

且等号仅当 $\sin A = \sin B = \sin C$，即 $A = B = C = \pi/3$ 时成立.

（2）在不等式（*）中令 $x = \cos A, y = \cos B, z = \cos C$，则有

$$\cos^2 A + \cos^2 B + \cos^2 C \geqslant 6\cos A\cos B\cos C$$

即

$$1 - 2\cos A\cos B\cos C \geqslant 6\cos A\cos B\cos C$$

故

$$\cos A\cos B\cos C \leqslant \frac{1}{8}$$

且等号仅当 $\cos A : \cos B : \cos C = \sin A : \sin B : \sin C$ 时成立，即当 $A = B = C = \pi/3$ 时成立.

例53 在锐角 $\triangle ABC$ 中，

(1) $\tan^2 A + \tan^2 B + \tan^2 C \geqslant 9$；

(2) $\tan^2\frac{A}{2} + \tan^2\frac{B}{2} + \tan^2\frac{C}{2} \geqslant 1$.

等号仅当 $\triangle ABC$ 为正三角形时成立.

证 （1）由不等式（*）显然有

$$x^2y^2 + y^2z^2 + z^2x^2 \geqslant$$
$$2xyz(x\cos A + y\cos B + z\cos C)$$

若 x,y,z 均为正数则有

$$\frac{xy}{z} + \frac{yz}{x} + \frac{zx}{y} \geqslant 2(x\cos A + y\cos B + z\cos C)$$

在上式中令 $x = \cos A, y = \cos B, z = \cos C$ 有

$$\frac{\cos A\cos B}{\cos C} + \frac{\cos B\cos C}{\cos A} + \frac{\cos C\cos A}{\cos B} \geqslant$$
$$2(\cos^2 A + \cos^2 B + \cos^2 C) \qquad ①$$

注意到不等式 $\cos^2 A + \cos^2 B + \cos^2 C \geqslant 3(\cos^2 A\cos^2 B\cos^2 C)^{2/3}$, 及 $\cos A\cos B\cos C \leqslant 1/8$, 有

① 式左 $\geqslant 12\cos A\cos B\cos C$

上式两边同除以 $\cos A\cos B\cos C$ 得

$$\sec^2 A + \sec^2 B + \sec^2 C \geqslant 12$$

故

$$\tan^2 A + \tan^2 B + \tan^2 C \geqslant 9$$

(2) 仿结论(1)可证得

$$\frac{xy}{z} + \frac{yz}{x} + \frac{zx}{y} \geqslant 2(x\sin\frac{A}{2} + y\sin\frac{B}{2} + z\sin\frac{C}{2})$$

再令 $x = \cos\frac{A}{2}, y = \cos\frac{B}{2}, z = \cos\frac{C}{2}$ 即可证得.

我们再看看某些不等式在几何上的应用.

6.10 切比雪夫不等式在几何上应用

所谓切比雪夫不等式是指下面两个不等式:

若实数组 $\{x_i\}, \{y_i\} (i = 1,2,\cdots,n)$ 满足 $x_1 \leqslant x_2 \leqslant \cdots \leqslant x_n, y_1 \leqslant y_2 \leqslant \cdots \leqslant y_n$, 则

$$\frac{1}{n}\sum_{i=1}^{n}x_iy_i \geqslant \left(\frac{1}{n}\sum_{i=1}^{n}x_i\right)\left(\frac{1}{n}\sum_{i=1}^{n}y_i\right) \quad (*)$$

若 $x_1 \leqslant x_2 \leqslant \cdots \leqslant x_n$,而 $y_1 \geqslant y_2 \geqslant \cdots \geqslant y_n$,则

$$\frac{1}{n}\sum_{i=1}^{n}x_iy_i \leqslant \left(\frac{1}{n}\sum_{i=1}^{n}x_i\right)\left(\frac{1}{n}\sum_{i=1}^{n}y_i\right) \quad (**)$$

下面我们来看看这个不等式在几何上的应用.

例54 如图 6.1,锐角 $\triangle ABC$ 的三条高 AD,BE,CF 交于 H,r 为 $\triangle ABC$ 内切圆半径,则 $HD + HE + HF \leqslant 3r$.

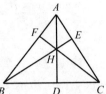

图 6.1

证 若 $\triangle ABC$ 三边满足 $a \geqslant b \geqslant c$,我们不难证明

$$HD \geqslant HE \geqslant HF$$

由不等式(*)我们有

$$a \cdot HD + b \cdot HE + c \cdot HF \geqslant \frac{1}{3}(a+b+c)(HD+HE+HF)$$

但

$$a \cdot HD + b \cdot HE + c \cdot HF = 2S_{\triangle ABC} = r(a+b+c)$$

故

$$HD + HE + HF \leqslant 3r$$

注1 下面的命题显然是该命题的变形:

命题 P 为 $\triangle ABC$ 内一点,D,E,F 分别为 P 到 BC,CA,AB 各边所引垂线的垂足,若 P 为内心时,

$$\frac{BC}{PD} + \frac{CA}{PE} + \frac{AB}{PF}$$

最小.

利用不等式还可将此结论再行推广为:

第 6 章　等(公)式、不等式在解题中的应用

命题 1 P 为圆外切多边形 $A_1A_2\cdots A_n$ 内一点，$D_1,D_2,\cdots,D_n$ 分别为 P 到 $A_1A_2,A_2A_3,\cdots,A_nA_1$ 各边所引垂线的垂足，若 P 为该多边形内心时，

$$\frac{A_1A_2}{PD_1}+\frac{A_2A_3}{PD_2}+\cdots+\frac{A_nA_1}{PD_n}$$

最小；

命题 2 P 为内切于一球的多面体内一点，$D_1,D_2,\cdots,D_n$ 分别为 P 到多面体的各面 $S_1,S_2,\cdots,S_n$ 所引垂线的垂足，若 P 为该多面体内切球球心时，

$$\frac{S_1}{PD_1}+\frac{S_2}{PD_2}+\cdots+\frac{S_n}{PD_n}$$

最小，这里 $S_1,S_2,\cdots,S_n$ 表示多面体相应面的面积.

注 2　该命题还可用不等式

$$\left(\sum_{k=1}^{n}a_k^2\right)\left(\sum_{k=1}^{n}b_k^2\right)\geqslant \sum_{k=1}^{n}a_kb_k$$

去证.

例 55　$\triangle ABC$ 的三边 a,b,c 上的高分别是 h_a,h_b,h_c；S,r 分别为 $\triangle ABC$ 面积和内切圆半径. 试证：(1) $h_a+h_b+h_c\geqslant 9r$；(2) $a+b+c\geqslant 2\sqrt{3\sqrt{3}S}$.

证　(1) 由不等式 $\sin A+\sin B+\sin C\leqslant \dfrac{3\sqrt{3}}{2}$ 我们有

$$\sin A\sin B+\sin B\sin C+\sin C\sin A\leqslant$$

$$\frac{1}{3}(\sin A+\sin B+\sin C)^2\leqslant$$

$$\frac{\sqrt{3}}{2}(\sin A+\sin B+\sin C)$$

上不等式两边同乘 $2R$（这里 R 为 $\triangle ABC$ 外接圆半径），再由正弦定理有

数学解题的特殊方法

$$h_a + h_b + h_c \leq \frac{\sqrt{3}}{2}(a+b+c) \qquad ①$$

若设 $a \geq b \geq c$,则 $h_a \leq h_b \leq h_c$,由不等式(**)有

$$3(ah_a + bh_b + ch_c) \leq (a+b+c)(h_a + h_b + h_c)$$

注意到 $S = \frac{1}{2}ah_a = \frac{1}{2}ah_b = \frac{1}{2}ah_c = \frac{1}{2}(a+b+c)r$ 等,有

$$18S \leq (a+b+c)(h_a + h_b + h_c) \qquad ②$$

且

$$9r \leq (h_a + h_b + h_c)$$

(2) 注意到不等式①,②便有

$$18S \leq \frac{\sqrt{3}}{2}(a+b+c)^2$$

即

$$a+b+c \geq 2\sqrt{3\sqrt{3}S}$$

例 56 $\triangle ABC$ 的内切圆分别切三边于 D,E,F,若 a,b,c 及 a',b',c' 分别表示 $\triangle ABC$ 及 $\triangle DEF$ 的三边长,则 $aa' + bb' + cc' \leq (ab+bc+ca)/4$.

证 容易求得 $\triangle DEF$ 的三边长分别为

$$2r\cos\frac{A}{2}, 2r\cos\frac{B}{2} \text{ 和 } 2r\cos\frac{C}{2}$$

(r 为 $\triangle ABC$ 内切圆半径),于是

$$aa' + bb' + cc' = 4r^2(\cos\frac{A}{2}\cos\frac{B}{2} + \cos\frac{B}{2}\cos\frac{C}{2} + \cos\frac{C}{2}\cos\frac{A}{2}) =$$

$$4 \cdot 16R^2\sin^2\frac{A}{2}\sin^2\frac{B}{2}\sin^2\frac{C}{2}$$

第6章 等(公)式、不等式在解题中的应用

$$(\cos\frac{A}{2}\cos\frac{B}{2} + \cos\frac{B}{2}\cos\frac{C}{2} + \cos\frac{C}{2}\cos\frac{A}{2}) =$$

$$16R^2\sin\frac{A}{2}\sin\frac{B}{2}\sin\frac{C}{2}$$

$$(\sin A\sin B\sin\frac{C}{2} + \sin B\sin C\sin\frac{A}{2} + \sin C\sin A\sin\frac{B}{2})$$

若设 $a \geqslant b \geqslant c$，则 $\sin A\sin B \geqslant \sin C\sin A \geqslant \sin B\sin C$，且 $\sin\frac{C}{2} \leqslant \sin\frac{B}{2} \leqslant \sin\frac{A}{2}$。

由不等式(**)我们有

$$\sin A\sin B\sin\frac{C}{2} + \sin B\sin C\sin\frac{A}{2} + \sin C\sin A\sin\frac{B}{2} \leqslant \frac{1}{3}(\sin A\sin B + \sin B\sin C + \sin C\sin A)(\sin\frac{A}{2} + \sin\frac{B}{2} + \sin\frac{C}{2})$$

又由不等式

$$\sin\frac{A}{2}\sin\frac{B}{2}\sin\frac{C}{2} \leqslant \frac{1}{8}$$

及

$$\sin\frac{A}{2} + \sin\frac{B}{2} + \sin\frac{C}{2} \leqslant \frac{3}{2}$$

故

$$aa' + bb' + cc' \leqslant R^2(\sin A\sin B + \sin B\sin C + \sin C\sin A) = (ab + bc + ca)/4$$

数学解题的特殊方法

习 题

1. (1) 化简 $\dfrac{(b^2-c^2)^3+(c^2-a^2)^3+(a^2-b^2)^3}{(b-c)^3+(c-a)^3+(a-b)^3}$.

(2) 若 $x^2+x^{-2}=4$,求 x^6+x^{-6} 的值.

[提示:利用 $x^3+y^3+z^3-3xyz$ 的等式.]

2. 若 $f(x)=\sum\limits_{k=0}^{n}a_k x^k$,又 $a_n,a_0,f(1)$ 均为奇数,则 $f(x)=0$ 无有理根.

3. 求下列多项式的有理根:

(1) $24x^4-42x^3-77x^2+56x+60$;

(2) $x^5-2x^4-4x^3+4x^2-5x+6$.

4. 解下列方程:

(1) $\sin x-\cos x=1$;

(2) $\sin x+\tan x+\sec x-\cos x=0$.

5. 解下列不等式:

(1) $\dfrac{x}{\sqrt{1+x^2}}+\dfrac{1-x^2}{1+x^2}>0$;

(2) $\tan\dfrac{x}{2}>\dfrac{\tan x-2}{\tan x+2}$.

[提示:(1) 令 $x=\tan\theta$;(2) 令 $t=\tan(x/2)$.]

6. 求下列函数的值域:

(1) $y=\dfrac{5\sin x+2}{5\sin x-2}$;

(2) $y=\dfrac{\sin x+\tan x}{\cos x+\cot x}$.

[提示:(1),(2) 令 $t=\tan(x/2)$.]

7. (1) 若 a,b,c 均为正数,则

$$\dfrac{a}{b+c}+\dfrac{b}{c+a}+\dfrac{c}{a+b}\geq\dfrac{3}{2}$$

(2) 若正数 $a+b+c+d=1$,则 $\dfrac{1}{a+b}+\dfrac{1}{a+c}+\dfrac{1}{a+d}+$

第6章 等(公)式、不等式在解题中的应用

$\dfrac{1}{b+c} + \dfrac{1}{b+d} + \dfrac{1}{c+d} \geqslant 12.$

8. A, B, C 为非钝角 $\triangle ABC$ 的三内角, a, b, c 为其三边长, R 为其外接圆半径, 则 $3(a+b+c) \leqslant \pi(\dfrac{a}{A} + \dfrac{b}{B} + \dfrac{c}{C}) \leqslant 9\sqrt{3}R.$

[提示:用切比雪夫不等式.]

9. 若 $A + B + C = \pi$, 则: (1) $\cot^2 A + \cot^2 B + \cot^2 C \geqslant 1$;
(2) $\cot^2 \dfrac{A}{2} + \cot^2 \dfrac{B}{2} + \cot^2 \dfrac{C}{2} \geqslant 9.$

10. 若 AD, BE, CF 为锐角 $\triangle ABC$ 的三条高, H 为垂心, 则:

(1) $\dfrac{DH}{HA} + \dfrac{EH}{HB} + \dfrac{FH}{HC} \geqslant \dfrac{3}{2}$;

(2) $\dfrac{AH}{HD} + \dfrac{BH}{HE} + \dfrac{CH}{HF} \geqslant 6.$

11. I 为 $\triangle ABC$ 的内心, AI, BI, CI 的延长线分别交 $\triangle ABC$ 的外接圆于 P, M, N. 试证:

(1) $\dfrac{AI}{IP} + \dfrac{BI}{IM} + \dfrac{CI}{IN} \geqslant 3$;

(2) $\dfrac{PI}{IA} + \dfrac{MI}{IB} + \dfrac{NI}{IC} \geqslant 3.$

12. 若 $a > 0$, 则 $1 + a^2 + a^4 + a^6 \geqslant 4a^3.$

13. 若 $a, b, c > 1$, 则 $\log_a b + \log_b c + \log_c a \geqslant 3.$

14. 解方程组(求实数解):

(1) $\begin{cases} x = 2z^2/(1+z^2) \\ y = 2x^2/(1+x^2) \\ z = 2y^2/(1+y^2) \end{cases}$

(2) $\begin{cases} \tan x + \dfrac{1}{\tan x} = 2\sin(y + \dfrac{\pi}{4}) \\ \tan y + \dfrac{1}{\tan y} = 2\sin(x + \dfrac{\pi}{4}) \end{cases}$

高等数学在解初等问题中的应用

第 7 章

自笛卡儿发明了解析几何、牛顿和莱布尼茨发明了微积分之后,变量概念进入了数学,使数学面貌发生很大变化——为区别传统的几何、代数观念,高等数学应运而生了.

随着科学技术的发展,高等数学发展很快,新的分支、新的科学不断出现.而高等数学的范畴也在不断扩大.然而中学教材中出现的仅仅是解析几何(平面)、微积分初步和概率论基础等.

高等数学的介绍,为我们解决某些初等数学问题提供了新的手段和方法.高等数学不仅可使我们居高临下地去观察初等问题,以确定解题思路,有时它还

第7章 高等数学在解初等问题中的应用

能帮助我们剖析某些问题的实质(相反地,某些初等问题正是借助高等数学的思想去拟造的).

7.1 微积分在证解题中的应用

微积分是高等数学的一个重要内容,利用它的知识可以解决许多初等问题.

1. 证明等式

利用导数处理某些三角的问题是方便的、有效的.比如由 $\sin 2\alpha = 2\sin\alpha\cos\alpha$ 两边对 α 求导可得出 $\cos 2\alpha = \cos^2\alpha \sin^2\alpha$ 的结论;同样对 $\cos 3\alpha = 4\cos^3\alpha - 3\cos\alpha$ 两边对 α 求导可得出 $\sin 3\alpha = 3\sin\alpha - 4\sin^3\alpha$ 的式子. 这在记忆三角函数公式上带来很大方便. 下面来看例子.

例1 试证 $\sin^{-1}x + \cos^{-1}x = \pi/2, x \in [-1,1]$.

这里 $\sin^{-1}x, \cos^{-1}x$ 分别表示 $\sin x$ 和 $\cos x$ 的反函数.

证 令 $f(x) = \sin^{-1}x + \cos^{-1}x, x \in (-1,1)$

则由 $f'(x) = \dfrac{1}{\sqrt{1-x^2}} - \dfrac{1}{\sqrt{1-x^2}} = 0$,知 $f(x) = C$(常数).

令 $x = 0$ 得 $f(0) = \dfrac{\pi}{2}$,故 $f(x) \equiv \dfrac{\pi}{2}, x \in (-1,1)$

又 $x = \pm 1$ 时,直接验证知结论成立.

综上,$\sin^{-1}x + \cos^{-1}x = \dfrac{\pi}{2}, x \in [-1,1]$.

下面的例子是代数方面的.

例2 试证 $\sum_{k=1}^{n} kC_n^k = n \cdot 2^{n-1}$.

证 由二项式定理 $(x+1)^n = \sum_{k=0}^{n} C_n^k x^k$.

上式两边对 x 求导有

$$n(x+1)^{n-1} = \sum_{k=1}^{n} kC_n^k x^{k-1} \qquad ①$$

在式①中令 $x = 1$,则有

$$\sum_{k=1}^{n} kC_n^k = n \cdot 2^{n-1}$$

注 若令 $x = -1$ 代入式① 有 $\sum_{k=1}^{n}(-1)^{k-1}kC_n^k = 0$ $(n \geq 2)$.

此处还可以令 x 为其他值,可导出相应的组合等式.

再者仍可将式①两边对 x 继续求导,之后再用特殊值代入式中 x,也可得到一批组合式子.

例3 试证 $\sum_{k=1}^{n} kx^k = \dfrac{x[nx^{n+1} - (n+1)x^n + 1]}{(x-1)^2}$,

这里 $x \neq 1$.

证 由 $\sum_{k=0}^{n} x^k = \dfrac{1 + x^{n+1}}{1 - x}$,两边对 x 求导有

$$\sum_{k=1}^{n} kx^{k-1} = \dfrac{[nx^{n+1} - (n+1)x^n + 1]}{(x-1)^2} \quad (x \neq 1)$$

上式两边再乘以 x 即为所求证等式.

下面的两个例子是属于三角方面的.

例4 若 $a > 0, b > 0$,且 $\dfrac{\sin^4\alpha}{a} + \dfrac{\cos^4\alpha}{b} = \dfrac{1}{a+b}$,试证 $\dfrac{\sin^8\alpha}{a^3} + \dfrac{\cos^8\alpha}{b^3} = \dfrac{1}{(a+b)^3}$.

证 由设 $\dfrac{\sin^4\alpha}{a} + \dfrac{\cos^4\alpha}{b} = \dfrac{1}{a+b}$,两边对 α 求导有

第7章　高等数学在解初等问题中的应用

$$\frac{4\sin^3\alpha\cos\alpha}{a} + \frac{4\cos^3\alpha(-\sin\alpha)}{b} = 0$$

即

$$4\sin\alpha\cos\alpha\left(\frac{\sin^2\alpha}{a} - \frac{\cos^2\alpha}{b}\right) = 0$$

则有 $\sin\alpha = 0$ 或 $\cos\alpha = 0$ 或 $\frac{\sin^2\alpha}{a} - \frac{\cos^2\alpha}{b} = 0$ （ * ）

于是 $\alpha = k\pi$ 或 $k\pi + \frac{\pi}{2}$（k 是整数）或 $\sin^2\alpha = \frac{a}{a+b}$.

然而由设 $a > 0, b > 0, \alpha = k\pi$ 或 $k\pi + \frac{\pi}{2}$（k 是整数）代入题设式

$$\frac{\sin^4\alpha}{a} + \frac{\cos^4\alpha}{b} = \frac{1}{a+b}$$

将有 $\frac{1}{a} = \frac{1}{a+b}$ 或 $\frac{1}{b} = \frac{1}{a+b}$，即 $a = 0$ 或 $b = 0$ 不可能，

从而只有 $\sin^2\alpha = \frac{a}{a+b}$，将之代入式

$$\frac{\sin^8\alpha}{a^3} + \frac{\cos^8\alpha}{b^3}$$

即得 $\frac{1}{(a+b)^3}$，从而命题得证.

注　若直接从题设式中导出 $\sin^2\alpha$ 则稍繁.

例5　求所有实数对 (a,b) 的集合，使对于任意实数 x，下列等式恒成立：

$$a\cos x - \cos(ax + b^2) = a - 1 - b^2$$

解　设 $f(x) = a\cos x - \cos(ax + b^2)$，显然只须求使 $f(x) = a - 1 - b^2$ 成立的 a,b.

又对 x 来讲,$a-1-b^2$ 为常数,故 $f'(x)=0$,即
$$f'(x) = -a\sin x + a\sin(ax+b^2) =$$
$$2a\sin\frac{ax+b^2-x}{2}\cos\frac{ax+b^2+x}{2} = 0$$

于是应有下面三种情形:

(1) $a=0$. 则题设式子变为 $-\cos b^2 = -1 - b^2$
即 $\cos b^2 = 1 + b^2$,此式当且仅当 $b=0$ 时成立.
故 $(a,b) = (0,0)$.

(2) $\sin\dfrac{ax+b^2-x}{2} = 0$.

这时
$$(a-1)x + b^2 = 2k\pi \quad (k \in \mathbf{Z})$$
即 $(a-1)x = 2k\pi - b^2$,此式仅当 $a=1, b^2=2k\pi$
时才对所有实数 x 成立. 代入题设式有
$$\cos x - \cos(x+2k\pi) = -2k\pi$$
当且仅当 $k=0$,从而 $b=0$ 时成立.
故 $(a,b) = (1,0)$.

(3) $\cos\dfrac{ax+b^2+x}{2} = 0$.

这时
$$(a+1)x + b^2 = (2k+1)\pi \quad (k \in \mathbf{Z})$$
当且仅当 $a=-1, b^2=(2k+1)\pi$ 时,上式对一切实数 x 成立. 代入题设等式得
$$\cos x + \cos[(2k+1)\pi - x] = b^2 + 2$$
即 $b^2 + 2 = 0$,这样的 b 不存在.
综上,所求实数对集合为 $\{(0,0),(1,0)\}$.

2. 证明不等式

导数、微分、积分中值定理在证明不等式中功不可没. 这一点在微积分教程中有大量例子说明. 这里不打

算多谈. 仅举几例.

例6 若 $x > 0$, 则 $\dfrac{x}{1+x} < \ln(1+x) < x$.

证 令 $f(x) = \ln(1+x)$, 由 $f(x)$ 在 $[0, x]$ 上满足拉格朗日中值定理, 故有 ξ 使

$$f'(\xi) = \frac{f(x) - f(0)}{x - 0} \quad (0 < \xi < x)$$

即

$$\frac{1}{1+\xi} = \frac{\ln(1+x)}{x} \quad (0 < \xi < x)$$

由 $0 < \xi < x$ 知 $\dfrac{1}{1+x} < \dfrac{\ln(1+x)}{x} < 1$, 这只须注意到 $\dfrac{1}{1+x} < \dfrac{1}{1+\xi} < 1$ 即可.

注 这里运用了微分中值定理, 同时还须注意构造辅助函数(真正功夫在此).

例7 试证 $\log_a(a+b) > \log_{a+c}(a+b+c)$ 对所有 $a > 1$ 成立, 这里 $b > 0, c > 0$.

证 令 $f(x) = \log_x(x+b), x \in (1, +\infty)$

即

$$f(x) = \frac{\ln(x+b)}{\ln x} \quad (\text{由换底公式})$$

而

$$f'(x) = \left[\frac{\ln x}{x+b} - \frac{\ln(x+b)}{x}\right] / \ln^2 x$$

故 $f'(x) < 0 \Leftrightarrow \dfrac{\ln x}{x+b} - \dfrac{\ln(x+b)}{x} < 0 \Leftrightarrow x\ln x < (x+b)\ln(x+b)$.

注意到 $x > 1, b > 0$ 时, 有 $1 < x < x+b$, 且 $0 < \ln x < \ln(x+b)$, 故有 $x\ln x < (x+b)\ln(x+b)$.

此即说 $f(x)$ 在 $(1,+\infty)$ 内是减函数.

由 $c>0$,知 $a<a+c$,故 $f(a)>f(a+c)$
即
$$\log_a(a+b) > \log_{a+c}(a+b+c)$$

注 这里也遇到构造辅助函数的问题. 如何构造它们,这主要依据命题结论,当然也有一些技巧.

例8 若 $x>0$,则 $e^x \geq ex$,等号仅当 $x=1$ 时成立.

证 令 $f(x) = e^x - ex, x \in (0, +\infty)$

由 $f'(x) = e^x - e$,若令 $f'(x) = 0$ 有 $x=1$.

又 $f''(1) = e^x|_{x=1} = e > 0$,知 $x=1$ 时 $f(x)$ 有极小值 $f(1) = 0$.

从而 $f(x) \geq f(1) = 0$,即 $e^x \geq ex$.

注1 类似地我们可以证明不等式
$$1+x < e^x < \frac{1}{1-x} \quad (x<1, x \neq 0)$$

它与例7的对数不等式相对应.

注2 这里同样涉及构造辅助函数问题,同时还用到了函数极值性质.

例9 若 $f(x) = \sum_{k=1}^{n} a_k \sin kx$, a_k 是实数($k=1, 2, \cdots, n$). 又对所有实数 x 均有 $|f(x)| \leq |\sin x|$,则 $\left|\sum_{k=1}^{n} ka_k\right| \leq 1$.

证 由设有 $f'(x) = \sum_{k=1}^{n} a_k k \cos kx$

故
$$\left|\sum_{k=1}^{n} ka_k\right| = |f'(0)| =$$
$$\lim_{x \to 0}\left|\frac{f(x)-f(0)}{x}\right| (f(0)=0) =$$

第7章 高等数学在解初等问题中的应用

$$\lim_{x\to 0}\left|\frac{f(x)}{\sin x}\right|\left|\frac{\sin x}{x}\right| =$$

$$\lim_{x\to 0}\left|\frac{f(x)}{\sin x}\right|\lim_{x\to 0}\left|\frac{\sin x}{x}\right| =$$

$$\lim_{x\to 0}\left|\frac{f(x)}{\sin x}\right| \leqslant 1(因|f(x)|\leqslant|\sin x|)$$

注 这里只是用了导数的定义和它在某一点的值,此外用了重要极限 $\lim\limits_{x\to 0}\dfrac{\sin x}{x}=1$.

然而在计算过程中分子、分母同乘以 $\sin x$ 却是解本题的关键.

我们知道:若 $f''(x)\leqslant 0$,则称其为(向)上凸函数,容易证明,对于上凸函数有不等式

$$f(x_1)+f(x_2)+\cdots+f(x_n)\leqslant nf\left(\frac{x_1+x_2+\cdots+x_n}{n}\right) \quad (*)$$

且等号仅当 $x_1=x_2=\cdots=x_n$ 时成立.

若 $f''(x)\geqslant 0$,则式(*)不等号反向.

利用这一点,我们可以证明许多不等式. 请看:

例10 试证 $\prod\limits_{k=1}^{n}\sin x_k\leqslant\{\sin[(\sum\limits_{k=1}^{n}x_k)/n]\}^n$. 这里 $x_k\in(0,\pi),k=1,2,\cdots,n$.

证 取 $f(x)=\ln\sin x$,则 $f'(x)=\cos x/\sin x=\cot x$. $f''(x)=-\csc^2 x\leqslant 0$.

故

$$\sum_{k=1}^{n}(\ln\sin x_k)\leqslant n\ln\left[\sin\frac{1}{n}\left(\sum_{k=1}^{n}x_k\right)\right]$$

即

$$\prod_{k=1}^{n}\sin x_k\leqslant\left[\sin\left(\frac{1}{n}\sum_{k=1}^{n}x_k\right)\right]^n$$

注 特别地取 $n=3$,且令 $x_1+x_2+x_3=\pi/2$,则有

$$\sin x_1 \sin x_2 \sin x_3 \leq \left(\sin\frac{x_1+x_2+x_3}{3}\right)^n =$$
$$\left(\sin\frac{\pi}{6}\right)^3 = \frac{1}{8}$$

例11 试证 $\dfrac{1}{n}\sum\limits_{k=1}^{n} x_k \leq \sqrt{\dfrac{1}{n}\sum\limits_{k=1}^{n} x_k^2}$.

证 令 $f(x)=x^2$,由 $f'(x)=2x, f''(x)=2>0$,故由前面结论有

$$\sum_{k=1}^{n} x_k^2 \geq n\left[\left(\sum_{k=1}^{n} x_k\right)/n\right]^2$$

即

$$\left(\sum_{k=1}^{n} x_k\right)^2/n^2 \leq \frac{1}{n}\sum_{k=1}^{n} x_k^2$$

故

$$\frac{1}{n}\sum_{k=1}^{n} x_k \leq \sqrt{\frac{1}{n}\sum_{k=1}^{n} x_k^2}$$

上式等号仅当 $x_1=x_2=\cdots=x_n$ 时成立.

注1 此例中 x_k 没有非负等限制,故 x_k 可为任意实数.

注2 由上两例可知,利用函数凹凸性质证明不等式关键也在于构造辅助函数,关于这一点我们在"不等式证明方法"一节还要谈及.

注3 关于凸函数的不等式(∗)的证明,大致如:令 $a = \dfrac{1}{n}\sum\limits_{k=1}^{n} x_k$,由 $\min\{x_k\} \leq a \leq \max\{x_k\}$ $(k=1,2,\cdots,n)$,及泰勒(Taylor)展开公式

$$f(x_k) = f(a) + f'(a)(x_k-a) +$$
$$f''(\xi_k)\cdot(x_k-a)^2/2! \leq$$
$$f(a) + f'(a)(x_k-a) \quad (k=1,2,\cdots,n)$$

注意到 $f''(x) \leq 0$ 及 $\xi_k \in a$ 的邻域即可.

第 7 章　高等数学在解初等问题中的应用

故
$$\sum_{k=1}^{n} f(x_k) \leqslant nf(a) + f'(a)\sum_{k=1}^{n}(x_k - a)$$

注意到
$$\sum_{k=1}^{n}(x_k - a) = 0$$

及
$$a = \frac{1}{n}\sum_{k=1}^{n} x_k$$

故
$$\sum_{k=1}^{n} f(x_k) \leqslant nf\left(\frac{1}{n}\sum_{k=1}^{n} x_k\right)$$

利用它我们还可以证明：

(1) 若 $x_k \geqslant 0\ (k = 1,2,\cdots,n)$.

$$\left(\sum_{k=1}^{n} x_k\right)^{\alpha} \begin{cases} \leqslant \sum_{k=1}^{n} x_k^{\alpha}, 0 < \alpha < 1 \text{ 时} \\ \geqslant \sum_{k=1}^{n} x_k^{\alpha}, \alpha > 1 \text{ 时} \end{cases}$$

显然算术 – 几何平均值不等式只是其特例.

(2) $\sum_{k=1}^{n}(x_k - 1) \leqslant \prod_{k=1}^{n} x_k - 1.$

(3) $\sum_{k=1}^{n} \frac{x_k}{n} < \prod_{k=1}^{n} \frac{x_k}{n} + 1.$

下面的比较大小问题其实就是不等式问题的变形或另一种提法.

例 12　若 $0 < a < b$，试比较 a^b 与 b^a 大小.

解　设 $f(x) = x^{\frac{1}{x}}, g(x) = \ln f(x) = \frac{1}{x}\ln x.$

这样 $f(x)$ 与 $g(x)$ 有相同的单调性.

$g'(x) = \frac{1 - \ln x}{x^2}$，故当 $x < e$ 时，$g'(x) > 0, g(x)$

单增;$x > e$ 时,$g'(x) < 0$,$g(x)$ 单减.

故 $x < e$ 时,$f(x)$ 单增;$x > e$ 时,$f(x)$ 单减.

因而当 $0 < a < b < e$ 时,$a^b < b^a$;当 $e < a < b$ 时,$a^b > b^a$.

而 $0 < a < e < b$ 时,a^b 与 b^a 大小不定.

如 $a = 2, b = 3$ 时,$2^3 < 3^2$;$a = 2, b = 6$ 时,$2^4 = 4^2$; $a = 2, b = 5$ 时,$2^5 > 5^2$.

注1 当然问题还可以由 $f(x)$ 在 $[a,b]$ 上运用微分中值定理去考虑,方法实质上与之类同.

注2 我们还可以证明:若正实数 a, b 满足 $a^b = b^a$,且 $b < 1$,则 $a = b$.

来看两个利用积分证明不等式的例子,积分与微分是一对互逆运算. 从这一点上看,它与利用微分(导数)证明不等式并无本质区别,当然也有例外.

例13 求任意实数 x, y,试证 (1) $|\sin x - \sin y| \leq |x - y|$;(2) $|\tan^{-1} x - \tan^{-1} y| \leq |x - y|$.

证 (1) 不妨设 $y < x$,则由积分性质有
$$\left| \int_y^x \cos t\, dt \right| \leq \int_y^x |\cos t|\, dt \leq \int_y^x dt = x - y$$

若 $x < y$,注意到
$$\left| \int_y^x \cos t\, dt \right| = \left| \int_x^y \cos t\, dt \right|$$

可有
$$\left| \int_y^x \cos t\, dt \right| \leq y - x$$

综上,$\left| \int_y^x \cos t\, dt \right| = |\sin x - \sin y| \leq |x - y|$.

(2) 仿上证明即可,只须考虑积分
$$\left| \int_y^x \frac{1}{1+t^2} dt \right| = |\tan^{-1} x - \tan^{-1} y|$$

的事实.

再来看一个例子.

例 14　若 $a \geq 1, b \geq 1$,则 $ab \leq e^{a-1} + b\ln b$.

证　由题设且注意到求证式的形状,只须考虑证明 $ab - b \leq b\ln b - b + e^{a-1}$,即只须证

$$(a-1)b \leq \int_1^b \ln t \, dt + \int_0^{a-1} e^t \, dt$$

注意到 $\ln t$ 与 e^t 互为反函数,考虑它们图像间的关系,结合定积分的几何意义,可从图 7.1 中找到答案:

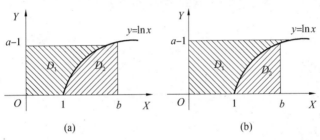

图 7.1

从面积关系上看无论图(a)还是图(b)都有 $(a-1)b \leq S_{D_1} + S_{D_2}$ 成立是显然的.

3. 求函数极值

利用函数导数去判断或求出函数极值,是一种重要方法. 这一点我们在上面的例子中已经看到. 对于可导函数 $f(x)$ 而言,先由 $f'(x) = 0$ 求其驻点 x_0,再依据 $f''(x_0)$ 符号判断 x_0 的极值点类型(极大、极小或待定). 下面再举两例.

例 15　求内接于椭圆 $\dfrac{x^2}{a^2} + \dfrac{y^2}{b^2} = 1$ 而面积最大的矩形各边长.

解　如图 7.2,设内接矩形一边长为 $2x$,则另一边

长为

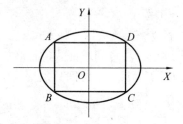

图 7.2

$$2y = 2b\sqrt{a^2-x^2}/a$$

则

$$S_{矩形} = 4bx\sqrt{a^2-x^2}/a \quad (0 < x < a)$$

由

$$S' = \frac{4b(a^2-2x^2)}{a\sqrt{a^2-x^2}} = 0$$

得

$$x_0 = \sqrt{2}a/2$$

易验证 $S''(x_0) < 0$，此为函数极大点．此时矩形边长分别为 $\sqrt{2}a$ 和 $\sqrt{2}b$．

注 此方法较"反射、压缩、旋转变换解题"一节中的压缩方法，显得有些烦琐．

例 16 对于实数 $x_1, x_2, \cdots, x_n$ 来讲，当 x 取 $\bar{x} = \frac{1}{n}\sum_{k=1}^{n}x_k$ 时，$\sum_{k=1}^{n}(x-x_k)^2$ 最小．

证 令 $y = \sum_{k=1}^{n}(x-x_k)^2$，则 $y' = 2nx - 2\sum_{k=1}^{n}x_k$

由 $y' = 0$，得 $x_0 = \bar{x} = \frac{1}{n}\sum_{k=1}^{n}x_k$．

第 7 章　高等数学在解初等问题中的应用

又 $y''(x_0) = 2n > 0$,故 $x = \bar{x}$ 时,$\sum_{k=1}^{n}(x - x_k)^2$ 最小.

注　此是统计、测量中取算术平均值(可使均方差和最小)的道理.

例 17　求 $1, \sqrt{2}, \sqrt[3]{3}, \cdots, \sqrt[n]{n}$ 中最大一个,这里 n 为正整数.

解　令 $y = x^{1/x}$,由 $y' = x^{1/x - 2}(1 - \ln x)$,令 $y' = 0$,得 $x = e$.

易验证 $y''|_{x=e} < 0$ 知其为 y 的极大点,即 $y_{\max} = e^{1/e}$.

与 $e = 2.17\cdots$ 最近的两整数为 2 和 3,由
$$\sqrt[3]{3} > \sqrt{2}$$
故 $1, \sqrt{2}, \sqrt[3]{3}, \cdots, \sqrt[n]{n}$ 中最大的为 $\sqrt[3]{3}$.

注　这里是将离散量转化为连续量处理,这种方法很有特色,值得留意.

下面的命题也是属于这种方法的.

命题　确定并证明:当若干个正整数和是 1 976 时,求它们的积的最大值.

解　借助函数 $y = x^{1976/x}$ 可求得 $x = e$ 时,y 有极大值.因而因子应接近 e.

设 $x_1 + x_2 + \cdots + x_k = 1\,976$,且
$$M = \max\{x_1, x_2, \cdots, x_k\}$$
若 x_i 有大于或等于 5 者,注意这样的 x_i 满足
$$x_i < 3(x_i - 3)$$
这时 $x_1 x_2 \cdots x_k < x_1 x_2 \cdots [3(x_i - 3)] \cdots x_k$,故因子应小于 5,只能是 2,3,4.

又若有 $x_i = 4$,则 $x_i = 2 + 2 = 2 \times 2$,即 4 可改写成两个 2 之和,其积不变.

再注意到 $2^3 < 3^2 (2 + 2 + 2 = 3 + 3)$,知因子 2 的不超过

两个. 综上一般地有:

和数 $\begin{cases} 3m\text{ 时,因子全为 3 时积最大} \\ 3m+1\text{ 时,因子有 2 个 2,其余全为 3 时积最大} \\ 3m+2\text{ 时,因子有 1 个 2,其余全为 3 时积最大} \end{cases}$

又 $1976 = 3 \times 658 + 2$,故 $M = 2 \times 3^{658}$.

4. 讨论函数性质

微积分在研究函数性质上功力强大且应用广泛,比如我们可通过函数的导数(符号)去研究函数的单调性、极值、凹凸以及求函数曲线的渐近线等,这方面的例子很多,我们不准备谈及了.

7.2 向量在几何与三角上的应用

既有大小又有方向的量称为矢量,又称向量. 向量有一些性质和运算法则,利用它们常可解决一些几何与三角的问题.

用向量解几何问题,其主要思路为:

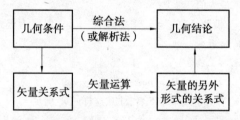

这即是说:从题设的几何条件出发,选择适当的矢量,将题设转为矢量的关系式,再由矢量运算性质得出这些矢量间的新的关系式,再将它们转化为几何事实,从而可得到命题的证明. 请看例子.

例 18 已知正方形 $ABCD$ 中,E 为 BC 上一点,

$\angle EAD$ 平分线交 DC 于 F. 则 $BE + DF = AE$.

证 如图 7.3,令 $\angle EAF = \angle FAD = \theta$. 且正方形边长为 a.

$$\vec{AE} = \vec{AB} + \vec{BE}$$ ①

上式两边与 $\vec{AF}$ 作内积

$$\vec{AE} \cdot \vec{AF} = \vec{AB} \cdot \vec{AF} + \vec{BE} \cdot \vec{AF}$$

由 $|\vec{AB}| = |\vec{AD}| = a$,$\angle BAF = \dfrac{\pi}{2} - \theta$,则由内积意义有

$$|\vec{AE}||\vec{AF}|\cos\theta = |\vec{AB}||\vec{AF}|\cos\left(\dfrac{\pi}{2} - \theta\right) + |\vec{BE}||\vec{AF}|\cos\theta$$ ②

由 $|\vec{AF}|\cos\theta = |\vec{AD}| = a$,由 ② 两边除以 a 有

$$|\vec{AE}| = |\vec{AF}|\sin\theta + |\vec{BE}|$$

即

$$|\vec{AE}| = |\vec{DF}| + |\vec{BE}|$$

利用矢量证明三点共线常用下面的结论:

(1) A,B,C 三点共线 $\Leftrightarrow \vec{AB} // \vec{AC}$ 或 $\vec{AB} = t \cdot \vec{AC}$,$t \neq 0$ 常数;

(2) O 为 AB 外一点,C 在 AB 上 $\Leftrightarrow$ 有 $\lambda + \mu = 1$ (λ,μ 为实数) 使 $\vec{OC} = \lambda \vec{OA} + \mu \vec{OB}$;

(3) 有不全为零的实数 λ,μ,ν 且 $\lambda + \mu + \nu = 0$,使 $\lambda \vec{OA} + \mu \vec{OB} + \nu \vec{OC} = \vec{0}$.

例 19 试证三角形重心、外心、垂心共线.

证 如图 7.4,设 H 为 $\triangle ABC$ 垂心,O 为外心,又

L, M 分别为 BC, CA 中点,设 OH 与 AL 交于 G,只须证 G 为 $\triangle ABC$ 重心即可.

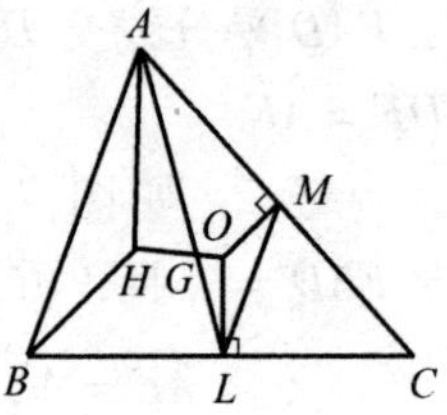

因 $AH \mathbin{/\mkern-6mu/} OL, BH \mathbin{/\mkern-6mu/} OM$,则有实数 α, β 使

$$\overrightarrow{MO} = \alpha \overrightarrow{HB}, \quad \overrightarrow{OL} = \beta \overrightarrow{AH}$$

图 7.4

故

$$\overrightarrow{AB} = \overrightarrow{AH} + \overrightarrow{HB}$$

$$\overrightarrow{ML} = \frac{1}{2} \overrightarrow{AB} = \overrightarrow{MO} + \overrightarrow{OL} = \alpha \overrightarrow{HB} + \beta \overrightarrow{AH}$$

由上面两式消 $\overrightarrow{AB}$ 有

$$\left(\frac{1}{2} - \alpha\right) \overrightarrow{AH} + \left(\frac{1}{2} - \beta\right) \overrightarrow{HB} = \vec{0}$$

因

$$\overrightarrow{AH} \nparallel \overrightarrow{HB}$$

故 $\frac{1}{2} - \alpha = \frac{1}{2} - \beta = 0$ 即

$$\alpha = \beta = \frac{1}{2}$$

故

$$\overrightarrow{AH} = 2 \overrightarrow{OL}, \quad \overrightarrow{HB} = 2 \overrightarrow{MO}$$

因 $\overrightarrow{AH} \mathbin{/\mkern-6mu/} \overrightarrow{OL}$ 有 $\triangle AGH \sim \triangle LGO$

故

$$\frac{|\overrightarrow{AG}|}{|\overrightarrow{GL}|} = \frac{|\overrightarrow{AH}|}{|\overrightarrow{OL}|} = \frac{2}{1}$$

即

$$|\overrightarrow{AG}| = 2 |\overrightarrow{GL}|$$

因而 G 为 $\triangle ABC$ 重心.

对于矢量 $\vec{a}, \vec{b}$ 来说,若 $\vec{a} \cdot \vec{b} = 0$,则 $\vec{a} \perp \vec{b}$,反之亦然.利用这一点可证明线段垂直问题.

例20 试证菱形对角线互相垂直.

证 如图 7.5,令

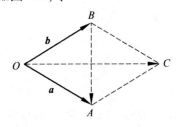

图 7.5

$$\vec{OA} = \vec{a}, \quad \vec{OB} = \vec{b}$$

则

$$\vec{OC} = \vec{a} + \vec{b}, \quad \vec{BA} = \vec{a} - \vec{b}$$

再注意到

$$\vec{OC} \cdot \vec{BA} = (\vec{a} + \vec{b}) \cdot (\vec{a} - \vec{b}) = \vec{a}^2 - \vec{b}^2 = 0$$

注意到这里 $|\vec{a}| = |\vec{b}|$ 故

$$\vec{OC} \perp \vec{BA}$$

下面我们来看看利用"封闭向量"解几何、三角问题的例子.

我们知道:首尾相贯的 n 个向量组成一个封闭向量组,则它们的(矢)和为零(0向量),因而它们在任何方向上的射影和也为零.

例21 如图 7.6,在 $\triangle ABC$ 中,$\angle A$ 的平分线交 BC 于 D,求证 $AB:AC = BD:CD$.

证 由 $\vec{AB} + \vec{BD} + \vec{DA} = \vec{0}$,故它们在 AD 上投影也

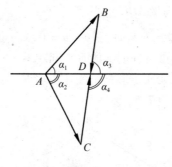

图 7.6

为 0

$$AB\sin \alpha_1 + BD\sin(\pi - \alpha_3) + DA\sin \pi = 0$$

即

$$AB\sin \alpha_1 = BD\sin \alpha_3$$

同理由封闭向量组 $\overrightarrow{AC} + \overrightarrow{CD} + \overrightarrow{DA} = \vec{0}$,有

$$AC\sin \alpha_2 = CD\sin(\pi - \alpha_4) = CD\sin \alpha_3$$

综上,$AB:AC = BD:CD$,注意到 $\alpha_1 = \alpha_2$ 即可.

例 22 试证

$$\cos 5° + \cos 77° + \cos 149° + \cos 221° + \cos 293° = 0$$

证 考虑如图 7.7 的封闭向量折线 $A_1A_2A_3A_4A_5$,其中 $A_1A_2A_3A_4A_5$ 为正五边形,且边长为 1. $\overrightarrow{A_1A_2}$ 与 X 轴夹角为 5°.

因

$$\overrightarrow{A_1A_2} + \overrightarrow{A_2A_3} + \overrightarrow{A_3A_4} + \overrightarrow{A_4A_5} + \overrightarrow{A_5A_1} = \vec{0}$$

其在 X 轴上投影和也为 0,注意到它们与 X 轴方向夹角分别为 5°,77°,149°,221°,293°. 这样可有

$$\cos 5° + \cos 77° + \cos 149° + \cos 221° + \cos 293° = 0$$

注 类似地构造正七边形(边长为 1)可证明:

第 7 章　高等数学在解初等问题中的应用

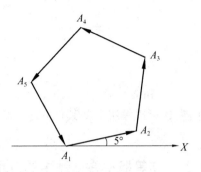

图 7.7

(1) $\cos\dfrac{\pi}{7} + \cos\dfrac{3\pi}{7} + \cos\dfrac{5\pi}{7} = \dfrac{1}{2}$;

(2) $\cos\dfrac{2\pi}{7} + \cos\dfrac{4\pi}{7} + \cos\dfrac{6\pi}{7} = -\dfrac{1}{2}$ 等.

例 23　试用向量知识证明正弦定理.

证　如图 7.8, 考虑向量 $\overrightarrow{AB}, \overrightarrow{BC}, \overrightarrow{CA}$ 在与直线 BC 垂直直线上投影(注意 $\overrightarrow{AB} + \overrightarrow{BC} + \overrightarrow{CA} = \vec{0}$) 为 0:

$a\sin 0 + b\sin\theta + c\sin(\pi + \beta) = 0$

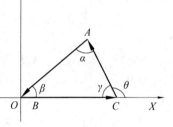

图 7.8

故

即

$$b\sin\gamma - c\sin\beta = 0$$

$$\dfrac{b}{\sin\beta} = \dfrac{c}{\sin\gamma}$$

同理有

263

$$\frac{a}{\sin\alpha} = \frac{b}{\sin\beta}$$

故

$$\frac{a}{\sin\alpha} = \frac{b}{\sin\beta} = \frac{c}{\sin\gamma}$$

利用向量还可以解决一些其他问题,这里不谈了.

7.3　初等概率在证题中的应用

利用概率论中某些结果去证明初等数学中的一些问题,有时显得新巧(顺便讲一句,这一思想也已成为概率论研究的一个新方向). 我们先来看两个简单一些的例子.

例24　若 $0 < a < 1, 0 < b < 1$,试证 $0 \leqslant a + b - ab \leqslant 1$.

证　由题设,令 A, B 为两独立事件,且使 $P(A) = a, P(B) = b$.

由

$$P(A \cup B) = P(A) + P(B) - P(AB) =$$
$$P(A) + P(B) - P(A)P(B) =$$
$$a + b - ab$$

又由概率性质知 $0 \leqslant P(A \cup B) \leqslant 1$,从而 $0 \leqslant a + b - ab \leqslant 1$.

例25　若 a, b, c 均为介于 0 和 1 间的实数,则
$$a + b + c - ab - bc - ca + abc =$$
$$1 - (1-a)(1-b)(1-c)$$

证　我们设 A, B, C 为三独立事件,且 $P(A) = a, P(B) = b, P(C) = c$. 由公式

$P(A \cup B \cup C) = P(A) + P(B) + P(C) - P(AB) - P(BC) - P(CA) + P(ABC) =$
$P(A) + P(B) + P(C) - P(A)P(B) - P(B)P(C) - P(C)P(A) + P(A)P(B)P(C) =$
$a + b + c - ab - bc - ca + abc$

另一方面由

$P(A \cup B \cup C) = 1 - P(\overline{A \cup B \cup C}) =$
$1 - P(\overline{A}\,\overline{B}\,\overline{C}) =$
$1 - P(\overline{A})P(\overline{B})P(\overline{C}) =$
$1 - [1 - P(A)][1 - P(B)][1 - P(C)] =$
$1 - (1 - a)(1 - b)(1 - c)$

故所求证式子成立.

注 这里限制 a,b,c 的范围,这样可用概率方法考虑问题,其实它们为任何实数时命题均真.这可用倒数代换去考虑.

关于组合恒等式,通常由二项式定理考虑的,而组合在概率计算上用途很大(特别是古典概率问题).反过来,某些组合等式可用概率知识去考虑.

例 26 试证 $\sum_{k=0}^{n} C_n^k = 2^n$.

证 命 A_k 为 n 次掷一枚硬币,有 k 次徽花(正面)向上的事件,故有

$P(A_k) = $ 有利事件数 / 总事件数 $= C_n^k / 2^n$

而

$$\sum_{k=0}^{n} A_k = U$$

故

$$P(\sum_{k=0}^{n} A_k) = P(U) = 1$$

又

$$P(\sum_{k=0}^{n} A_k) = \sum_{k=0}^{n} P(A_k)$$

故有

$$\sum_{k=0}^{n} (C_n^k/2^n) = 1$$

即

$$\sum_{k=0}^{n} C_n^k = 2^n$$

注 本命题显然可视为二项式定理(展开)

$$(a+b)^n = \sum_{k=0}^{n} C_n^k a^k b^{n-k}$$

当 $a = b = 1$ 时的情形.

由此启示我们可考虑用概率方法去证明二项式定理. 比如这可由下面的模型去考虑:

W 袋中有白球 a 个, 黑球 b 个, 每次从中取一个, 有放回地连续取 n 次, 求恰有 k 次取得白球的概率 ($k = 0,1,2,\cdots,n$).

例 27 试证 $\sum_{k=0}^{r} C_m^k C_{n-m}^{r-k} = C_n^r (1 \leqslant r \leqslant m \leqslant n/2)$.

证 从装有 m 个红球、$n-m$ 个白球的袋中任取 r 个球, 记 A_k 为摸到 k 个红球的事件, 则

$$P(A_k) = C_m^k C_{n-m}^{c-k}/C_n^r$$

又

$$\sum_{k=0}^{r} A_k = U$$

$$P(\sum_{k=0}^{r} A_k) = P(U) = 1$$

而

第 7 章　高等数学在解初等问题中的应用

$$P\left(\sum_{k=0}^{r} A_k\right) = \sum_{k=0}^{r} P(A_k)$$

从而

$$\sum_{k=0}^{r} (C_m^k C_{n-m}^{r-k} / C_n^r) = 1$$

即

$$\sum_{k=0}^{r} C_m^k C_{n-m}^{r-k} = C_n^r$$

注　由本命题可得公式 $\sum_{k=0}^{n} (C_n^k)^2 = C_{2n}^n$,只须令 $2m = 2r = n$ 即可.

最后我们看两个用概率知识或公式求数列和的例子.

例 28　若 m, n 均为自然数,且 $n \geq m$. 试证 $\dfrac{m}{n} + \dfrac{n-m}{n} \cdot \dfrac{m}{n-1} + \dfrac{n-m}{n} \cdot \dfrac{n-m-1}{n-1} \cdot \dfrac{a}{n-2} + \cdots + \dfrac{n-m}{n} \cdot \dfrac{n-m-1}{n-1} \cdot \cdots \cdot \dfrac{1}{m+1} \cdot \dfrac{m}{m} = 1.$

解　今考虑化为摸球问题处理. 若袋中有 n 个大小相等的球,其中 m 个是白球,其余为黑球,每次摸 1 个不放回,直到摸着白球为止. 这是一必然事件,故其概率 $p = 1$. 注意到:第 k 次摸到白球的概率为

$$p_k = \dfrac{n-m}{n} \cdot \dfrac{n-m-1}{n-1} \cdot \cdots \cdot \dfrac{n-m-(k-2)}{n-(k-2)} \cdot \dfrac{m}{n-(k-2)}$$

$k = 2, 3, \cdots, n - m + 1.$

故这些事件概率和 $\sum_{k=2}^{n-m+1} p_k = 1$,即所求证之等式.

例 29 求级数 $\dfrac{1}{2^2} + \left(1 - \dfrac{1}{2^2}\right)\dfrac{1}{3^2} + \left(1 - \dfrac{1}{2^2}\right)\left(1 - \dfrac{1}{3^2}\right)\dfrac{1}{4^2} + \cdots + \left(1 - \dfrac{1}{2^2}\right)\left(1 - \dfrac{1}{3^2}\right)\cdots\left(1 - \dfrac{1}{n^2}\right)\dfrac{1}{(n+1)^2} + \cdots$ 的和.

解 我们考虑这样的概率问题,在一个装有一黑一白(同样大小的)两球的袋中,每次取一球,取后放回,连取两次,若两次都取白球,则认为"成功";否则认为"失败". 若失败了,则再在袋中放进一个黑球,然后再摸. 每摸两次算一次试验 …… 如此下去,计算其"成功"的概率.

设第 k 次试验"成功"的事件化为 A_k,故

$$P(A_1) = \dfrac{1}{2^2}$$

$$P(\overline{A_1}A_2) = \left(1 - \dfrac{1}{2^2}\right)\dfrac{1}{3^2}$$

$$P(\overline{A_1}\,\overline{A_2}A_3) = \left(1 - \dfrac{1}{2^2}\right)\left(1 - \dfrac{1}{3^2}\right)\dfrac{1}{4^2}$$

$$\vdots$$

而上面问题又可这样分析:

在 n 次不同试验后仍然失利的概率为

$$p_n = P(\overline{A_1}\,\overline{A_2}\cdots\overline{A_n}) = \prod_{k=1}^{n} P(\overline{A_k}) = \prod_{k=1}^{n}\left(1 - \dfrac{1}{k^2}\right) = \prod_{k=1}^{n}\dfrac{k^2 - 1}{k^2} = \prod_{k=1}^{n}\dfrac{(k-1)(k+1)}{k^2} = \dfrac{n(n+1)}{2n^2} = \dfrac{1}{2}\left(1 + \dfrac{1}{n}\right) \quad (\text{注意约分})$$

这样 $\lim\limits_{n\to +\infty} p_n = \lim\limits_{n\to +\infty} \dfrac{1}{2}\left(1 + \dfrac{1}{n}\right) = \dfrac{1}{2}$.

第 7 章　高等数学在解初等问题中的应用

从而,此项试验"成功"的概率也为 $\dfrac{1}{2}$.

即

$$\dfrac{1}{2^2}+\left(1-\dfrac{1}{2^2}\right)\dfrac{1}{3^2}+\cdots=\dfrac{1}{2}$$

注　直接求此级数和并不困难,只须注意到

$$\prod_{k=1}^{n}\left(1-\dfrac{1}{k^2}\right)=\dfrac{n+1}{2n}$$

即可,此时

$$\text{原式}=\sum_{n=1}^{+\infty}\dfrac{n+1}{2n}\cdot\dfrac{1}{(n+1)^2}=\dfrac{1}{2}\sum_{n=1}^{+\infty}\dfrac{1}{n(n+1)}=$$

$$\dfrac{1}{2}\lim_{n\to+\infty}\left(\sum_{k=1}^{n}\dfrac{1}{k(k+1)}\right)=$$

$$\dfrac{1}{2}\lim_{n\to+\infty}\left[\sum_{k=1}^{n}\left(\dfrac{1}{k}-\dfrac{1}{k+1}\right)\right]=$$

$$\dfrac{1}{2}\lim_{n\to+\infty}\left(1-\dfrac{1}{n+1}\right)=\dfrac{1}{2}$$

7.4　行列式在解题中的应用

行列式是由研究线性方程组的解法而引入的,由于它形式整齐、便于记忆,又有许多特殊的性质,从而它被广泛应用于数学的许多分支中去.

大家当然熟悉关于线性方程组

$$\begin{cases}a_{11}x_1+a_{12}x_2+a_{13}x_3=b_1\\ a_{21}x_1+a_{22}x_2+a_{23}x_3=b_2\\ a_{31}x_1+a_{32}x_2+a_{33}x_3=b_3\end{cases}$$

的行列式解法:

若令 $\Delta = \begin{vmatrix} a_{11} & a_{12} & a_{13} \\ a_{21} & a_{22} & a_{23} \\ a_{31} & a_{32} & a_{33} \end{vmatrix}$,称为系数行列式;

且令

$\Delta_1 = \begin{vmatrix} b_1 & a_{12} & a_{13} \\ b_2 & a_{22} & a_{23} \\ b_3 & a_{32} & a_{33} \end{vmatrix}, \cdots, \Delta_3 = \begin{vmatrix} a_{11} & a_{12} & b_1 \\ a_{21} & a_{22} & b_2 \\ a_{31} & a_{32} & b_3 \end{vmatrix}$,若

$\Delta \neq 0$,则 $x_i = \Delta_i / \Delta (i = 1, 2, 3)$.

这种形式上的记法为解线性方程组计算机编程带来某些方便.

我们再从另外角度来考虑行列式的应用. 我们先来罗列一些行列式的常用性质:

1. 行列式的同一行(或列)的公因子,可提到行列式外面;

2. 行列式某行(或列)乘以常数后加到另一行(或列)后,行列式值不变;

3. 行列式两行(或列)若成比例,则行列式值为零;

4. 行列式可按行或列展开.

我们来看几个例.

例30 分解因式 $a^3 + b^3 + c^3 - 3abc$.

解 考虑行列式 $\begin{vmatrix} a & b & c \\ c & a & b \\ b & c & a \end{vmatrix}$ 按不同形式展开:

首先按三阶行列式常规算法可有

$\begin{vmatrix} a & b & c \\ c & a & b \\ b & c & a \end{vmatrix} = a^3 + b^3 + c^3 - 3abc$

第7章 高等数学在解初等问题中的应用

另外，按行列式性质又有

$$\begin{vmatrix} a & b & c \\ c & a & b \\ b & c & a \end{vmatrix} = \begin{vmatrix} a+b+c & b & c \\ a+b+c & a & b \\ a+b+c & c & a \end{vmatrix} =$$

$$(a+b+c)\begin{vmatrix} 1 & b & c \\ 1 & a & b \\ 1 & c & a \end{vmatrix} =$$

$$(a+b+c)(a^2+b^2+c^2-ab-bc-ca)$$

从而

原式 $= (a+b+c)(a^2+b^2+c^2-ab-bc-ca)$

注 原式还可化为 $(a+b+c)[(a-b)^2+(b-c)^2+(c-a)^2]/2$，这在解一些问题中甚为有用，比如用它可以解一元三次方程等.

用此思想，常可把多项式化成行列式后，再由行列式性质及运算得出分解式. 请看：

例31 分解 $x^7 + x^2 + 1$.

解 考虑下面式子的变形或变换

原式 $= x^3 \cdot x^4 - (-1) \cdot (x^2+1) =$

$$\begin{vmatrix} x^3 & x^2+1 \\ -1 & x^4 \end{vmatrix} = \begin{vmatrix} x^3-1 & x^4+x^2+1 \\ -1 & x^4 \end{vmatrix} =$$

$$\begin{vmatrix} (x-1)(x^2+x+1) & (x^2+x+1)(x^2-x+1) \\ -1 & x^4 \end{vmatrix} =$$

$$(x^2+x+1)\begin{vmatrix} x-1 & x^2-x+1 \\ -1 & x^4 \end{vmatrix} =$$

$$(x^2+x+1)(x^5-x^4+x^2-x+1)$$

例32 分解 $a^2c + ab^2 + bc^2 - ac^2 - b^2c - a^2b$.

解 考虑下面式子的变形与变换

原式 $= (bc^2 - b^2c) - (ac^2 - a^2c) + (ab^2 - a^2b) =$

271

$$\begin{vmatrix} b & b^2 \\ c & c^2 \end{vmatrix} - \begin{vmatrix} a & a^2 \\ c & c^2 \end{vmatrix} + \begin{vmatrix} a & a^2 \\ b & b^2 \end{vmatrix} =$$

$$\begin{vmatrix} a & a^2 & 1 \\ b & b^2 & 1 \\ c & c^2 & 1 \end{vmatrix} = (a-b)(b-c)(c-a)$$

注 例中行列式称为范德蒙(Vandemonde)行列式.它的计算有专门公式:

$$\begin{vmatrix} 1 & 1 & \cdots & 1 \\ a_1 & a_2 & \cdots & a_n \\ a_1^2 & a_2^2 & \cdots & a_n^2 \\ \vdots & \vdots & & \vdots \\ a_1^{n-1} & a_2^{n-1} & \cdots & a_n^{n-1} \end{vmatrix} = \prod_{1 \leqslant i < j \leqslant n} (a_i - a_j)$$

范德蒙是第一位系统研究行列式性质的学者.

例 33 分解 $3xy(x+y) - (x+y)^3 - x^3 - y^3$.

解 据上例,知其也可视为某行列式按第一行展开的式子,故由

原式 $= x[y(x+y) - x^2] - y[y^2 - x(x+y)] + (x+y)[xy - (x+y)^2]$

有

$$原式 = \begin{vmatrix} x & y & x+y \\ y & x+y & x \\ x+y & x & y \end{vmatrix} =$$

$$\begin{vmatrix} 2(x+y) & y & x+y \\ 2(x+y) & x+y & x \\ 2(x+y) & x & y \end{vmatrix} =$$

$$2(x+y) \begin{vmatrix} 1 & y & x+y \\ 1 & x+y & x \\ 1 & x & y \end{vmatrix} =$$

第7章 高等数学在解初等问题中的应用

$$2(x+y)\begin{vmatrix} 1 & y & x+y \\ 0 & x & -y \\ 0 & x-y & -x \end{vmatrix} =$$

$$2(x+y)\begin{vmatrix} x & -y \\ x-y & -x \end{vmatrix} =$$

$$-2(x+y)(x^2-xy+y^2)$$

我们不难证明一元 n 次多项式

$$f(x) = \sum_{k=0}^{n} a_k x^{n-k}$$

可写成行列式形式：

$$f(x) = \begin{vmatrix} x & -1 & 0 & \cdots & 0 & 0 \\ 0 & x & -1 & \cdots & 0 & 0 \\ \vdots & \vdots & \vdots & & \vdots & \vdots \\ 0 & 0 & 0 & \cdots & x & -1 \\ a_n & a_{n-1} & a_{n-2} & \cdots & a_2 & a_0 x + a_1 \end{vmatrix}$$

注 这可由线性代数中关于矩阵特征多项式理论得到. 也可直接将行列式(按第 1 列) 展开得到证明.

利用这个结论, 通过对行列式的变形也可进行某些多项式因式分解.

例 34 分解 $5x^4 + 24x^3 - 15x^2 - 118x + 24$.

解 由上面结论且注意下面依据行列性质进行的式子变换, 可有

$$原式 = \begin{vmatrix} x & -1 & 0 & 0 \\ 0 & x & -1 & 0 \\ 0 & 0 & x & -1 \\ 24 & -118 & -15 & 5x+24 \end{vmatrix} =$$

$$\begin{vmatrix} x & -1 & 0 & 0 \\ 0 & x & -1 & 0 \\ 0 & 0 & x & -1 \\ 24 & -118 & 5x^2+24x-15 & 0 \end{vmatrix} =$$

$$\begin{vmatrix} x & -1 & 0 \\ 0 & x & -1 \\ 24 & -118 & 5x^2+24x-15 \end{vmatrix} =$$

$$\begin{vmatrix} x & 5x-1 & 5(5x-1) \\ 0 & x & 5x-1 \\ 24 & 2 & 5x^2+24x-5 \end{vmatrix} =$$

$$(5x-1)\begin{vmatrix} x & 5x-1 & 5 \\ 0 & x & 1 \\ 24 & 2 & x+5 \end{vmatrix} =$$

$$(5x-1)\begin{vmatrix} x & -1 & 5 \\ 0 & 0 & 1 \\ 24 & 2-5x-x^2 & x+5 \end{vmatrix} =$$

$$-(5x-1)\begin{vmatrix} x & -1 \\ 24 & 2-5x-x^2 \end{vmatrix} =$$

$$(5x-1)\begin{vmatrix} x & 3 \\ 8 & x^2+5x-2 \end{vmatrix} =$$

$$(5x-1)(x+3)\begin{vmatrix} x & 1 \\ 8 & x+2 \end{vmatrix} =$$

$$(5x-1)(x+3)\begin{vmatrix} x+4 & 1 \\ 4(x+4) & x+2 \end{vmatrix} =$$

$$(5x-1)(x-2)(x+3)(x+4)$$

再来看几个利用行列式进行代数等式证明的例子.

例35 若 $ax+by=1, bx+cy=1, cx+ay=1$,则

第7章　高等数学在解初等问题中的应用

$ab + bc + ca = a^2 + b^2 + c^2$.

证　由行列式性质考虑下面式子的变形或变换

$$\text{式左} - \text{式右} = \begin{vmatrix} a & b & -1 \\ c & a & -1 \\ b & c & -1 \end{vmatrix} =$$

$$\begin{vmatrix} a & b & ax+by-1 \\ c & a & cx+ay-1 \\ b & c & bx+cy-1 \end{vmatrix} =$$

$$\begin{vmatrix} a & b & 0 \\ c & a & 0 \\ b & c & 0 \end{vmatrix} = 0$$

这里第 2 个行列式是由第 1 个行列式第 1 列乘以 x、第 2 列乘以 y 加到第 3 列而得.

例 36　若 $a+b+c=1$，则 $a^3+b^3+c^3 = a^2+b^2+c^2+3abc-ab-bc-ca$.

证　注意到下面的式子变形或变换

$$a^3+b^3+c^3-3abc = \begin{vmatrix} a & c & b \\ b & a & c \\ c & b & a \end{vmatrix}$$

而

$$\begin{vmatrix} a & c & b \\ b & a & c \\ c & b & a \end{vmatrix} = \begin{vmatrix} a+b+c & c & b \\ a+b+c & a & c \\ a+b+c & b & a \end{vmatrix} =$$

$$(a+b+c)\begin{vmatrix} 1 & c & b \\ 1 & a & c \\ 1 & b & a \end{vmatrix} =$$

$$a^2+b^2+c^2-ab-bc-ca$$

注意到上面第 2 个行列式是由第 1 个行列式第 2，

275

3 列加到第 1 列所得.

再来看一个例子.

例 37 若 $ab+bc+ca=0$,则 $(a^2+b^2+c^2)^3 = (a^3+b^3+c^3-3abc)^2$.

证 首先由上面证明我们知道

$$\begin{vmatrix} a & b & c \\ c & a & b \\ b & c & a \end{vmatrix} = \begin{vmatrix} a & c & b \\ b & a & c \\ c & b & a \end{vmatrix} = a^3+b^3+c^3-3abc$$

式右 $= \begin{vmatrix} a & b & c \\ c & a & b \\ b & c & a \end{vmatrix} \cdot \begin{vmatrix} a & c & b \\ b & a & c \\ c & b & a \end{vmatrix} =$

$\left| \begin{pmatrix} a & b & c \\ c & a & b \\ b & c & a \end{pmatrix} \begin{pmatrix} a & c & b \\ b & a & c \\ c & b & a \end{pmatrix} \right| =$

$\begin{vmatrix} a^2+b^2+c^2 & & \\ & a^2+b^2+c^2 & \\ & & a^2+b^2+c^2 \end{vmatrix} =$

$(a^2+b^2+c^2)^3$

由此得证.

我们再来看一个涉及代数方程证明方面的例子.

例 38 若一元二次方程 $ax^2+bx+c=0$ 和 $\alpha x^2 + \beta x + \gamma = 0$ 有等根,则 $(a\gamma-c\alpha)^2 = (a\beta-b\alpha)(b\gamma-c\beta)$.

证 设 x_0 是两方程的公共解,显然有

$$ax_0^2+bx_0+c=0$$
$$\alpha x_0^2+\beta x_0+\gamma=0$$

同时还有(两式两边同乘以 x_0)

第7章 高等数学在解初等问题中的应用

$$ax_0^3 + bx_0^2 + cx_0 = 0$$
$$\alpha x_0^3 + \beta x_0^2 + \gamma x_0 = 0$$

考虑线性齐次方程组

$$\begin{cases} ax + by + cz = 0 \\ ay + bz + ct = 0 \\ \alpha x + \beta y + \gamma z = 0 \\ \alpha y + \beta z + \gamma t = 0 \end{cases}$$

有非零解$(x_0^3, x_0^2, x_0, 1)$,故其系数行列式

$$\begin{vmatrix} a & b & c & 0 \\ 0 & a & b & c \\ \alpha & \beta & \gamma & 0 \\ 0 & \alpha & \beta & \gamma \end{vmatrix} = 0$$

将上行列式展开即为所求证之式.

利用行列式及其性质证明代数不等式很耐人寻味,当然并非对所有不等式而言. 请看:

例39 若$a_i(i=1,2,\cdots,n)$为n个实数,则
$$\left(\frac{1}{n}\sum_{i=1}^n a_i\right)^2 \leq \frac{1}{n}\sum_{i=1}^n a_i^2.$$

证 考虑下面式子的变形与变换

$$D = n\sum_{i=1}^n a_i^2 - \left(\sum_{i=1}^n a_i\right)^2 =$$

$$\begin{vmatrix} \sum_{i=1}^n a_i^2 & \sum_{i=1}^n a_i \\ \sum_{i=1}^n a_i & n \end{vmatrix} =$$

$$\sum_{i=1}^n \begin{vmatrix} a_i^2 & a_i \\ a_i & n \end{vmatrix} =$$

数学解题的特殊方法

$$\sum_{i=1}^{n}\sum_{j=1}^{n}a_i\begin{vmatrix}a_i & a_j \\ 1 & 1\end{vmatrix}$$

又

$$D = \sum_{j=1}^{n}\sum_{i=1}^{n}a_j\begin{vmatrix}a_j & a_i \\ 1 & 1\end{vmatrix} = \sum_{i=1}^{n}\sum_{j=1}^{n}(-1)a_j\begin{vmatrix}a_i & a_j \\ 1 & 1\end{vmatrix}$$

即

$$2D = \sum_{i=1}^{n}\sum_{j=1}^{n}(a_i - a_j)\begin{vmatrix}a_i & a_j \\ 1 & 1\end{vmatrix} = \sum_{i=1}^{n}\sum_{j=1}^{n}(a_i - a_j)^2 \geqslant 0$$

从而题设不等式成立.

注 仿上我们可以证明下面的 Cauchy 不等式

$$\left(\sum_{i=1}^{n}a_ib_i\right)^2 \leqslant \sum_{i=1}^{n}a_i^2\sum_{i=1}^{n}b_i^2$$

例 40 若 $x_i, y_i (i = 1, 2, \cdots, n)$ 为任意实数,且满足 $x_i \leqslant x_{i+1}, y_i \leqslant y_{i+1} (i = 1, 2, \cdots, n - 1)$(或两式同时反向),则 $\left(\dfrac{1}{n}\sum_{i=1}^{n}x_i\right)\left(\dfrac{1}{n}\sum_{i=1}^{n}y_i\right) \leqslant \dfrac{1}{n}\sum_{i=1}^{n}x_iy_i$.

证 由行列式性质考虑下面的式子变形与变换

$$D = n\sum_{i=1}^{n}x_iy_i - \sum_{i=1}^{n}x_i\sum_{i=1}^{n}y_i = \begin{vmatrix}\sum_{i=1}^{n}x_iy_i & \sum_{i=1}^{n}y_i \\ \sum_{i=1}^{n}x_i & n\end{vmatrix} =$$

$$\sum_{i=1}^{n}\begin{vmatrix}x_iy_i & y_i \\ x_i & n\end{vmatrix} = \sum_{i=1}^{n}\sum_{j=1}^{n}x_i\begin{vmatrix}y_i & y_j \\ 1 & 1\end{vmatrix}$$

第7章　高等数学在解初等问题中的应用

与上例解法类同，由 $\sum_i \sum_j = \sum_j \sum_i$ 可知

$$D = \sum_{i=1}^{n} \sum_{j=1}^{n} (-1) x_j \begin{vmatrix} y_i & y_j \\ 1 & 1 \end{vmatrix}$$

故

$$2D = \sum_{i=1}^{n} \sum_{j=1}^{n} (x_i - x_j) \begin{vmatrix} y_i & y_j \\ 1 & 1 \end{vmatrix} = \sum_{i=1}^{n} \sum_{j=1}^{n} (x_i - x_j)(y_i - y_j) \geq 0$$

从而题设不等式成立.

注 该不等式称为切比雪夫(Чебышёв)不等式.

例41 若 a_i 非负(或非正)，且 b_i, c_i 同增减($i = 1, 2, \cdots, n$)，则

$$\left(\sum_{i=1}^{n} a_i b_i \right) \left(\sum_{i=1}^{n} a_i c_i \right) \leq \left(\sum_{i=1}^{n} a_i \right) \left(\sum_{i=1}^{n} a_i b_i c_i \right)$$

证 先考虑下面的矩阵 A, B，其中

$$A = \begin{pmatrix} \sqrt{a_1} & \sqrt{a_2} & \cdots & \sqrt{a_n} \\ \sqrt{a_1} b_1 & \sqrt{a_2} b_2 & \cdots & \sqrt{a_n} b_n \end{pmatrix}$$

$$B = \begin{pmatrix} \sqrt{a_1} & \sqrt{a_2} & \cdots & \sqrt{a_n} \\ \sqrt{a_1} c_1 & \sqrt{a_2} c_2 & \cdots & \sqrt{a_n} c_n \end{pmatrix}^T$$

由 $|AB| = \begin{vmatrix} \sum_{i=1}^{n} a_i & \sum_{i=1}^{n} a_i c_i \\ \sum_{i=1}^{n} a_i b_i & \sum_{i=1}^{n} a_i b_i c_i \end{vmatrix} =$

$$\left(\sum_{i=1}^{n} a_i \right) \left(\sum_{i=1}^{n} a_i b_i c_i \right) - \left(\sum_{i=1}^{n} a_i b_i \right) \left(\sum_{i=1}^{n} a_i c_i \right)$$

由设 $a_i \geq 0$,故有

$$|AB| = \sum_{1 \leq i < j \leq n} \begin{vmatrix} \sqrt{a_i} & \sqrt{a_j} \\ \sqrt{a_i}b_i & \sqrt{a_j}b_j \end{vmatrix} \begin{vmatrix} \sqrt{a_i} & \sqrt{a_i}c_i \\ \sqrt{a_j} & \sqrt{a_j}c_j \end{vmatrix} =$$

$$\sum_{1 \leq i < j \leq n} a_i a_j \begin{vmatrix} 1 & 1 \\ b_i & b_j \end{vmatrix} \begin{vmatrix} 1 & c_i \\ 1 & c_j \end{vmatrix} =$$

$$\sum_{1 \leq i < j \leq n} a_i a_j (b_j - b_i)(c_j - c_i) \geq 0$$

从而题设不等式成立.

注 由该不等式可推得切比雪夫不等式,因为它可视为该不等式的推广.

我们再来看它在三角学(三角函数问题)上的应用.

例42 试证 $\sin\alpha\sin(\beta-\gamma) + \sin\beta\sin(\gamma-\alpha) + \sin\gamma\sin(\alpha-\beta) = 0$,这里 α,β,γ 为任意实数.

证 由 $\sin(\alpha-\beta) = \begin{vmatrix} \sin\alpha & \sin\beta \\ \cos\alpha & \cos\beta \end{vmatrix}$ 等不难想到

式左 $= \sin\alpha \begin{vmatrix} \sin\beta & \sin\gamma \\ \cos\beta & \cos\gamma \end{vmatrix} - \sin\beta \begin{vmatrix} \sin\alpha & \sin\gamma \\ \cos\alpha & \cos\gamma \end{vmatrix} +$

$\sin\gamma \begin{vmatrix} \sin\alpha & \sin\beta \\ \cos\alpha & \cos\beta \end{vmatrix} =$

$\begin{vmatrix} \sin\alpha & \sin\beta & \sin\gamma \\ \sin\alpha & \sin\beta & \sin\gamma \\ \cos\alpha & \cos\beta & \cos\gamma \end{vmatrix} = 0$

利用齐次线性方程组的性质我们也可以证明:

例43 若 $\angle A, \angle B, \angle C$ 为三角形 ABC 三个内角,试证

$$\cos^2 A + \cos^2 B + \cos^2 C = 1 - 2\cos A\cos B\cos C$$

证 设 a,b,c 为三角形三内角 $\angle A, \angle B, \angle C$ 的对

边，由射影定理有
$$\begin{cases} a = b\cos C + c\cos B \\ b = a\cos C + c\cos A \\ c = a\cos B + b\cos A \end{cases}$$
即
$$\begin{cases} -a + b\cos C + c\cos B = 0 \\ a\cos C - b + c\cos A = 0 \\ a\cos B + b\cos A - c = 0 \end{cases}$$

这样可视之为关于 a,b,c 的线性方程组，今它有非零解故其系数行列式
$$\begin{vmatrix} -1 & \cos C & \cos B \\ \cos C & -1 & \cos A \\ \cos B & \cos A & -1 \end{vmatrix} = 0$$

展开行列式即为所证之式.

顺便指出，应用行列式去记忆某些倍角公式的展开常是方便的. 比如：
$$\begin{vmatrix} \cos\theta & 1 \\ 1 & 2\cos\theta \end{vmatrix} = 2\cos^2\theta - 1 = \cos 2\theta$$

$$\begin{vmatrix} \cos\theta & 1 & 0 \\ 1 & 2\cos\theta & 1 \\ 0 & 1 & 2\cos\theta \end{vmatrix} = 4\cos^3\theta - 3\cos\theta = \cos 3\theta$$

用归纳法不难证得
$$\begin{vmatrix} \cos\theta & 1 & 0 & 0 & \cdots & 0 \\ 1 & 2\cos\theta & 1 & 0 & \cdots & 0 \\ 0 & 1 & 2\cos\theta & 1 & \cdots & 0 \\ \vdots & \vdots & \vdots & \vdots & & \vdots \\ 0 & 0 & \cdots & 1 & \cdots & 2\cos\theta \end{vmatrix} = \cos n\theta$$

又由 $\begin{vmatrix} 2\cos\theta & 1 \\ 1 & 2\cos\theta \end{vmatrix} = 4\cos^2\theta - 1 = \dfrac{\sin 3\theta}{\sin\theta};$

$\begin{vmatrix} 2\cos\theta & 1 & 0 \\ 1 & 2\cos\theta & 1 \\ 0 & 1 & 2\cos\theta \end{vmatrix} = 2\cos\theta \begin{vmatrix} 2\cos\theta & 1 \\ 1 & 2\cos\theta \end{vmatrix} - \begin{vmatrix} 1 & 1 \\ 0 & 2\cos\theta \end{vmatrix} =$

$2\cos\theta \dfrac{\sin 3\theta}{\sin\theta} - 2\cos\theta =$

$\dfrac{1}{\sin\theta}(\cos\theta\sin 3\theta - 2\cos\theta\sin\theta) = \dfrac{\sin 4\theta}{\sin\theta}$

用归纳法也可得到

$\begin{vmatrix} 2\cos\theta & 1 & 0 & 0 & \cdots \\ 1 & 2\cos\theta & 1 & 0 & \cdots \\ 0 & 1 & 2\cos\theta & 1 & \cdots \\ & & \ddots & & \\ 0 & 0 & 0 & 0\cdots 1 & 2\cos\theta \end{vmatrix}_{n\times n} = \dfrac{\sin n\theta}{\sin\theta}$

我们来看一个几何上的例子.

例44 圆内接凸六边形 $ABCDEF$ 中,$AB = a, BC = b', CD = c, DE = a', EF = b, FA = c', CF = e, AD = f, BE = g$. 试证 $efg = aa'e + bb'f + cc'g + abc + a'b'c'$.

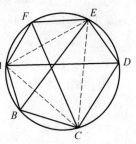

图 7.9

证 如图 7.9,令 $AC = x, CE = y, EA = z$

在四边形 $ACEF, ACDE$ 和 $ABCE$ 中应用托勒密定理有

第 7 章　高等数学在解初等问题中的应用

$$bx + c'y = ez,$$
$$cz + a'x = fy,$$
$$ay + b'z = gx$$

即

$$\begin{cases} bx + c'y - ez = 0 \\ a'x - fy + cz = 0 \\ -gx + ay + b'z = 0 \end{cases} \quad ①$$

方程组 ① 有非零解故其系数行列式

$$\begin{vmatrix} b & c' & -e \\ a' & -f & c \\ -g & a & b' \end{vmatrix} = 0$$

展开即得 $efg = aa'e + bb'f + cc'g + abc + a'b'c'$.

最后我们谈谈行列式在解析几何上的应用.

在解析几何中,下列结论是人们熟知的:

1. 过 $(x_1, y_1), (x_2, y_2)$ 两点的直线方程是

$$\begin{vmatrix} x & y & 1 \\ x_1 & y_1 & 1 \\ x_2 & y_2 & 1 \end{vmatrix} = 0$$

2. 平面上三点 $(x_i, y_i)(i = 1, 2, 3)$ 共线 $\Leftrightarrow$

$$\begin{vmatrix} x_1 & y_1 & 1 \\ x_2 & y_2 & 1 \\ x_3 & y_3 & 1 \end{vmatrix} = 0$$

3. 顶点坐标为 $(x_i, y_i)(i = 1, 2, 3)$ 的三角形面积

$$S = \frac{1}{2} \begin{vmatrix} x_1 & y_1 & 1 \\ x_2 & y_2 & 1 \\ x_3 & y_3 & 1 \end{vmatrix}$$ 的绝对值

4. 平面上三不平行直线 $l_i : A_i x + B_i y + C_i = 0(i =$

1,2,3) 共点 $\Leftrightarrow$
$$\begin{vmatrix} A_1 & B_1 & C_1 \\ A_2 & B_2 & C_2 \\ A_3 & B_3 & C_3 \end{vmatrix} = 0$$

下面我们来看看它们的应用.

例 45 试证 Oxy 平面上不存在三个顶点均为有理点的正三角形.

这个例子我们在第 3 章的例中已遇到过,在那里是用旋转变换考虑的,这里将给出另外一种解法.

证 用反证法. 若不然,今设 $A_i(x_i, y_i)(i = 1, 2, 3)$ 为正 $\triangle A_1 A_2 A_3$ 的三个顶点,且 $x_i, y_i(i = 1, 2, 3)$ 均为有理数,故

$$S_\triangle = \frac{1}{2} \begin{vmatrix} x_1 & y_1 & 1 \\ x_2 & y_2 & 1 \\ x_3 & y_3 & 1 \end{vmatrix} \text{的绝对值}$$

其按行列式计算结果为有理数.

又由正三角形面积公式有(若其边长为 a):

$$S_\triangle = \sqrt{3} a^2 / 4 = \sqrt{3} [(x_2 - x_1)^2 + (y_2 - y_1)^2] / 4$$

其结果显然为无理数. 这与上面结果矛盾! 从而所设不真,命题结论成立.

我们再用面积公式导出点到直线的距离公式.

例 46 如图 7.10, 求直线 $l: Ax + By + C = 0$ 外一点 $M(x_0, y_0)$ 到直线的距离 d.

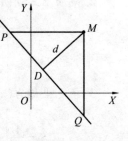

图 7.10

解 在直线 l 上任取一点 $P(x, y)$, 由

$$A(x-B) + B(y-A) + C =$$
$$Ax + By + C = 0$$

知 $Q(x-B, y-A)$ 也在直线 l 上.

于是

$$S_{\triangle MPQ} = \frac{1}{2} \begin{vmatrix} x & y & 1 \\ x-A & y-B & 1 \\ x_0 & y_0 & 1 \end{vmatrix} \text{的绝对值} =$$

$$\frac{1}{2} | A(x - x_0) + B(y - y_0) | =$$

$$\frac{1}{2} | (Ax + By + C) - (Ax_0 + By_0 + C) | =$$

$$\frac{1}{2} | Ax_0 + By_0 + C |$$

另一方面

$$S_{\triangle MPQ} = | PQ | \cdot d/2 = d\sqrt{A^2 + B^2}/2$$

从而

$$d = \frac{| Ax_0 + By_0 + C |}{\sqrt{A^2 + B^2}}$$

例47 若 $\triangle ABC$ 的三边所在的直线方程分别是:

直线 BC: $a_1 x + b_1 y + c_1 = 0$

直线 CA: $a_2 x + b_2 y + c_2 = 0$

直线 AB: $a_3 x + b_3 y + c_3 = 0$

若令系数行列式 $\Delta = \begin{vmatrix} a_1 & b_1 & c_1 \\ a_2 & b_2 & c_2 \\ a_3 & b_3 & c_3 \end{vmatrix}$

则 $S_{\triangle ABC} = \frac{1}{2} | \frac{\Delta^2}{C_1 C_2 C_3} |$, 这里 C_i 为行列式 Δ 中元素 c_i 的代数余子式.

它的证明请读者完成. 下面来看个例子.

例 48 试证抛物线上三点为顶点的三角形面积等于过此三点的三切线所围三角形面积的两倍.

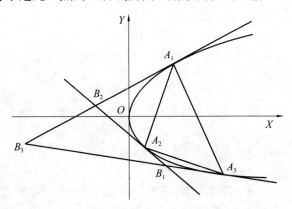

图 7.11

证 如图 7.11,设抛物线方程为
$$y^2 = 2px$$
其上三点 $A_i(y_i^2/2p, y_i)(i=1,2,3)$,则过 A_i 的切线方程分别为
$$2px - 2y_i y + y_i^2 = 0 \quad (i=1,2,3)$$
由
$$\Delta = \begin{vmatrix} 2p & -2y_1 & y_1^2 \\ 2p & -2y_2 & y_2^2 \\ 2p & -2y_3 & y_3^2 \end{vmatrix} = 4p \begin{vmatrix} 1 & -y_1 & y_1^2 \\ 1 & -y_2 & y_2^2 \\ 1 & -y_3 & y_3^2 \end{vmatrix} =$$
$$4p \begin{vmatrix} 1 & -y_1 & -y_1^2 \\ 0 & y_1 - y_2 & y_2^2 - y_1^2 \\ 0 & y_2 - y_3 & y_3^2 - y_2^2 \end{vmatrix} =$$
$$-4p(y_1 - y_2)(y_2 - y_3)(y_3 - y_1)$$

而其第三列的代数余子式

$$\Delta_1 = 4p(y_2 - y_3)$$
$$\Delta_2 = 4p(y_3 - y_1)$$
$$\Delta_3 = 4p(y_1 - y_2)$$

$$S_{\triangle B_1B_2B_3} = \Delta^2/2 \mid \Delta_1\Delta_2\Delta_3 \mid =$$
$$\frac{1}{8p} \mid (y_1 - y_2)(y_2 - y_3)(y_3 - y_1) \mid$$

又

$$S_{\triangle A_1A_2A_3} = \frac{1}{2} \begin{vmatrix} y_1^2/2p & y_1 & 1 \\ y_2^2/2p & y_2 & 1 \\ y_3^2/2p & y_3 & 1 \end{vmatrix} \text{的绝对值} =$$

$$\frac{1}{4p} \mid (y_1 - y_2)(y_2 - y_3)(y_3 - y_1) \mid$$

故

$$S_{\triangle A_1A_2A_3} = 2S_{\triangle B_1B_2B_3}$$

注 这个结论推广到空间情况为：

若四面体四面所在的平面方程分别是

平面 BCD：$a_1x + b_1y + c_1z + d_1 = 0$
平面 CDA：$a_2x + b_2y + c_2z + d_2 = 0$
平面 DAB：$a_3x + b_3y + c_3z + d_3 = 0$
平面 ABC：$a_4x + b_4y + c_4z + d_4 = 0$

则四面体 $ABCD$ 的体积 $V = \frac{1}{6} \left| \frac{\Delta^2}{D_1D_2D_3D_4} \right|$，这里 Δ 为上述方程组的系数行列式，$D_i(i = 1, 2, 3, 4)$ 分别为 Δ 为 d_i 的代数余子式.

下面的例子也是关于三角形面积的.

例49 如图 7.12，在 $\triangle ABC$ 中，D, E, F 分别为边 AB, BC, CA 上的点，且 $\frac{AD}{DB} = \frac{BE}{EC} = \frac{CF}{FA} = \lambda$. 试证 $S_{\triangle DEF}$：

数学解题的特殊方法

$S_{\triangle ABC} = (\lambda^2 - \lambda + 1):(\lambda + 1)^2$.

证 以 B 为坐标原点，BC 为 X 轴建立直角坐标系，且设 A,B,C 三点坐标分别为 $A(b,h), B(0,0), C(a,0)$.

则

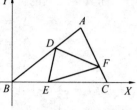

图 7.12

$$S_{\triangle ABC} = ah/2$$

利用定比分点公式，可求 D,E,F 的坐标

$$D\left(\frac{b}{1+\lambda}, \frac{h}{1+\lambda}\right)$$

$$E\left(\frac{\lambda a}{1+\lambda}, 0\right)$$

$$F\left(\frac{a+\lambda b}{1+\lambda}, \frac{\lambda h}{1+\lambda}\right)$$

$$S_{\triangle EFD} = \frac{1}{2} \left| \begin{array}{ccc} \frac{b}{1+\lambda} & \frac{h}{1+\lambda} & 1 \\ \frac{\lambda a}{1+\lambda} & 0 & 1 \\ \frac{a+\lambda b}{1+\lambda} & \frac{\lambda h}{1+\lambda} & 1 \end{array} \right| \text{的绝对值} =$$

$$\frac{h}{2(1+\lambda)^2} \left| \begin{array}{ccc} b & 1 & 1 \\ \lambda a & 0 & 1 \\ a+\lambda b & \lambda & 1 \end{array} \right| \text{的绝对值} =$$

$$\frac{ah(\lambda^2 - \lambda + 1)}{2(1+\lambda)^2} \text{的绝对值}$$

注1 若求得 D,E,F 点坐标定出 DE, EF, FD 方程可用前面公式证.

注2 上面的结论可以推广为

(1) 若 D,E,F 分别在 $\triangle ABC$ 的边 AB,BC,CA 或其延长线上,且 $\dfrac{AD}{DB}=\lambda_1,\dfrac{BE}{EC}=\lambda_2,\dfrac{CF}{FA}=\lambda_3$. 则 $S_{\triangle DEF}:S_{\triangle ABC}=(1+\lambda_1\lambda_2\lambda_3):(1+\lambda_1)(1+\lambda_2)(1+\lambda_3)$.

由之还可以得到著名梅涅劳斯定理:

若 D,E,F 是 $\triangle ABC$ 三边 AB,BC,CA 或其延长线上的点,若它们共线 $\Leftrightarrow \dfrac{AD}{DB}\cdot\dfrac{BE}{EC}\cdot\dfrac{CF}{FA}=-1$(式中均为有向线段).

(2) 在 $\triangle ABC$ 各边上取点 D,E,F,且 $\dfrac{BD}{DC}=\lambda_1,\dfrac{CE}{EA}=\lambda_2,\dfrac{AF}{FB}=\lambda_3$. 连 AD,BE,CF 分别交于 P,Q,R 三点. 则 $S_{\triangle PQR}:S_{\triangle ABC}=(\lambda_1\lambda_2\lambda_3-1)^2:[(1+\lambda_1+\lambda_2\lambda_3)(1+\lambda_2+\lambda_1\lambda_3)(1+\lambda_3+\lambda_1\lambda_2)]$

由之还可以证得著名的塞瓦定理:

若 D,E,F 是 $\triangle ABC$ 三边 BC,CA,AB 上的点,则 AD,BE,CF 共线 $\Leftrightarrow \dfrac{BD}{DC}\cdot\dfrac{CE}{EA}\cdot\dfrac{AF}{FB}=1$

注3 本题若从另外角度考虑证明,还可将方法拓广到多边形中去:

如图 7.13,若设 $\triangle ABC$ 是复平面上的三角形,且 A,B,C 分别对应着 $Z_1=x_1+\mathrm{i}y_1,Z_2=x_2+\mathrm{i}y_2,Z_3=x_3+\mathrm{i}y_3$.

而 A',B',C' 分别是 $\triangle ABC$ 三边 AB,BC,CA 上内分三边为 $s:t$ 的点(令 $s+t=1$),这样 A',B',C' 三点对应的复数 Z'_1,Z'_2,Z'_3 满足(由定比分点公式)

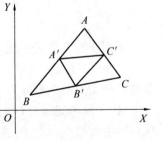

图 7.13

$$\begin{pmatrix}Z'_1\\Z'_2\\Z'_3\end{pmatrix}=\begin{pmatrix}s & t & 0\\0 & s & t\\t & 0 & s\end{pmatrix}\begin{bmatrix}Z_1\\Z_2\\Z_2\end{bmatrix}$$

数学解题的特殊方法

由上述可证得结论. 如图 7.14, 对于平面多边形 $A_1A_2\cdots A_n$ 上内分各为 $s:t$ 的点 $A'_1,A'_2,\cdots,A'_n$, 若令点 $A_k \longleftrightarrow Z_k, A'_k \longleftrightarrow Z'_k(k=1,2,\cdots,n)$, 则

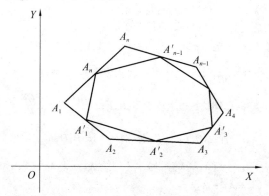

图 7.14

$$\begin{pmatrix} Z'_1 \\ Z'_2 \\ \vdots \\ Z'_n \end{pmatrix} = \begin{pmatrix} s & t & 0 & 0 & \cdots & 0 \\ 0 & s & t & 0 & \cdots & 0 \\ \vdots & \vdots & \vdots & \vdots & & \vdots \\ t & 0 & 0 & 0 & \cdots & s \end{pmatrix} \begin{pmatrix} Z_1 \\ Z_2 \\ \vdots \\ Z_n \end{pmatrix}$$

下面来看几个关于线共点、点共线的例子.

例50 过抛物线 $y^2=2px$ 的焦点的一条直线与该抛物线两交点的纵坐标为 y_1,y_2, 求证 $y_1y_2=-p^2$.

证 设两交点为 $P(x_1,y_1), Q(x_2,y_2)$, 由是知 P, Q 与抛物线焦点 $(p/2,0)$ 共线, 有

$$\begin{vmatrix} x_1 & y_1 & 1 \\ x_2 & y_2 & 1 \\ \dfrac{p}{2} & 0 & 1 \end{vmatrix} = 0$$

而

上式左 $= \dfrac{1}{2p} \begin{vmatrix} 2px_1 & y_1 & 1 \\ 2px_2 & y_2 & 1 \\ p^2 & 0 & 1 \end{vmatrix} = \dfrac{1}{2p} \begin{vmatrix} y_1^2 & y_1 & 1 \\ y_2^2 & y_2 & 1 \\ p^2 & 0 & 1 \end{vmatrix} =$

$(y_1 - y_2)(y_1 y_2 + p^2)/2p$

因 $y_1 \neq y_2$，从而 $y_1 y_2 + p^2 = 0$ 即 $y_1 y_2 = -p^2$．

上面的例子是三点共线的，下面来看一个三线共点的例．

例 51 用解析法证明三角形三条高线交于一点．

证 如图 7.15，取 $\triangle ABC$ 最长边 BC 所在直线为 X 轴，过 A 的高线为 Y 轴，且设 A,B,C 坐标分别为 $A(0,a)$，$B(b,0)$，$C(c,0)$，显然 $a > 0, b < 0, c > 0$．

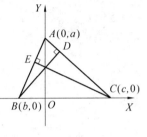

图 7.15

直线 AB 方程为

$$\dfrac{x}{b} + \dfrac{y}{a} = 1$$

斜率 $k_1 = -\dfrac{a}{b}$；

直线 AC 方程为 $\dfrac{x}{c} + \dfrac{y}{a} = 1$，斜率 $k_2 = -\dfrac{a}{c}$；

直线 BC 方程为 $y = 0$，斜率为 $k_3 = 0$．

故三边所对应的高线方程分别为

高线 $CE: y = \dfrac{b}{a}(x - c)$ 即 $bx - ay - bc = 0$；

高线 $BD: y = \dfrac{c}{a}(x - b)$ 即 $cx - ay - bc = 0$；

高线 $AO: x = 0$．

因 $b \neq c$ 知三条高线两两不平行，从而由

$$\begin{vmatrix} b & -a & -bc \\ c & -a & -bc \\ 1 & 0 & 0 \end{vmatrix} = 0$$

知三条高线相交于一点．

下面的例子我们并不陌生，但若考虑用线性代数二次型知识证明，则别有新意了．

例52 若 A, B, C 为 $\triangle ABC$ 三内角，则对任意实数 x, y, z 均有

$$x^2 + y^2 + z^2 \geqslant 2xy\cos A + 2xz\cos B + 2yz\cos C$$

证 令 $f(x, y, z) = x^2 + y^2 + z^2 - 2xy\cos A - 2xz\cos B - 2yz\cos C$，它可看成 x, y, z 的二次型．它的系数矩阵为

$$A = \begin{pmatrix} 1 & -\cos A & -\cos B \\ -\cos A & 1 & -\cos C \\ -\cos B & -\cos C & 1 \end{pmatrix}$$

注意到 A 的三个 1 级主子式皆为 1；其 2 级主子式非负；又 $|A| = 0$．

故知二次型 $f(x, y, z)$ 半正定，从而 $f(x, y, z) \geqslant 0$ 对任意实数 x, y, z 皆真．命题得证．

最后来看两个关于求圆锥曲线方程的例子．

例53 平面上不共线的三点 $P_i(x_i, y_i)$ ($i = 1, 2, 3$) 所决定的圆方程为

$$\begin{vmatrix} x^2 + y^2 & x & y & 1 \\ x_1^2 + y_1^2 & x_1 & y_1 & 1 \\ x_2^2 + y_2^2 & x_2 & y_2 & 1 \\ x_3^2 + y_3^2 & x_3 & y_3 & 1 \end{vmatrix} = 0 \qquad ①$$

证 它的展开式（按第一行）形状为

$$A(x^2+y^2)+Bx+Cy+E=0 \qquad ②$$

知其代表圆方程.

又将$(x_i,y_i)(i=1,2,3)$代入行列式中的(x,y)知行列式为0(它的两行元素对应相等),知方程②过点$P_i(i=1,2,3)$.

又过不共线三点可唯一决定一圆,知①即为所求方程.

注 本题也可由线性方程组的理论得到. 又由之还可有结论:

平面四点$P_i(x_i,y_i)(i=1,2,3,4)$共圆$\Leftrightarrow$

$$\begin{vmatrix} x_1^2+y_1^2 & x_1 & y_1 & 1 \\ x_2^2+y_2^2 & x_2 & y_2 & 1 \\ x_3^2+y_3^2 & x_3 & y_3 & 1 \\ x_4^2+y_4^2 & x_4 & y_4 & 1 \end{vmatrix}=0$$

仿上例我们不难证得.

例54 求过平面上五点$P_i(x_i,y_i)(i=1,2,3,4,5)$所确定的二次曲线$Ax^2+By^2+Cxy+Dx+Ey+F=0$的方程.

解 仿上例所求曲线方程为

$$\begin{vmatrix} x^2 & y^2 & xy & x & y & 1 \\ x_1^2 & y_1^2 & x_1y_1 & x_1 & y_1 & 1 \\ x_2^2 & y_2^2 & x_2y_2 & x_2 & y_2 & 1 \\ x_3^2 & y_3^2 & x_3y_3 & x_3 & y_3 & 1 \\ x_4^2 & y_4^2 & x_4y_4 & x_4 & y_4 & 1 \\ x_5^2 & y_5^2 & x_5y_5 & x_5 & y_5 & 1 \end{vmatrix}=0$$

注 本题的结论及方法还可推广.

数学解题的特殊方法

习 题

1. 试证:对任何实数 x,均有 $-6 \leqslant 5\sin x + \cos 2x \leqslant 4$.

2. 试证: $x > 0$ 时, $x - x^3/6 < \sin x < x$.

3. 试比较 $\log_4 5$ 与 $\log_5 6$ 的大小.

4. 试证 $\sin^3 4° - \sin^3 3° > \sin^3 2° - \sin^3 1°$.

5. 试用向量证明塞瓦定理.

6. 试用概率知识证明等式 $\sum_{k=1}^{m} C_{n-k}^{r-1} (1 \leqslant r \leqslant n)$,其中 $m = n - (r-1)$.

7. 分解 $a^3 + b^3 - 3ab + 1$.

8. 分解 $ab^2(a+b) + bc^2(b+c) + ca^2(c+a) - a^2b(a+b) - b^2c(b+c) - c^2a(c+a)$.

[提示:原式 $= \begin{vmatrix} a & b & c \\ a^2 & b^2 & c^2 \\ b+c & c+a & a+b \end{vmatrix}.$]

9. 若方程 $ax^2 + bx + c = 0 (a \neq 0), bx^2 + cx + a = 0$ 在复数范围内有一根相等,则 $a^3 + b^3 + c^3 = 3abc$.

[提示:由设可有 $x_0^3 = 1$ (x_0 为两方程公共根),代入前一个方程 $cx_0^2 + bx_0 + a = 0$. 联立 $ax_0^2 + bx_0 + c = 0$ 与 $bx_0^2 + cx_0 + a = 0$ 即可.]

10. 过 $P(-a, 0)(a > 0)$ 作抛物线 $y^2 = 2px$ 的两切线交 Y 轴于 A, B 两点. 求证 A, P, B, F 四点共圆 (F 为抛物线焦点).

[提示:过 P 的抛物线的两切线方程分别为 $y = \pm(\sqrt{p/2a}\, x + \sqrt{ap/2})$,不难求得 A, P, B, F 四点的坐标.]

11. 抛物线 $y^2 = 2px$ 的三条切线两两相交于 A, B, C 三点,试证 A, B, C, F 四点共圆 (F 为抛物线焦点).

12. 若两抛物线对称轴互相垂直,且有四个交点,则此四点共圆.

13. 双曲线 $\dfrac{x^2}{a^2} - \dfrac{y^2}{b^2} = 1$ 的两焦点为 F, F',又任意一条不与

294

第7章 高等数学在解初等问题中的应用

Y 轴平行的切线与过两顶点的切线相交于 P,P' 两点,则 F,F', P,P' 四点共圆.

14. 过点 $M(x_0,y_0)$ 的两直线 l_1,l_2 的倾斜角 α,β 满足 $\alpha+\beta=\pi$,若这两直线交椭圆 $\dfrac{x^2}{a^2}+\dfrac{y^2}{b^2}=1$ 于四个点 A,B,C,D,则该四点共圆.

15. 试证双曲线的任一切线和它的两条渐近线所围成的三角形面积是一个常量.

16. 以抛物线上三点为顶点的三角形面积等于过此三点的三切线所围成的三角形面积的两倍.

物理方法在解数学问题上的应用

第 8 章

数学和物理有着不解之缘.用数学方法去解物理问题似乎理所当然(因为数学是工具),但反过来用物理方法去解数学问题(它有时十分巧妙与简洁),也许不太为人们所重视.

早在两千多年以前,古希腊学者阿基米德就曾用物体的平衡定律解一些几何问题,并把它们写入《一些几何命题的力学证明》一书.

数学家庞加莱也说过:物理学不仅给数学工作者一个解题的机会,而且也帮助我们发现解题的方法,其方式有二,它引导我们预测解答及提示适合的论证方法.

第8章 物理方法在解数学问题上的应用

我们先来看看物理方法在解几何问题上的应用.

例1 如图 8.1, G 是 $\triangle ABC$ 的重心, l 是 $\triangle ABC$ 外一直线, 若自 A, B, C, G 各向 l 作垂线垂足分别是 A', B', C', G', 则 $AA' + BB' + CC' = 3GG'$.

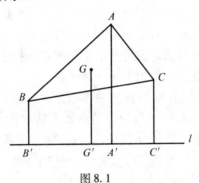

图 8.1

这个问题直接用几何方法可以证明, 只是稍嫌麻烦(还要引辅助线), 但它若从力学角度考虑, 结论几乎是显然的.

证 今在 A, B, C 各置一个单位质点, 则整个质点系质量为 3 单位, 且重心恰好在 G.

若重力方向视为与 l 垂直方向, 则质点组 $\{A, B, C\}$ 对 l 的力矩为

$$1 \cdot AA' + 1 \cdot BB' + 1 \cdot CC'$$

它恰好等于质心 G(质量为 3 个单位)对于 l 的力矩, 而这个力矩正好是 $3GG'$.

即

$$AA' + BB' + CC' = 3GG'$$

注 本题结论还可以推广:即自 A, B, C, G 向 l 所作直线不一定要与 l 垂直, 只须它们彼此平行即可.

此外还可以推广到任意多边形的情形.

下面是我们前面已提到过的著名的"三村办学"的例子，它是属于求函数极值的问题．著名的波兰数学家斯坦因豪斯在其名著《数学万花筒》中提出这样一个问题：

例2 三个乡村要联合办一所小学，其中甲村有学生 50 名、乙村有学生 70 名、丙村有学生 90 名．问这所学校办在什么地方可使学生们所走路程总和最小？

作者在书中给出下面一种解法：

解 如图 8.2，在一块木板上画好三村位置（地图），然后在标有三村位置的点处各钻一孔，然后把三条系在一起的绳子分别穿过三孔，绳子下段各挂有重量比是 $5:7:9$ 的三个重物，当它们平衡时，绳子结点所在的位置，即为所求学校的位置．

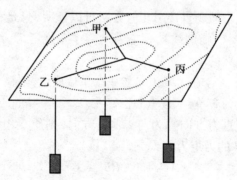

图 8.2

这里是利用了位能最小原理．

注1 当三村人数相当时，这种点称费马点．

注2 本题结论和方法可推广为 n 个村庄的情形．

注3 命题中所求点 P 只须满足（见图 8.3）

$$\frac{\sin \angle BPC}{5} = \frac{\sin \angle CPA}{7} = \frac{\sin \angle APB}{9}$$

第8章 物理方法在解数学问题上的应用

即可.

力是矢(向)量,因而矢量方法能解决的问题,用力学办法同样可以解决,读者可参阅上一章中关于矢量方向解题的例子.

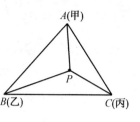

图 8.3

下面我们来看一些用力学方法解三角问题的例子,它较常规解法简洁而方便(当然这首先要求我们具备一些办学知识).为此我们先介绍几个命题.

命题 1 大小一样,终端分布在正 n 边形 n 个顶点上的共点于正 n 边形中心的力系,其合力为零.

证 用反证法.如图 8.4,设 $\{O; \vec{f_1}, \vec{f_2}, \cdots, \vec{f_n}\}$ 为 n 个大小一样、终端分布在正 n 边形 n 个顶点且共点于多边形中心 O 的

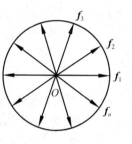

图 8.4

共点力系(设 $\vec{f}$ 与 x 轴正向同),若其合力 $\vec{F} \neq 0$,考虑将 $\vec{f_1}, \vec{f_2}, \cdots, \vec{f_n}$ 分别绕 O 逆(或顺)时针方向旋转 $2\pi/n$ 角度而构成新力系 $\{O; \vec{f_1'}, \vec{f_2'}, \cdots, \vec{f_n'}\}$,其合力 $\vec{F'}$ 也应为 $\vec{F}$ 绕 O 逆(或顺)时针旋转 $2\pi/n$ 角度,注意到将上各力旋转后,力系仍与原来相同,其合力也应一样,即 $\vec{F'} = \vec{F}$,因 $\vec{F'}, \vec{F}$ 方向不同,从而 $|\vec{F}| = 0$.

命题 2 大小一样,终端分布在正 $2n$ 边形连续 $n+1$ 个顶点上的共点于多边形中心的力系,在始(或

终)力所在直线方向上的合力为0.

图8.5

证 如图8.5,可分 $n=2k+1$ 和 $n=2k$ 两种情形考虑(k 是自然数),无论何种情形其合力均在与始力垂直的方向上(始力在横向,则合力在纵向),这只须考虑两两对称力的合力均在纵向即可.

有了这两个命题,我们可有下面的结论:

系1 $\sum_{k=0}^{n-1}\cos\dfrac{2k\pi}{n}=0,\sum_{k=0}^{n-1}\sin\dfrac{2k\pi}{n}=0.$

这只须注意到命题1中合力 $\vec{F}=0$,故该力系在 x 轴或 y 轴方向合力也为0(即各力在此两方向投影和为0)即可,而 $\cos\dfrac{2k\pi}{n},\sin\dfrac{2k\pi}{n}(k=0,1,\cdots,n-1)$ 正是该力系各力在 x 轴和 y 轴上的投影,这里设 $|\vec{f_k}|=1$.

系2 $\sum_{k=0}^{n-1}\cos\left(\alpha+\dfrac{2k\pi}{n}\right)=0$

且 $\sum_{k=0}^{n-1}\sin\left(\alpha+\dfrac{2k\pi}{n}\right)=0$

考虑命题1中力系 $\{O;\vec{f_1},\vec{f_2},\cdots\vec{f_n}\}$ 绕 O 逆时针旋转 α 角度,再仿系理1证明即可有上结论.

注 上两结论也可用式左分别同乘 $\sin\dfrac{\pi}{n}$ 及 $\cos\dfrac{\pi}{n}$,再积化和差来证,但步骤稍繁.

第8章 物理方法在解数学问题上的应用

系 3 $\sum_{k=0}^{n} \cos \frac{k\pi}{n} = 0$,或 $\sum_{k=1}^{n-1} \cos \frac{k\pi}{n} = 0$.

由命题 2 且仿系理 1 的证明可得.

注 这个结论是显然的,因 $\cos 0 = 1, \cos \pi = -1$,再注意到 $\cos(\pi - \alpha) = -\cos \alpha$ 即可.

下面考虑几个例.

例 3 求证 $1 + \cos \frac{2\pi}{7} + \cos \frac{4\pi}{7} + \cos \frac{6\pi}{7} + \cos \frac{8\pi}{7} + \cos \frac{10\pi}{7} + \cos \frac{12\pi}{7} = 0$.

证 在系理 1 中令 $n = 7$ 即为上面结论,再注意到 $\cos 0 = 1$ 的事实即可.

例 4 求 $\cos 7° + \cos 79° + \cos 151° + \cos 223° + \cos 295°$ 的值.

解 注意到 $7°, 79°, 151°, 223°, 295°$ 组成一公差为 $72°$ 的等差数列,各角终边可视为圆的五等分半径,故在系理 2 中令 $\alpha = 7°, n = 5$ 知 原式 $= 0$.

例 5 试证:(1) $\cos \frac{2\pi}{7} + \cos \frac{4\pi}{7} + \cos \frac{6\pi}{7} = -\frac{1}{2}$;

(2) $\cos \frac{\pi}{7} - \cos \frac{2\pi}{7} + \cos \frac{3\pi}{7} = \frac{1}{2}$.

证 (1) 由系理 1 当 $n = 7$ 时,有 $\sum_{k=0}^{6} \cos \frac{2k\pi}{7} = 0$.

又 $\cos(2\pi - \alpha) = \cos \alpha$ 知

$\cos \frac{12\pi}{7} = \cos \frac{2\pi}{7}, \cos \frac{10\pi}{7} = \cos \frac{4\pi}{7}, \cos \frac{8\pi}{7} = \cos \frac{6\pi}{7}$

注意到 $\cos 0 = 1$,从而

$$1 + 2 \sum_{k=1}^{3} \cos \frac{2k\pi}{7} = 0$$

即

$$\sum_{k=1}^{3} \cos\frac{2k\pi}{7} = -\frac{1}{2}$$

(2) 由结论(1)及系理 3 可有(注意到 $\sum_{k=1}^{6}\cos\frac{k\pi}{7}=0$)

$$\cos\frac{\pi}{7} + \cos\frac{3\pi}{7} + \cos\frac{5\pi}{7} = \frac{1}{2}$$

又 $\cos\frac{5\pi}{7} = -\cos\frac{2\pi}{7}$

故

$$\cos\frac{\pi}{7} - \cos\frac{2\pi}{7} + \cos\frac{3\pi}{7} = \frac{1}{2}$$

以上两结论实际还可推广为：

(1) $\sum_{k=1}^{n} \cos\frac{2k\pi}{2n+1} = -\frac{1}{2}$;

(2) $\sum_{k=1}^{n} \cos\frac{(2k-1)\pi}{2n+1} = \frac{1}{2}$.

而这两个结论又可综合写成统一的式子

$$\sum_{k=1}^{n} (-1)^{k} \cos\frac{k\pi}{2n+1} = \frac{1}{2}$$

它们的证明可仿例 5. 当然它们若用乘一三角函数($\sin\frac{\pi}{2n+1}$)再积化和差去做，稍麻烦. 读者不妨动手比较一下.

最后我们再来看一个求三角函数值的例子.

例 6 试求 $\sin 18°$ 的值.

解 如图 8.6，力系$\{O; \vec{f_1}, \vec{f_2}, \vec{f_3}, \vec{f_4}, \vec{f_5}\}$中，合力 $\vec{F} = 0$，考虑它在 X 方向上的合力(令$|\vec{f_i}| = 1, i = 1, 2, 3, 4, 5$)有

第8章 物理方法在解数学问题上的应用

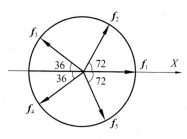

图 8.6

$$1 + \cos 72° + \cos 72° - \cos 36° - \cos 36° = 0$$

即

$$1 + 2\cos 72° - 2\cos 36° = 0$$

又

$$\cos 72° = \sin 18°$$

$$\cos 36° = 1 - 2\sin^2 18°$$

代入上式有

$$4\sin^2 18° + 2\sin 18° - 1 = 0$$

解得

$$\sin 18° = \frac{1}{4}(\sqrt{5} - 1) \text{（仅取正值）}$$

物理上还有许多方法可用来解决某些数学问题,这方面的例子我们不举了,读者若有兴趣可参见某些专门的著述,例如拙著《数学解题中的物理方法》等.

习 题

1. 试用力学方法证明三角形重心定理.
2. 试用力学方法证明塞瓦定理.
3. (1) 如图 8.7,若 E,F,G,H 分别是四边形 $ABCD$ 一组对边 AD,BC 的三等分点;P,Q 分别为 AB,CD 的二等分点. 试证 GE,FH 被 PQ 所二等分;而 PQ 被 EG,FH 所三等分.

(2) 若 $E,G;P,Q$ 分别为四边形两组对边 AD,BC 和 AB,DC 的 m,n 等分点,则 $PM = \frac{1}{m}AB, EM = \frac{1}{n}EG.$

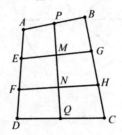

图 8.7

4. 空间四边形两组对边中点连线及两对角线中点连线共点,且被该点所平分.

5. 试证 $\cos 1° + \cos 73° + \cos 145° + \cos 217° + \cos 289° = 0.$

6. 试求 $\cos 3° + \cos 43° + \cos 83° + \cos 123° + \cos 163° + \cos 203° + \cos 243° + \cos 283° + \cos 323°$ 的值.

不等式的证明方法

第 9 章

不等式是中学数学的一个重要内容,由于它在初等和高等数学中应用极广,因而有必要用一些篇幅谈谈它.

不等式的问题大致可分两类:一是解不等式;二是证明不等式(包括比较数或式的大小). 我们只打算谈谈后者.

不等式证法很多,大致可分为:

不等式证明方法
- 常规方法
  - 综合法、分析法(包括使用公式)
  - 比较法
  - 反证法
  - 数学归纳法
  - ⋮
- 非常规方法
  - 放缩法
  - 判别式法
  - 单调函数法
  - 导数法(含中值定理和凸函数法)
  - 极值法
  - 三角法
  - 利用恒等式
  - 其他方法 (利用行列式,……)

数学解题的特殊方法

对于常规方法,我们只简要谈谈,而着重谈谈非常规方法.

9.1 综合法、分析法

在这种方法里常常用到下面的不等式:
$$a^2 + b^2 \geqslant 2ab$$
或
$$a + b \geqslant 2\sqrt{ab}\,(a > 0, b > 0)$$
$$a^3 + b^3 + c^3 \geqslant 3abc$$
或
$$a + b + c \geqslant 3\sqrt[3]{abc}\,(a > 0, b > 0, c > 0)$$

我们先来看看用综合法的例子,该命题在前面章节习题中出现过.

例1 若 a, b, c, d 均为正数,且 $abcd = 1$.求证
$$a^2 + b^2 + c^2 + d^2 + ab + ac + ad + bc + bd + cd \geqslant 10$$

证 由 $a^2 + b^2 \geqslant 2ab, c^2 + d^2 \geqslant 2cd$ 有
$$a^2 + b^2 + c^2 + d^2 \geqslant 2(ab + cd) \geqslant 4\sqrt{abcd} = 4$$
又
$$ab + cd \geqslant 2\sqrt{abcd} = 2$$
同理
$$ac + bd \geqslant 2$$
$$ad + bc \geqslant 2$$

上面四式相加即得所证式子.

第9章 不等式的证明方法

例2 若 $\sum_{i=1}^{n} a_i^2 = 1$，$\sum_{i=1}^{n} b_i^2 = 1$，则 $\sum_{i=1}^{n} a_i b_i \leqslant 1$。

证 由 $a_i b_i \leqslant (a_i^2 + b_i^2)/2 \ (i=1,2,\cdots,n)$

故

$$\sum_{i=1}^{n} a_i b_i \leqslant \sum_{i=1}^{n} (a_i^2 + b_i^2)/2 = \frac{1}{2}\left(\sum_{i=1}^{n} a_i^2 + \sum_{i=1}^{n} b_i^2\right) = 1$$

例3 若 a,b,c 为 $\triangle ABC$ 三边长，S 为其面积，则 $a^2 + b^2 + c^2 \geqslant 4\sqrt{3} S$。

证 由余弦定理(三次利用该定理)可有

$$a^2 + b^2 + c^2 = 2bc\cos A + 2ca\cos B + 2ab\cos C$$

注意到 $bc\sin A = ca\sin B = ab\sin C = 2S$ 代入上式可有

$$a^2 + b^2 + c^2 = 4S(\cot A + \cot B + \cot C)$$

而

$$\cot A + \cot B + \cot C = \frac{\cos C}{\sin C} + \frac{2\sin C}{\cos(A-B) + \cos C}$$

固定 C，令 A,B 变化，显然当 $A = B$ 时 $T = \cot A + \cot B + \cot C$ 值最小。

由对称性知 $A = B = C$ 时，T 最小，且

$$T_{\min} = 3\cot 60° = \sqrt{3}$$

故

$$a^2 + b^2 + c^2 = 4S \cdot T \geqslant 4\sqrt{3} S$$

下面看看用分析法的例子。

例4 若 $a_1, a_2; b_1, b_2$ 均为实数，则 $a_1 b_1 + a_2 b_2 \leqslant \sqrt{a_1^2 + a_2^2} \cdot \sqrt{b_1^2 + b_2^2}$（柯西不等式）。

证 欲证结论,只须证(注意到 $a_1b_1 + a_2b_2 \leqslant |a_1b_1 + a_2b_2|$)

$$(a_1b_1 + a_2b_2)^2 \leqslant (a_1^2 + a_2^2)(b_1^2 + b_2^2)$$

即

$$2a_1a_2b_1b_2 \leqslant a_1^2b_2^2 + a_2^2b_1^2$$

也即 $(a_1b_2 - a_2b_1)^2 \geqslant 0$,这是显然的.

例5 试证 $(\sec^4\alpha - 1)(\csc^4\alpha - 1) \geqslant 9$.

证 欲证原式只须证明

$$\frac{1-\sin^4\alpha}{\sin^4\alpha} \cdot \frac{1-\cos^4\alpha}{\cos^4\alpha} \geqslant 9$$

即

$$\frac{(1+\sin^2\alpha)(1+\cos^2\alpha)}{\sin^2\alpha \cdot \cos^2\alpha} \geqslant 9$$

也即

$$2 + \sin^2\alpha\cos^2\alpha \geqslant 9\sin^2\alpha\cos^2\alpha$$

或

$$8\sin^2\alpha\cos^2\alpha \leqslant 2$$

这只须 $\sin^2 2\alpha \leqslant 1$,这是显然的.

9.2 比 较 法

比较法的形式有两种:

(1) 式 $A - B \begin{cases} < 0, 则\ A < B \\ = 0, 则\ A = B \\ > 0, 则\ A > B \end{cases}$

(2) 式 $\dfrac{A}{|B|}(B \neq 0) \begin{cases} < 1, 则\ A < |B| \\ = 1, 则\ A = |B| \\ > 1, 则\ A > |B| \end{cases}$

第 9 章 不等式的证明方法

利用上面结论可解一些不等式问题. 请看例子.

例 6 若 $a+b+c=1$(a,b,c 均为实数),则 $a^2+b^2+c^2 \geq \dfrac{1}{3}$.

证 由下面式子变形(注意 $a+b+c=1$)有

$$a^2+b^2+c^2-\dfrac{1}{3}=$$

$$\dfrac{1}{3}[3a^2+3b^2+3c^2-(a+b+c)^2]=$$

$$\dfrac{1}{3}[(a-b)^2+(b-c)^2+(c-a)^2] \geq 0$$

故

$$a^2+b^2+c^2 \geq \dfrac{1}{3}$$

例 7 若 $a>b>c>0$,则 $a^{2a}b^{2b}c^{2c} > a^{b+c}b^{c+a}c^{a+b}$.

证 注意到下面分式变形

$$\dfrac{a^{2a}b^{2b}c^{2c}}{a^{b+c}b^{c+a}c^{a+b}} = \dfrac{a^{a-b}b^{b-c}c^{c-a}}{a^{c-b}b^{a-b}c^{b-c}} =$$

$$\left(\dfrac{a}{b}\right)^{a-b}\left(\dfrac{b}{c}\right)^{b-c}\left(\dfrac{c}{a}\right)^{c-a}$$

由 $a>b>c>0$ 有

$$\dfrac{a}{b}>1,\quad \dfrac{b}{c}>1,\quad \dfrac{a}{c}>1$$

和

$$a-b>0,\quad b-c>0,\quad a-c>0$$

故

$$\left(\dfrac{a}{b}\right)^{a-b}>1,\quad \left(\dfrac{b}{c}\right)^{b-c}>1,\quad \left(\dfrac{c}{a}\right)^{c-a}>1$$

故

$$\frac{a^{2a}b^{2b}c^{2c}}{a^{b+c}b^{c+a}c^{a+b}} > 1$$

即

$$a^{2a}b^{2b}c^{2c} > a^{b+c}b^{c+a}c^{a+b}$$

下面是比较法的变形用法.

例8 若记斐波那契数列 $1,1,2,3,5,\cdots$ 的通项为 a_n,则 $\sum_{k=1}^{n}\frac{a_k}{2^k} < 2$.

证 由斐波那契数列性质知 $a_{k+1} = a_{k-1} + a_k$.

若记 $S_n = \sum_{k=1}^{n}\frac{a_k}{2^k}$,今考虑

$$S_n = 4S_n - 2S_n - S_n =$$
$$[(2+1)-1] +$$
$$\sum_{k=3}^{n}\left[\frac{a_k}{2^{k-2}} - \left(\frac{a_{k-1}}{2^{k-2}} + \frac{a_{k-2}}{2^{k-2}}\right)\right] -$$
$$\frac{a_n}{2^{n-1}} - \frac{a_n}{2^n}$$

注意到

$$\frac{a_k}{2^{k-2}} - \left(\frac{a_{k-1}}{2^{k-2}} + \frac{a_{k-2}}{2^{k-2}}\right) =$$
$$\frac{1}{2^{k-2}}[a_k - (a_{k-1} + a_{k-2})] = 0$$

故

$$S_n = 2 - \left(\frac{a_n}{2^{n-1}} + \frac{a_n}{2^n}\right) < 2$$

9.3 反 证 法

例 9 若 α_i 为正实数 $(i = 1, 2, \cdots, n)$,且 $\sum_{k=1}^{n} \alpha_i = \pi$,则

$$\sum_{k=1}^{n} \cos \alpha_k \leq n\cos \frac{\pi}{n}$$

证 令 $y = \sum_{k=1}^{n} \cos \alpha_k$,即证 $\alpha_1 = \alpha_2 = \cdots = \alpha_n = \frac{\pi}{n}$ 时,y 有极大值. 若不然,在 α_k 有两个不等,今设 $\alpha_1 \neq \alpha_2$,且 y 最大.

由

$$\cos \alpha_1 + \cos \alpha_2 = 2\cos \frac{\alpha_1 + \alpha_2}{2} \cos \frac{\alpha_1 - \alpha_2}{2} < 2\cos \frac{\alpha_1 + \alpha_2}{2}$$

令 $\alpha'_1 = \alpha'_2 = (\alpha_1 + \alpha_2)/2$,由上式有

$$\cos \alpha_1 + \cos \alpha_2 + \cdots + \cos \alpha_n < \cos \alpha'_1 + \cos \alpha'_2 + \cdots + \cos \alpha_n$$

这与前设矛盾,因 $\alpha'_1, \alpha'_2, \alpha_3, \cdots, \alpha_n$ 也满足条件而使 y 变化. 此即说当 $\alpha_1 = \alpha_2 = \cdots = \alpha_n = \pi/n$ 时,y 最大.

例 10 若 $f(x) = x^2 + px + q$,则 $|f(1)|$,$|f(2)|$,$|f(3)|$ 中至少有一个不小于 $1/2$.

证 若不然,今设 $|f(1)|$,$|f(2)|$,$|f(3)|$ 均小于 $\frac{1}{2}$,则有

$$\begin{cases} -\dfrac{3}{2} < p+q < -\dfrac{1}{2} & \text{①} \\ -\dfrac{9}{2} < 2p+q < -\dfrac{7}{2} & \text{②} \\ -\dfrac{19}{2} < 3p+q < -\dfrac{17}{2} & \text{③} \end{cases}$$

则 $\dfrac{1}{2}$[式①+式③] 有

$$-\dfrac{11}{2} < 2p+q < -\dfrac{9}{2} \qquad ④$$

式④与式②矛盾,故前设不真,原命题真.

9.4　数学归纳法

例 11　设 $x_i > 1(i=1,2,\cdots,n)$ 且它们同号,试证不等式 $\prod\limits_{i=1}^{n}(1+x_i) > 1 + \sum\limits_{i=1}^{n} x_i.$

证　(1) $n=2$ 时,由

$$(1+x_1)(1+x_2) = 1 + x_1 x_2 + x_1 + x_2$$

又由 x_1, x_2 同号有 $x_1 x_2 > 0.$

故 $(1+x_1)(1+x_2) > 1 + x_1 + x_2$,结论真.

(2) 设 $n=k$ 时结论真,即 $\prod\limits_{i=1}^{k}(1+x_i) > 1 + \sum\limits_{i=1}^{k} x_i.$

由 $1 + x_{k+1} > 0$,将之乘上式两边有

$$\prod_{i=1}^{k+1}(1+x_i) > (1+x_{k+1})\Big(1 + \sum_{i=1}^{k} x_i\Big)$$

而

$$(1+x_{k+1})\Big(1 + \sum_{i=1}^{k} x_i\Big) = 1 + \sum_{i=1}^{k+1} x_i +$$

由
$$\sum_{i=1}^{k} x_i x_{k+1}$$

$$x_i x_{k+1} > 0 \quad (i = 1, 2, \cdots, k)$$

故 $\prod_{i=1}^{k+1}(1+x_i) > 1 + \sum_{i=1}^{k+1} x_i$，即 $n = k + 1$ 时命题为真，故对任何自然数结论都成立.

例 12 n 为大于 1 的自然数，试证：$\sum_{k=1}^{n} \dfrac{1}{\sqrt{k}} > \sqrt{n}$.

证 令 $S_n = \sum_{k=1}^{n} \dfrac{1}{\sqrt{k}}$. 用数学归纳法.

(1) $n = 2$ 时，$S_2 = 1 + \dfrac{1}{\sqrt{2}} > \sqrt{2}$，结论真.

(2) 设 $n = k$ 时结论真，即 $\sum_{m=1}^{k} \dfrac{1}{\sqrt{m}} > \sqrt{k}$，今考虑 $n = k + 1$ 的情形.

由 $k^2 + k > k^2$ 有 $\sqrt{k}\sqrt{k+1} + 1 > k + 1$

故
$$\sqrt{k} + \dfrac{1}{\sqrt{k+1}} > \sqrt{k+1}$$

于是
$$S_{k+1} = S_k + \dfrac{1}{\sqrt{k+1}} > \sqrt{k} + \dfrac{1}{\sqrt{k+1}} > \sqrt{k+1}$$

即 $n = k + 1$ 时命题也成立. 从而对任何自然数 n 不等式成立.

注 类似地我们可以证明

$$2(\sqrt{n+1} - 1) < \sum_{k=1}^{n} \dfrac{1}{\sqrt{k}} < 2\sqrt{n}$$

下面考虑不等式的非常规证法.

9.5 放 缩 法

所谓放缩法是指在不等式证明过程中进行某些适当的"放大"或"缩小",以使变换后的式子易于计算或证明(形式或简洁或较整齐或有规律),这种方法称放缩法. 请看:

例 13 若 $a \geqslant b > 0$,则 $n(a-b)b^{n-1} \leqslant a^n - b^n \leqslant n(a-b)a^{n-1}$,$n$ 为自然数.

证 注意到下面式子变形及放缩

$$a^n - b^n = (a-b)\sum_{k=1}^{n-1} a^k b^{n-k-1} \leqslant$$
$$(a-b)\sum_{k=1}^{n-1} a^k a^{n-k-1} =$$
$$n(a-b)a^{n-1}$$

注意这里因为 $a \geqslant b$,把式中一部分换成了 a.

类似地可证 $a^n - b^n \geqslant n(a-b)b^{n-1}$

例 14 设数列 $a_0, a_1, a_2, \cdots, a_n$ 满足 $a_0 = \dfrac{1}{2}$,及 $a_{k-1} = a_k + \dfrac{1}{n}a_k^2 (k = 0, 1, 2, \cdots, n-1)$,其中 n 是一个给定的正整数. 试证:$1 - \dfrac{1}{n} < a_n < 1$.

证 由题设可得 $\dfrac{1}{a_{k-1}} - \dfrac{1}{a_k} = \dfrac{1}{n + a_{k-1}}$,这样可知

$$a_n > a_{n-1} > \cdots > a_1 > a_0 = \dfrac{1}{2}$$

且

$$\frac{1}{a_{k-1}} - \frac{1}{a_k} < \frac{1}{n}, k = 1, 2, \cdots, n$$

将上面不等式两边累加可得:$\frac{1}{a_0} - \frac{1}{a_n} < 1$.

故 $\frac{1}{a_n} > \frac{1}{a_0} - 1 = 2 - 1 = 1$,即 $a_n < 1$.

又

$$\frac{1}{a_{k-1}} - \frac{1}{a_k} = \frac{1}{n + a_{k-1}} > \frac{1}{n+1}, k = 1, 2, \cdots, n$$

两边累加得

$$\frac{1}{a_0} - \frac{1}{a_n} > \frac{n}{n+1}$$

所以

$$\frac{1}{a_n} < \frac{1}{a_0} - \frac{n}{n+1} = 2 - \frac{n}{n+1} = \frac{n+2}{n+1}$$

即

$$a_n > \frac{n+1}{n+2} = 1 - \frac{1}{n+2} > 1 - \frac{1}{n}$$

故

$$1 - \frac{1}{n} < a_n < 1$$

例 15 试证不等式 $\sum_{k=1}^{n} \frac{1}{k!} < 2$.

证 由下面式子变形与放缩

$$\frac{1}{k!} = \frac{1}{k(k-1)(k-2) \cdots 2 \cdot 1} < \frac{1}{2^{k-1}} (k > 2)$$

故

$$\sum_{k=1}^{n} \frac{1}{k!} < \sum_{k=1}^{n} \frac{1}{2^{k-1}} = \frac{1 - \frac{1}{2^n}}{1 - \frac{1}{2}} =$$

$$2 - \frac{1}{2^{n-1}} < 2$$

注 这里放缩后得到一个公比为 1/2 的等比级数,它的和是易于计算的.

例 16 试证不等式 $\sum_{k=1}^{n} \frac{1}{k^2} < 2$.

证 由 $\frac{1}{k^2} < \frac{1}{(k-1)k} < \frac{1}{k-1} - \frac{1}{k}$ $(k \geqslant 2)$

故

$$\sum_{k=1}^{n} \frac{1}{k^2} = 1 + \sum_{k=2}^{n} \frac{1}{k^2} < 1 + \sum_{k=2}^{n} \left(\frac{1}{k-1} - \frac{1}{k} \right) =$$

$$1 + \left(1 - \frac{1}{n} \right) < 2$$

注 这里放缩后得到一个便于计算的级数 $\sum_{k=2}^{n} \frac{1}{k(k-1)}$,因为它的项拆成 $\frac{1}{k-1} - \frac{1}{k}$ 后,在求和过程中前后项可相消,从而仅剩首尾两项.

例 17 试证 $\prod_{k=1}^{n} \frac{2k-1}{2k} < \frac{1}{\sqrt{2n+1}}$.

证 由 $\frac{2k-1}{2k} < \frac{2k}{2k+1}$,

故

$$\prod_{k=1}^{n} \frac{2k-1}{2k} < \prod_{k=1}^{n} \frac{2k}{2k+1}$$

因而

$$\left(\prod_{k=1}^{n} \frac{2k-1}{2k} \right)^2 < \left(\prod_{k=1}^{n} \frac{2k-1}{2k} \right) \left(\prod_{k=1}^{n} \frac{2k}{2k+1} \right) =$$

$$\prod_{k=1}^{n} \frac{2k-1}{2k} \cdot \frac{2k}{2k+1} =$$

第9章 不等式的证明方法

$$\prod_{k=1}^{n} \frac{2k-1}{2k+1} = \frac{1}{2n+1}$$

故

$$\prod_{k=1}^{n} \frac{2k-1}{2k} < \frac{1}{\sqrt{2n+1}}$$

注 这里的放缩是为了使式子分子分母相约而化简.

例18 试证 $\prod_{k=1}^{n}\left(2-\frac{2k-1}{n}\right) > \frac{1}{n!}(n>1)$.

证 易证明

$$2-\frac{1}{n} > 1, 2-\frac{3}{n} \geqslant \frac{1}{2}, 2-\frac{5}{n} \geqslant \frac{1}{3}, \cdots,$$

$$2-\frac{2n-1}{n} = \frac{1}{n}.$$

上各式两边分别相乘即为所求证的结论.

注 这里是对所求积的式子每项逐个放缩,而直接得到结论.

例19 设 n 为自然数,则 $\frac{n}{2} < 1+\frac{1}{2}+\frac{1}{3}+\cdots+\frac{1}{2^n-1} < n$.

证 令 $S_n = 1+\frac{1}{2}+\cdots+\frac{1}{2^n-1}$.

故

$$S_n = 1+\frac{1}{2}+\left(\frac{1}{3}+\frac{1}{4}\right)+$$

$$\left(\frac{1}{5}+\frac{1}{6}+\frac{1}{7}+\frac{1}{8}\right)+\cdots+$$

$$\left(\frac{1}{2^{n-1}+1}+\frac{1}{2^{n-1}+2}+\cdots+\frac{1}{2^n-1}\right)$$

由

数学解题的特殊方法

$$\frac{1}{3}+\frac{1}{4}>\frac{1}{4}+\frac{1}{4}=\frac{1}{2}$$

$$\frac{1}{5}+\frac{1}{6}+\frac{1}{7}+\frac{1}{8}>\frac{1}{8}+\frac{1}{8}+\frac{1}{8}+\frac{1}{8}=\frac{1}{2}$$

$$\vdots$$

$$\frac{1}{2^{n-1}+1}+\frac{1}{2^{n-1}+2}+\cdots+\frac{1}{2^n-1}>\frac{1}{2^n-1}+$$

$$\frac{1}{2^n-1}+\cdots+\frac{1}{2^n-1}=\frac{1}{2}$$

故

$$S_n>\frac{1}{2}+\frac{1}{2}+\cdots+\frac{1}{2}=\frac{n}{2}$$

类似地可证明 $S_n < n$.

注 这里的结果可以用来证明调和级数 $\sum\limits_{k=1}^{+\infty}\frac{1}{k}$ 发散.

例 20 设 $a_k>0(k=1,2,\cdots,n)$，且 $\sum\limits_{k=1}^{n}a_k=s$. 则

$$\prod_{k=1}^{n}(1+a_k)\leqslant\sum_{k=0}^{n}\frac{s^k}{k!}.$$

证 由算术 – 几何平均值不等式有

$$\prod_{k=1}^{n}(1+a_k)\leqslant\left(\frac{n+s}{n}\right)^n=\left(1+\frac{s}{n}\right)^n=$$

$$1+\frac{n}{1!}\cdot\frac{s}{n}+\frac{n(n-1)}{2!}\left(\frac{s}{n}\right)^2+\cdots+$$

$$\frac{n(n-1)\cdot\cdots\cdot2\cdot1}{n!}\left(\frac{s}{n}\right)^n\leqslant$$

$$1+s+\frac{n\cdot n}{2!}\left(\frac{s}{n}\right)^2+\frac{n\cdot n\cdot n}{3!}\left(\frac{s}{n}\right)^3+\cdots+$$

$$\frac{n\cdot n\cdot\cdots\cdot n}{n!}\left(\frac{s}{n}\right)^n=$$

第9章 不等式的证明方法

$$\sum_{k=0}^{n} \frac{s^k}{k!} (注意 0! = 1)$$

9.6 判别式法

利用判别式去解不等式问题,我们在第6章已经谈过,下面我们再举几例说明.

例21 设 $f(x)$ 是实函数,且 $f(x) - 2f\left(\dfrac{1}{x}\right) = x$. 试证 $|f(x)| \geqslant 2\sqrt{2}/3$.

证 显然 $x \neq 0$. 以 $1/x$ 代入题设式中 x 有

$$f\left(\frac{1}{x}\right) - 2f(x) = \frac{1}{x}$$

与题设式子联立可求得

$$f(x) = -\frac{x}{3} - \frac{2}{3x}$$

即

$$x^2 + 3f(x)x + 2 = 0 \qquad ①$$

注意到 $f(x)$ 为实函数,则①有实数解

即

$$\Delta = [3f(x)]^2 - 8 \geqslant 0$$

故

$$|f(x)| \geqslant 2\sqrt{2}/3$$

例22 $a_i, b_i (i = 1, 2, \cdots, n)$ 是实数,则

$$\left(\sum_{i=1}^{n} a_i^2\right)\left(\sum_{i=1}^{n} b_i^2\right) \geqslant \left(\sum_{i=1}^{n} a_i b_i\right)^2$$

且等号仅当 $\dfrac{a_1}{b_1} = \dfrac{a_2}{b_2} = \cdots = \dfrac{a_n}{b_n}$ 时成立. (Cauchy 不等式)

证 注意到

$$0 \leq \sum_{i=1}^{n}(a_i x - b_i)^2 = \left(\sum_{i=1}^{n} a_i^2\right) x^2 - 2\left(\sum_{i=1}^{n} a_i b_i\right) x + \left(\sum_{i=1}^{n} b_i^2\right) \qquad ①$$

故上面关于 x 的二次三项式判别式 $\Delta \leq 0$，即

$$4\left(\sum_{i=1}^{n} a_i b_i\right)^2 - 4\left(\sum_{i=1}^{n} a_i^2\right)\left(\sum_{i=1}^{n} b_i^2\right) \leq 0$$

故

$$\left(\sum_{i=1}^{n} a_i b_i\right)^2 \leq \left(\sum_{i=1}^{n} a_i^2\right)\left(\sum_{i=1}^{n} b_i^2\right)$$

当 $\Delta = 0$ 时，即上式等号成立时，x 有重根令为 α，代入①有

$$\sum_{i=1}^{n}(a_i \alpha - b_i)^2 = 0$$

故

$$a_i \alpha - b_i = 0 \ (i = 1, 2, \cdots, n)$$

故 $\dfrac{a_1}{b_1} = \dfrac{a_2}{b_2} = \cdots = \dfrac{a_n}{b_n}$ 时，不等式的等号成立．

注 该不等式还有积分形式：$\int_a^b f^2(x)\,\mathrm{d}x \int_a^b g^2(x)\,\mathrm{d}x \geq \left[\int_a^b f(x)g(x)\,\mathrm{d}x\right]^2$，这里 $f(x), g(x)$ 和它们的平方在 $[a,b]$ 上可积．

例 23 若 a_i 是正实数 $(i = 1, 2, \cdots, n)$，又 $\sum_{i=1}^{n} a_i = 1$，且 $0 < \lambda_1 \leq \lambda_2 \leq \cdots \leq \lambda_n$．求证

$$\left(\sum_{i=1}^{n} \frac{a_i}{\lambda_i}\right)\left(\sum_{i=1}^{n} a_i \lambda_i\right) \leq \frac{(\lambda_1 + \lambda_n)^2}{4\lambda_1 \lambda_n}$$

(Конторович 不等式).

证 令 $f(x) = \left(\sum_{i=1}^{n} \dfrac{a_i}{\lambda_i}\right)x^2 - \dfrac{\lambda_1+\lambda_n}{\sqrt{\lambda_1\lambda_n}}x + \sum_{i=1}^{n} a_i\lambda_i$，

它是 x 的二次函数.

由二次项系数 $\sum_{i=1}^{n} \dfrac{a_i}{\lambda_i} > 0$，知抛物线开口向上. 再注意到

$$f(\sqrt{\lambda_1\lambda_n}) = a_1\lambda_n + a_n\lambda_1 + \sum_{i=2}^{n-1} \dfrac{a_i}{\lambda_i}\lambda_1\lambda_n -$$

$$(\lambda_1+\lambda_n) + a_1\lambda_1 + a_n\lambda_n + \sum_{i=2}^{n-1} a_i\lambda_i =$$

$$-(\lambda_1+\lambda_n)\sum_{i=2}^{n} a_i + \sum_{i=2}^{n-1} \dfrac{\lambda_1\lambda_n+\lambda_i^2}{\lambda_i}a_i =$$

$$\sum_{i=2}^{n-1} a_i\dfrac{(\lambda_1-\lambda_i)(\lambda_n-\lambda_i)}{\lambda_i} \leq 0$$

知 $f(x)$ 有实根，从而 $\Delta = \left(\dfrac{\lambda_1+\lambda_n}{\sqrt{\lambda_1\lambda_n}}\right)^2 -$
$4\left(\sum_{i=1}^{n} \dfrac{a_i}{\lambda_i}\right)\left(\sum_{i=1}^{n} a_i\lambda_i\right) \geq 0$，题设式得证.

下面的不等式我们前文已用线性代数中的二次型正定证明过，这里利用判别式再给出一种证法.

例 24 若 x,y,z 均为实数，A,B,C 为三角形三内角，则 $x^2+y^2+z^2 \geq 2xy\cos C + 2yz\cos A + 2zx\cos B$.

证 考虑 $x^2+y^2+z^2 - (2xy\cos C + 2yz\cos A + 2zx\cos B) = x^2 - 2(y\cos C + z\cos B)x + (y^2+z^2 - 2yz\cos A)$

式右可视为 x 的二次三项式，今考虑其判别式

$$\Delta = [-2(y\cos C + z\cos B)]^2 - 4(y^2 + z^2 - 2yz\cos A) = -4(y\sin C - z\sin B)^2 \leqslant 0$$

知其无实根或仅有重根 $x = 0$, 又因二次三项式中 x^2 系数为正, 如此一来知该二次三项式非负. 即

$$x^2 + y^2 + z^2 \geqslant 2xy\cos C + 2yz\cos A + 2zx\cos B$$

例 25 若 A, B, C 为三角形 ABC 的三内角, 则

$$\sin\frac{A}{2}\sin\frac{B}{2}\sin\frac{C}{2} \leqslant \frac{1}{8}$$

证 令 $y = \sin\dfrac{A}{2}\sin\dfrac{B}{2}\sin\dfrac{C}{2}$.

由

$$A + B + C = \pi$$

有

$$\sin\frac{C}{2} = \cos\frac{A+B}{2}$$

故

$$y = \frac{1}{2}\left(\cos\frac{A-B}{2} - \cos\frac{A+B}{2}\right)\cos\frac{A+B}{2}$$

即

$$\cos^2\frac{A+B}{2} - \left(\cos\frac{A-B}{2}\right)\cos\frac{A+B}{2} + 2y = 0$$

上式可视为 $\cos\dfrac{A+B}{2}$ 的二次三项式, 因其为实数, 故

$$\Delta = \cos^2\frac{A-B}{2} - 8y \geqslant 0$$

即

$$y \leqslant \frac{1}{8}\cos^2\frac{A-B}{2} \leqslant \frac{1}{8}$$

9.7 单调函数法

利用某些函数的单调性,可以证明某些不等式.这种方法的主要关键是构造辅助函数,然后通过辅助函数的单调性,达到证明不等式的目的.

1. 利用线性函数 $y = ax + b$ 的单调性

线性函数 $y = ax + b$,当 $a > 0$ 时单增;当 $a < 0$ 时单减.

例26 若 a, b, c 均介于 0 和 1 之间,试证不等式

$$\frac{a}{1+b+c} + \frac{b}{1+a+c} + \frac{c}{1+a+b} + (1-a)(1-b)(1-c) \leq 1$$

证 不妨令 $a \geq b \geq c$,且令

$$f(x) = x/(1+b+c) + (1-b)(1-c)(1-x) = [1/(1+b+c) - (1-b)(1-c)]x + (1-b)(1-c)$$

其中 $0 \leq x \leq 1$. 由算术-几何平均值不等式有

$$(1+b+c)(1-b)(1-c) \leq \{[(1+b+c)+(1-b)+(1-c)]/3\}^3 = 1$$

故

$$\frac{1}{1+b+c} - (1-b)(1-c) \geq 0$$

故函数 $f(x)$ 单增. 因 $x \leq 1$,故有

$$f(x) \leq f(1) = 1/(1+b+c), 0 \leq x \leq 1$$

又 $0 < a < 1$,有

$$\frac{a}{1+b+c} + (1-b)(1-c)(1-a) \leq$$

故

原式左 $\leq \dfrac{1}{1+b+c} + \dfrac{b}{1+c+a} + \dfrac{c}{1+a+b} \leq$

$\dfrac{1}{1+b+c} + \dfrac{b}{1+b+c} + \dfrac{c}{1+b+c} = 1$

2. 利用二次函数 $y = ax^2 + bx + c$ 的单调性

函数 $y = ax^2 + bx + c$,当 $a > 0$ 时,函数在开区间 $(-\infty, -\dfrac{b}{2a})$ 上单减;在 $(-\dfrac{b}{2a}, +\infty)$ 上单增.

例 27 若 $a_i > 0$ ($i = 1, 2, \cdots, n$),则

$$\dfrac{1}{n} \sum_{i=1}^{n} a_i^2 \geq \left(\dfrac{1}{n} \sum_{i=1}^{n} a_i \right)^2$$

证 我们不难证明若 $x + y = c$(定值),则 $u = x^2 + y^2 = 2x^2 - 2cx + c^2$ 随 x 与 $c/2$ 差的绝对值增大而增大. 这样先设 $c = \dfrac{1}{n} \sum_{i=1}^{n} a_i$,再设 $a_1 \geq c \geq a_2$(否则可调整 a_i 位置). 由于

$|c - (a_1 + a_2)/2| = |c - a_1 - (a_2 - c)|/2 =$
$|(c - a_2) - (a_1 - c)|/2 \leq$
$|(c - a_2) + (a_1 - c)|/2 =$
$|a_1 - a_2|/2 =$
$|a_1 - (a_1 + a_2)/2|$

故

$a_1^2 + a_2^2 \geq c^2 + (a_1 + a_2 - c)^2$

令

$a'_2 = a_1 + a_2 - c$

则有

第9章 不等式的证明方法

$$\sum_{i=1}^{n} a_i^2 \geq c^2 + a'^2_2 + \sum_{i=3}^{n} a_i^2$$

又 $a'_2 + a_3 + \cdots + a_n = (n-1)c$,故可重复上面步骤,至多经 $n-1$ 次调整便有

$$\sum_{i=1}^{n} a_i^2 \geq nc^2 = \frac{1}{n}\left(\sum_{i=1}^{n} a_i\right)^2$$

即

$$\frac{1}{n}\sum_{i=1}^{n} a_i^2 \geq \left(\frac{1}{n}\sum_{i=1}^{n} a_i\right)^2$$

注 这种方法又称局部调整法,它在证明不等式上常常用到. 比如可见后面的例 29.

3. 利用线性分式 $y = x/(a+x)$ 的单调性

线性分式 $y = \dfrac{x}{a+x} = 1 - \dfrac{a}{a+x}$,若 $a > 0$,则 y 在 $(-\infty, -a)$ 和 $(-a, +\infty)$ 上是单增的.

例 28 若 n 为自然数,试证

$$\frac{1}{2\sqrt{n}} < \frac{1}{2} \cdot \frac{3}{4} \cdot \cdots \cdot \frac{2n-1}{2n} < \frac{1}{\sqrt{2n+1}}$$

证 由函数 $y = \dfrac{x}{1+x}$ 在区间 $(-1, +\infty)$ 上的单调性有

$$\frac{k-1}{k} < \frac{k}{1+k} < \frac{k+1}{k+2} \quad (k=2,3,\cdots,2n-1)$$

令 $c = \dfrac{1}{2} \cdot \dfrac{3}{4} \cdot \cdots \cdot \dfrac{2n-1}{2n}$,则有

$$\left(\frac{1}{2} \cdot \frac{1}{2}\right)\left(\frac{2}{3} \cdot \frac{3}{4}\right) \cdot \cdots \cdot \left(\frac{2n-2}{2n-1} \cdot \frac{2n-1}{2n}\right) < c^2 < \left(\frac{1}{2} \cdot \frac{2}{3}\right)\left(\frac{3}{4} \cdot \frac{4}{5}\right) \cdot \cdots \cdot \left(\frac{2n-1}{2n} \cdot \frac{2n}{2n+1}\right)$$

约分化简后即

$$\frac{1}{4n} < c^2 < \frac{1}{2n+1}$$

从而

$$\frac{1}{2\sqrt{n}} < \frac{1}{2} \cdot \frac{3}{4} \cdot \ldots \cdot \frac{2n-1}{2n} < \frac{1}{\sqrt{2n+1}}$$

4. 利用 $y = \cos x$ 的单调性

三角函数 $y = \cos(x - \theta)$ 在 $(\theta - \pi, \theta)$ 上单增，在 $(\theta, \theta + \pi)$ 上单减.

例29 在非钝角 $\triangle ABC$ 中，试证 $3\sqrt{3}/2 \geqslant \sin A + \sin B + \sin C \geqslant 2$.

证 对锐角 α, β 来说，若 $\alpha + \beta = \theta$，则 $u = \sin \alpha + \sin \beta = 2\sin\frac{\alpha+\beta}{2}\cos\frac{\alpha-\beta}{2} = 2\sin\frac{\theta}{2}\cos\left(\alpha - \frac{\theta}{2}\right)$，随 α 与 $\theta/2$ 的差的绝对值增加而减小.

在 $\triangle ABC$ 中，不妨设 $C \leqslant B \leqslant A \leqslant 90°$. 则

$$\left| A - \frac{A+B}{2} \right| \leqslant \left| 90° - \frac{A+B}{2} \right| < 90°$$

若令 $B' = A + B - 90°$，则 $\sin A + \sin B \geqslant \sin 90° + \sin B'$.

注意到 $B' + C = A + B - 90° + C = 90°$

同理可证

$$\sin B' + \sin C \geqslant \sin 90° + \sin 0° = 1$$

故

$$\sin A + \sin B + \sin C \geqslant 2$$

仿上可证 $3\sqrt{3}/2 \geqslant \sin A + \sin B + \sin C$

注 这也是局部调整法，利用它我们还可以证明：在凸 n 边形中，有

$$\sum_{k=1}^{n} \sin A_k \leqslant n\sin\frac{(n-2)\pi}{n}$$

$$\prod_{k=1}^{n} \sin A_k \leq \left[\sin \frac{(n-2)\pi}{n}\right]^n$$

下面再来看一个例子,它涉及函数的单调性,也涉及式子的放缩问题.

例 30 若 m,n 是自然数,则 $\dfrac{1}{m+n+1} - \dfrac{1}{(m+1)(n+1)} \leq \dfrac{4}{45}$.

证 令 $f(m,n) = \dfrac{1}{m+n+1} - \dfrac{1}{(m+1)(n+1)}$,则有

$$f(1,1) = f(1,2) = f(2,1) = \frac{1}{12} < \frac{4}{45}$$

对 $k = m+n+2 \geq 6$,我们由 $\sqrt{(m+1)(n+1)} \leq \dfrac{1}{2}[(m+1)+(n+1)]$ 即 $\dfrac{1}{(m+1)(n+1)} \geq \dfrac{4}{(m+n+2)^2}$(等号当且仅当 $m=n$ 时成立),推得

$$f(m,n) \leq \frac{1}{k-1} - \frac{4}{k^2}$$

又 $k \geq 6$ 时,$\dfrac{1}{k-1} - \dfrac{4}{k^2}$ 单调递减,故

$$f(m,n) \leq \frac{4}{45}$$

9.8 导 数 法

利用函数的导数性质可以证明许多不等式,这我们在第 7 章里已有叙及. 这里我们着重谈谈与导数有

关的中值定理、凸函数等在证明不等式中的应用.

我们知道:若函数 $f(x)$ 在 $[a,b]$ 上连续,在 (a,b) 内可导,则有 $\xi \in (a,b)$ 使 $f(b) - f(a) = f'(\xi)(b-a)$ (拉格朗日(Lagrange)微分中值定理).

我们来看看它在证明不等式中的应用. 下面的例子我们曾用积分办法给出过证明,这里再利用微分中值定理来证.

例 31 若 a,b 是两个不相等的正实数,则
$$|\tan^{-1}b - \tan^{-1}a| < |b - a|$$

证 今设 $0 < a < b$,且令 $f(x) = \tan^{-1}x$,这里 $x \in [a,b]$.

因 $f'(x) = 1/(1+x^2)$,由拉格朗日中值定理有
$$\tan^{-1}b - \tan^{-1}a = \frac{1}{1+\xi^2}(b-a), \xi \in (a,b)$$

由 $\dfrac{1}{1+\xi^2} < \dfrac{1}{1+a^2} < 1$,故有
$$|\tan^{-1}b - \tan^{-1}a| < |b - a|$$

例 32 若 $a > 0$,试证 $\dfrac{n^{\alpha+1}}{\alpha+1} < \sum_{k=1}^{n} k^{\alpha} < \dfrac{(n+1)^{\alpha+1}}{\alpha+1}$.

证 先证不等式
$$\frac{k^{\alpha+1} - (k-1)^{\alpha+1}}{\alpha+1} < k^{\alpha} < \frac{(k+1)^{\alpha+1} - k^{\alpha+1}}{\alpha+1}$$

令 $f(x) = x^{\alpha+1}$,在 $[k-1,k]$ 上用微分中值定理有
$$k^{\alpha+1} - (k+1)^{\alpha+1} = f'(\xi) = (\alpha+1)\xi^{\alpha} < (\alpha+1)k^{\alpha}, \xi \in (k-1,k)$$

在 $[k,k+1]$ 上用微分中值定理有

$$(k+1)^{\alpha+1} - k^{\alpha+1} =$$
$$(\alpha+1)\eta^{\alpha} > (\alpha+1)k^{\alpha}, \eta \in (k, k+1)$$

综上可有
$$\frac{k^{\alpha+1} - (k-1)^{\alpha+1}}{\alpha+1} < k^{\alpha} < \frac{(k+1)^{\alpha+1} - k^{\alpha+1}}{\alpha+1}$$

令 $k = 1, 2, \cdots, n$ 然后相加有
$$\frac{n^{\alpha+1}}{\alpha+1} < \sum_{k=1}^{n} k^{\alpha} < \frac{(n+1)^{\alpha+1} - 1^{\alpha+1}}{\alpha+1} < \frac{(n+1)^{\alpha+1}}{\alpha+1}$$

例 33 试证 $\ln\dfrac{2n+1}{n} < \displaystyle\sum_{k=n}^{2n}\dfrac{1}{k} < \ln\dfrac{2n}{n-1}$,这里 n 是自然数.

证 令 $f(x) = \ln x$, 在 $[k, k+1]$ 上用拉格朗日中值定理有
$$\ln(k+1) - \ln k = \ln'\xi = \frac{1}{\xi}, \xi \in (k, k+1)$$

故
$$\frac{1}{k+1} < \ln(k+1) - \ln k < \frac{1}{k}$$

即
$$\frac{1}{k+1} < \ln(1 + \frac{1}{k}) < \frac{1}{k}$$

还可有
$$\frac{1}{k} < \ln(1 + \frac{1}{k-1}) < \frac{1}{k-1}$$

由上两式可有
$$\ln(1 + \frac{1}{k}) < \frac{1}{k} < \ln(1 + \frac{1}{k-1})$$

令 $k = n, n+1, \cdots, 2n$ 然后相加即有
$$\ln\left[\prod_{k=n}^{2n}(1 + \frac{1}{k})\right] < \sum_{k=n}^{2n}\frac{1}{k} < \ln\left[\prod_{k=n-1}^{2n-1}(1 + \frac{1}{k})\right]$$

即

$$\ln\frac{2n+1}{n} < \frac{1}{n} + \frac{1}{n+1} + \cdots + \frac{1}{2n} < \ln\frac{2n}{n-1}$$

注 由之不难证明 $\lim\limits_{n\to+\infty}(\frac{1}{n} + \frac{1}{n+1} + \cdots + \frac{1}{2n}) = \ln 2$.

9.9 凸函数法

从前面的例子可以看到,利用导数证明不等式关键在于构造辅助函数. 又若辅助函数性质比较好,比如它有二阶导数,倘若能判定其二阶导数符号的恒定,则可判断函数的凸凹,利用凸函数性质常可证明许多不等式,这一点我们前文曾有介绍.

我们可用微分中值定理证明:对 $f(x)$ 来说,若 $f''(x) \geqslant 0, x \in (a,b)$. 则对 (a,b) 内的任意两点 α, β 总有(设 $\alpha < \beta$)

$$f(\beta) \geqslant f(\alpha) + (\beta - \alpha)f'(\alpha)$$

若令 β 分别为 $x_1, x_2, \cdots, x_n; \alpha = (x_1 + x_2 + \cdots + x_n)/n$,则可以证明

$$f\left(\frac{x_1 + x_2 + \cdots + x_n}{n}\right) \leqslant$$

$$\frac{1}{n}[f(x_1) + f(x_2) + \cdots + f(x_n)] \quad (*)$$

利用这个性质可以证明许多不等式.

例 34 若 $x_i > 0 (i = 1, 2, \cdots, n)$,则 $\dfrac{n}{x_1 + x_2 + \cdots + x_i} \leqslant \dfrac{1}{n}(\dfrac{1}{x_1} + \dfrac{1}{x_2} + \cdots + \dfrac{1}{x_n})$,且等号仅当 $x_1 = x_2 = \cdots = x_n$ 时成立.

第9章 不等式的证明方法

证 令 $\varphi(x) = x^{-1}$，当 $x > 0$ 时，$\varphi''(x) = 2x^{-3} > 0$，知 $\varphi(x)$ 下凸.
故

$$\varphi\left[\frac{1}{n}(x_1 + x_2 + \cdots + x_n)\right] \leqslant$$

$$\frac{1}{n}[\varphi(x_1) + \varphi(x_2) + \cdots + \varphi(x_n)]$$

即

$$n\bigg/\sum_{k=1}^{n} x_k \leqslant \frac{1}{n}\sum_{k=1}^{n}\frac{1}{x_k}$$

例 35 $x_i > 0 (i = 1, 2, \cdots, n)$，则 $n\bigg/\sum_{k=1}^{n}\frac{1}{x_k} \leqslant \sqrt[n]{x_1 x_2 \cdots x_n} \leqslant \frac{1}{n}\sum_{k=1}^{n}\frac{1}{x_k}$.

证 令 $\varphi(x) = -\ln x$，$x \in (0, +\infty)$，由 $\varphi''(x) = \frac{1}{x^2} > 0$，故有

$$-\ln\left(\frac{1}{n}\sum_{k=1}^{n} x_k\right) \leqslant -\frac{1}{n}\sum_{k=1}^{n}\ln x_k$$

即

$$\ln(x_1 x_2 \cdots x_n)^{\frac{1}{n}} \leqslant \ln\left(\frac{1}{n}\sum_{k=1}^{n} x_k\right)$$

故 $(x_1 x_2 \cdots x_n)^{\frac{1}{n}} \leqslant \frac{1}{n}\sum_{k=1}^{n} x_k$，等号仅当 $x_1 = x_2 = \cdots = x_n$ 时成立.

类似地可有

$$\left(\prod_{k=1}^{n}\frac{1}{x_k}\right)^{\frac{1}{n}} \leqslant \frac{1}{n}\sum_{k=1}^{n}\frac{1}{x_k}$$

即

$$\left(\prod_{k=1}^{n} x_k\right)^{\frac{1}{n}} \geq n \bigg/ \sum_{k=1}^{n} \frac{1}{x_k}$$

注 由此不等式可有:对于 $\alpha < 0 < \beta$ 及正实数 $x_i(i=1, 2,\cdots,n)$ 有 $\left(\dfrac{x_1^\alpha + x_2^\alpha + \cdots + x_n^\alpha}{n}\right)^{\frac{1}{\alpha}} \leq (x_1 x_2 \cdots x_n)^{\frac{1}{n}} \leq \left(\dfrac{x_1^\beta + x_2^\beta + \cdots + x_n^\beta}{n}\right)^{\frac{1}{\beta}}.$

利用 $f''(x) \geq 0$ 性质,我们还可以将式 $(*)$ 的结论推广:

若 $x_i \in (a,b)$ $(i=1,2,\cdots,n)$,则有

$$f\left(\frac{\lambda_1 x_1 + \lambda_2 x_2 + \cdots + \lambda_n x_n}{\lambda_1 + \lambda_2 + \cdots + \lambda_n}\right) \leq \frac{\lambda_1 f(x_1) + \lambda_2 f(x_2) + \cdots + \lambda_n f(x_n)}{\lambda_1 + \lambda_2 + \cdots + \lambda_n}$$

$$(**)$$

其中 $\lambda_i > 0 (i=1,2,\cdots,n)$.

利用式 $(**)$ 我们可以证明著名的**赫尔德**(Hölder)不等式.

例36 若正数 p, q 适合 $\dfrac{1}{p} + \dfrac{1}{q} = 1$,则 $\sum\limits_{k=1}^{n} a_k b_k \leq \left(\sum\limits_{k=1}^{n} a_k^p\right)^{\frac{1}{p}} \left(\sum\limits_{k=1}^{n} b_k^q\right)^{\frac{1}{q}}$,其中 x_i, y_i 均为正实数 $(i=1, 2,\cdots,n)$. (Hölder 不等式)

证 由设 $\dfrac{1}{p} = 1 - \dfrac{1}{q} < 1$ 故 $p > 1$. 今考虑 $f(x) = x^p$,由 $f''(x) = p(p-1)x^{p-2} > 0, x \in (0, +\infty)$.

由上面式 $(**)$ 有

$$\left(\sum_{k=1}^{n} \lambda_k x_k \bigg/ \sum_{k=1}^{n} \lambda_k\right)^p \leq \sum_{k=1}^{n} \lambda_k x_k^p \bigg/ \sum_{k=1}^{n} \lambda_k$$

第9章　不等式的证明方法

即

$$\sum_{k=1}^{n} \lambda_k x_k \leq \left(\sum_{k=1}^{n} \lambda_k x_k^p\right)^{\frac{1}{p}} \left(\sum_{k=1}^{n} \lambda_k\right)^{1-\frac{1}{p}} =$$

$$\left(\sum_{k=1}^{n} \lambda_k x_k^p\right)^{\frac{1}{p}} \left(\sum_{k=1}^{n} \lambda_k\right)^{\frac{1}{q}}$$

令 $a_k = \lambda_k^{\frac{1}{p}} x_k, b_k = \lambda_k^{\frac{1}{q}}$. 则有 $\lambda_k x_k = (\lambda_k^{\frac{1}{p}} x_k) \lambda_k^{\frac{1}{q}} = a_k b_k$, 且 $a_k^p = \lambda_k x_k^p, b_k^q = \lambda_k$.

故

$$\sum_{k=1}^{n} a_k b_k \leq \left(\sum_{k=1}^{n} a_k^p\right)^{\frac{1}{p}} \left(\sum_{k=1}^{n} b_k^q\right)^{\frac{1}{q}}$$

注　显然,令 $p = q = 2$ 可有

$$\sum_{k=1}^{n} a_k b_k \leq \left(\sum_{k=1}^{n} a_k^2\right)^{\frac{1}{2}} \left(\sum_{k=1}^{n} b_k^2\right)^{\frac{1}{2}} \text{(柯西不等式)}$$

利用凸函数性质,还可以证明所谓"排序不等式":

1. 对于非负数 (a) $a_1 \leq a_2 \leq \cdots \leq a_n$; (b) $b_1 \leq b_2 \leq \cdots \leq b_n$, 在 (a) 与 (b) 一对一相乘后相加, $a_1 b_1 + a_2 b_2 + \cdots + a_n b_n$ 最大; $a_1 b_n + a_2 b_{n-1} + \cdots + a_n b_1$ 最小.

2. (a) 与 (b) 一对一作幂后相乘, $a_1^{b_1} a_2^{b_2} \cdots a_n^{b_n}$ 最大; $a_1^{b_n} a_2^{b_{n-1}} \cdots a_n^{b_1}$ 最小.

3. 对于非负实数:

$$a_{11} \leq a_{12} \leq \cdots \leq a_{1n}$$
$$a_{21} \leq a_{22} \leq \cdots \leq a_{2n}$$
$$\vdots$$
$$a_{m1} \leq a_{m2} \leq \cdots \leq a_{mn}$$

考虑不同行、列的数相乘积再求和,则 $a_{11} a_{21} \cdots a_{m1} + a_{12} a_{22} \cdots a_{m2} + \cdots + a_{1n} a_{2n} \cdots a_{mn}$ 最大.

它的证明可见《数学通讯》1983年4期,简超的文

章"凸函数的排序不等式".

用排序不等式证明算术 – 几何平均值不等式尤为简便.

例37 证明算术 – 几何平均值不等式.

证 设 $0 \leqslant a_1 \leqslant a_2 \leqslant \cdots \leqslant a_n$，考虑

$$\left.\begin{array}{c}\sqrt[n]{a_1}, \sqrt[n]{a_2}, \cdots, \sqrt[n]{a_n} \\ \sqrt[n]{a_1}, \sqrt[n]{a_2}, \cdots, \sqrt[n]{a_n} \\ \vdots \\ \sqrt[n]{a_1}, \sqrt[n]{a_2}, \cdots, \sqrt[n]{a_n}\end{array}\right\}(\text{共 } n \text{ 排})$$

由排序不等式 3 有

$$a_1 + a_2 + \cdots + a_n \geqslant n\sqrt[n]{a_1}\sqrt[n]{a_2}\cdots\sqrt[n]{a_n}$$

即

$$\sqrt[n]{a_1 a_2 \cdots a_n} \leqslant \frac{1}{n}\sum_{k=1}^{n} a_k$$

利用凸函数性质证明不等式的例子很多，且我们前文也有叙及，这里不多谈了.

9.10 极 值 法

利用函数极值证明不等式也是一个重要方法，我们来看两个例子.

例38 若 $x > 0, 0 < \alpha \leqslant 1$，则 $x^\alpha - \alpha x \leqslant 1 - \alpha$（贝努利(Bernoulli) 不等式）.

证 考虑函数 $f(x) = x^\alpha - \alpha x$，由 $f'(x) = \alpha x^{\alpha-1} - \alpha = 0$ 得 $x = 1$.

而 $f''(x) = \alpha(\alpha-1)x^{\alpha-2}$，当 $x > 0$，且 $0 < \alpha \leqslant 1$ 时，

$f''(x) \leqslant 0$.

故 $x = 1$ 时 $f(x)$ 有极大值 $1 - \alpha$, 从而
$$x^\alpha - \alpha x \leqslant 1 - \alpha$$

例 39 对一切实数 x 均有
$$-6 \leqslant 5\sin x + \cos 2x \leqslant 4$$

证 令 $y = 5\sin x + \cos 2x$, 由 $y' = 5\cos x - 2\sin 2x = \cos x(5 - 4\sin x) = 0$, 得
$$x = k\pi + \frac{\pi}{2}(k \text{ 是整数})$$

这里只须注意到 $5 - 4\sin x > 0$ 即可.

容易验证: $\begin{cases} x = 2k\pi + \dfrac{\pi}{2} \text{ 时}, y_{\max} = 4 \\ x = (2k+1)\pi + \dfrac{\pi}{2} \text{ 时}, y_{\min} = -6 \end{cases}$

故
$$-6 \leqslant 5\sin x + \cos 2x \leqslant 4$$

9.11 三 角 法

三角函数有许多好的性质, 这也给某些问题用三角函数去解带来可能和方便, 这一点我们并不陌生. 这里我们只来看看余弦定理在证明三角形不等式中的应用.

在中学数学中, 余弦定理是刻画三角形边角关系的最重要定理, 它的最基本应用就是解斜三角形. 但有时利用余弦定理, 化角元素为边元素来进行讨论, 也是证明三角形不等式的常用方法. 下面举几个例子.

例 40 设 A, B, C 是三角形 ABC 三内角, 求证

$$\cos A + \cos B + \cos C > 1$$

证 设角 A, B, C 对边为 a, b, c；不失一般性，令 $a \leqslant b \leqslant c$.

由余弦定理：
$$\cos A = \frac{b^2 + c^2 - a^2}{2bc}$$

又
$$\cos B = \frac{a^2 + c^2 - b^2}{2ac} \geqslant \frac{a^2 + c^2 - b^2}{2bc}$$
$$\cos C = \frac{a^2 + b^2 - c^2}{2ab} \geqslant \frac{a^2 + b^2 - c^2}{2bc}$$

所以
$$\cos A + \cos B + \cos C \geqslant \frac{a^2 + b^2 + c^2}{2bc} > \frac{b^2 + c^2}{2bc} \geqslant 1$$

下面的例子我们已见过多次了，但这里的解法仍有新意.

例41 在 $\triangle ABC$ 中，证明
$$\sin \frac{A}{2} \sin \frac{B}{2} \sin \frac{C}{2} \leqslant \frac{1}{8}$$

证 由三角函数半角公式及余弦定理可有
$$\sin \frac{A}{2} = \sqrt{\frac{1 - \cos A}{2}} =$$
$$\frac{1}{\sqrt{2}} \sqrt{1 - \frac{b^2 + c^2 - a^2}{2bc}} =$$
$$\sqrt{\frac{a^2 - (b-c)^2}{4bc}} \leqslant \sqrt{\frac{a^2}{4bc}} =$$
$$\frac{a}{2\sqrt{bc}}$$

同理 $\sin \frac{B}{2} \leqslant \frac{b}{2\sqrt{ac}}, \sin \frac{C}{2} \leqslant \frac{c}{2\sqrt{ab}}$.

所以
$$\sin\frac{A}{2}\sin\frac{B}{2}\sin\frac{C}{2} \leqslant \frac{1}{8}$$

显然当 $a = b = c$ 时取等号,即 $\triangle ABC$ 为正三角形时取等号.

例42 已知 a,b,c 是 $\triangle ABC$ 的三个边. 试证不等式
$$a^2(b+c-a) + b^2(a+c-b) + c^2(a+b-c) \leqslant 3abc$$

证 由余弦定理可有
$$\cos A = \frac{b^2+c^2-a^2}{2bc} = \frac{a(b^2+c^2-a^2)}{2abc}$$
$$\cos B = \frac{a^2+c^2-b^2}{2ac} = \frac{b(a^2+c^2-b^2)}{2abc}$$
$$\cos C = \frac{a^2+b^2-c^2}{2ab} = \frac{c(a^2+b^2-c^2)}{2abc}$$

则
$$\frac{a(b^2+c^2-a^2)}{2abc} + \frac{b(a^2+c^2-b^2)}{2abc} + \frac{c(a^2+b^2-c^2)}{2abc} \leqslant \frac{3}{2}$$

或
$$a(b^2+c^2-a^2) + b(a^2+c^2-b^2) + c(a^2+b^2-c^2) \leqslant 3abc$$

故
$$a^2(b+c-a) + b^2(a+c-b) + c^2(a+b-c) \leqslant 3abc$$

例43 求证任意三角形边长 a,b,c 满足不等式
$$a(b-c)^2 + b(c-a)^2 + c(a-b)^2 + 4abc > a^3 + b^3 + c^3.$$

证 由例40知 $\cos A + \cos B + \cos C > 1$.

再由余弦定理便可得

$$\frac{b^2+c^2-a^2}{2bc}+\frac{a^2+c^2-b^2}{2ac}+\frac{a^2+b^2-c^2}{2ab}>1$$

即

$$b(a^2+c^2-b^2)+a(b^2+c^2-a^2)+c(a^2+b^2-c^2)>2abc$$

或

$$b[(a-c)^2+2ac]+a[(b-c)^2+2bc]+c[(a-b)^2+2ab]-(a^3+b^3+c^3)>2abc$$

故

$$a(b-c)^2+b(a-c)^2+c(a-b)^2+4abc>a^3+b^3+c^3$$

由此可见,利用余弦定理有时会使这类问题大大简化.

注 例42、例43 也可通过代数式变形(移项、配方等)及三角形三边间的关系去证.

此外,还可证例 42 式左还大于 $2abc$.

9.12 利用恒等式证明不等式

这个问题我们前文已有叙及,这里再举一例.

例44 若 a,b,c 为任意实数则,$|a|+|b|+|c|-|b+c|-|c+a|-|a+b|+|a+b+c|\geqslant 0$.

证 令题设式式左为 $f(a,b,c)$,注意到恒等式
$$f(a,b,c)(|a|+|b|+|c|+|a+b+c|)=(|b|+|c|-|b+c|)(|a|-|b+c|+$$

第9章　不等式的证明方法

$|a+b+c|)+(|c|+|a|-|c+a|)$
$(|b|-|c+a|+|a+b+c|)+$
$(|a|+|b|-|a+b|)$
$(|c|-|a+b|+|a+b+c|)$

利用该恒等式结合三角形不等式 $|\alpha+\beta| \leqslant |\alpha|+|\beta|$ 首先可得上式式右非负，进而知上式式左非负．再注意到

$$|a|+|b|+|c|+|a+b+c| \geqslant 0$$

从而可得 $f(a,b,c) \geqslant 0$.

9.13　其他方法

不等式证明方法很多，这里仅列举了一些常用方法．此外还有一些其他方法，这些方法往往是由问题的特点决定的．比如我们前文曾介绍过利用行列式及其性质证明一些不等式．下面再给几个例子，这些例子方法各异．

例 45　试证 $\sqrt[3]{3+\sqrt[3]{3}}+\sqrt[3]{3-\sqrt[3]{3}} < 2\sqrt[3]{3}$.

证　令 $a=\sqrt[3]{3+\sqrt[3]{3}}, b=\sqrt[3]{3-\sqrt[3]{3}}$，则 $a > b > 0$.
由 $a^3+b^3=6$ 及 $a^2b+ab^2 < a^3+b^3=6$（由排序不等式）有

$$3ab(a+b) < 18$$

从而

$$a^3+b^3+3ab(a+b) < 24$$

即

$$(a+b)^3 < 24$$

故有
$$a + b < 2\sqrt[3]{3}$$

例46 若 $h > 0, r > 1, h, r$ 均为有理数,则
$$(1 + h)^r > 1 + rh$$

证 设 $r = \dfrac{p}{q}(p > q,$ 且 p, q 为自然数$)$

考虑下面 p 个正数:
$$\underbrace{1 + rh, 1 + rh, \cdots, 1 + rh}_{q \uparrow}, \underbrace{1, 1, \cdots, 1}_{(p-q) \uparrow}$$

由算术 – 几何平均值不等式
$$\sqrt[p]{(1 + rh)^q} < \dfrac{q(1 + rh) + (p - q) \cdot 1}{p} =$$
$$\dfrac{p + qrh}{p} = \dfrac{p + ph}{p} = 1 + h$$

即
$$(1 + h)^r > 1 + rh$$

注 此不等式是贝努利不等式的特殊情形.

平均值代换法在解(证)不等式问题时,也很有效. 请看:

例47 若实数 x, y, z 满足 $x + y + z = a, x^2 + y^2 + z^2 = a^2/2 (a > 0).$ 试证 x, y, z 均为非负数且不大于 $2a/3$.

证 由 $x + y = a - z$, 故 x, y 平均值为 $(a - z)/2 = t.$
令 $x = t + m, y = t + n,$ 且 $m + n = 0.$

又
$$a^2/2 = x^2 + y^2 + z^2 = (t + m)^2 + (t + n)^2 + z^2 =$$
$$(a - z)^2/2 + (a - z)(m + n) + m^2 + n^2 + z^2 =$$
$$(a - z)^2/2 + z^2 + m^2 + n^2 \geqslant$$
$$(a - z)^2/2 + z^2$$

第9章 不等式的证明方法

即
$$a^2/2 \geqslant (a-z)^2/2 + z^2$$

解之即有
$$0 \leqslant z \leqslant 2a/3$$

同理可证 $0 \leqslant x \leqslant 2a/3, 0 \leqslant y \leqslant 2a/3$.

例48 若实数 a,b,c,d,e 满足 $a+b+c+d+e=8, a^2+b^2+c^2+d^2+e^2=16$,试证 $0 \leqslant e \leqslant 16/5$.

证 令 $a=(8-e)/4+t_1, b=(8-e)/4+t_2, c=(8-e)/4+t_3, d=(8-e)/4+t_4$,则
$$t_1+t_2+t_3+t_4=0$$

由 $a^2+b^2+c^2+d^2+e^2=16$,则将上设代入该式左有
$$a^2+b^2+c^2+d^2+e^2 = (8-e)^2/4 +$$
$$(8-e)/2(t_1+t_2+t_3+t_4) +$$
$$(t_1^2+t_2^2+t_3^2+t_4^2)+e^2 \geqslant$$
$$(8-e)^2/4+e^2$$

即
$$16 \geqslant (8-e)^2/4 + e^2$$

解之有
$$0 \leqslant e \leqslant 16/5$$

注 利用平均值代换法还可以解一些方程或方程组问题,也还可证明一些等式. 又它还可以利用不等式 $n\sum_{i=1}^{n}a_i^2 \geqslant (\sum_{i=1}^{n}a_i)^2$ 来解,且结论还可推广.

数学解题的特殊方法

[附] 算术平均值 – 几何平均值不等式证法

若 $a_1, a_2, \cdots, a_n$ 是非负实数,今设

$$A_n = \frac{1}{n}\sum_{k=1}^{n} a_k (称为 a_1, a_2, \cdots, a_n 的算术平均值),$$

$$G_n = \sqrt[n]{\prod_{k=1}^{n} a_k} (称为 a_1, a_2, \cdots, a_n 的几何平均值),$$

则 $G_n \leq A_n$(算术平均值 – 几何平均值不等式,简称算术 – 几何平均值不等式).

这是初等数学中一个著名而重要的不等式. 几百年来,许多数学家对它先后施用巧妙方法给出许多不同的证明. 这里给出几个稍微初等和简单的证法以窥其一斑.

证1　先考虑不等式:若 $x_1, x_2, \cdots, x_n$ 均为正数,且 $\prod_{k=1}^{n} x_k = 1$,设 $\sum_{k=1}^{n} x_n \geq n$.

用数学归纳法. $n = 1$ 命题真.

设 $n = k - 1$ 命题真,今考虑 $n = k$ 的情形.

由 $\prod_{k=1}^{n} x_k = 1$,若 $x_1 = x_2 = \cdots = x_k$,则命题成立,否则至少有一个大于1,一个小于1,不妨设 $x_1 < 1$,且 $x_k > 1$. 令 $y_1 = x_1 x_k$.

由 $y_1 x_2 \cdots x_{k-1} = 1$,有 $y_1 + x_2 + \cdots + x_{k-1} \geq k - 1$.

即

$$\sum_{i=1}^{k} x_i \geq (k - 1) + x_1 + x_k - x_1 x_k =$$
$$k + (x_k - 1)(1 - x_1) > k$$

这样由 $\prod_{k=1}^{n} \frac{a_k}{G_n} = 1$,故 $\sum_{k=1}^{n} \frac{a_k}{G_n} \geq n$.

即

$$A_n \geq G_n$$

证2　由证1显然我们只须证对于正实数 $x_i (i = 1, 2, \cdots,$

第9章 不等式的证明方法

n)若 $\prod_{i=1}^{n} x_i = 1$,则 $\sum_{i=1}^{n} x_i \geq n$ 即可. 我们用排序不等式1(见本节正文中例).

今取正数 $c_1, c_2, \cdots, c_n$ 使 $x_1 = c_1/c_2, x_2 = c_2/c_3, \cdots, x_{n-1} = c_{n-1}/c_n$.

由 $x_1 x_2 \cdots x_n = 1$,故 $x_n = 1/(x_1 x_2 \cdots x_{n-1}) = c_n/c_1$.

故 $\sum_{i=1}^{n} x_i = \sum_{i=1}^{n-1} \dfrac{c_i}{c_{i+1}} + \dfrac{c_n}{c_1}$,将 $c_1, c_2, \cdots, c_n$ 排序或 $c'_1 \leq c'_2 \leq \cdots \leq c'_n$,故 $1/c'_1 \geq 1/c'_2 \geq \cdots \geq 1/c'_n$.

由排序不等式1,对于上面两组实数显然有

$$\dfrac{c_1}{c_2} + \dfrac{c_2}{c_3} + \cdots + \dfrac{c_n}{c_1} \geq \sum_{i=1}^{n} c'_i \cdot \dfrac{1}{c'_1} = n$$

即

$$\sum_{i=1}^{n} x_i \geq n$$

证3 用数学归纳法.(1)$n = 2$ 时,结论显然.

(2)设 $n = k$ 时($k \leq 2, k \in \mathbf{N}$)结论真,即 $G_k \leq A_k$,从而 $G_k^k \leq A_k^k$.

又

$$G_{k+1}^{k+1} A_{k+1}^{k+1} = G_k^k (a_{k+1} \cdot \underbrace{A_{k+1} \cdot \cdots \cdot A_{k+1}}_{k-1 \uparrow}) \leq$$

$$A_k^k \left(\dfrac{a_{k+1} + (k-1)A_{k+1}}{k} \right)^k$$

$$\left\{ \left[\left(A_k \dfrac{a_{k+1} + (k-1)A_{k+1}}{2} \right) /2 \right]^2 \right\}^k =$$

$$\left[\dfrac{kA_k + a_{k+1} + (k-1)A_{k+1}}{2k} \right]^{2k} = A_{k+1}^{2k}$$

又 $A_k > 0$,故 $G_{k+1}^{k+1} \leq A_{k+1}^{k+1}$,即 $G_{k+1} \leq A_{k+1}$.

故 $n = k + 1$ 时命题也成立,从而对任何自然数 n 命题真.

证4 用数学归纳法. 先考虑下面的事实.

若设正数 $a_1 \leq a_2 \leq \cdots \leq a_n$,且 $A_n = \dfrac{1}{n} \sum_{k=1}^{n} a_k$,又若 $a_1 <$

a_n(否则有 $a_1 = a_2 = \cdots = a_n$,这时等号成立),显然有 $a_1 < A_n < a_n$.

注意到下面的不等式
$$A_n(a_1 + a_n - A_n) - a_1 a_n = (a_1 - A_n)(A_n - a_n) > 0$$
我们可以用数学归纳法进行证明了.

(1) $n = 2$ 时,结论显然真.

(2) 设 $n = k - 1$ 时,命题真,今考虑 $n = k$ 的情形.

由 $a_2, a_3, \cdots, a_{k-1}, a_1 + a_k - A_k$ 的算术平均值仍是 A_k,由归纳假设知
$$A_k \geq \sqrt[k-1]{a_2 a_3 \cdots a_{k-1}(a_1 + a_k - A_k)}$$
而 $a_1 + a_k - A_k > a_1 a_k / A_k$,故由 $A_k^{k-1} \geq a_2 a_3 \cdots a_{k-1}(a_1 + a_k - A_k)$ 有
$$A_k^k \geq a_1 a_2 \cdots a_k$$
即
$$A_k \geq G_k$$
故对任何自然数命题真.

证5 用数学归纳法. 前两步同上法. 先考虑不等式 $(a + b)^n \geq a^n + n a^{n-1} b$,这里 a, b 为实数,$a > 0$,且 $a + b > 0$(可用归纳法证).

由
$$A_{k+1} = (k A_k + a_{k+1})/(k+1) =$$
$$A_k + (a_{k+1} - A_k)/(k+1)$$
故
$$(A_{k+1})^{k+1} = \left(A_k + \frac{a_{k+1} - A_k}{k+1}\right)^{k+1} \geq$$
$$(A_k)^{k+1} + (k+1)(A_k)^k \frac{a_{k+1} - A_k}{k+1} =$$
$$a_{k+1}(A_k)^k \geq a_{k+1}(G_k)^k = (G_{k+1})^{k+1}$$
故对任何自然数命题成立.

证6 用数学归纳法. 前两步同上. 考虑

第9章 不等式的证明方法

$$R = \prod_{i=1}^{k} a_i + a_{k+1} - (k+1)\sqrt[k+1]{\prod_{i=1}^{k+1} a_i} \geq$$
$$k \cdot \sqrt[k]{\prod_{i=1}^{k} a_i \cdot a_{k+1}} - (k+1) \cdot \sqrt[k+1]{\prod_{i=1}^{k+1} a_i} \quad (*)$$

令 $a = \sqrt[k+1]{a_{k+1}}$, $b = \sqrt[k(n+1)]{\prod_{i=1}^{k} a_i}$

则($*$)式右可化为

$$a^{k+1} - (k+1)b^k a + k b^{k+1}$$

令其为 $f(a)$,则

$$f(a) = a(a^k - b^k) - k b^k (a - b) =$$
$$(a - b)[a(a^{k-1} + a^{k-2}b + \cdots + b^{k-1}) - k b^k] =$$
$$(a - b)[(a^k - b^k) + b(a^{k-1} - b^{k-1}) + \cdots +$$
$$b^{k-1}(a - b)]$$

设

$$a^m - b^m = (a-b)(a^{m-1} + a^{m-2}b + \cdots + b^{m-1}) =$$
$$(a - b) P_m(a)$$

则

$$P_m(a) > 0 \quad (m = 1, 2, \cdots, k)$$

这样

$$f(a) = (a-b)^2 (p_k + p_{k-1}b + \cdots + p_1 b^{k-1}) \quad (**)$$

由

$$p_k + p_{k-1} b + \cdots + p_1 b^{k-1} > 0$$

故

$$f(a) \geq 0$$

则

$$R \geq 0$$

即

$$A_{k+1} \geq G_{k+1}$$

证7 用数学归纳法.前两步同前述方法.今考虑 $n = k$ 情形.不妨设 $a_1 \leq a_2 \leq \cdots \leq a_k$ 且 $a_1 < a_k$(否则有 $a_1 = a_2 = \cdots = a_k$,不等式的等号成立).

数学解题的特殊方法

由归纳假设有
$$kA_k \geq (k-1)G_{k-1} + a_k \qquad (*)$$
又若 $r < 1$ 时
$$\frac{1-r^n}{1-r} = 1 + r + \cdots + r^{n-1} > nr^{n-1}$$
故
$$(n-1)r^n + 1 > nr^{n-1}$$
今设 $a_1 a_2 \cdots a_k / a_k^k = r^{k(k-1)}$,由上一不等式有
$$(k-1) \cdot \sqrt[k-1]{a_1 a_2 \cdots a_k / a_k^k} + 1 \geq k \cdot \sqrt[k]{a_1 a_2 \cdots a_k / a_k^k}$$
即
$$(n-1) \cdot \sqrt[k-1]{a_1 a_2 \cdots a_{k-1}} + a_k \geq k \cdot \sqrt[k]{a_1 a_2 \cdots a_k}$$
由式(*)及上不等式有 $G_k \leq A_k$.

证 8 考虑不等式:若 $a > 0, b > 0, n > 1$ 有 $(a+b)^n > a^n + na^{n-1}b$.用数学归纳法,前两步同前面证法.

今设 $a_1 \leq a_2 \leq \cdots \leq a_k$,且 $a_1 < a_k$.

由归纳假设及 $A_{k-1} < a_k$ 有
$$A_k = [(k-1)A_{k-1} + a_k]/k = $$
$$A_{k-1} + (a_k - A_{k-1})/k$$
故
$$A_k^k > A_{k-1}^k + kA_{k-1}^{k-1}(a_k - A_{k-1})/k = $$
$$a_k A_{k-1}^{k-1} \geq a_k(a_1 a_2 \cdots a_{k-1}) = a_1 a_2 \cdots a_k$$

证 9 用数学归纳法.前两步同上.

今设
$$G = (a_k A_1^{k-2})^{\frac{1}{k-1}}$$
$$A = [a_k + (n-2)A_k]/(k-1)$$
则有
$$G \leq A$$
即
$$(G_k^k A_k^{k-2})^{\frac{1}{2(k-1)}} = (a_1 a_2 \cdots a_{k-1} a_k A_k^k)^{\frac{1}{2(k-1)}} = $$
$$[(a_1 a_2 \cdots a_{k-1})^{\frac{1}{k-1}}(a_k A_k^{k-2})^{\frac{1}{k-1}}]^{\frac{1}{2}} = $$
$$(G_{k-1} G)^{\frac{1}{2}} \leq (A_{k-1} + A)/2 = $$

$$[a_k + (k-1)A_{k-1} + (k-2)A_k]/(2(k-1)) =$$
$$[kA_k + (k-2)A_k]/(2(k-1)) = A_k$$

故
$$G_k \leq A_k$$

证10 用反向归纳法. 所谓反向归纳法是指在证明某个与自然数 n 有关的命题 $P(n)$ 时,若证得:

(1) 若设 $P(n+1)$ 真,可推得 $P(n)$ 真;

(2) 对于无穷多个自然数 $k, P(k)$ 真,则对任何自然数 n, $P(n)$ 真.

现在来证明该命题.

(1) 设 $P(n)$ 真,即 $A_n \geq G_n$.

若令 $A_{n-1} = \dfrac{1}{n-1}\sum_{i=1}^{n-1} a_i$,考虑 n 个数 $a_1, a_2, \cdots, a_{n-1}, A_{n-1}$ 有

$$A_{n-1}^n = \left(\dfrac{a_1 + \cdots + a_{n-1} + A_{n-1}}{n}\right)^n \geq a_1 a_2 \cdots a_{n-1} A_{n-1}$$

即
$$G_{n-1} \leq A_{n-1}$$

(2) 令 $n = 2^m (m = 1, 2, \cdots)$ 注意到

$$a_1 a_2 = \left(\dfrac{a_1 + a_2}{2}\right)^2 - \left(\dfrac{a_1 - a_2}{2}\right)^2 \leq \left(\dfrac{a_1 + a_2}{2}\right)^2$$

且

$$a_1 a_2 a_3 a_4 \leq \left(\dfrac{a_1 + a_2}{2}\right)^2 \left(\dfrac{a_3 + a_4}{2}\right)^2 \leq$$
$$\left(\dfrac{a_1 + a_2 + a_3 + a_4}{4}\right)^4$$

重复上面步骤可有

$$G_{2m} \leq A_{2m}$$

综上,对任何自然数 n 均有 $G_n \leq A_n$.

证11 由上证法知 $n = 2^m$ 时命题真.

今设 $n < 2^m$,取 $a_i = A_n (i = n+1, n+2, \cdots, 2^m)$.

这样

数学解题的特殊方法

$$a_1 a_2 \cdots a_n A_n^{2^m-n} \leqslant$$

$$\left(\frac{a_1 + a_2 + \cdots + a_n + A_n + \cdots + A_n}{2^m} \right)^{2^m} =$$

$$\left[\frac{nA_n + (2^m - n)A_n}{2^m} \right]^{2^m} = A_n^{2^m}$$

故

$$a_1 a_2 \cdots a_n \leqslant A_n^n$$

即

$$G_n \leqslant A_n$$

证 12 利用下面命题或结论.

由恒等式 $\left[\sum_{k=1}^{n} a_k + (b_i - a_i) \right] \left[\sum_{k=1}^{n} b_k + (a_i - b_i) \right] = \sum_{k=1}^{n} a_k \sum_{k=1}^{n} b_k + (b_i - a_i) \left[\sum_{k=1}^{n} (b_k - b_i) - \sum_{k=1}^{n} (a_k - a_i) \right]$ 可得到,对任何的 k,若 $a_{k-1} \leqslant a_k, b_{k-1} \leqslant b_k, a_k \leqslant b_k$,则交换 a_i 与 b_i 时,$\sum_{k=1}^{n} a_k \sum_{k=1}^{n} b_k$ 不减.

这样,若设 $a_1 \leqslant a_2 \leqslant \cdots \leqslant a_n$,由

$$n^n a_1 a_2 \cdots a_n = (a_1 + a_1 + \cdots + a_1) \cdots (a_n + a_n + \cdots + a_n) \leqslant$$
$$(a_1 + a_2 + \cdots + a_n)(a_1 + a_2 + \cdots + a_2) \cdots$$
$$(a_1 + a_n + \cdots + a_n) \leqslant \cdots \leqslant$$
$$(a_1 + a_2 + \cdots + a_n)(a_1 + a_2 + \cdots + a_n) \cdots (a_1 + a_2 + \cdots + a_n)$$

故

$$n^n G_n^n \leqslant n^n A_n^n$$

即

$$G_n \leqslant A_n$$

注意到上面多次用到了交换手续.

证 13 利用下面命题或结论.

先考虑若 $\alpha > 0$,由 $(\alpha - 1)[n - (1 + \alpha + \alpha^2 + \cdots + \alpha^{n-1})] \leqslant 0$ 可证得不等式

$$\alpha(n - \alpha^{n-1}) \leqslant n - 1 \qquad (*)$$

第 9 章 不等式的证明方法

且等号仅当 $\alpha = 1$ 时成立.

再用数学归纳法证明命题. 若令 $\alpha = (a_k/A_k)^{\frac{1}{k-1}}$ 代入不等式(*)有
$$A_k^k \geq A_{k-1}^{k-1} a_k \geq a_1 a_2 \cdots a_{k-1} a_k$$

故
$$G_k \leq A_k$$

证 14 先考虑由 $(1+\alpha)^{\frac{1}{n}} \leq 1 + \dfrac{\alpha}{n} (\alpha \geq 0)$ 且等号仅当 $\alpha = 0$ 时成立.

令 $\alpha = \dfrac{b}{a} - 1$,有 $\left(\dfrac{b}{a}\right)^{\frac{1}{n}} \leq 1 + \dfrac{1}{n}\left(\dfrac{b}{a} - 1\right) = 1 - \dfrac{1}{n} + \dfrac{1}{n} \cdot \dfrac{b}{a}$,两端同乘以 a 有

$$a^{1-\frac{1}{n}} b^{\frac{1}{n}} \leq \left(1 - \dfrac{1}{n}\right) a + \dfrac{1}{n} b \qquad (*)$$

再用数学归纳法证明命题. 前两步同上. 今设
$$a_1 \leq a_2 \leq \cdots \leq a_k$$

故 $A_{k-1} \leq a_k$,由式(*)有
$$A_k = \dfrac{k-1}{k} A_{k-1} + \dfrac{1}{k} a_k \geq \dfrac{k-1}{k} G_{k-1} + \dfrac{1}{k} a_k \geq$$
$$(G_{k-1})^{\frac{k-1}{k}} + a_k^{\frac{1}{k}} = G_k$$

证 15 令 $f(x) = \ln x$,则由 $f''(x) = -\dfrac{1}{x^2} < 0$

由凸函数性质有
$$\sum_{k=1}^{n} \ln a_k \leq n \ln\left(\dfrac{1}{n} \sum_{k=1}^{n} x_k\right)$$

即
$$\prod_{k=1}^{n} a_k \leq \left(\dfrac{1}{n} \sum_{k=1}^{n} x_k\right)^n$$

或
$$G_n \leq A_n$$

证 16 我们在本节正文例中已证明了不等式
$$e^x \geq ex \text{ 或 } e^{x-1} \geq x \ (x \text{ 为实数}) \qquad (*)$$

数学解题的特殊方法

今用此不等式证明 $G_n \leq A_n$.

因 $a_i(i = 1,2,\cdots,n)$ 非负,故某 $a_i = 0$,则显然有 $G_n \leq A_n$. 若 a_i 均为正实数 $(i = 1,2,\cdots,n)$

令 $x = a_k/A_n(k = 1,2,\cdots,n)$ 分别代入式 (*) 有
$$a_k/A_n \leq e^{a_k/A_n - 1} \quad (k = 1,2,\cdots,n)$$
将它们两边分别相乘有
$$\prod_{k=1}^n (a_k/A_n) \leq \mathrm{Exp}\left(\frac{1}{A_n}\sum_{k=1}^n x_k - n\right) \quad ①$$
注意到 $\dfrac{1}{A_n}\sum_{k=1}^n x_k = n$,及 $e^0 = 1$,故
$$\prod_{k=1}^n a_k \leq A_n^n \text{ 或 } G_n \leq A_n$$

证 17 函数 $y = x + \alpha/x$ 在 $(-\infty,0)$ 和 $(0, +\infty)$ 上单调. 利用它我们来证明 $A_n \geq G_n$.

令 $\prod_{i=1}^n a_i = c^n$ (定值). 今不妨令 $a_1 \geq c \geq a_2$.

考察 $a_1 + a_2$,这时有 $a_1 \geq \sqrt{a_1 a_2} \geq a_2$,故 $a_1 \geq c \geq \sqrt{a_1 a_2}$ 或 $\sqrt{a_1 a_2} \geq c \geq a_2$.

若 $a_1 \geq c \geq \sqrt{a_1 a_2}$,令 $a'_2 = a_1 a_2/c$,由 $a_1 a_2 = ca'_2 = \alpha$,由 $y = x + \alpha/x$ 在 $(\sqrt{\alpha}, +\infty)$ 上单调性有
$$a_1 + a_2 \geq c + a'_2$$
若 $\sqrt{a_1 a_2} \geq c \geq a_2$,令 $a'_1 = a_1 a_2/c$,由 $a_1 a_2 = ca'_1 = \alpha'$,利用 $y = x + \alpha'/x$ 在 $(0, \sqrt{\alpha'})$ 上单调性有
$$a_1 + a_2 \geq a'_1 + c$$

无论哪种情况,比如前一种,可有
$$a_1 + a_2 + \cdots + a_n \geq c + a'_2 + a_3 + \cdots + a_n$$
故
$$a'_2 a_3 \cdots a_n = (a_1 a_2/c)a_3 a_4 \cdots a_n = c^{n-1}$$
对 $a'_2 + a_3 + \cdots + a_n$ 重复上述步骤,至多 $n-1$ 步可有

---

① $\mathrm{Exp}\,f(x)$ 或 $\exp f(x)$ 即表示 $e^{f(x)}$.

$$a_1 + a_2 + \cdots + a_n \geq nc = n\sqrt[n]{a_1 a_2 \cdots a_n}$$

即
$$A_n \geq G_n$$

证 18 由中值定理我们不难证明

$$\frac{x-y}{x} < \ln\frac{x}{y} < \frac{x-y}{y} \quad (0 < y < x) \quad (*)$$

不妨设 $a_1 \leq a_2 \leq \cdots \leq a_k \leq A \leq a_{k+1} \leq \cdots \leq a_n$, 由式($*$) 可有

$$\sum_{i=1}^{k} \frac{A-a_i}{A} \leq \sum_{i=1}^{k} \ln\frac{A}{a_i}$$

即

$$\left(kA - \sum_{i=1}^{k} a_i\right)/A \leq \ln\frac{A^k}{a_1 a_2 \cdots a_k}$$

及

$$\sum_{i=k+1}^{n} \ln\frac{a_i}{A} \leq \sum_{i=k+1}^{n} \frac{a_i - A}{A}$$

即

$$\ln\frac{a_{k+1} a_{k+2} \cdots a_n}{A^{n-k}} \leq \left[\sum_{i=k+1}^{n} a_i - (n-k)A\right]/A$$

注意到

$$\frac{1}{A}\left[\sum_{i=k+1}^{n} (a_i - A) - (n-k)A\right] = \frac{1}{A}\left[kA - \sum_{i=1}^{k} a_i\right]$$

又 $a_i(i=1,2,\cdots,n)$ 不全相等, 故

$$\ln\frac{a_{k+1} a_{k+2} \cdots a_n}{A^{n-k}} \leq \ln\frac{A^k}{a_1 a_2 \cdots a_k}$$

故

$$A^n \geq a_1 a_2 \cdots a_n$$

即

$$G_n \leq A_n$$

证 19 用数学归纳法. 前两步同上证.

今考虑 $n = k+1$ 的情形: 先引入函数

数学解题的特殊方法

$$f(x) = x^{k+1} + \sum_{i=1}^{k} b_i^{k+1} - (k+1)\left(\prod_{i=1}^{k} b_i\right) x$$

其中

$$a_i = b_i^{k+1} \quad (i = 1, 2, \cdots, k+1)$$

由 $f'(x) = (k+1)x^k - (k+1)\prod_{i=1}^{k} b_i = 0$

解得

$$x_0 = \sqrt[k]{\prod_{i=1}^{k} b_i} \quad (\text{注意 } x > 0)$$

又 $f''(x_0) = k(k+1)x_0^{k-1} = k(k+1)\left(\sqrt[k]{\prod_{i=1}^{k} b_i}\right)^{k-1} > 0$,

故 $f(x)$ 在 x_0 处有极小值 $f(x_0) = \sum_{i=1}^{k} b_i^{k+1} - k\sqrt[k]{\left(\prod_{i=1}^{k} b_i\right)^{k+1}}$.

由归纳假设知

$$\sum_{i=1}^{k} b_i^{k+1} \geqslant k\sqrt[k]{\sum_{i=1}^{k} b_i^{k+1}}$$

于是

$$f(x_0) \geqslant 0$$

故

$$f(b_{k+1}) \geqslant f(x_0) \geqslant 0$$

即

$$\sum_{i=1}^{k+1} b_i^{k+1} - (k+1)\prod_{i=1}^{k} b_i \geqslant 0$$

或

$$\sum_{i=1}^{k+1} b_i^{k+1} \geqslant (k+1)\prod_{i=1}^{k} b_i$$

即

$$\sum_{i=1}^{k+1} a_i \geqslant (k+1)\prod_{i=1}^{k+1} a_i^{\frac{1}{k+1}} = (k+1)\sqrt[k+1]{\prod_{i=1}^{k+1} a_i}$$

从而 $n = k+1$ 时命题真,故对任何自然数命题真.

应该说明一点:上面各证法均未对等号成立的情况进行讨论(它们显然是当且仅当 $a_1 = a_2 = \cdots = a_n$ 时),这请读者自行补充、讨论.

第9章 不等式的证明方法

证20 用定积分性质证. 我们先将不等式改写为更一般形式：

$$G_n = \prod_{i=1}^{n} a_i^{p_i} \leq \sum_{i=1}^{n} p_i a_i \equiv A_n$$

这里 $a_i > 0, p_i > 0 (1 \leq i \leq n)$，且 $\sum_{i=1}^{n} p_i = 1$.

显然 $p_i = \dfrac{1}{n}$ 即为算术 – 几何平均值不等式的简单形式.

下面我们来证上面的不等式.

不妨设 $a_1 \leq a_2 \leq \cdots \leq a_n$，显然可以找到一个 k 使 $a_k \leq G_n \leq a_{k+1}$，注意到 $\dfrac{A_n}{G_n} - 1 = \sum_{i=1}^{k} p_i \int_{a_i}^{G_n} \left(\dfrac{1}{t} - \dfrac{1}{G_n} \right) \mathrm{d}t + \sum_{i=k+1}^{n} p_i \int_{G_n}^{a_i} \left(\dfrac{1}{G_n} - \dfrac{1}{t} \right) \mathrm{d}t$，因两和式中均仅有非负项，故

$$\dfrac{A_n}{G_n} - 1 \geq 0$$

即 $A_n \geq G_n$，且等号当且仅当 $a_i = G_n, i = 1, 2, \cdots, n$ 即 $a_1 = a_2 = \cdots = a_n$ 时成立.

习 题

1. 若 a, b, c 均为正实数，则 $a^a b^b c^c \geq (abc)^{\frac{a+b+c}{3}}$.

2. (1) 若实数 $x + y + z = a$，则 $x^2 + y^2 + z^2 \geq a^2/3$；(2) 若实数 $x + y + z = a$，且 $x^2 + y^2 + z^2 = a^2/2$，则 x, y, z 均为正实数且不大于 $2a/3$.

3. 若 $a + b \leq e, c + d \leq f$，则 (1) $\sqrt{ac} + \sqrt{bd} \leq \sqrt{ef}$；(2) $\sqrt{ad} + \sqrt{bc} \leq \sqrt{ef}$.

[提示:将题设不等式两边相乘,再用算术 – 几何平均值不等式.]

4. 若 $a_i > 0 (i = 1, 2, \cdots, n)$，则 $\left(\sum_{i=1}^{n} a_i \right) \left(\sum_{i=1}^{n} \dfrac{1}{a_i} \right) \geq n^2$.

5. $n > 1$ 的自然数，则：(1) $\sum_{k=1}^{n} \dfrac{1}{n+k} < \dfrac{13}{24}$；

(2) $1 < \sum_{k=n+1}^{3n+1} \frac{1}{k} < 2$.

6. 试证 $\sqrt{a + \sqrt{a + \cdots + \sqrt{a}}} < \sqrt{a} + 1 (a > 0)$.

7. 若 x, y, z, a, b, c, r 均为正实数，则 $\frac{x+y+a+b}{x+y+a+b+c+r} + \frac{y+z+b+c}{y+z+a+b+c+r} > \frac{x+z+a+c}{x+z+a+b+c+r}$.

［提示：利用线性分式 $y = x/(x+a)$ 的单调性.］

8. 若 $a + b = 1(a, b$ 是非负数$)$，则 $\sqrt{2a+1} + \sqrt{2b+1} \leqslant 2\sqrt{2}$.

［提示：考虑 $f(x) = \sqrt{2x+1}$ 的凹凸性.］

9. 若非负数 $a + b + c = 1$，则：(1) $\sqrt{a} + \sqrt{b} + \sqrt{c} \leqslant \sqrt{3}$；(2) $\sqrt{13a+1} + \sqrt{13b+1} + \sqrt{13c+1} \leqslant 4\sqrt{3}$.

［提示：(1) 考虑 $f(x) = \sqrt{x}$；(2) 考虑 $f(x) = \sqrt{13x+1}$ 的凹凸性.］

10. 用平均值代换法求 $\left(x + \frac{1}{x}\right)\left(y + \frac{1}{y}\right)$ 的最小值，这里 x, y 为正数，且 $x + y = 1$.

11. 若 $ax^2 + bx + c$ 为有实根的实系数多项式，则 $a + b + c \leqslant \frac{9}{4} \max\{a, b, c\}$.

12. 若 $x \geqslant 0$，三次多项式 $x^3 + ax^2 + bx + 1 > 0 \Leftrightarrow ab + 2(a+b+3)^{\frac{3}{2}} + 6(a+b) + 9 > 0$，其中 a, b 为实数且 $a + b + 3 \geqslant 0$.

13. 若 $0 \leqslant a < b \leqslant \frac{\pi}{2}$，则 $\frac{a}{b} \leqslant \frac{\sin a}{\sin b} \leqslant \frac{\pi a}{2b}$.

14. 若 $0 < \alpha < \frac{1}{2}$，则 $\cos \alpha \pi > 1 - 2\alpha$；若 $\frac{1}{2} < \alpha < 1$，则 $\cos \alpha \pi < 1 - 2\alpha$.

自然数方幂和的求法

第 10 章

关于自然数方幂和，人们早就有所了解，人们很早（大约一两千多年前）就知道了自然数前 n 项和

$$\sum_{k=1}^{n} k = n(n+1)/2$$

公元前二百多年，古希腊的阿基米德、毕达哥拉斯就已知道自然数二次方幂及三次方幂和

$$\sum_{k=1}^{n} k^2 = n(n+1)(2n+1)/6$$

$$\sum_{k=1}^{n} k^3 = [n(n+1)/2]^2$$

对于自然数四次方幂和公式，直到 11 世纪才为阿拉伯人得到.

至于自然数五次、六次、…，一般地 k 次方幂和公式由瑞士数学家詹姆士·贝努利给出（在其所著《猜度术》一书中）：

$$\sum_{m=1}^{n} m^k = \frac{1}{k+1} \sum_{i=1}^{k+1} C_{k+1}^i B_{k+1-i} n^i + n^k \quad (*)$$

其中 B_k 满足 $B_0 = 1$，$\sum_{i=1}^{k} C_{k+1}^i B_i = 0$（$k \geq 1$），且称其为贝努利数.

前 11 个贝努利数为：

B_k	B_0	B_1	B_2	B_3	B_4	B_5	B_6	B_7	B_8	B_9	B_{10}	⋯
数值	1	-1/2	1/6	0	-1/30	0	1/42	0	-1/30	0	5/66	⋯

自然数方幂和求法很多，这里我们仅介绍其中的几种.

我们先来证明贝努利公式（*）.

证 设 $B_k(x) = \sum_{i=0}^{k} C_k^i B_{k-1} x^i$，且规定 $B_k(0) = 0.$

则

$$B_k(x+1) - B_k(x) =$$

$$\sum_{i=0}^{k} C_k^2 B_{k-1}(x+1)^i - B_k(x) =$$

$$\sum_{i=0}^{k} C_k^i B_{k-1} \sum_{j=0}^{i} C_i^j x^j - B_k(x) =$$

$$\sum_{j=0}^{k} \left(\sum_{i=j}^{k} C_k^i C_i^j B_{k-i} \right) x^j - \sum_{j=0}^{k} C_k^j B_{k-j} x^j$$

故 x^j 的系数为

$$\sum_{i=j}^{k} C_k^i C_i^j B_{k-1} - C_k^j B_{k-j} = \sum_{i=j+1}^{k} C_k^i C_i^j B_{k-i}$$

又

$$C_k^i C_i^j = \frac{k!}{i!(k-i)!} \cdot \frac{i!}{j!(i-j)!} =$$
$$\frac{k!}{j!(k-j)!} \cdot \frac{(k-j)!}{(k-i)!(i-j)!} = C_k^j C_{k-j}^{k-i}$$

故 x^j 的系数又为

$$C_k^j \sum_{i=j+1}^{k} C_{k-j}^{k-i} B_{k-i} = C_k^j \sum_{i=0}^{k-j-1} C_{k-j}^i B_i$$

若 $j = k - 1$，上式变为

$$C_k^{k-1} C_1^0 B_0 = k \cdot 1 \cdot 1 = k$$

若 $j \leqslant k - 2$，则 $k - j - 1 \geqslant 1$. 由贝努利数定义有

$$\sum_{i=0}^{k-j-1} C_{i-j}^i B_i = 0$$

故当 $j \leqslant k - 2$ 时，x^j 的系数为 0

若 $j = k$，则可推得 x^k 系数为

$$C_k^k C_k^k B_0 = C_k^k B_0$$

总之，在 $B_k(x+1) - B_k(x)$ 中仅含 x^{k-1} 这一项，其系数为 k，而其余各项系数均为 0，故

$$B_k(x+1) - B_k(x) = k x^{k-1}$$

从而

$$B_{k+1}(x+1) - B_{k+1}(x) = (k+1) x^k$$

令 $x = 0, 1, 2, \cdots, n - 1$，且将它们相加即有

$$1^k + 2^k + 3^k + \cdots + (n-1)^k =$$
$$\frac{1}{k+1} [B_{k+1}(n) - B_{k+1}(0)] =$$
$$\frac{1}{k+1} \sum_{i=0}^{k+1} C_{k+1}^i B_{k+1-i} n^i$$

故

$$\sum_{m=1}^{n} m^k = \frac{1}{k+1} \sum_{i=0}^{k+1} C_{k+1}^i B_{k+1-i} n^i + n^k$$

若利用开头几个贝努利数,则公式(*)还可写成

$$\sum_{m=1}^{n} m^k = \frac{1}{k+1}n^{k+1} + \frac{1}{2}n^k + \frac{k}{12}n^{k-1} - \frac{k(k-1)(k-2)}{720}n^{k-3} + 0 \cdot n^{k-4} + \cdots$$

(直到 n 的一次方项为止)

下面我们再来介绍几种方法.

1. 逐差法

注意到 $S_k(n) = \sum_{m=1}^{n} m^k$ 当 $n=1$ 时,$S_k(1) = 1$;当 $n=2$ 时,$S_k(2) = 1 + 2^m$. 今设 $n \geqslant 3$.

在 $k=1$ 时,即 $\sum_{m=1}^{n} m = n(n+1)/2$ 已为人们熟知,下面假定 $k \geqslant 2$. 注意到:

$$(n+1)^{k+1} - 1 = \sum_{m=1}^{n}(m+1)^{k+1} - \sum_{m=1}^{n} m^{k+1} = \sum_{m=1}^{n}[(m+1)^{k+1} - m^{k+1}]$$

又

$$(m+1)^{k+1} = m^{k+1} + C_{k+1}^1 m^k + \cdots + C_{k+1}^k m + 1$$

故

$$(n+1)^{k+1} - 1 = C_{k+1}^1 \sum_{m=1}^{n} m^k + C_{k+1}^2 \sum_{m=1}^{n} m^{k-1} + \cdots + C_{k+1}^k \sum_{m=1}^{n} m + \sum_{m=1}^{n} 1 \qquad (*)$$

利用式(*)我们可递归地推出 $\sum_{k=1}^{n} m^k$ 的公式.

如令 $k=2$,由式(*)有

$$(n+1)^3 - 1 = C_3^1 \sum_{m=1}^{n} m^2 + C_3^2 \sum_{m=1}^{n} m + \sum_{m=1}^{n} 1 =$$

第10章 自然数方幂和的求法

$$3\sum_{m=1}^{n} m^2 + 3\sum_{m=1}^{n} m + n$$

故

$$\sum_{m=1}^{n} m^2 = \frac{1}{3}\left[(n+1)^3 - 1 - 3\sum_{m=1}^{n} m - n\right] = n(n+1)(2n+1)/2$$

利用 $S_1(n), S_2(n)$ 可推得 $S_3(n)$；由 $S_1(n), S_2(n), S_3(n)$ 可推得 $S_4(n)$；如此等等可推得 $S_k(n)$ 公式.

注 由式 (*) 可以看出: $S_k(n)$ 是关于 n 的 $k+1$ 次多项式.

2. 待定系数法

由前面方法我们知道: $S_k(n)$ 是关于 n 的一个 $k+1$ 次多项式, 这样我们可先设 $S_k(n) = f(n)$, 其中 $f(n) = \sum_{k=0}^{n+1} C_k n^{n-k}$ (C_k 待定), 然后用 $n = 1, 2, 3, \cdots, k+2$ 代入方程得到一个关于 $C_0, C_1, \cdots, C_{k+1}$ 的线性方程, 从而可求得 $f(n)$. 我们以 $S_3(n)$ 为例说明.

令 $S_3(n) = \sum_{m=1}^{n} m^3 = C_0 n^4 + C_1 n^3 + C_2 n^2 + C_3 n + C_4$,

令 $n = 1, 2, 3, 4, 5$ 有

$$\begin{cases} C_0 + C_1 + C_2 + C_3 + C_4 = 1 \\ 16C_0 + 8C_1 + 4C_2 + 2C_3 + C_4 = 9 \\ 81C_0 + 27C_1 + 9C_2 + 3C_3 + C_4 = 36 \\ 256C_0 + 64C_1 + 16C_2 + 4C_3 + C_4 = 100 \\ 625C_0 + 125C_1 + 25C_2 + 5C_3 + C_4 = 225 \end{cases}$$

解之得

$$C_0 = \frac{1}{4}, \quad C_1 = \frac{1}{2}, \quad C_2 = \frac{1}{4}, \quad C_3 = C_4 = 0$$

故
$$\sum_{m=1}^{n} m^3 = \frac{1}{4}n^4 + \frac{1}{2}n^3 + \frac{1}{4}n^2 = \left[\frac{n(n+1)}{2}\right]^2$$

3. 几何法

这个问题我们在前文"算两次与极端原理"一节已给出过一些方法,下面再给出一种算法.

我们考虑右面的图形(如图10.1):

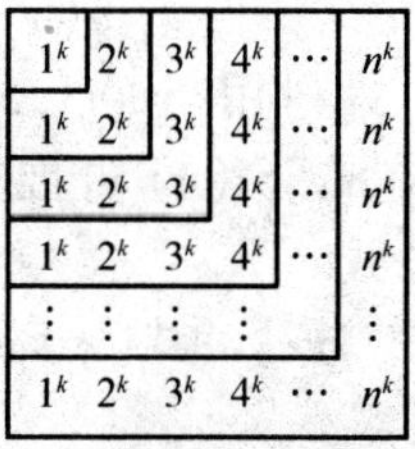

显然整个表中各数和为 $nS_k(n)$(每一行各数和为 $S_k(n)$,共 n 行).

图 10.1

再考虑每个⌐形中数分别为
$$1^k, 1^k + (2^k + 2^k),$$
$$1^k + 2^k + (3^k + 3^k + 3^k), \cdots,$$
$$1^k + 2^k + \cdots + (n-1)^k +$$
$$(n^k + n^k + \cdots + n^k)$$

注意到
$$\underbrace{m^k + m^k + \cdots + m^k}_{m \uparrow} = m \cdot m^k = m^{k+1}$$

故这些数的和为
$$\sum_{m=1}^{n-1} S_k(m) + S_{k+1}(n)$$

故
$$S_k(n) = \sum_{m=1}^{n-1} S_k(m) + S_{k+1}(n)$$

从而

$$S_{k+1}(n) = S_k(n) - \sum_{m=1}^{n-1} S_k(m)$$

这样由 $S_k(n)$ 的公式可推得 $S_{k+1}(n)$ 的公式.

这种方法源于印度,它较为直观、易于记忆,关于它还有许多变形,读者可从相应的文献中查到.

4. 降幂求和法

11 世纪波斯数学家阿尔·海赛姆(Al·Haitham)发明了计算自然数方幂和的降幂求和法,他设计了降幂求和方图(见图 10.2),用它将计算较高次幂的自然数方幂和转化为计算较低次幂的自然数方幂和,如此递推地可计算出自然数的各次方幂和.

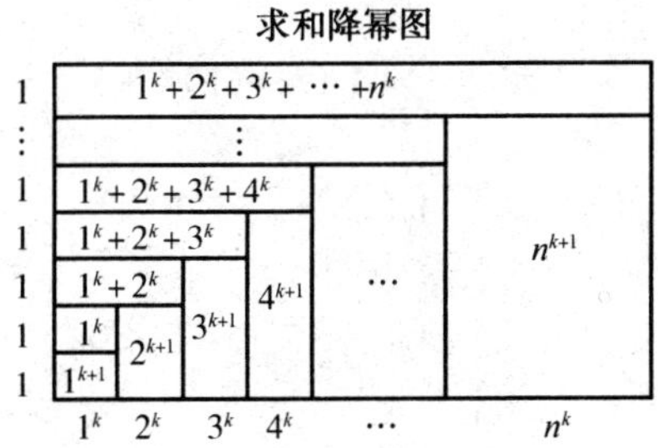

求和降幂图

图 10.2

从几何意义上看:它相当于式

$$(n+1)\sum_{r=1}^{n} r^k = \sum_{r=1}^{n} r^k + \sum_{k=1}^{n}\left(\sum_{r=1}^{k} r^k\right)$$

或

$$\sum_{r=1}^{n} r^{k+1} = (n+1)\sum_{r=1}^{n} r^k - \sum_{k=1}^{n}\left(\sum_{r=1}^{k} r^k\right)$$

此即降次公式. 用它可由低次幂和求得高次幂和(或将高次幂求和降为低次幂求和),这样逐级递推以求 $S_k(n)$.

当然从某种意义上讲,此方法也属于几何方法.

5. 递推系数法(Ⅰ)

为了简便起见,我们先以 $S_6(n)$ 为例说明该方法,然后再推广到一般 $S_k(n)$ 求法.

由

$$S_6(n) = S_6(n-1) + n^6, \quad n \geq 2 \quad (*)$$

又我们已知 $S_k(n)$ 是关于 n 的 $k+1$ 次多项式,故可令

$$S_6(n) = A_7 n^7 + A_6 n^6 + A_5 n^5 + A_4 n^4 + A_3 n^3 + A_2 n^2 + A_1 n + A_0$$

将它代入式(*)有

$$\sum_{k=0}^{7} A_k n^k = \sum_{k=0}^{7} A_k (n-1)^k + n^6 =$$

$$A_7 \left(\sum_{i=0}^{7} C_7^i (-1)^{7-i} n^i \right) +$$

$$A_6 \left(\sum_{i=0}^{6} C_6^i (-1)^{6-i} n^i \right) + \cdots +$$

$$A_1 \left(\sum_{i=0}^{1} C_1^i (-1)^{1-i} n^i \right) +$$

$$A_0 + n^6$$

比较上式两边关于 n^i 的系数可有

$$\begin{cases} A_0 = A_7 C_7^0 (-1)^7 + A_6 C_6^0 (-1)^6 + \cdots + A_0 \\ A_1 = A_7 C_7^1 (-1)^6 + A_6 C_6^1 (-1)^5 + \cdots + A_1 \\ \vdots \\ A_5 = A_7 C_7^5 (-1)^2 + A_6 C_6^5 (-1) + A_5 \\ A_6 = A_7 C_7^6 (-1) + A_6 + 1 \end{cases}$$

整理后可有

第 10 章　自然数方幂和的求法

$$\left.\begin{array}{r}A_1 - A_2 + A_3 - A_4 + A_5 - A_6 + A_7 = 0\\ 2A_2 - 3A_3 + 4A_4 - 5A_5 + 6A_6 - 7A_7 = 0\\ 3A_3 - 6A_4 + 10A_5 - 15A_6 + 21A_7 = 0\\ 4A_4 - 10A_5 + 20A_6 - 35A_7 = 0\\ 5A_5 - 15A_6 + 35A_7 = 0\\ 6A_6 - 21A_7 = 0\\ 7A_7 = 1\end{array}\right\}$$

$(**)$

我们不难由后往前递归推出 $A_7 = 1/7, A_6 = 1/2, A_5 = 1/2, A_4 = 0, A_3 = -1/6, A_2 = 0, A_1 = 1/42$.

由 $S_0(1) = -1$, 则 $A_0 = 0$.

故

$$S_6(n) = \sum_{m=1}^{n} m^6 = \frac{1}{7}n^7 + \frac{1}{2}n^6 + \frac{1}{2}n^5 - \frac{1}{6}n^3 + \frac{1}{42}n$$

有趣的是方程组$(**)$的系数矩阵

$$\begin{pmatrix} 1 & -1 & 1 & -1 & 1 & -1 & 1\\ & 2 & -3 & 4 & -5 & 6 & -7\\ & & 3 & -6 & 10 & -15 & 21\\ & & & 4 & -10 & 20 & -35\\ & & & & 5 & -15 & 35\\ & & & & & 6 & -21\\ & & & & & & 7 \end{pmatrix}$$

若不考虑符号(它的符号是交错的,有规律的)恰好是杨辉(贾宪)三角

数学解题的特殊方法

```
              1
            1   1
          1   2   1
        1   3   3   1
      1   4   6   4   1
    1   5  10  10   5   1
  1   6  15  20  15   6   1
1   7  21  35  35  21   7   1
```
....

去掉左边第一斜列（全部是1）后，再逆时针方向旋90°即可！

可以证明：若 $S_k(n) = \sum_{i=1}^{k+1} A_i n_i$，则 $A_0 = 0$，并且 $A_i (1 \leq i \leq k+1)$ 可从方程组

$$\begin{cases} A_1 - A_2 + A_3 - A_4 + \cdots + (-1)^k C_{k+1}^0 A_{k+1} = 0 \\ 2A_2 - 3A_3 + 4A_4 + \cdots + (-1)^k C_{k+1}^1 A_{k+1} = 0 \\ 3A_3 - 6A_4 + \cdots + (-1)^k C_{k+1}^2 A_{k+1} = 0 \\ \vdots \\ C_k^{k-1} A_k - C_{k+1}^{k-1} A_{k+1} = 0 \\ C_{k+1}^k A_{k+1} = 0 \end{cases}$$

解出．其中方程组系数矩阵恰为杨辉（贾宪）三角去掉左面第一斜行再逆时针旋90°后，相间地添上"+，-"号所得．

顺便讲一句：$S_k(n)$ 中的 A_1 恰为贝努利数 B_k．

6．递推系数法（Ⅱ）

我们知道 $S_k(n) = \sum_{m=0}^{n+1} A_m n^m$，这样若用 $n-1$ 代替上面式中 n 可有

第10章 自然数方幂和的求法

$$S_k(n-1) = \sum_{m=0}^{n} A_m(n-1)^m = \sum_{m=0}^{n+1} A_m(n-1)^m$$

将上面两式相减可有

$$n^k = \sum_{m=0}^{n+1} A_m [n^m - (n-1)^m] \quad (*)$$

对上式两边逐次求导(对 n 求导),求至 $k-1$ 阶导数,然后分别用 $n=1$ 代入各式及式($*$)和 $S_k(n) = \sum_{m=0}^{n+1} A_m n^m$ 中有

$$\begin{cases} A_{k+1} + A_k + \cdots + A_1 + A_0 = 1 \\ A_{k+1} + A_k + \cdots + A_1 = 1 \\ (k+1)A_{k+1} + kA_k + \cdots + 2A_2 = k \\ \vdots \\ P_{k+1}^{k-1} A_{k+1} + P_k^{k-1} A_k = P_k^{k-1} \\ (k+1)! \, A_{k+1} = k! \end{cases}$$

由此可先求 A_{k+1},再求 A_k,… 逐渐回代求得 A_{k-1}, A_{k-2}, …, A_1, A_0.

我们以 $S(n)$ 为例说明.

令

$$S_4(n) = A_5 n^5 + A_4 n^4 + \cdots + A_1 n + A_0 \quad (**)$$

而

$$S_4(n-1) = A_5(n-1)^5 + A_4(n-1)^4 + \cdots + A_1(n-1) + A_0 \quad (***)$$

式($**$)与($***$)两式相减得

$$n^4 = A_5[n^5 - (n-1)^5] + A_4[n^4 - (n-1)^4] + \cdots + A_2[n^2 - (n-1)^2] + A_1$$

上式两边对 n 分别(逐阶)求导

(一阶导数)$4n^3 = 5A_5[n^4 - (n-1)^4] + 4A_4[n^3 - (n-1)^3] + \cdots + 2A_2[n - (n-1)]$

(二阶导数)$12n^2 = 20A_5[n^3 - (n-1)^3] + 12A_4[n^2 - (n-1)^2] + 6A_3$

(三阶导数)$24n = 60A_5[n^2 - (n-1)^2] + 24A_4$

(四阶导数)$24 = 120A_5$

令 $n = 1$ 代入上面各式得

$$\begin{cases} A_5 + A_4 + A_3 + A_2 + A_1 + A_0 = 1 \\ A_5 + A_4 + A_3 + A_2 + A_1 = 1 \\ 5A_5 + 4A_4 + 3A_3 + 2A_2 = 4 \\ 20A_5 + 12A_4 + 6A_3 = 12 \\ 60A_5 + 24A_4 = 24 \\ 120A_5 = 24 \end{cases}$$

得到 $A_5 = 1/5, A_4 = 1/2, A_3 = 1/3, A_2 = 0, A_1 = -1/30, A_0 = 0$.

故

$$S_4(n) = \frac{n^5}{5} + \frac{n^4}{2} + \frac{n^3}{3} - \frac{n}{30} = n(6n^4 + 15n^3 + 10n^2 - 1)/30$$

7. 递推系数法(Ⅲ)

我们再介绍一种递推系数法. 先给出命题:

$$\sum_{m=1}^{n} m^k = \sum_{i=1}^{k} b_i \cdot i! \cdot C_{n+i}^{i+1} \qquad (*)$$

其中 $b_i (i = 1, 2, \cdots, k)$ 满足方程组

$$\begin{cases} a_{11}b_1 + a_{12}b_2 + \cdots + a_{1k}b_k = 0 \\ a_{22}b_2 + \cdots + a_{2k}b_k = 0 \\ \vdots \\ a_{kk}b_k = 0 \end{cases} \qquad (**)$$

而 $a_{1,j+1} = j!$ $(j = 1, 2, \cdots, k-1)$; $a_{ii} = 1$ $(i = 1, 2, \cdots, k)$; $a_{i+1,j+1} = j$ 或 $a_{i+1,j} + a_{ij}$ $(i = 1, 2, \cdots, k-2; j = i+1, \cdots, k-1)$.

关于它的证明只须注意到(详见《数学通报》1979年5期,张德志,介绍一种求 $\sum p^m$ 的方法)

(1) $\sum_{m=1}^{n} C_{m+k}^{k} = C_{k+n}^{k+1}$;

(2) 记 $f_k = k! \ C_{m+k-1}^{k} = m(m+1)\cdots(m+k-1)$,则 $f_k = a_{1k}m + a_{2k}m^2 + \cdots + a_{kk}m^k$,这里 a_{ij} 满足前面条件.

实际上公式(*)还可改写

$$\sum_{m=1}^{n} m^k = n(n+1)\left\{\frac{b_1}{2} + (n+2)\left\{\frac{b_2}{3} + \cdots + (n+k-1)\left[\frac{b_{k-1}}{k} + (n+k)\frac{b_k}{k+1}\right]\cdots\right\}\right\}$$

$$(***)$$

具体计算步骤可为:

(1) 解方程(**);
(2) 将 $b_1, b_2, \cdots, b_k$ 代入式(***)即可.

我们以求 $S_5(n)$ 为例说明. 方程组的系数矩阵可由下面方式给出:

$$\begin{pmatrix} 1 & 1! & 2! & 3! & 4! \\ & 1 & & & \\ & & 1 & & \\ & 0 & & 1 & \\ & & & & 1 \end{pmatrix} \Rightarrow$$

$$\begin{pmatrix} 1 & 1 & 2 & 6 & 24 \\ & 1 & 2\cdot1+1 & 3\cdot3+2 & 4\cdot11+6 \\ & & 1 & 3\cdot1+3 & 4\cdot6+11 \\ 0 & & & 1 & 4\cdot1+6 \\ & & & & 1 \end{pmatrix} =$$

$$\begin{pmatrix} 1 & 1 & 2 & 6 & 24 \\ & 1 & 3 & 11 & 50 \\ & & 1 & 6 & 35 \\ 0 & & & 1 & 10 \\ & & & & 1 \end{pmatrix}$$

解相应方程组(**)得

$$b_1=1, b_2=-15, b_3=25, b_4=-10, b_5=1$$

故

$$S_5(n) = \frac{1}{12}n^2(n+1)^2(2n^2+2n-1)$$

8. 高阶等差数列法

下面我们给出一个用高阶等差数列求 $S_k(n)$ 的办法. 为此我们先定义:

给定数列 $a_1, a_2, \cdots, a_n(*)$, 若从第二项起每一项与它相邻前一项之差构成的数列 $a_{11}, a_{12}, \cdots, a_{1,n-1}$ 称为数列(*)的一阶差. 类似地我们可以定义 k 阶差.

又若 $a_{k1}, a_{k2}, \cdots, a_{k(n-k)}$ 为数列(*)的 k 阶差, 且它的各项相等, 则称之为 k 阶等差数列.

我们可以证明: 数列 $1^k, 2^k, 3^k, \cdots, n^k$ 是 k 阶等差数列, 其 k 阶差为 $k!$.

它的证明我们不打算给出了, 有兴趣的读者可参阅《数学通讯》1982 年 7 期上邝兴广同志的"高阶等差数列与自然数乘方和"一文. 上面结论也可写成

第 10 章 自然数方幂和的求法

$$S_k(n) = \sum_{m=0}^{k} C_n^{m+1} \sum_{i=0}^{m} (-1)^i C_m^i (m-i+1)^k$$

如是,我们可以有

$$S_1(n) = \sum_{m=0}^{1} C_n^{m+1} \sum_{i=0}^{m} (-1)^i C_m^i (m-i+1)^1 =$$

$$C_n^1 \sum_{i=0}^{0} (-1)^i C_0^i (1-i) +$$

$$C_n^2 \sum_{i=0}^{1} (-1)^i C_1^i (2-i) =$$

$$n + C_n^2 (2-1) =$$

$$n + n(n-1)/2 =$$

$$n(n+1)/2$$

$$S_2(n) = \sum_{m=0}^{2} C_m^{m+1} \sum_{i=0}^{m} (-1)^i C_m^i (m-i+1)^2 =$$

$$C_n^1 + C_n^2(4-1) + C_n^3(9-8+1) =$$

$$\frac{1}{6} n(n+1)(2n+1)$$

$$S_3(n) = \sum_{m=0}^{3} C_m^{m+1} \sum_{i=0}^{m} (-1)^i C_m^i (m-i+1)^3 =$$

$$C_n^1 + C_n^2(8-1) + C_n^3(27-16+1) +$$

$$C_n^4(64-81+24-1) =$$

$$\left[\frac{1}{2} n(n+1)\right]^2$$

等等.

[附] 级数求和方法

我们在中学数学中学到过等差数列、等比数列前 n 项和公式,有时我们还会遇到另外一些级数求和问题,它们的方法是特殊的. 我们这里简要介绍以下几种.

数学解题的特殊方法

1. 把数列分成基本数列和

我们先来看一个例子.

例1 求 $1\frac{1}{2}, 3\frac{1}{4}, 5\frac{1}{8}, \cdots$ 的前 n 项和.

解 所求数列可以看成数列

$1, 3, 5, \cdots$ 和 $\frac{1}{2}, \frac{1}{4}, \frac{1}{8}, \cdots$

的对应项相加而成.

这样

$$S_n = \sum_{k=1}^{n}(2k-1) + \sum_{k=1}^{n}(1/2)^k =$$

$$\frac{n(2n)}{2} + \frac{1}{2}\left(1 - \frac{1}{2^n}\right) \Big/ \left(1 - \frac{1}{2}\right) =$$

$$n^2 + 1 - \frac{1}{2^n}$$

2. 拆项(相消)求和法

这也是数列求和的常用方法,通常把数列通项拆成两项之差,在求和中,前后项可抵消,最后仅剩首末两项.

例2 求 $I_n = \sum_{k=m}^{n}(k \cdot k!)$.

解 由 $\sum_{k=m}^{n} k \cdot k! = \sum_{k=m}^{n}[(k+1)! - k!]$ 注意式子前后项相消,则 $I_n = (m+n+1)! - m!$

例3 求 $I_n = \sum_{k=1}^{n} \frac{1}{(3k-1)(3k+2)}$.

解 只须注意到

$$\frac{1}{(3k-1)(3k+2)} = \frac{1}{3}\left(\frac{1}{3k-1} - \frac{1}{3k+2}\right)$$

故

$$I_n = \frac{1}{3}\left(\sum_{k=1}^{n}\frac{1}{3k-1} - \sum_{k=2}^{n+1}\frac{1}{3k-1}\right) =$$

$$\frac{1}{3}\left[\frac{1}{2} + \sum_{k=2}^{n}\frac{1}{3k-1} - \left(\sum_{k=2}^{n}\frac{1}{3k-1} + \frac{1}{3k+2}\right)\right] =$$

第10章 自然数方幂和的求法

$$\frac{1}{3}\left[\frac{1}{2} - \frac{1}{3k+2}\right] = \frac{k}{2(3k+2)}$$

3. 部分和变换法

这正是我们推导等比数列前 n 项和的方法. 它把数列前 n 项和 S_n 乘以一个因子再与 S_n 相减，相应的级数的项变得简单、易求，这便可从这个结果中导出 S_n 来.

例4 设 $\{a_n\}$ 为等比数列，$\{b_n\}$ 为等差数列，试求 $\sum_{k=1}^{n} a_k b_k$.

解 设 $\{a_n\}$ 的公比为 q，$\{b_n\}$ 的公差为 d. 由

$$S_n = \sum_{k=1}^{n} a_k b_k = \sum_{k=1}^{n} [b_1 + (k-1)d] a_1 q^{k-1} \quad ①$$

而

$$qS_n = \sum_{k=1}^{n} [b_1 + (k-1)d] a_1 q^k \quad ②$$

① - ② 有

$$(1-q)S_n = a_1 b_1 + \sum_{k=1}^{n-1} a_1 d q^k - [b_1 + (n-1)d] a_1 q^n =$$

$$b_1 a_1 (1 - q^n) + \frac{a_1 d q (1 - q^n)}{1-q} - n d a_1 q^n$$

故

$$S_n = \frac{a_1}{1-q}\left[(1-q^n)\left(b_1 + nd + \frac{dq}{1-q}\right) - nd\right]$$

4. 递推法

这方面例子我们已经在"求自然数方幂和"中介绍过. 下面再来看一个例子.

例5 求自然数平方和 $\sum_{k=1}^{n} k^2$.

解 由 $(k+1)^3 - k^3 = 3k^2 + 3k + 1$

令 $k = 1, 2, 3, \cdots, n$ 有

数学解题的特殊方法

$$2^3 - 1^3 = 3 \cdot 1^2 + 3 \cdot 1 + 1$$
$$3^3 - 2^3 = 3 \cdot 2^2 + 3 \cdot 2 + 1$$
$$\vdots$$
$$(n+1)^3 - n^3 = 3n^2 + 3n + 1$$

上面各式两边分别相加(注意相应项的抵消)

$$(n+1)^3 - 1 = 3\sum_{k=1}^{n} k^2 + 3\sum_{k=1}^{n} k + n$$

故

$$\sum_{k=1}^{n} k^2 = \frac{1}{6}n(n+1)(2n+1)$$

5. 比较系数法

这种方法多用于组合级数求和,它常常是用二项式展开来考虑的.

例 6 求组合式 $\sum_{k=1}^{m-n} C_{m-k}^{n}$.

解 由下面公式及变形

$$\sum_{k=1}^{m-n}(1+x)^{m-k} = \frac{(1+x)^{m-1}(1+x) - (1+x)^n}{(1+x) - 1} =$$

$$\frac{1}{x}\left[(1+x)^m - (1+x)^n\right] =$$

$$\frac{1}{x}(1+x)^m - \frac{1}{x}(1+x)^n$$

上式两端展开且比较 x^n 项的系数有:

式左: x^n 的系数是 $C_{m-1}^{n} + C_{m-2}^{n} + \cdots + C_{n+1}^{n} + C_{n}^{n}$

式右: x^n 的系数是 C_{m}^{n+1}. 注意到 $\frac{1}{x}(1+x)^n$ 的最高次项系数是 x^{n-1}.

这样 $\sum_{k=1}^{m-n} C_{m-k}^{n} = C_{m}^{n+1}$ (朱世杰等式).

利用复数性质和复数虚部、实部系数比较也可求得一些三角级数和.

6. 微积分方法

利用微积分方法也可求得一些级数和. 请看

例7 求级数和 $\sum_{k=1}^{n} kx^k$,其中 $x \neq 1$.

解 令 $S(x) = \sum_{k=1}^{n} kx^k, S_1(x) = \sum_{k=1}^{n} x^k$.

注意到
$$S'_1(x) = \sum_{k=1}^{n} kx^{k-1}$$

即有
$$S(x) = xS'_1(x)$$

而
$$S_1(x) = \sum_{k=1}^{n} x^k = \frac{x - x^{n+1}}{1 - x}$$

故
$$\sum_{k=1}^{n} kx^k = xS'_1(x) =$$
$$x\left[\frac{x(1-x^n)}{1-x}\right]' =$$
$$\frac{1 - (n+1)x^n + nx^{n+1}}{(1-x)^2}$$

7. 某些特殊方法

我们已说过,级数求和方法很多,技巧性也强,特别有许多巧妙、特殊方法,使得计算工作起到事半功倍之效,这里略介绍几种利用某些等式的算法.

(1) 公式1

若 $f(x) = af(bx) + cg(x)(c \neq 0)$,则
$$\sum_{k=0}^{+\infty} a^k g(b^k x) = \frac{f(x) - L}{c}$$
$$\sum_{k=0}^{+\infty} \frac{1}{a^k} g\left(\frac{x}{b^k}\right) = \frac{M - af(bx)}{c}$$

其中
$$L = \lim_{n \to +\infty} a^n f(b^n x)$$
$$M = \lim_{n \to +\infty} \frac{1}{a^n} f\left(\frac{x}{b^n}\right)$$

数学解题的特殊方法

我们先来证明这个结论：
由 $a^{k-1}f(b^{k-1}x) = a^k f(b^k x) + a^{k-1}g(b^{k-1}x)$ $(1 \leq k \leq n)$，则（对所有 k 将上式两边相加）

$$f(x) = a^n f(b^n x) + c\sum_{k=0}^{n-1} a^k g(b^k x)$$

令 $n \to +\infty$，注意到 $\lim_{n\to+\infty} a^n f(b^n x) = L$

故

$$\sum_{k=0}^{+\infty} a^k g(b^k x) = \frac{f(x) - L}{c}$$

类似地，由 $\frac{1}{a^k}f\left(\frac{x}{b^k}\right) = \frac{1}{a^{k-1}}f\left(\frac{x}{b^{k-1}}\right) + \frac{c}{a^k}g\left(\frac{x}{b^k}\right)$ 可证（注意到 $\lim_{n\to+\infty} \frac{1}{a^n}f\left(\frac{x}{b^n}\right) = M$）

$$\sum_{k=0}^{+\infty} \frac{1}{a^k}g\left(\frac{x}{b^k}\right) = \frac{M - af(bx)}{c}$$

下面请看例子．

例 8 求 (1) $S_1 = \sum_{k=1}^{n} 3^{k-1}\sin^3 \frac{x}{3^k}$；

(2) $S_2 = \sum_{k=0}^{+\infty} \frac{1}{3^k}3\sin^3 3^k x$．

解 由 $\sin x = 3\sin\frac{x}{3} - 4\sin^3\frac{x}{3}$

故 $f(x) = \sin x, g(x) = \sin^3 \frac{x}{3}, a = 3, b = \frac{1}{3}, c = -4$，且

$$L = \lim_{n\to+\infty}\left(3^n \sin\frac{x}{3^n}\right) = x$$

$$M = \lim_{n\to+\infty} \frac{\sin 3^n x}{3^n} = 0$$

故

$$S_1 = \frac{1}{4}(x - \sin x)$$

$$g(x) + \frac{1}{3}S_2 = \frac{3}{4}\sin\frac{x}{3}$$

从而
$$S_2 = \frac{3}{4}\sin x$$

注 类似地我们可有：

（1）由等式 $\cos x = -3\cos\frac{x}{3} + 4\cos^3\frac{x}{3}$，可证得

$$\sum_{k=1}^{+\infty}(-1)^k \frac{1}{3^k}\cos 3^k x = \frac{3}{4}\cos x$$

（2）由等式 $\cot x = 2\cot 2x + \tan x$，可证得 $\sum_{k=0}^{+\infty}\frac{1}{2^k}\tan\frac{x}{2^k} = \frac{1}{x} - \frac{1}{\tan 2x}$ 等.

（2）公式 2

$$\frac{a_1-1}{a_1} + \frac{a_2-1}{a_1 a_2} + \frac{a_3-1}{a_1 a_2 a_3} + \cdots = 1 - \frac{1}{L}$$

其中 $L = \lim\limits_{n\to+\infty}(a_1 a_2 \cdots a_n) \neq 0$.

这只须注意到

$$\frac{a_1-1}{a_1} + \frac{a_2-1}{a_1 a_2} + \frac{a_3-1}{a_1 a_2 a_3} + \cdots + \frac{a_n-1}{a_1 a_2 \cdots a_n} =$$

$$\frac{(a_1-1)a_2\cdots a_n + (a_2-1)a_3\cdots a_n + \cdots + 1}{a_1 a_2 \cdots a_n} =$$

$$\frac{a_1 a_2 \cdots a_n - 1}{a_1 a_2 \cdots a_n} = 1 - \frac{1}{a_1 a_2 \cdots a_n}$$

下面请看例子.

例 9 求

$$S = \frac{1}{2^2}\Big/\Big(1-\frac{1}{2^2}\Big) + \frac{1}{3^2}\Big/\Big[\Big(1-\frac{1}{2^2}\Big)\Big(1-\frac{1}{3^2}\Big)\Big] +$$

$$\frac{1}{4^2}\Big/\Big[\Big(1-\frac{1}{2^2}\Big)\Big(1-\frac{1}{3^2}\Big)\Big(1-\frac{1}{4^2}\Big)\Big] + \cdots$$

解 令 $a_1 = 1, a_n = 1 - \frac{1}{n^2}(n = 2,3,\cdots)$

故

数学解题的特殊方法

$$a_1 a_2 \cdots a_n = \prod_{k=2}^{n}\left(1 - \frac{1}{k^2}\right) = \prod_{k=2}^{n} \frac{k^2 - 1}{k^2} = \frac{1}{2}\left(\frac{n+1}{n}\right)$$

显然

$$L = \lim_{n \to +\infty}(a_1 a_2 \cdots a_n) = \frac{1}{2}$$

注意到 $\frac{1}{n^2} = 1 - a_n = -(a_n - 1)$，故

$$S = -\left(1 - \frac{1}{L}\right) = -(1 - 2) = 1$$

级数求和方法很多，这里不再列举了．读者在高等数学中将还会遇到．

习　题

1. 试用本章所介绍的方法，建立公式 $\sum_{k=1}^{n} k^2 = \frac{1}{6}n(n+1)(2n+1)$．

2. 利用杨辉(贾宪)三角．

$$\begin{array}{c}
1 \\
1 \quad 1 \\
1 \quad 2 \quad 1 \\
1 \quad 3 \quad 3 \quad 1 \\
1 \quad 4 \quad 6 \quad 4 \quad 1 \\
1 \quad 5 \quad 10 \quad 10 \quad 5 \quad 1 \\
\cdots\cdots\cdots\cdots\cdots\cdots\cdots\cdots \\
1 \quad C_n^1 \quad C_n^2 \quad \cdots \quad C_n^{n-1} \quad 1 \\
\cdots\cdots\cdots\cdots\cdots\cdots\cdots\cdots
\end{array}$$

证明 $S_2(n) = 2C_{n+2}^3 - C_{n+1}^2$．

3. 通过 $S_3(n)$ 对 n 的三次求导得 $S'''_3(n) = 6\sum_{k=1}^{n} 1 = 6n$，再用对它两边积分三次的办法，推导 $S_3(n)$ 公式．

第 10 章　自然数方幂和的求法

4. 试通过图 10.3 给出 $S_3(n)$ 的公式:$\sum_{k=1}^{n} k^3 = (\sum_{k=1}^{n} k)^2$.

1	2	3	4	⋯	n
2	4	6	8	⋯	$2n$
3	6	9	12	⋯	$3n$
4	8	12	16	⋯	$4n$
⋮	⋮	⋮	⋮		⋮
n	$2n$	$3n$	$4n$	⋯	n^2

图 10.3

5. 试建立 $\sum_{k=1}^{n}(a_0 + a_1 k + \cdots + a_m k^m)$ 的公式.

6. 试证对任何自然数 n,m:

若 m 是偶数时,则

$$n^m = 1 + 3 + 5 + \cdots + (2n^{m/2} - 1);$$

若 m 是奇数时,则

$$n^m = [(n-1)n^{(m-1)/2} + 1] + [(n-1)n^{(m-1)/2} + 3] + \cdots + [(n-1)n^{(m-1)/2} + 2n^{(m-1)/2} - 1]$$

即 n^m 总可以表示为 $n^{m/2}$(若 m 是偶数) 或 $n^{(m-1)/2}$(若 m 是奇数) 个连续奇数和.

试用上面结论,导出 $S_k(n)$ 公式来.

要识庐山真面目

—— 解剖几个习题

第 11 章

做数学题不要以"会"了结,应该在做完习题后. 进行分析、归纳和总结,从而找出它们内在的联系和实质. 这对加深概念的理解,学会一些解题方法常是有益的. 下面我们通过几个习题的剖析,谈谈这个问题.

11.1

下面的问题是天津市 1962 年中学数学竞赛(复试) 的一个题目:

若 n 是整数,试证: $f(n) = \dfrac{n^5}{5} + \dfrac{n^4}{2} + \dfrac{n^3}{3} - \dfrac{n}{30}$ 也是整数.

看到整数 n,首先你会想到用数学归纳法去考虑.

证 (1) $n = 1$ 时, $f(1) = \dfrac{1}{5} + \dfrac{1}{2} + \dfrac{1}{3} - \dfrac{1}{30} = 1$ 结论真.

(2) 设 $n = k$ 时, $f(k)$ 是整数,今考虑 $f(k+1)$

$$f(k+1) = \dfrac{(k+1)^5}{5} + \dfrac{(k+1)^4}{2} + \dfrac{(k+1)^3}{3} - \dfrac{k+1}{30} = \dfrac{k^5}{5} + \dfrac{k^4}{2} + \dfrac{k^3}{3} - \dfrac{k}{30} + (k+1)^4 = f(k) + (k+1)^4$$

显然,上式右端为整数,即 $f(k+1)$ 是整数,从而 $n = k+1$ 时命题也真.

故对任何自然数命题成立.

证明并未完结,这里仅就 n 是自然数的情形进行了论证,还须考虑 n 是 0 和负整数情形.

首先, $f(0) = 0$ 是整数;

又 $f(-k) = -f(k) + k^4$,它也是整数.

综上,当 n 是整数时, $f(n)$ 是整数.

我们仔细推敲一下不难发现:

另证 注意到原式 $= \dfrac{1}{5}(n-2)(n-1)n(n+1)(n-2) + \dfrac{1}{2}n^3(n+1) + \dfrac{5}{6}n(n-1)(n+1)$,我们便可直接推得结论:

数学解题的特殊方法

因为 k 个连续整数之积,定可被 k 整除,那么上面等式右端的三式均为整数,因而 $f(n)$ 是整数.

这个证明较为整洁、清晰,只是等式的发现并非轻而易举.

如果你再留心便会看到在用数学归纳法证明该命题时有下面的事实:
$$f(k+1) - f(k) = (k+1)^4$$
其实它正是题目拟造的实质所在.

这是一个递归函数关系式,我们若在等式两端依次用 $n-1, n-2, \cdots, 2, 1, 0$ 去代替 k 便有
$$f(n) - f(n-1) = n^4$$
$$f(n-1) - f(n-2) = (n-1)^4$$
$$\vdots$$
$$f(2) - f(1) = 2^4$$
$$f(1) - f(0) = 1^4$$

将上各式两边相加,显然有
$$f(n) - f(0) = \sum_{k=1}^{n} k^4$$

由
$$\sum_{k=1}^{n} k^4 = \frac{1}{30}n(n+1)(2n+1)(3n^2+3n-1)$$

及 $f(0) = 0$ 即得
$$f(n) = \frac{1}{30}n(n+1)(2n+1)(3n^2+3n-1)$$

将上式右端分子展开、化简后即为命题的形式
$$\frac{n^5}{5} + \frac{n^4}{2} + \frac{n^3}{3} - \frac{n}{30}$$

虽然这里只考虑了自然数的情形,但它足以揭示命题的实质.

第 11 章 要识庐山真面目

注 这个命题的实质也即自然数四次方幂和问题,关于它请参见"自然数方幂和的求法"一章.

11.2

我们也许见过下面一些命题,即试证:

(1) $\sqrt[3]{2+\sqrt{5}} + \sqrt[3]{2-\sqrt{5}} = 1$;

(2) $\sqrt[3]{5+2\sqrt{13}} + \sqrt[3]{5-2\sqrt{13}} = 1$;

(3) $\sqrt[3]{1+\frac{2}{3}\sqrt{\frac{7}{3}}} + \sqrt[3]{1-\frac{2}{3}\sqrt{\frac{7}{3}}} = 1$;

(4) $\sqrt[3]{5\sqrt{2}+7} - \sqrt[3]{5\sqrt{2}-7} = 2$;

(5) $\sqrt[3]{\frac{27}{4} + \frac{15\sqrt{3}}{4}} + \sqrt[3]{\frac{27}{4} - \frac{15\sqrt{3}}{4}} = 3$;

⋮

看了这些问题,你也许会觉得眼花缭乱,这些式子左边都是一些无理数运算,甚至在开立方中还有平方根运算;而右边都是整数.

如何证明这些结论呢? 直接计算,恐要稍费周折,它通常用下面的方法(以第(1)小题为例).

(1) **证** 令 $x = \sqrt[3]{2+\sqrt{5}} + \sqrt[3]{2-\sqrt{5}}$,将其两边立方且整理化简后有

$$x^3 = -3(\sqrt[3]{2+\sqrt{5}} + \sqrt[3]{2-\sqrt{5}}) + 4$$

即

$$x^3 + 3x - 4 = 0$$

而

$$x^3 + 3x - 4 = (x-1)(x^2 + x + 4)$$

注意到 $x^2 + x + 4$ 的判别式 $\Delta = 1 - 4 \cdot 4 < 0$，知其无实根，此即说 $x^3 + 3x - 4 = 0$ 仅有实根 1.

又 $\sqrt[3]{2+\sqrt{5}} + \sqrt[3]{2-\sqrt{5}}$ 是实数，故它只能是 1.

这个证明你也许会觉得很巧，那好，剩下的问题就请你也用此方法去证明吧！

细心的读者也许会想：上面的证法固然巧妙，但总觉得不甚直接，那么还有没有别的证法？有，请看：

又证　我们将式左根式中各数设法配方：

式左 $=$

$$\sqrt[3]{\left(\frac{1}{2}\right)^3 + 3 \cdot \left(\frac{1}{2}\right)^2 \frac{\sqrt{5}}{2} + 3 \cdot \left(\frac{\sqrt{5}}{2}\right)^2 \cdot \frac{1}{2} + \left(\frac{\sqrt{5}}{2}\right)^3} +$$

$$\sqrt[3]{\left(\frac{1}{2}\right)^3 - 3 \cdot \left(\frac{1}{2}\right)^2 \cdot \frac{\sqrt{5}}{2} + 3 \cdot \left(\frac{\sqrt{5}}{2}\right)^2 \cdot \frac{1}{2} - \left(\frac{\sqrt{5}}{2}\right)^3} =$$

$$\sqrt[3]{\left(\frac{1}{2} + \frac{\sqrt{5}}{2}\right)^3} + \sqrt[3]{\left(\frac{1}{2} - \frac{\sqrt{5}}{2}\right)^3} =$$

$$\left(\frac{1}{2} + \frac{\sqrt{5}}{2}\right) + \left(\frac{1}{2} - \frac{\sqrt{5}}{2}\right) = 1$$

看了这个证明，你也许会恍然大悟，这正是命题的实质所在（其余的命题也请你分析一下）.

做完这些，我们再对命题的证法作些比较：

方法 1 确实巧妙，它对我们解题很有借鉴，其实用它还可以解许多问题，比如：

试证　$\cos\frac{\pi}{7} + \cos\frac{3\pi}{7} + \cos\frac{5\pi}{7} = \frac{1}{2}$.

证　令 $x = \cos\frac{\pi}{7} + \cos\frac{3\pi}{7} + \cos\frac{5\pi}{7}$

由 $x^2 = \left(\cos\dfrac{\pi}{7} + \cos\dfrac{3\pi}{7} + \cos\dfrac{5\pi}{7}\right)^2 =$

$\dfrac{3}{2} - \dfrac{5}{2}\left(\cos\dfrac{\pi}{7} + \cos\dfrac{3\pi}{7} + \cos\dfrac{5\pi}{7}\right) =$

$\dfrac{3}{2} - \dfrac{5}{2}x$

即

$$2x^2 + 5x - 3 = 0$$

解之有

$$x_1 = \dfrac{1}{2}, \quad x_2 = -3$$

但 $\cos\dfrac{\pi}{7} + \cos\dfrac{3\pi}{7} + \cos\dfrac{5\pi}{7} > 0$,故应舍去负根,从而命题得证.

方法 2 虽稍嫌烦琐,可它比方法 1 要直接,同时它也揭示了这一类习题的实质,这样我们便可拟造一大批命题,这只须注意到:

若 $(a + b\sqrt{c})^3 = A + B\sqrt{c}$,则 $(a - b\sqrt{c})^3 = A - B\sqrt{c}$,这里 a, b, c, A, B 为有理数,$\sqrt{c}$ 为无理数. 这样便有

$$\sqrt[3]{A + B\sqrt{c}} + \sqrt[3]{A - B\sqrt{c}} = 2a$$

当然,更一般的结论是

若 $(a + b\sqrt{c})^n = A + B\sqrt{c}$,则 $(a - b\sqrt{c})^n = A - B\sqrt{c}$. 由此可制造如下命题

$$\sqrt[n]{A + B\sqrt{c}} + \sqrt[n]{A - B\sqrt{c}} = 2a$$

当然,若 n 为奇数,问题单纯些,若 n 为偶数时应注意到 $A - B\sqrt{c} > 0$ 才行.

其实,这类问题我们前文曾有过介绍.

11.3

下面的问题载于《三角法辞典》(〔日本〕长泽龟之助著,薛德炯、吴载耀编译,上海科技出版社),它曾为厦门市 1979 年中学数学竞赛题:

如图 11.1,若 P 是矩形 $ABCD$ 对角线 BD 上的一点,且 $AP \perp BD, PX \perp BC, PY \perp CD(X,Y$ 为垂足$)$,求证

$$(PX)^{\frac{2}{3}} + (PY)^{\frac{2}{3}} = BD^{\frac{2}{3}}$$

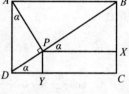

图 11.1

证 设 $\angle BPX = \alpha$,则有 $\angle BDC = \angle PAD = \angle ABD = \alpha$. 又

$$PX = PB\cos \alpha = AB\cos^2\alpha = BD\cos^3\alpha$$
$$PY = PD\sin \alpha = AD\sin^2\alpha = BD\sin^3\alpha$$

故

$$(PX)^{\frac{2}{3}} + (PY)^{\frac{2}{3}} = BD^{\frac{2}{3}}(\cos^2\alpha + \sin^2\alpha) = BD^{\frac{2}{3}}$$

当然它还可以用纯几何方法去解,但三角法是较简的.

接下来我们来考察下面的命题:

小圆半径是大圆半径的四分之一,今小圆在大圆内沿大圆周滚动,求小圆上任一定点 P 的轨迹方程.

解 如图 11.2,设小圆半径 $CB = r$,大圆半径为 $4r$,且设 $\angle AOB = \varphi$. 则动点 $P(x,y)$ 满足

$$\begin{cases} x = OD + DM = OD + PE \\ y = PM = DE = DC - EC \end{cases}$$

但

第11章　要识庐山真面目

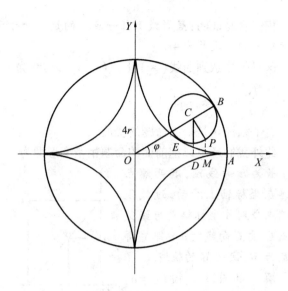

图11.2

$$OD = 3r\cos\varphi$$
$$PE = r\sin(90° - 3\varphi) = r\cos 3\varphi$$
$$DC = 3r\sin\varphi$$
$$EC = r(\cos 90° - 3\varphi) = r\sin 3\varphi$$

故
$$\begin{cases} x = 3r\cos\varphi + r\cos 3\varphi \\ y = 3r\sin\varphi - r\sin 3\varphi \end{cases}$$

化简得
$$\begin{cases} x = 4r\cos^3\varphi \\ y = 4r\sin^3\varphi \end{cases}$$

消去参数 φ（x,y 两边先开 $\frac{2}{3}$ 次方）即有

$$x^{\frac{2}{3}} + y^{\frac{2}{3}} = (4r)^{\frac{2}{3}} \quad\quad (*)$$

它即为星形线(又称四歧点内摆线).

我们容易证明:星形线上任一点处的切线介于两坐标轴间的一段长为 $4r$.

这只须注意到曲线(*)上点 (x_0,y_0),切线为 $y-y_0=-\sqrt[3]{\dfrac{y_0}{x_0}}(x-x_0)$ 即可.

这个结论正是前面命题的实质.

此外我们还可以把前面的命题稍稍变形即为:

长为 a 的线段,其两端点始终在坐标轴上滑动,过线段两端点分别作坐标轴平行线交于点 C. 自 C 向线段 a 作垂线得垂足为 M,试求 M 的轨迹.

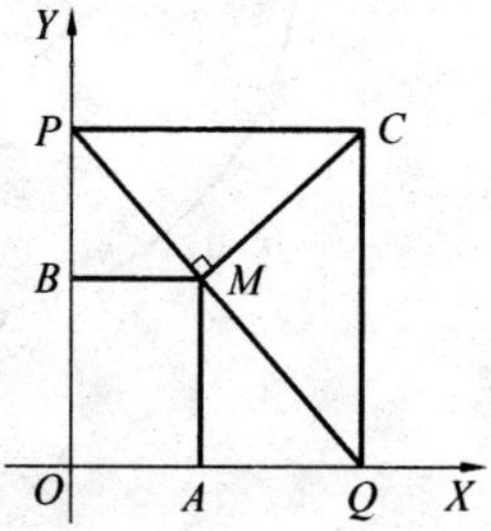

解 如图 11.3,设 $PQ=a$,设 $M(x,y), Q(c,0), P(0, \pm\sqrt{a^2-c^2})$.

图 11.3

因

$$PM=\dfrac{BM\cdot PQ}{OQ}=\dfrac{PC^2}{PQ}$$

即

$$\dfrac{c^2}{a^2}=\dfrac{x}{c} \text{ 或 } c^2=a^{\frac{4}{3}}x^{\frac{2}{3}} \qquad ①$$

同理

$$c^2=a^2-a^{\frac{4}{3}}y^{\frac{2}{3}} \qquad ②$$

式①-式②即

$$x^{\frac{2}{3}}+y^{\frac{2}{3}}=a^{\frac{2}{3}}$$

这显然隐藏着前面命题的另外证法——解析法.

11.4

再来看一道几何命题：

两个同样大小的长方形，把它们如图 11.4 并排旋转，则它们的对角线总是互相垂直，这用平面几何知识很容易证明。

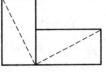

图 11.4

这个简单的事实若化为三角问题考虑，问题便有所翻新了．如图

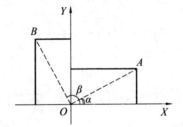

图 11.5

11.5，建立坐标系，为方便计，我们假定矩形对角线长是 1，且令 $\angle AOX = \alpha, \angle BOX = \beta$．

已知 $\beta - \alpha = \pi/2$，又 A, B 的坐标 $A(a,b) = A(\cos\alpha, \sin\alpha); B(c,d) = B(\cos\beta, \sin\beta)$．

故由 $\cos(\beta - \alpha) = 0$，即 $\cos\alpha\cos\beta + \sin\alpha\sin\beta = 0$，这样 $ac + bd = 0$．

又因

$$\cos\beta = \cos\left(\alpha + \frac{\pi}{2}\right) = \sin\alpha$$

这样

数学解题的特殊方法

$$\cos\alpha\sin\alpha + \cos\beta\sin\beta = 0$$

即

$$ab + cd = 0$$

这样我们不难将此结论化为代数问题:

若 $a^2 + b^2 = 1, c^2 + d^2 = 1$,且 $ac + bd = 0$,则 $ab + cd = 0$.

它当然可以用代数方法去证:

证 注意到下面式子的运算与变形

$$(ac + bd)(ad + bc) = a^2cd + d^2ab + c^2ab + b^2cd =$$
$$ab(c^2 + d^2) + cd(a^2 + b^2) =$$
$$ab + cd$$

故由

$$(ac + bd)(ad + bc) = 0$$

有

$$ab + cd = 0$$

我们把问题再回到几何中去,今可问:

对角线长相等的矩形如图11.6并列放置,若它们的对角线互相垂直,那么这两个矩形能否全等?

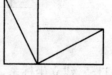

图 11.6

这个问题用几何办法不难得到肯定的答案(可以用全等三角形去考虑). 下面我们用代数方法来解答.

它的代数问题显然是:

若 $a^2 + b^2 = 1, c^2 + d^2 = 1$,且 $ac + bd = 0$,则 $|a| = |d|, |b| = |c|$.

(或者 $a^2 + c^2 = 1, b^2 + d^2 = 1, ab + cd = 0$)

证 因 $a^2 + b^2 = 1$,知 a, b 不全为零,不妨设 $a \neq 0$.

第 11 章　要识庐山真面目

由 $ac+bd=0$,得 $c=-bd/a$,代入 $c^2+d^2=1$ 得
$$\frac{b^2d^2}{a^2}+d^2=\frac{(a^2+b^2)d^2}{a^2}=\frac{d^2}{a^2}=1$$
故 $a^2=b^2$,即 $|a|=|b|$.

又由 $a^2+b^2=1,c^2+d^2=1$ 两边相减有
$b^2-c^2=0$,即 $b^2=c^2$ 或 $|b|=|c|$.

由代数解法启示,我们不难把这个命题推广到三维空间去,即

若 $a_1^2+b_1^2+c_1^2=1, a_2^2+b_2^2+c_2^2=1, a_3^2+b_3^2+c_3^2=1$; $a_1a_2+b_1b_2+c_1c_2=0, a_2a_3+b_2b_3+c_2c_3=0, a_3a_1+b_3b_1+c_3c_1=0$.

试证:$a_1^2+a_2^2+a_3^2=1, b_1^2+b_2^2+b_3^2=1, c_1^2+c_2^2+c_3^2=1$; $a_1b_1+a_2b_2+a_3b_3=0, a_1c_1+a_2c_2+a_3c_3=0, b_1c_1+b_2c_2+b_3c_3=0$.

它的几何意义,我们可以仿前面的办法给出,只须注意到向量 $\boldsymbol{x}_1=(a_1,b_1,c_1)$ 与 $\boldsymbol{x}_2=(a_2,b_2,c_2)$ 垂直,则 $a_1a_2+b_1b_2+c_1c_2=0$ 即可.

下面我们给出它的另一种证法.

证　由题设条件
$$\begin{cases} a_1^2+b_1^2+c_1^2=1 \\ a_2a_1+b_2b_1+c_2c_1=0 \\ a_3a_1+b_3b_1+c_3c_1=0 \end{cases}$$
故可将其中的 a_1,b_1,c_1 视为线性方程组
$$\begin{cases} a_1x+b_1y+c_1z=1 \\ a_2x+b_2y+c_2z=0 \\ a_3x+b_3y+c_3z=0 \end{cases}$$
的解.

可以证明该方程组系数行列式

数学解题的特殊方法

$$D = \begin{vmatrix} a_1 & b_1 & c_1 \\ a_2 & b_2 & c_2 \\ a_3 & b_3 & c_3 \end{vmatrix} \neq 0$$

利用行列式的性质及方程组的解公式有

$$x = a_1 = \frac{A_1}{D}, \quad y = b_1 = \frac{B_1}{D}, \quad z = c_1 = \frac{C_1}{D}$$

这里 A_1, B_1, C_1 为 a_1, b_1, c_1 的代数余子式.

同理利用其余条件可求得

$$a_2 = \frac{A_2}{D}, \quad b_2 = \frac{B_2}{D}, \quad c_2 = \frac{C_2}{D}$$

$$a_3 = \frac{A_3}{D}, \quad b_3 = \frac{B_3}{D}, \quad c_3 = \frac{C_3}{D}$$

其中 A_i, B_i, C_i 分别为 a_i, b_i, c_i 的代数余子式 $(i = 2, 3)$. 这样

$$a_1^2 + a_2^2 + a_3^2 =$$
$$(a_1 A_1 + a_2 A_2 + a_3 A_3)/D = D \cdot 1/D = 1$$
$$a_1 b_1 + a_2 b_2 + a_3 b_3 =$$
$$(a_1 B_1 + a_2 B_2 + a_3 B_3)/D = 0 \cdot 1/D = 0$$

类似地可证其余的结论.

11.5

数学命题中有许多内在的东西需要我们去挖掘, 有许多横向的联系需要我们去发现, 这些对于数学学习是重要的. 下面我们通过一个命题的剖析也谈一下这个问题.

1. 命题与多解

这是一道典型的几何问题:

如图11.7,三个同样大小正方形并列摆放,试证 $\angle 1 + \angle 2 + \angle 3 = \pi/2$.

它的证法很多,但大致有下面三类:

(1) 几何证法. 方法较多. 最简单的是由证明 $\triangle GHA \backsim \triangle AHC$ 得到. 即有 $\angle 1 = \angle GAH$, 又 $\angle 2 = \angle GAB$, 且 $\angle 3 = \pi/4$, 有 $\angle 1 + \angle 2 + \angle 3 = \pi/2$.

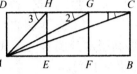

图 11.7

(2) 三角证法. 这只须注意到

$$\tan \angle 1 = \frac{1}{3}, \quad \tan \angle 2 = \frac{1}{2}, \quad \tan \angle 3 = 1$$

再由和角的正切公式

$$\tan(\alpha + \beta) = \frac{\tan \alpha + \tan \beta}{1 - \tan \alpha \tan \beta}$$

有

$$\tan(\angle 2 + \angle 1) = \left(\frac{1}{3} + \frac{1}{2}\right) / \left(1 - \frac{1}{3} \cdot \frac{1}{2}\right) = 1$$

故

$$\angle 3 = \pi/4, \quad \angle 2 + \angle 1 = \pi/4$$

当然它还可以用反三角函数去考虑.

(3) 代数证法. 用复数考虑.

以 A 为坐标原点,AB 为实轴建立坐标系,且令 $|AE| = 1$,又 H, G, C 分别代表复数 z_1, z_2, z_3.

由

$$z_1 = 1 + i, z_2 = 2 + i, z_3 = 3 + i$$

故 $\angle 1 + \angle 2 + \angle 3 = \arg z_3 + \arg z_2 + \arg z_1 = $

$\arg(z_1 z_2 z_3) = \arg(10\mathrm{i}) = \pi/2.$

当然它也可以用解析几何方法去考虑. 比如图 11.8 中的网络证法也是直观的（即格子点法），这只须考虑证明 $\triangle AKC$ 是等腰直角三角形，再利用部分图形对于 AB 的对称性即可.

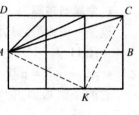

图 11.8

2. 变形

这道题不仅解法较多，题目变化花样也不少. 下面的各问题实际上均是上面命题的等价的提法（只是形式上似有不同）：

(1) 如图 11.9 中 $\triangle ABC$ 是等腰直角三角形（$\angle C = 90°$），又 $AD = \dfrac{1}{3}AC, CE = \dfrac{1}{3}BC$，连 AE, DE，则
$$\angle CDE = \angle EAB$$

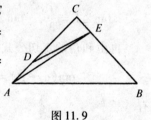

图 11.9

(2) 如图 11.10 中同底上有三个等腰三角形，它们的高 $C_3 D = \dfrac{1}{2}AB, C_2 D = AB, C_1 D = \dfrac{3}{2}AB.$ 试证它们的三个顶角和为 180°.

(3) 如图 11.11 三个同样大小的正方形并排摆放，求 $\angle AFB.$

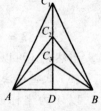

图 11.10

当然，这个题目还可以翻新一些花样，比如可以仅为三角、代数等问题，这里不谈了.

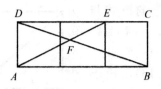

图 11.11

3. 拓广

掌握了前面问题的思想和方法,我们不难将命题稍加推广:

(1) 从维数上推广

原命题中是三个正方形并列摆放,我们可以将其推广到 n 个正方形的情形,比如:

如图 11.12 中八个同样的正方形并列摆放,试证 $\alpha_1 + \alpha_2 + \alpha_3 + \alpha_4 = 45°$.

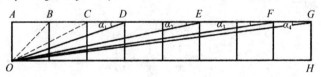

图 11.12

这只须连接 OB, OC,证明 $\triangle BCO \sim \triangle BOD$ 即可. 有 $\angle BOC = \angle BDO = \alpha_1$.

同理

$$\angle COD = \angle CFO = \alpha_3$$
$$\angle DOE = \angle DGO = \alpha_4$$

又

$$\angle EOH = \angle OEB = \alpha_2$$

上面四式相加可有 $\alpha_1 + \alpha_2 + \alpha_3 + \alpha_4 = \angle BOH = 45°$. 当然它还可以用三角、代数方法去证.

(2) 类比推广

原来问题的形式与方法,常可为某些新命题的建立提供信息,比如:

如图 11.13 在矩形 ABCD 中, $AA_1 = A_1A_2 = A_2A_3 = A_3A_4 = A_4D = a$; $AB_1 = B_1B_2 = B_2B = \sqrt{3}a$, 又 $A_1E \parallel AB$. 试证 $\angle B_1A_1E + \angle B_2A_1E + \angle BDC = \pi/2$.

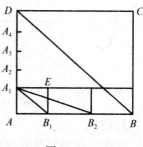

图 11.13

这个命题是安徽省 1977 年高考试题,题中还要求用三种方法解答.

(3) 联合推广

原问题在维数和方法上的联合推广,可见下面的例子.

胡久稔在研究不定方程

$$\frac{1}{n} = \frac{1}{x} + \frac{1}{y} + \frac{1}{nxy} \qquad (*)$$

的解时发现:

有无穷多个(相同的)单位正方形并排摆放,(见图 11.14),若将正方形各顶点(它们依次记为 1,2,…)与 O 连线,则产生一个角序列 $\{\alpha_n\}$:

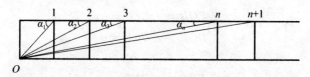

图 11.14

对于(*)的解 (n,x,y)(依小到大排列)则角序列满足关系

$$\alpha_n = \alpha_x + \alpha_y$$

特别地,若 u_n 是第 n(它是偶数)项斐波那契数列,由该数列性质:

$$u_{n+2} = u_n + u_{n+1}$$

则对于角序列可有(图 11.15) $\alpha_{u_n} = \alpha_{u_{n+1}} + \alpha_{u_{n+2}}$.

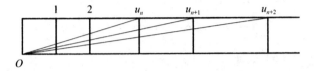

图 11.15

从上面的论述中我们可以看到:有些问题不仅存在多种解法,而且可将它们变形、推广且用同一方法去考虑,这也便是所谓"一题多解"与"多题一解".

11.6

下面是几道常见的三角级数的问题,有的我们前文已介绍过.

(1)求 $\cos\dfrac{\pi}{7} + \cos\dfrac{3\pi}{7} + \cos\dfrac{5\pi}{7}$ 的值;

(2)计算 $\cos 5° + \cos 77° + \cos 149° + \cos 221° + \cos 293°$ 的值;

(3)求 $\sum\limits_{k=1}^{90} \cos k°$ 的值;

(4)试证下面三角函数等式

① $\sum\limits_{k=1}^{n-1} \cos\dfrac{2k-1}{2n-1}\pi = \dfrac{1}{2}$,

② $\sum_{k=1}^{n-1} \cos \frac{2k}{2n-1}\pi = -\frac{1}{2}$；

或将上两式合并写成

$$\sum_{k=1}^{n-1}(-1)^k \cos \frac{k\pi}{2n-1} = \frac{1}{2}$$

(5) 求证

$$\sum_{k=1}^{n} \cos k\alpha = \sin \frac{n\alpha}{2} \cos\left(\frac{n+1}{2}\alpha\right) \Big/ \sin \frac{\alpha}{2}$$

(6) 试证

$$\sum_{k=1}^{n} \cos(k\alpha+\beta) = \sin\left(\frac{n+1}{2}\alpha\right) \cos\left(\beta + \frac{n\alpha}{2}\right) \Big/ \sin \frac{\alpha}{2}$$

(7) 试证下面三角函数等式

$$\sum_{k=1}^{n} a^k \cos k\alpha = \frac{1 - a\cos\alpha + a^n \cos n\alpha - a^{n+1}\cos(n+1)\alpha}{1 - 2\cos\alpha + a^2}$$

……

这里面的前面几个问题以及问题(7)，我们在"复数在解题中的应用"、"高等数学在解初等问题中的应用"和"物理方法在解数学问题上的应用"等章节的例子中已经介绍过. 我们再来看看问题(5)的解法.

(5) 证 用数学归纳法.

1) $n=1$，命题显然真.

2) 设 $n=k$ 时命题真，即

$$\sum_{m=1}^{k} \cos m\alpha = \sin \frac{k\alpha}{2} \cos \frac{k+1}{2}\alpha \Big/ \sin \frac{\alpha}{2}$$

今考虑 $n=k+1$ 的情形.

在上式两边同加 $\cos(k+1)\alpha$:

式右 $= \left[\sin\dfrac{k\alpha}{2}\cos\left(\dfrac{k+1}{2}\alpha\right) + \cos(k+1)\alpha\sin\dfrac{\alpha}{2}\right] \Big/ \sin\dfrac{\alpha}{2} =$

$\left\{\dfrac{1}{2}\sin\left(k+\dfrac{1}{2}\right)\alpha - \sin\dfrac{\alpha}{2}\right] +$

$\dfrac{1}{2}\left[\sin\left(k+\dfrac{3}{2}\right)\alpha - \sin\left(k+\dfrac{1}{2}\right)\alpha\right]\right\} \Big/ \sin\dfrac{\alpha}{2} =$

$\dfrac{1}{2}\left[\sin\left(k+\dfrac{3}{2}\right)\alpha - \sin\dfrac{\alpha}{2}\right] \Big/ \sin\dfrac{\alpha}{2} =$

$\sin\left(\dfrac{k+1}{2}\alpha\right)\cos\left(\dfrac{k+2}{2}\alpha\right) \Big/ \sin\dfrac{\alpha}{2}$

即 $n=k+1$ 时命题也成立,从而对任何自然数命题成立.

我们再来看看命题(6)的解法.

(6) **证** 今考虑 $\sin\dfrac{\beta}{2}\cos(\alpha+k\beta) = \dfrac{1}{2}\left[\sin\left(\alpha+k\beta+\dfrac{\beta}{2}\right) - \sin\left(\alpha+k\beta-\dfrac{\beta}{2}\right)\right].$

令 $k=1,2,\cdots,n$ 然后两边相加,且注意到前后项的相消便有

$\displaystyle\sum_{k=1}^{n}\sin\dfrac{\beta}{2}\cos(\alpha+k\beta) =$

$\dfrac{1}{2}\left[\sin\left(\alpha+\dfrac{\beta}{2}\right) - \sin\left(\alpha+n\beta-\dfrac{\beta}{2}\right)\right] =$

$\cos\left(\alpha+\dfrac{n\beta}{2}\right)\sin\left(\dfrac{n+1}{2}\beta\right)$

即

$$\sum_{k=1}^{n} \cos(\alpha + k\beta) = \cos\left(\alpha + \frac{n\beta}{2}\right) \sin\frac{n+1}{2}\beta \bigg/ \sin\frac{\beta}{2}$$

从上面这些问题解法中可以看出：这些方法都是可以互相借鉴的，即无论是利用复数法、向量法、力学法、数学归纳法和三角恒等变换法等，对每个命题都适用．至于选用何种办法为好，这要视命题本身结构和特点而定了．

既然如此，我们不禁要问：它们（命题）之间是否会有联系呢？稍稍细心，你是不难发现下面关系的：

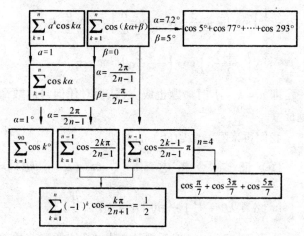

图 11.16

当然，特例的反向即是拓广，看来这许多命题只不过是公式

$$\sum_{k=1}^{n} \cos(k\alpha + \beta) =$$

$$\sin\left(\frac{n+1}{2}\alpha\right) \cos\left(\beta + \frac{n\alpha}{2}\right) \bigg/ \sin\frac{\alpha}{2} \text{ 的特例罢了．}$$

第12章 若正数 $a+b+c=1\cdots$

—— 谈一类习题的拟造

我们在代数中见过下面一些不等式：

若正（实）数 a,b,c 满足 $a+b+c=1$，则

(1) $(1-a)(1-b)(1-c) \geqslant 8abc$ [或 $\left(\dfrac{1}{a}-1\right)\left(\dfrac{1}{b}-1\right)\left(\dfrac{1}{c}-1\right) \geqslant 8$]；

(2) $(1+a)(1+b)(1+c) \geqslant 64abc$ [或 $\left(\dfrac{1}{a}+1\right)\left(\dfrac{1}{b}+1\right)\left(\dfrac{1}{c}+1\right) \geqslant 64$]；

(3) $\dfrac{1}{a}+\dfrac{1}{b}+\dfrac{1}{c} \geqslant 9$；

(4) $\dfrac{1}{b+c} + \dfrac{1}{c+a} + \dfrac{1}{a+b} \geqslant \dfrac{9}{2}$；

(5) $\dfrac{a}{b+c} + \dfrac{b}{c+a} + \dfrac{c}{a+b} \geqslant \dfrac{3}{2}$；

(6) $a^2 + b^2 + c^2 \geqslant \dfrac{1}{3}$；

(7) $a^2 + b^2 + c^2 \geqslant 9abc$；

(8) $abc \leqslant \dfrac{1}{27}$；

(9) $\left(a+\dfrac{1}{a}\right)^2 + \left(b+\dfrac{1}{b}\right)^2 + \left(c+\dfrac{1}{c}\right)^2 \geqslant \dfrac{100}{3}$；

(10) $a^3 + b^3 + c^3 \geqslant \dfrac{1}{9}$；

(11) $\dfrac{1}{3} \leqslant a^a b^b c^c \leqslant a^2 + b^2 + c^2$；

(12) $\sqrt{13a+1} + \sqrt{13b+1} + \sqrt{13c+1} \leqslant 4\sqrt{3}$；

(13) 若有正数 x_1, x_2, x_3 使：
$$\begin{cases} y_1 = ax_1 + bx_2 + cx_3 \\ y_2 = bx_1 + cx_2 + ax_3 \\ y_3 = cx_1 + ax_2 + bx_3 \end{cases}$$
则 $x_1 x_2 x_3 \leqslant y_1 y_2 y_3$；

……

这些不等式的证明我们不再赘述了，读者不难自行找到．

下面我们想谈谈由这一组不等式而诱导出的一类命题．

第12章 若正数 $a+b+c=1\cdots$

12.1 问题的拓广

1. 变形拓广

上述不等式的条件 $a+b+c=1$ 稍加变换,将会得到一批新的不等式:

(1) 若正数 $a+b+c=3$,则 ① $a^3+b^3+c^3 \geq 3$;
② $\sqrt{2a+1}+\sqrt{2b+1}+\sqrt{2c+1} \leq 3\sqrt{3}$;…

(2) 若正数 $a+b+c=m$(m 为正实数),则 ① $\sqrt{a}+\sqrt{b}+\sqrt{c} \leq \sqrt{3m}$;② $a^2+b^2+c^2 \geq m^2/3$;…

(3) 若正数 $a+2b+3c=6$,则 $a^2+2b^2+3c^2 \geq 6$;…

(4) 若 $a^2+b^2+c^2=8$(a,b,c 为正实数),则 $a^3+b^3+c^3 \geq 16\sqrt{\dfrac{2}{3}}$;…

(5) 若 $abc=10$,且 a,b,c 均大于 1,则 $\log_a 10 + \log_b 10 + \log_c 10 \geq 9$;…

……

2. 向高维拓广

若把 a,b,c 看成三维问题,则前述不等式还可以向高维拓广:

(1) 若正数 $a+b+c+d=1$,则 $\dfrac{1}{a+b}+\dfrac{1}{a+c}+\dfrac{1}{a+d}+\dfrac{1}{b+c}+\dfrac{1}{b+d}+\dfrac{1}{c+d} \geq 12$;…

(2) 若正数 $a_1+a_2+\cdots+a_n=1$,则:

① $\sum\limits_{i=1}^{n} a_i^2 \geq \dfrac{1}{n}$;

② $\sum_{i=1}^{n} \dfrac{1}{a_i} \geqslant n^2$；

③ $\sum_{i=1}^{n} \dfrac{1}{a_i^k} \geqslant n$（$k$ 为正实数）；

④ $\sum_{i=1}^{n} \left(a_i + \dfrac{1}{a_i}\right)^2 \geqslant n\left(n + \dfrac{1}{n}\right)^2$；

⑤ $\sum_{i=1}^{n} \left(a_i + \dfrac{1}{a_i}\right)^k \geqslant n\left(n + \dfrac{1}{n}\right)^k$；

……

除了加数的个数可向高维推广外，指数也可向高维或新的数域推广．比如：

(3) 若 $a_1 + a_2 + \cdots + a_n = A$，其中 $a_i > 0$（$i = 1, 2, \cdots, n$），则

① $\sum_{k=1}^{n} \dfrac{A}{A - a_k} \geqslant \dfrac{n^2}{n-1}$；

② $\sum_{k=1}^{n} \left(a_k + \dfrac{1}{a_k}\right)^m \geqslant \dfrac{(n^2 + A^2)^m}{n^{m-1} A^m}$（$m$ 为自然数）；

③ $\sum_{k=1}^{n} \left(a_k^p + \dfrac{1}{a_k^p}\right)^m \geqslant n\left[\left(\dfrac{n}{A}\right)^p + \left(\dfrac{A}{n}\right)^p\right]^m$（$m$ 是自然数）；

④ $\sum_{k=1}^{n} \left(qa_k + \dfrac{r}{a_k}\right)^m \geqslant \dfrac{(rn^2 + qA^2)^m}{n^{k-1} A^k}$（$m$ 为自然数，q, r 为正的常数）；

⑤ 积 $\prod_{i=1}^{n} a_i$ 当 $a_1 = a_2 = \cdots = a_n$ 时最大（反之若积为定值，则 $a_1 = a_2 = \cdots = a_n$ 时和最小）；

⑥ 积 $\prod_{i=1}^{n} a_i^{k_i}$ 当 $\dfrac{a_1}{k_1} = \dfrac{a_2}{k_2} = \cdots = \dfrac{a_n}{k_n}$ 时最大；

……

这些不等式再推广便可得到一些著名不等式,如柯西 — 布尼可夫斯基不等式等.

3. 反向拓广

前述不等式还可以考虑反向拓广问题,比如:

(1) 若 $\frac{1}{a}+\frac{1}{b}+\frac{1}{c}=\frac{1}{abc}$,则 ① $a+b+c \geqslant \sqrt{3}$;② $a^2+b^2+c^2 \geqslant 1$;…

注 我们熟知:若 $\frac{1}{a}+\frac{1}{b}+\frac{1}{c}=\frac{1}{abc}$,则 $\frac{1}{a^3}+\frac{1}{b^3}+\frac{1}{c^3}=\frac{1}{(a+b+c)^3}=\left(\frac{1}{a}+\frac{1}{b}+\frac{1}{c}\right)^3$ 更一般地有

$$\frac{1}{a^{2k+1}}+\frac{1}{b^{2k+1}}+\frac{1}{c^{2k+1}}=\frac{1}{(a+b+c)^{2k+1}}=\left(\frac{1}{a}+\frac{1}{b}+\frac{1}{c}\right)^{2k+1}$$

这只须注意到由设有 $(a+b)(b+c)(c+a)=0$.

(2) 若 $a_1 a_2 \cdots a_n = 1$,则 $a_1+a_2+\cdots+a_n \geqslant n$,且等号仅当 $a_1=a_2=\cdots=a_n$ 时成立.

顺便讲一句,若令 $A=\frac{1}{n}\sum_{i=1}^{n}x_i, G=\sqrt[n]{\sum_{i=1}^{n}x_i}$,由上不等式可有 $G \leqslant A$,这只须注意到 $\frac{a_1}{G} \cdot \frac{a_2}{G} \cdot \cdots \cdot \frac{a_n}{G}=1$ 即可.

……

此外它们还可以进行一些拓广(比如联合拓广),这请读者自行考虑.

12.2 转向几何、三角问题联系

上面的不等式及其推广,均可转向几何、三角等学

科去联想、考虑. 这只须注意到这些不等式成立的条件是：

a, b, c 是正数，且 $a + b + c = 1$（或者它们的推广：a_k 是正数 $(i = 1, 2, \cdots, n)$，且 $\sum_{k=1}^{n} a_k = A$）.

无论是几何或三角中，满足上面条件的关系式是很多的.

1. 在几何中

(1) 若 P 为 $\triangle ABC$ 内一点，P 到三边 a, b, c 距离分别为 x, y, z，又 h_a, h_b, h_c 分别为三边上的高，则

$$\frac{x}{h_a} + \frac{y}{h_b} + \frac{z}{h_c} = 1$$

若 $\triangle ABC$ 是正三角形，则 $x + y + z = h$；

(2) 如图 12.1，若 O 为 $\triangle ABC$ 内一点，连 AO, BO, CO 分别交对边于 D, E, F，则

$$\frac{DO}{AD} + \frac{EO}{BE} + \frac{FO}{CF} = 1$$

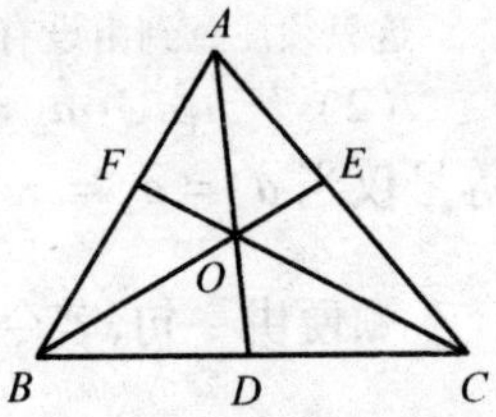

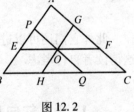

图 12.1

(3) O 为 $\triangle ABC$ 内一点，过 O 分别作三边平行线 EF, GH, PQ（见图 12.2），试证：

$$\frac{HQ}{BC} + \frac{FG}{CA} + \frac{PE}{AB} = 1$$

(4) 若 x, y, z 为 $\triangle ABC$ 垂心到三顶点距离，x', y', z' 为 $\triangle ABC$ 外心到三顶点的距离，则：

① $\dfrac{a}{x} + \dfrac{b}{y} + \dfrac{c}{z} = \dfrac{abc}{xyz}$

图 12.2

② $\dfrac{a}{x'} + \dfrac{b}{y'} + \dfrac{c}{z'} = \dfrac{abc}{4x'y'z'}$

(5) O 为 $\triangle ABC$ 外心，AO, BO, CO 分别交对边于 D, E, F，则

$$\dfrac{1}{AD} + \dfrac{1}{BE} + \dfrac{1}{CF} = \dfrac{2}{R}$$

(6) 若 $p_1, p_2, \cdots, p_n$ 为正 n 边形内一点 P 到各边的距离，则 $p_1 + p_2 + \cdots + p_n =$ 常数；

(7) 若 P 是正 n 边形 $A_1 A_2 \cdots A_n$ 外接圆上一点，则 $\sum\limits_{k=1}^{n} PA_k^2 = 2n$（设外接圆半径为 1）；

(8) $p_k (k = 1, 2, \cdots, n)$ 是正 n 面体内一点 P 到各个面的距离，则 $\sum\limits_{k=1}^{n} p_k =$ 常数；

(9) 四面体 $S - ABC$ 中，$S - ABC$ 是直三面体，又 $SA = a, SB = b, SC = c, P$ 为其内任一点，P 到面 BSC, CSA, ASB 距离分别为 x, y, z，则

$$\dfrac{x}{a} + \dfrac{y}{b} + \dfrac{z}{c} = 1$$

(10) 四面体四个面的旁切球半径分别为 $r_i (i = 1, 2, 3, 4)$，则

$\dfrac{1}{r_1} + \dfrac{1}{r_2} + \dfrac{1}{r_3} + \dfrac{1}{r_4} = \dfrac{2}{r}$（其中 r 为四面体内切球半径）

(11) P 为四面体 $A - BCD$ 内一点，直线 AP, BP, CP, DP 与所对面交于 A_1, B_1, C_1, D_1 四点，则

① $\dfrac{PA_1}{AA_1} + \dfrac{PB_1}{BB_1} + \dfrac{PC_1}{CC_1} + \dfrac{PD_1}{DD_1} = 1$

② $\dfrac{AP}{AA_1} + \dfrac{BP}{BB_1} + \dfrac{CP}{CC_1} + \dfrac{DP}{DD_1} = 3$

(12) 若 l 为三棱长分别为 a, b, c 的长方体对角线

长，则 $a^2 + b^2 + c^2 = l^2$；

……

2. 在三角中

(1) 若 $A + B + C = \pi$，则

① $\tan\dfrac{A}{2}\tan\dfrac{B}{2} + \tan\dfrac{B}{2}\tan\dfrac{C}{2} + \tan\dfrac{C}{2}\tan\dfrac{A}{2} = 1$

② $\cot A\cot B + \cot B\cot C + \cot C\cot A = 1$

③ $\dfrac{\cot A + \cot B}{\tan A + \tan B} + \dfrac{\cot B + \cot C}{\tan B + \tan C} + \dfrac{\cot C + \cot A}{\tan C + \tan A} = 1$

(2) ① $\tan^{-1}\dfrac{1}{3} + \tan^{-1}\dfrac{1}{5} + \tan^{-1}\dfrac{1}{8} = \dfrac{\pi}{4}$

② $\csc^2\dfrac{\pi}{9} + \csc^2\dfrac{2\pi}{9} + \csc^2\dfrac{4\pi}{9} = 12$

(3) 在 $\triangle ABC$ 中，若 $\cos A = \dfrac{a}{b+c}, \cos B = \dfrac{b}{a+c}$，$\cos C = \dfrac{c}{a+b}$，则 $\tan^2\dfrac{A}{2} + \tan^2\dfrac{B}{2} + \tan^2\dfrac{C}{2} = 1$

(4) 若 P 为 $\triangle ABC$ 内一点，且 $\angle PAB = \angle PBC = \angle PCA = \alpha$，则

$$\cot A + \cot B + \cot C = \cot \alpha$$

……

3. 在解析几何中

(1) 过圆锥曲线焦点的两垂直弦长分别为 l_1 和 l_2，则 $\dfrac{1}{l_1} + \dfrac{1}{l_2} =$ 常数；

(2) $e_1, e_2, \cdots, e_n$ 是抛物线 n 条焦半径，而两相邻焦半径夹角为 $2\pi/n$，则

$$\sum_{k=1}^{n}\frac{1}{e_k}=\frac{n}{p}(p\text{ 为抛物线焦参数})$$

……

总之,这种正数为定和的结论或关系在几何或三角问题中是很多很多的,联系到前面的不等式及拓广,我们将会有一大批新的不等式产生,比如:

(1) O 为 $\triangle ABC$ 内任一点,连 AO,BO,CO 分别交对边于 D,E,F,则 $\dfrac{AD}{OD}+\dfrac{BE}{OE}+\dfrac{CF}{OF}\geqslant 9$.

这显然只须注意到 $\dfrac{OD}{AD}+\dfrac{OE}{BE}+\dfrac{OF}{CF}=1$ 即可.

(2) 如图 12.3,O 为 $\triangle ABC$ 内心,则 $\dfrac{AO}{OD}+\dfrac{BO}{OE}+\dfrac{CO}{OF}\geqslant 6$.

该命题只是(1)的特例与变形罢了.

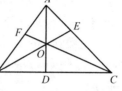

图 12.3

(3) 若 $\triangle ABC$ 三边上高分别为 h_a,h_b,h_c,又 r 为其内切圆半径,又 $h_a+h_b+h_c=9r$,则 $\triangle ABC$ 是正三角形.

这只须考虑不等式 $\dfrac{1}{a}+\dfrac{1}{b}+\dfrac{1}{c}\geqslant 9$ 即可.

(4) 在 $\triangle ABC$ 中,若 $\cot A+\cot B+\cot C=\sqrt{3}$,则 $\triangle ABC$ 为正三角形.

注意到 $\cot A\cot B+\cot B\cot C+\cot C\cot A=1$ 即可.

(5) 在 $\triangle ABC$ 中,试证

$$\left(\tan\frac{A}{2}\tan\frac{B}{2}+\cot\frac{A}{2}\cot\frac{B}{2}\right)^5+$$

$$\left(\tan\frac{B}{2}\tan\frac{C}{2}+\cot\frac{B}{2}\cot\frac{C}{2}\right)^5+$$

$$\left(\tan\frac{C}{2}\tan\frac{A}{2}+\cot\frac{C}{2}\cot\frac{A}{2}\right)^5\geqslant\frac{10^5}{8}$$

注意到 $\tan\frac{A}{2}\tan\frac{B}{2}+\tan\frac{B}{2}\tan\frac{C}{2}+\tan\frac{C}{2}\tan\frac{A}{2}=1$ 即可.

（6）在四面体 $O-ABC$ 中,若它的四个面面积均为 S,其侧面 OAB,OBC,OAC 与底面所成二面角分别为锐角 α,β,γ,则 $(\cos^2\alpha+\cos^2\beta+\cos^2\gamma)+(\tan^2\alpha+\tan^2\beta+\tan^2\gamma)\geqslant 73/8$.

注意到 $\cos\alpha+\cos\beta+\cos\gamma=1$ 及 $(\cos\alpha+\sec\alpha)^2+(\cos\beta+\sec\beta)^2+(\cos\gamma+\sec\gamma)^2\geqslant 100/3$ 即可.

（7）若正数 $\alpha+\beta+\gamma=\pi/2$,试证

$$\sqrt{\tan\alpha\tan\beta+5}+\sqrt{\tan\beta\tan\gamma+5}+\sqrt{\tan\gamma\tan\alpha+5}\leqslant 4\sqrt{3}$$

……

如此等等,我们将会得到一大批新的命题.这一点我们不再列举了.

看来做习题不仅要会"举一反三",而且还应该善于联想与发现,这样我们不难将上面的分析与叙述列成下面图形（见图 12.4）：

第 12 章　若正数 $a+b+c=1\cdots$

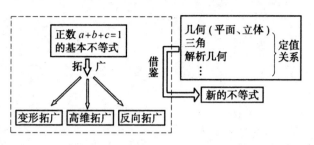

图 12.4

哈尔滨工业大学出版社刘培杰数学工作室
已出版(即将出版)图书目录

书　名	出版时间	定　价	编号
新编中学数学解题方法全书(高中版)上卷	2007—09	38.00	7
新编中学数学解题方法全书(高中版)中卷	2007—09	48.00	8
新编中学数学解题方法全书(高中版)下卷(一)	2007—09	42.00	17
新编中学数学解题方法全书(高中版)下卷(二)	2007—09	38.00	18
新编中学数学解题方法全书(高中版)下卷(三)	2010—06	58.00	73
新编中学数学解题方法全书(初中版)上卷	2008—01	28.00	29
新编中学数学解题方法全书(初中版)中卷	2010—07	38.00	75
新编平面解析几何解题方法全书(专题讲座卷)	2010—01	18.00	61
数学眼光透视	2008—01	38.00	24
数学思想领悟	2008—01	38.00	25
数学应用展观	2008—01	38.00	26
数学建模导引	2008—01	28.00	23
数学方法溯源	2008—01	38.00	27
数学史话览胜	2008—01	28.00	28
从毕达哥拉斯到怀尔斯	2007—10	48.00	9
从迪利克雷到维斯卡尔迪	2008—01	48.00	21
从哥德巴赫到陈景润	2008—05	98.00	35
从庞加莱到佩雷尔曼	2011—06	138.00	134
数学解题中的物理方法	2011—06	28.00	114
数学解题的特殊方法	2011—06	48.00	115
中学数学计算技巧	即将出版	38.00	116
中学数学证明方法	即将出版	48.00	117
历届 IMO 试题集(1959—2005)	2006—05	58.00	5
历届 CMO 试题集	2008—09	28.00	40
全国大学生数学夏令营数学竞赛试题及解答	2007—03	28.00	15
历届美国大学生数学竞赛试题集	2009—03	88.00	43
历届俄罗斯大学生数学竞赛试题及解答	即将出版	68.00	
前苏联大学生数学竞赛试题集	2011—06	48.00	128

哈尔滨工业大学出版社刘培杰数学工作室
已出版（即将出版）图书目录

书　名	出版时间	定　价	编号
数学奥林匹克与数学文化（第一辑）	2006—05	48.00	4
数学奥林匹克与数学文化（第二辑）（竞赛卷）	2008—01	48.00	19
数学奥林匹克与数学文化（第二辑）（文化卷）	2008—07	58.00	36
数学奥林匹克与数学文化（第三辑）（竞赛卷）	2010—01	48.00	59
数学奥林匹克与数学文化（第四辑）（竞赛卷）	2011—03	58.00	87
发展空间想象力	2010—01	38.00	57
走向国际数学奥林匹克的平面几何试题诠释（上、下）（第2版）	2010—02	98.00	63,64
平面几何证明方法全书	2007—08	35.00	1
平面几何证明方法全书习题解答（第2版）	2006—12	18.00	10
最新世界各国数学奥林匹克中的平面几何试题	2007—09	38.00	14
数学竞赛平面几何典型题及新颖解	2010—07	48.00	74
初等数学复习及研究（平面几何）	2008—09	58.00	38
初等数学复习及研究（立体几何）	2010—06	38.00	71
初等数学复习及研究（平面几何）习题解答	2009—01	48.00	42
世界著名平面几何经典著作钩沉——几何作图专题卷（上）	2009—06	48.00	49
世界著名平面几何经典著作钩沉——几何作图专题卷（下）	2011—01	88.00	80
世界著名平面几何经典著作钩沉（民国平面几何老课本）	2011—03	38.00	113
世界著名数论经典著作钩沉（算术卷）	2011—06	28.00	125
世界著名数学经典著作钩沉——立体几何卷	2011—02	28.00	88
世界著名三角学经典著作钩沉（平面三角卷Ⅰ）	2010—06	28.00	69
世界著名三角学经典著作钩沉（平面三角卷Ⅱ）	2011—01	28.00	78
几何学教程（平面几何卷）	2011—03	68.00	90
几何学教程（立体几何卷）	2011—07	68.00	130
几何变换与几何证题	2010—06	88.00	70
几何瑰宝——平面几何500名题暨1000条定理（上、下）	2010—07	138.00	76,77
三角形的五心	2009—06	28.00	51
俄罗斯平面几何问题集	2009—08	88.00	55
俄罗斯平面几何5000题	2011—03	58.00	89
计算方法与几何证题	2011—06	28.00	129
500个最新世界著名数学智力趣题	2008—06	48.00	3
400个最新世界著名数学最值问题	2008—09	48.00	36
500个世界著名数学征解问题	2009—06	48.00	52
400个中国最佳初等数学征解老问题	2010—01	48.00	60
500个俄罗斯数学经典老题	2011—01	28.00	81

哈尔滨工业大学出版社刘培杰数学工作室
已出版(即将出版)图书目录

书　名	出版时间	定　价	编号
超越吉米多维奇——数列的极限	2009—11	48.00	58
初等数论难题集(第一卷)	2009—05	68.00	44
初等数论难题集(第二卷)(上、下)	2011—02	128.00	82,83
谈谈素数	2011—03	18.00	91
平方和	2011—03	18.00	92
数论概貌	2011—03	18.00	93
代数数论	2011—03	48.00	94
初等数论的知识与问题	2011—02	28.00	95
超越数论基础	2011—03	28.00	96
数论初等教程	2011—03	28.00	97
数论基础	2011—03	18.00	98
数论入门	2011—03	38.00	99
解析数论引论	2011—03	48.00	100
基础数论	2011—03	28.00	101
超越数	2011—03	18.00	109
三角和方法	2011—03	18.00	112
谈谈不定方程	2011—05	28.00	119
整数论	2011—05	38.00	120
初等数论100例	2011—05	18.00	122
俄罗斯函数问题集	2011—03	38.00	103
俄罗斯组合分析问题集	2011—01	48.00	79
博弈论精粹	2008—03	58.00	30
多项式和无理数	2008—01	68.00	22
模糊数据统计学	2008—03	48.00	31
解析不等式新论	2009—06	68.00	48
建立不等式的方法	2011—03	98.00	104
数学奥林匹克不等式研究	2009—08	68.00	56
初等数学研究(Ⅰ)	2008—09	68.00	37
初等数学研究(Ⅱ)(上、下)	2009—05	118.00	46,47
中国初等数学研究　2009卷(第1辑)	2009—05	20.00	45
中国初等数学研究　2010卷(第2辑)	2010—05	30.00	68
中国初等数学研究　2011卷(第3辑)	2011—07	60.00	127
初等不等式的证明方法	2010—06	38.00	123
数学奥林匹克不等式散论	2010—06	38.00	124
理论与实用算术	2010—06	38.00	126
数学奥林匹克超级题库(初中卷上)	2010—01	58.00	66
数学奥林匹克不等式证明方法和技巧(上)	2011—08		134
数学奥林匹克不等式证明方法和技巧(下)	2011—08		135

哈尔滨工业大学出版社刘培杰数学工作室
已出版(即将出版)图书目录

书　名	出版时间	定　价	编号
中等数学英语阅读文选	2006—12	38.00	13
统计学专业英语	2007—03	28.00	16
数学 我爱你	2008—01	28.00	20
精神的圣徒 别样的人生——60位中国数学家成长的历程	2008—09	48.00	39
数学史概论	2009—06	78.00	50
斐波那契数列	2010—02	28.00	65
数学拼盘和斐波那契魔方	2010—07	38.00	72
数学的创造	2011—02	48.00	85
数学中的美	2011—02	38.00	84
最新全国及各省市高考数学试卷解法研究及点拨评析	2009—02	38.00	41
高考数学的理论与实践	2009—08	38.00	53
中考数学专题总复习	2007—04	28.00	6
向量法巧解数学高考题	2009—08	28.00	54
新编中学数学解题方法全书(高考复习卷)	2010—01	48.00	67
新编中学数学解题方法全书(高考真题卷)	2010—01	38.00	62
新编中学数学解题方法全书(高考精华卷)	2011—03	68.00	118
高考数学核心题型解题方法与技巧	2010—01	28.00	86
靠数学思想给力(上)	2011—07	38.00	131
靠数学思想给力(中)	2011—07	38.00	132
靠数学思想给力(下)	2011—07	28.00	133
方程式论	2011—03	38.00	105
初级方程式论	2011—03	28.00	106
Galois 理论	2011—03	18.00	107
代数方程的根式解及伽罗瓦理论	2011—03	28.00	108
线性偏微分方程讲义	2011—03	18.00	110
N 体问题的周期解	2011—03	28.00	111
代数方程式论	2011—05	28.00	121
闵嗣鹤文集	2011—03	98.00	102
吴从炘数学活动三十年(1951～1980)	2010—07	99.00	32

联系地址:哈尔滨市南岗区复华四道街10号哈尔滨工业大学出版社刘培杰数学工作室
邮　　编:150006
联系电话:0451—86281378　　13904613167
E-mail:lpj1378@yahoo.com.cn